AF330124

# AU POLE NORD

## NOUVEAUX VOYAGES

## AU PAYS DES GLACES

TRADUCTION FRANÇAISE
DÉDIÉE AU CÉLÈBRE EXPLORATEUR

## M. A. E. NORDENSKIÖLD

CENT GRAVURES HORS TEXTE ET DANS LE TEXTE

SIR EDWARD BELCHER
NAVIGATEUR, NÉ EN 1799 MORT LE 18 MARS 1877

## MONS

HECTOR MANCEAUX, IMPRIMEUR-ÉDITEUR

1890

PROPRIÉTÉ DE L'ÉDITEUR

# NOUVELLES EXPLORATIONS DANS L'ASIE ARCTIQUE.

L'activité merveilleuse dont les Russes firent preuve durant le cours du XVIII· siècle, en ce qui concerne l'exploration de l'Asie septentrionale, ne se manifesta pas seulement dans la partie la plus orientale de l'ancien continent; elle se déploya sur toute la ligne qui s'étend depuis le Cap oriental, dans le détroit de Béring, jusqu'à la Nouvelle-Zemble (Novaïa-Zemlia) et même jusqu'au Spitzberg. Le premier qui fit progresser la géographie du nord-est de l'Asie fut un négociant d'Iakoutsk, nommé Chalaurof. Les services qu'il rendit n'avaient pas été appréciés à leur juste valeur avant d'avoir été reconnus par Vranghel. Chalaurof construisit, en 1760, à ses propres frais, un navire destiné à contourner la côte nord-est de l'Asie; en juillet de l'année suivante, il sortit de la Yana et s'engagea dans la Mer glaciale. Le 6 septembre 1761, il doubla le Sviatoye Noce et aperçut la première des îles de Lyakhof, déjà visitée en 1712 par Permékof et Vaghine. Le 17, il se trouvait devant l'embouchure de l'Indighirka; le jour suivant, près de celle de l'Alaseya. Des glaces flottantes le forcèrent à entrer dans la Kolyma, sur les bords de laquelle il passa heureusement l'hiver. Le 21 juillet 1762, il reprit la mer; le 18 août seulement, les vents lui ayant été contraires, il atteignit le Cap de sable qui forme le point le plus occidental des îles Ayane situées à l'entrée de la Baie Tchaoun. Le navire fut ensuite pris dans les glaces jusqu'au 23, et Chalaurof ne put doubler le Cap Chalagoski. Il ne retourna cependant à la Kolyma qu'après avoir parcouru toute l'étendue de la Baie Tchaoun et après avoir ainsi déterminé cette portion encore inconnue des côtes sibériennes. Pour son expédition suivante, celle de 1764 qui fut sa dernière, Chalaurof reçut du gouvernement russe quelques secours en argent. Il atteignit le Cap Chalagoski; il le dépassa même de 100 à 120 kilomètres du côté de l'est. Son vaisseau fut alors mis en pièces par les glaces; Chalaurof parvint à gagner le rivage, mais il ne revint jamais. Il est plus que probable qu'une mort cruelle mit fin à une existence pleine d'infatigable activité et d'une singulière ardeur entreprenante.[1]). Cet homme éminent sacrifia avec désintéressement sa fortune et sa vie pour une entreprise dont l'importance ne fut comprise qu'au bout de plus d'un demi-siècle.

Le 4 avril 1763, sur l'ordre du gouverneur de la Sibérie, Andréyef maréchal-de-logis, chef de Cosaques, partit de l'embouchure du fleuve Kresto-voye, un peu à l'est du Cap Grand-Baranof, pour se diriger vers le nord, afin de vérifier si l'Amérique ne s'avançait pas le long des côtes de la Sibérie en suivant le parallèle de l'embouchure de la Kolyma et au-delà de cette embou-chure. Ce voyage a eu plus d'importance que ne l'indiqueraient les résultats immédiats. Ceux-ci se bornèrent à des indications très vagues et très con-fuses sur une terre qu'Andréyef croyait avoir vue, dans un lointain sombre et bleu, de la plus orientale des Iles Medvéji, l'Ile des quatre piliers.[2]) Cette assertion, malgré son manque de netteté, fut une des causes qui firent entre-prendre les voyages ultérieurs de Vranghel et d'Anyou. Andréyef visita, à ce qu'il paraît, toutes les îles Medvéji; mais ses indications sur leur longueur, leur étendue, la distance qui les sépare les unes des autres ou du continent, sont à peu près sans valeur, car partout où l'expédition de Vranghel put vérifier ces données, on trouva qu'elles présentaient une incertitude extrême. Un second voyage effectué aux Iles Medvéji, à ce qu'on a prétendu, par Andréyef, au cours de l'année suivante, 1764, n'a probablement jamais eu lieu. Le premier relevé de ces îles auquel on puisse accorder quelque confiance fut opéré dans les premiers mois des années 1769 à 1771, par les géodésistes Léontyef, Lyssof et Pouchkaref, trois travailleurs scrupuleux. A chaque visite, ils tentèrent d'atteindre en traîneaux le pays inconnu aperçu par Andréyef; ils n'y parvinrent pas, bien qu'en mars 1770 ils se fussent avancés, à partir de l'île la plus orientale, à plus de 180 kilomètres vers le nord-est. Très probablement la terre boréale d'Andréyef n'existait que dans son imagination. En 1763, le Cosaque Daurkine[3]) revenant du pays des Tchouktchi avait annoncé que ce peuple croyait voir parfois, du haut de sa côte septentrionale, une terre au nord. N'est-il pas possible que cette indi-cation ait incité Andréyef à s'appropier l'honneur d'avoir le premier fait

---

[1]) Poussé par le récit d'un Yakout, de Matyouchkine, membre de l'expédition de Vranghel, chercha, en mars 1823, sur le littoral à l'est du Verkhone, la place où Chalaurof avait péri avec ses compagnons. Il y trouva effectivement les restes d'une hutte d'hivernage.

[2]) Pour bien sentir le vague et l'obscurité de cette assertion, il faut lire le passage dans l'original russe.

[3]) Daurkine, Tchouktchi de naissance, avait été enlevé par les Russes, dans son enfance, et élevé parmi eux. Il n'avait pas oublié sa langue maternelle; aussi le gouverneur d'Okhotsk l'envoya-t-il dans les pays des Tchouktchi, soi-disant comme réfugié, en réalité comme émissaire.

mention de cette nouvelle contrée? Bien que les plus occidentales des îles Lyakhof, comme nous l'avons vu dans un précédent paragraphe, eussent été déjà découvertes en 1712 et qu'elles eussent été atteintes, plus tard, en 1759 ou 1760, par l'Yakout Eterikan[1]) d'Oustyansk, ce serait encore au négociant Lyukhof que reviendrait l'honneur de leur entière découverte. Il les visita en mars 1770, étant parti du Sviatoye Noce; le rapport qu'il adressa au gouvernement lui valut le privilège de déterrer sur les îles qu'il avait découvertes les défenses et ossements de mammouths, d'y chasser les renards polaires, etc. De plus, on publia l'ordre de donner son nom à ces îles. Étant parti de la seconde île, en bateau, et s'étant dirigé vers le nord, Lyakhof découvrit, pendant l'été de 1773, une troisième île. Elle était montagneuse et paraissait bien plus grande que les autres; les rivages étaient couverts de bois flottés. Un chaudron abandonné dans cette île par un des hommes de l'équipage fut retrouvé en 1775 par le géodésiste gouvernemental Khvoyenof chargé du relevé des îles: de là le nom de *Kotelnoye Ostrov* (Котельный островъ) qui veut dire Ile du chaudron. Lyakhof passa l'hiver sur la dite île et rentra à Oustyansk avec un riche butin de fourrures et d'ossements de mammouths Un négociant du nom de Protodiakonof l'accompagna durant ce voyage. C'est à ce marchand que nous devons les premiers renseignements détaillés sur les Iles de Lyakhof et sur les Iles néosibériennes. La première île, la plus rapprochée du continent, dénommée pour cette raison *Blichniye Ostrov* (Ile voisine), est en général plate et sablonneuse, à part trois ou quatre collines sans importance. Au centre, on découvrit un lac très peu profond, d'une étendue considérable. Quand la chaleur du soleil d'été fait fondre la glace, les dents et les os de mammouths apparaissent en grand nombre. D'après Khvoyenof, l'île tout entière paraît formée de gisements de squelettes de mammouths au milieu desquels se trouvent des crânes et des cornes d'un animal analogue au buffle et des défenses de rhinocéros. On découvrit aussi quelques os très longs et très droits, tordus en forme de vis.

La seconde des *Petites-Iles* se trouva également riche en débris de mammouths. Khvoyenof ne l'avait indiquée sur la carte que d'après les données fournies par les *promychlenniki*. Comme la première, elle abondait en renards polaires. La surface de cette île basse est recouverte d'une mousse stratifiée assez fournie et d'un petit nombre de plantes rabougries. Sur la troisième île, celle dite *du chaudron*, on trouva un fleuve important que l'on nomma Zaréva. Du bois apporté par la mer couvrait au loin les rivages. Du haut d'une montagne très élevée, on aperçut, par un temps clair, un pays montagneux sur les côtés est, ouest et nord. On découvrit encore trois rivières, toutes riches en poissons, notamment en une espèce

---

[1]) Peschel l'appelle Emerikam.

de saumon que l'on trouve également à Okhotsk et dans le Kamtchatka. Les animaux de grande taille comprenaient, outre les renards polaires, des ours blancs, des loups, des rennes et des baleines.

La découverte des îles néosibériennes proprement dites, au nord de celles de Lyakhof, n'eut lieu que plus tard, au commencement de notre siècle. Sannikof, le fondé de pouvoirs des héritiers du négociant Lyakhof trouva à l'ouest de la *Petite-Ile*, l'île Stolbovoye (Ile des piliers), puis en 1805, l'île Faddéyef, ainsi appelée du nom du promychlennik qui y établit le premier ses quartiers d'hiver. Enfin, en 1806, la grande île plus tard désignée sous le nom de Nouvelle-Sibérie fut découverte par le négociant Sirovatskoye; pour clore la série, le bourgeois Byelkof trouva l'île qui porte son nom. Les disputes qui s'élevèrent entre les négociants Sirovatskoye et Protodiakonof au sujet de l'exploitation des îles septentrionales décidèrent, le gouvernement russe à faire visiter l'archipel.

Il envoya, dans ce but, en 1808, le conseiller titulaire d'Irkoutsk Hedenström qui, aidé de Sannikof, s'occupa d'accomplir cette tâche, jusqu'en 1811. Les travaux spécialement géodésiques, du reste très défectueux, furent exécutés partie par Kochévine et partie par Pchénizyne. Hedenström lui-même entreprit, avec une persévérance infatigable, différents voyages en traîneau; quand il visita pour la seconde fois la Nouvelle-Sibérie en mars 1810, il tenta de s'avancer à l'est sur la glace. En quatre jours, il laissa derrière lui 75 kilomètres, au bout desquels il trouva une mer ouverte, qui rendit impossible la continuation du voyage. Le 13 avril, il atteignit l'embouchure de la Kolyma; de ce point, il entreprit une expédition vers le nord, sur la glace. Mais, à 265 kilomètres du rocher de Baranof, le voyage fut interrompu par une bande d'eau de 30 mètres de largeur. En 1811, Sannikof aperçut, du haut de la côte nord de l'île Kotelnoye, une haute terre vers le septentrion, de laquelle il s'approcha sur la glace jusqu'au moment où il trouva la mer ouverte. Selon lui, il n'était plus qu'à 24 kilomètres de la susdite terre.

La dernière grande expédition par terre, pour l'exploration des côtes et des îles du nord-est de la Sibérie est celle du lieutenant de marine Ferdinand de Vranghel[1]) et de P. F. Anyou 1821—1823. Ce dernier devait relever les côtes entre l'Olének et la Kolyma ainsi que les archipels situés

---

[1]) Le baron Ferdinand de Vranghel naquit le 29 décembre 1796; il était fils d'un propriétaire livonien appauvri, d'une vieille et noble famille; il perdit de bonne heure son père et sa mère et il entra (1807) dans le corps des cadets de la marine, qu'il quitta en 1815 avec le grade d'officier. De sa station de Réval, il s'enfuit ou plutôt déserta pour Kronstadt, où Golovnine préparait son voyage autour du monde; celui-ci pardonna l'escapade du jeune homme et l'admit dans son équipage. Vranghel, revenu en 1819, reçut l'ordre de se rendre dans la Sibérie orientale; à cet effet, il quitta St.-Pétersbourg en mai 1820.

au nord de ces côtes. Le champ d'exploration de Vranghel comprenait la côte
à l'est de la Kolyma, les îles Medvéji et la terre fréquemment aperçue, au
dire des Tchouktchi, du haut du Cap Yakane. Les deux fractions de l'expédition quittèrent St.-Pétersbourg le 23 mars 1820. Vranghel se rendit avec
Matyouchkine, de Moscou à Irkoutsk, où il arriva le 18 mai. Il n'atteignit
Nijny Kolymsk que le 2 novembre. C'est là que plus tard furent faits les
préparatifs, pour les voyages en traîneau, que l'on devait commencer au
printemps suivant.

Le 19 février 1821, Vranghel, en compagnie du pilote Kosmine et de

FERDINAND DE VRANGHEL.

trois hommes, entreprit, avec trois nartes et des provisions pour un mois,
le premier voyage en traîneau le long des côtes, sur la mer congelée et
recouverte de neige.

Il dépassa le petit et le grand rocher de Baranof, le Détroit de Saba-
deye entre le continent et les îles Ayane, et atteignit, le 5 mars, le Cap
Chalagoski. Au retour, on traversa la baie de Tchaoun à partir de l'île
Arautane, et, le 13 mars, l'expédition rentra à Nijny Kolymsk, après avoir
parcouru un trajet de 1200 kilomètres. La seconde expédition en traîneau
ayant pour but d'explorer les îles Medvéji commença le 26 mars. On
s'occupa d'abord de l'Ile des quatre piliers, que Vranghel et Matyouchkine
visitèrent et relevèrent. De là ils poussèrent jusqu'à la latitude septen-

trionale de 71° 37′ 30″; ils firent en suite une excursion des plus fatigantes, mais sans résultat, dans la direction du sud-est. A partir de l'Ile des quatre piliers, où l'on rentra le 19 avril, le relevé du groupe des Iles Medvéji fut heureusement exécuté en cinq jours. Le 28, l'expédition se retrouvait à Nijny Kolymsk après avoir parcouru en 32 jours, l'espace de 1291 kilomètres. Durant l'été de 1821, Vranghel releva les embouchures de la Kolyma, tandis que Matyouchkine se rendait compte du cours du grand et du petit Aniouye et que Kosmine relevait les côtes entre la Petite Tchoukotchkya et l'Indighirka.

Une troisième expédition en traîneau fut entreprise l'année suivante; le 10 mars 1822 on partit du rocher de Baranof dans la direction du nord-est; à 72° 2′ de latitude nord, on n'avait pas encore trouvé trace de terre. Vranghel employa l'été de 1822 à des investigations dans la Toundra-pierreuse.

La dernière expédition en traîneau, celle qui eut le plus d'extension fut dirigée vers l'est; Vranghel l'entreprit, le 22 février 1823. Le 8 mars, il atteignit le Cap Chalagoski. Le 13, il partit de l'embouchure du Verkhone et commença un nouveau voyage vers le nord; cette excursion fut la plus pénible et la plus difficile de toutes. Le 23, Vranghel découvrit, du haut d'un *toros,* la mer ouverte pleine de montagnes de glaces flottantes; mais il n'aperçut aucun indice de terre. De retour au Verkhone, il poursuivit son voyage le long de la côte vers l'est.

Sur ces entrefaites, les compagnons de Vranghel, Matyouchkine et le docteur Kyber, avaient appris de Tchouktchi nomades accompagnés de troupeaux de rennes que »d'un endroit qu'ils appelaient Yankane, à l'est du fleuve Verkhone, les jours où le temps était clair, on pouvait apercevoir, au nord, de hautes montagnes«. Sur ce, Vranghel résolut de rechercher ce lieu, le Cap Yakane. Le 8 avril, il atteignit le rocher de ce nom, mais, avec quelque attention qu'il regardât, il ne put apercevoir le pays indiqué; aussi poursuivit-il sa route vers l'est. Le 16 avril, Vranghel atteignit le point le plus oriental de son expédition, l'île Kolyoutchine; le 10 mai, il rentra à Nijny Kolymsk, après avoir franchi 2350 kilomètres en 78 jours.

Petermann a affirmé que Vranghel avait tout fait pour contester et mettre en doute l'existence du pays annoncé par les Tchouktchi; il faut accepter la rectification de cette erreur, telle qu'elle est partiellement indiquée dans un opuscule du célèbre K. E von Bär. En effet, de Vranghel niait simplement l'existence du prétendu pays d'Andréyef, situé au nord de la Kolyma; mais il croyait probable qu'une terre existât au nord du Cap Yakane, et il l'indiquait, sans déliminations précises, sur la carte jointe à son livre, bien que lui-même, comme nous l'avons dit, ne l'eût point aperçue. Il demanda même à l'Amirauté de prolonger encore de deux ans la durée

de son expédition, afin de pouvoir entreprendre un voyage sur la glace vers
le nord, dans le but de trouver cette contrée. Mais sa proposition ne fut
point agréée, et Vranghel retourna à Saint-Pétersbourg avant la fin de
l'automne de 1823.[1])

Occupons-nous maintenant des expéditions faites simultanément par le
lieutenant Anyou. Il arriva, le 1er octobre 1820, à Oustyansk, sur les bords
de la Yana; au printemps suivant, le 2 mars 1821, il entreprit son premier
voyage à l'archipel néosibérien. Traînés d'abord par des rennes, ensuite par
des chiens, les traîneaux atteignirent, le 24, l'Ile Stolbovoye. Après en avoir
effectué le relevé, les voyageurs se rendirent en hâte à l'Ile Kotelnoye, sur
le côté sud de laquelle l'expédition se partagea en deux troupes afin d'explorer le pays. L'aide-pilote Bérechnikh fut chargé du relevé des rives
sud et est, tandis qu'Anyou s'occupait, en personne, des côtes ouest et nord.
Le 11 avril, il dépassa Faddéyef, par 75° 46′ 36″ de latitude nord; il y
rejoignit Bérechnikh. Après avoir relevé les côtes depuis le Cap Nerpitchiye
jusqu'au Cap Blagovyechtchinski, il passa, le 17, à la Nouvelle-Sibérie. Là,
le 21, on fit, à partir du Cap Ryabi, une nouvelle excursion sur la glace
vers le nord-nord-est. Par 75° 26′ de latitude nord, on dut s'arrêter devant
des *torossi* inaccessibles. Le 8 mai, Anyou et ses compagnons étaient de
retour à Oustyansk. Durant l'été, on fit le relevé de la côte depuis la Yana
jusqu'à l'Indighirka. Pour l'exploration de l'île, la saison d'été avait paru
devoir être peu favorable parce que, suivant les rapports de précédents voyageurs, d'épais brouillards enveloppèrent les îles à cette époque.

En février 1822, Anyou confia au pilote Ilyine la mission de relever
les côtes, de la Yana à l'Olonek; lui-même poursuivit ses travaux avec
Bérechnikh sur l'archipel néosibérien. Parti d'Oustyansk, le 28 février, il
visita d'abord Blichniye Ostrov et Maloye Ostrov dans l'archipel de Lyakhof;
il arriva, le 17 mars, à l'île Faddéyef. Là, il crut apercevoir une terre au

---

[1]) Voici la suite et la fin de la biographie de ce grand explorateur. Après son retour,
il reçut en 1825 le commandement de la corvette Krotky, sur laquelle il alla au Kamtchatka, d'où il revint en 1827, mais seulement pour être envoyé à Sitka, comme administrateur de la compagnie russe-américaine. Avant de s'y rendre, il épousa, dans son pays
natal, la baronne de Rossillon, âgée de 19 ans; elle le suivit dans les déserts, où il resta
jusqu'en 1835. Depuis 1836, il exerça plusieurs fonctions au ministère de la marine, tout
en restant administrateur de la compagnie russe-américaine. Il contribua à la fondation de
la Société géographique de Saint-Pétersbourg, et prit sa retraite en 1849. Après la mort de
sa femme, la guerre d'Orient lui fit reprendre du service; il devint en 1854 directeur de
la division hydrographique, qu'il présida jusqu'en 1857. Une attaque d'apoplexie l'ayant
forcé de se retirer, il entreprit un voyage de convalescence qui dura 18 mois, après quoi
il reprit sa place au Conseil de l'Empire; en 1864, une nouvelle attaque d'apoplexie le
condamna à un repos définitif; il mourut subitement, le 23 avril 1770, d'une apoplexie du
cœur, durant un voyage à Dorpat.

nord-ouest, il se dirigea aussitôt vers elle, mais, après une excursion de 16 kilomètres, il reconnut qu'il s'était trompé. Ce n'était pas une terre, mais un simple *toros*. Après avoir franchi encore 12 kilomètres, les investigateurs aperçurent, du côté du sud, une petite île où l'on aborda et que l'on nomma du nom du médecin, Figourine. Les 23 et 24 mars, un vent du nord-ouest, des tourbillons de neige et une température de 29 degrés centigrades forcèrent l'expédition de s'y arrêter. Quelques jours après, Anyou

DESSINS DE TCHOUKTCHI (FAC-SIMILE).

retourna à Kotelnoye et se rendit par Faddéyef à la Nouvelle-Sibérie qu'il releva avec plus de soin. Durant la continuation du voyage, les torossi se montrèrent si nombreux et si importants, et les chiens furent si fatigués que, le 20 avril, par 74° 3′ de latitude nord et 158° 10′ de longitude est, Anyou se dirigea du côté du sud, vers le continent; il l'atteignit, le 27 avril, près de l'embouchure de la Khrestovaya. Le 5 mai, il entrait à Nijny Kolymsk où l'impracticabilité de la route le força à séjourner jusqu'au 22 juillet, jour de son départ à cheval pour Oustyansk. Anyou offrit de s'avancer vers le nord, en été, au moyen d'un sloop non ponté; cette proposition parut trop hardie au gouverneur général de Sibérie, comte Spéranski, qui pourtant s'intéressait vivement aux entreprises de Vranghel et d'Anÿou.

Ce dernier reçut la mission d'effectuer, au printemps de 1823, le relevé de Byelkof, petite île à l'ouest de Kotelnoÿe. Le 10 février, il partit d'Oustyansk avec quatre nartes; le 12 mars, il atteignit la latitude septentrionale extrême de 75⁰ 54′ par 136⁰ 24′ de longitude est. Là, des brèches dans la glace indiquèrent la proximité d'une polynya. La température, ce jour-là, était descendue jusqu'à — 42⁰. Du 13 au 15 mars, on visita Byelkof, puis Kotelnoÿe et le continent jusqu'à l'embouchure de la Yana. Le 28, l'expédition se trouvait à Oustyansk, d'où Anyou revint à Saint-Pétersbourg.

Comme il ne pourrait se trouver une place plus convenable dans ce livre, je vais immédiatement continuer ici l'histoire des découvertes ou prétendues découvertes faites dans la Mer glaciale au nord de la côte des Tchouktchi, et celle des investigations faites dans ce coin du monde polaire jusqu'à l'expédition si récente de Nordenskiöld.

En août 1849, le capitaine H. Kellet, de la marine britannique, découvrit une île rocailleuse, haute de 300 mètres environ, qu'il aborda et dont il prit possession au nom de la couronne d'Angleterre. Il la dit située par 71⁰ 17′ 45″ de latitude nord et 175⁰ 21′ de longitude est, c'est-à-dire à peu près au nord du Détroit de Béring, et il la nomma du nom de son vaisseau *Ile Herald*. Lui et quelques-uns de ses compagnons crurent apercevoir, à quelque distance, une terre plus étendue, élevée, en forme de plate-forme, qu'il nomma *Ile Plover;* cette île devait être située un peu plus à l'ouest et moins au nord que l'île Herald. Six ans plus tard l'existence de cette Ile Plover fut niée par une expédition américaine. Les commodores Ringgold et Rodgers se trouvant, en 1855, à cette place, visitèrent l'Ile Herald mais ne purent, durant leur voyage le long des côtes de Sibérie, rien apercevoir de l'Ile Plover, bien qu'ils ne dussent pas en être éloignés plus de 30 à 60 kilomètres.

Ce ne fut qu'en l'an 1867 que l'existence d'une terre polaire jusque-là inconnue, dans ce coin de terre, fut mise hors de doute par le voyage de la barque baleinière américaine *Nile*, capitaine Th. Long. Ce dernier écrit au sujet de sa découverte: «Le pays fut d'abord remarqué du haut de la barque *Nile*, le 14 août au soir; le jour suivant, à 9 h. ¹/₂ du matin, le bâtiment se trouvait à 18 milles (29 kilomètres) de l'extrémité occidentale de cette terre. Je pus faire, ce jour là, de bonnes observations et fixai la position du cap occidental de ce pays à 70⁰ 46′ de latitude nord et 178⁰ 30′ de longitude est. Les parties basses de la contrée étaient tout à fait dégagées de neige et présentaient un aspect verdoyant, comme si elles étaient couvertes de végétation. Le 15 et une partie du 16, nous cinglâmes dans la direction de l'est, en longeant le pays dont il s'agit, et nous nous en approchâmes parfois jusqu'à 15 milles (24 kilomètres). Le 16, le temps était fort clair et agréable, et nous apercevions bien la partie médiane et orientale de la contrée. Presque au milieu, ou environ par 180° de longitude, se trouve une montagne qui a l'air d'un volcan éteint. Par une appréciation approximative, je trouvai qu'elle était haute de 2 480 pieds (756 mètres). Le 16, j'obtins d'excellentes observations et doublai le promontoire sud-est, auquel je donnai le nom de cap Hawaii. Il est situé par 70° 40′ de latitude nord et 178° de longitude ouest. Impossible de dire à quelle distance vers le nord s'étend ce pays, mais on apercevait des chaînes de montagnes qui se perdaient dans le lointain, jusqu'où la vue pouvait s'étendre. Or j'appris par le capitaine Bliven, du *Nautilus*, qu'au nord-ouest de l'Ile Herald, il aperçut encore la terre jusqu'à 72° de latitude nord». Presque à la même époque, cette terre fut aperçue par le capitaine Craynor monté sur le *Reindeer*. Long lui donna avec raison le nom de *Terre de Vranghel*, en souvenir de l'homme qui, le premier, sur les assertions des Tchouktchi, avait annoncé à l'occident une terre polaire septentrionale. Ce nom, malgré l'avis contraire de Petermann, mérite d'être conservé.

En 1876, le lieutenant M. L. Onazéwitch, monté sur le clipper *Vsadnik* et accompagné de Novosselski, reçut la mission de percer par le Détroit de Béring jusqu'à la terre de Vranghel, mais il ne put atteindre ce but. Des masses de glace compactes l'arrêtèrent sous le 67° degré de latitude nord et le forcèrent à changer de route. Ayant essayé de s'avancer vers l'ouest, il échoua également, la mer étant là aussi couverte d'épaisses masses de glaces.[1])

Cependant, l'investigation scientifique du nord-est de la Sibérie continentale et des parages côtiers avait été longtemps interrompue. Ce ne fut que de 1868 à 1870 qu'une nouvelle expédition fut envoyée par la société russe de géographie, sous la conduite du baron G. de Maïdell, dans la partie la plus orientale de ces contrées. Le but principal de cette expédition était d'explorer exactement le pays des Tchouktchi et de rapporter des renseignements sur la terre polaire découverte par Long et mentionnée plus haut. Cette expédition se composait, en outre de Maïdell, de l'astronome docteur Karl von Neumann, du topographe Afanasyef, du chirurgien Antonovitch et de l'interprète Yégor Lygtchine, Youkaghir élevé au milieu des Tchouktchi et

---

[1]) Mr. Onazéwitch a compensé par d'importants résultats hydrographiques ses insuccès en géographie. Ses mesures de la profondeur et de la température des mers dans divers parages ainsi que ses études sur la direction des courants marins ont rendu de grands services à la science. Il a pu, entre autres observations, suivre, dans la Mer glaciale, un courant, allant du Détroit de Béring vers le nord-ouest et conservant une température assez élevée.

possédant parfaitement leur langue. Nous ne nous étendrons pas sur les zigzags que suivit cette importante expédition; je noterai seulement qu'après une première tentative infructueuse faite en février 1870 pour atteindre les îles Medvéji, Neumann se dirigea de nouveau de leur côté, le 13 avril, qu'il les visita toutes les six effectivement et que, le 29, il revint par les rochers de Baranof.

Parlant des habitants de l'extrême nord de l'Asie, nous avons mentionné à plusieurs reprises les Tchouktchi qui, pleinement indépendants, parcourent, avec leurs troupeaux de rennes, les plaines vastes et désertes de la presqu'île qui porte leur nom. Ces Tchouktchi nomades ou à rennes (*Olenniyé Tchouktchi* des Russes), qui se donnent eux-mêmes le nom de *Tchaouktchou*, furent autrefois souvent confondus avec les Namollo, lesquels habitent le coin nord extrême de l'Asie. On appelait ces derniers les Tchouktchi sédentaires (*Sidyatchiyé Tchouktchi* des Russes); les Namollo sont proches parents des Koryek, leurs voisins. Leur deux langues diffèrent moins entre elles que l'espagnol ne diffère du portugais.

Les véritables Tchouktchi, dits à rennes, sont en quelque sorte des peuples pasteurs arctiques; il y a beaucoup de riches Tchouktchi qui possèdent plus de mille de ces utiles animaux. De nos jours, les tentes de ces nomades sont faites de peaux d'animaux; jadis ils semblent avoir aussi possédé des habitations souterraines, car, aujourd'hui encore, on en aperçoit, de ci et de là, des restes. Du dehors, les tentes de peaux paraissent fort grossières et primitives; elles sont faites de toutes sortes de peaux jointes ensemble; mais ce sont en réalité de vraies bâtisses artistement construites, car elles sont formées d'un échafaudage de grands os de baleines et de morses très adroitement assemblés. Les appuis des *baïdara* (bateaux), également recouverts de peaux, sont le plus souvent des ossements de baleines; les filets de pêche, très solides, sont faits de bandes minces de peaux de morses.

Dans ces bateaux, les Tchouktchi, peuple commerçant très entreprenant, traversent le Détroit de Béring, pour faire, avec les habitants du nord-ouest de l'Amérique, des échanges de peaux et de dents de morses, qu'ils apportent sur leurs traîneaux jusqu'à Ostrovnoÿe. Là, dans une petite île, sous le 68ᵉ degré de latitude nord, les Russes et les Tchouktchi, les Youkaghir et les Lamout, les Toungouz et les Koryek, se donnent rendez-vous. Un commissaire du gouvernement russe maintient l'ordre, et pour empêcher toute surenchère on établit, avant le commencement de ce marché, pour cette multitude confuse, un tarif général qui fixe la quantité de tabac (cette matière est acceptée universellement comme monnaie) à donner pour un certain nombre de peaux de martres ou de renards. Après la grande foire qui dure trois jours, cet endroit misérable reste désert jusqu'à l'année suivante. Le nombre des Tchouktchi de race pure est très différemment évalué; il varie entre 20 000 et 50 000.

En général, les Tchouktchi sont une vigoureuse race d'hommes, quoique ils soient souvent démoralisés par suite de leurs rapports avec les baleiniers. Sous une charge de 100 kilogrammes, les hommes cheminent encore d'un pied léger. D'un caractère bienveillant, ils ne sont pas plus cupides que la plupart des autres fils de la nature. Leurs enfants sont si solidement cousus dans des peaux de rennes, qu'ils ressemblent à des sacs en marche et qu'ils ne se font aucun mal quand par hasard ils tombent. Tous les Tchouktchi portent des habits, des pantalons et des bottes de peau, excepté les jours de grande fête, en été, où ils se pavanent dans de vieux vêtements, produits de notre civilisation, lesquels jadis virent de meilleurs jours et leur ont été vendus, pour la plupart, par des matelots. Avant de se livrer au sommeil, hommes et femmes ont l'habitude de se mettre nus jusqu'à la ceinture et de dormir tout nus dans le *Polog*, chambre à coucher basse, véritable tente dans la tente. De même que pour le tabac, dont le Tchouktchi aspire la fumée à l'aide de sa longue pipe semblable à une corne, de telle façon qu'après six à huit aspirations il tombe à terre comme enivré, ce peuple a un penchant passionné pour tous les spiritueux. Les marchands vendent aux Tchouktchi une eau-de-vie de la plus épouvantable qualité; ce produit n'est guère meilleur que l'alcool de nos anciennes lampes. Du reste, les mœurs et coutumes des Tchouktchi sont restées jusqu'aujourd'hui telles que Billings les décrivait, il y a un siècle; cette constance est d'autant plus curieuse que depuis cette époque, les Tchouktchi ont appris à se servir du fer.

L'introduction du christianisme n'a pas transformé davantage leurs vieilles coutumes. Leur aveugle croyance aux paroles des chamans a, il est vrai, depuis longtemps perdu de sa force, et avec elle a disparu pour toujours mainte coutume barbare. Les parents devenus trop vieux ne sont plus massacrés par leurs propres enfants; mais la crémation des cadavres, les sacrifices d'animaux et la polygamie subsistent encore. Bien que les hommes ne fassent absolument rien et que tout travail domestique, considéré comme attentatoire à leur dignité, soit réservé aux femmes, ce sont elles qui sont les vraies maîtresses sous la tente; elles gouvernent despotiquement et ce sont elles qui portent la culotte, comme on dit.

Si nous nous avançons de l'est à l'ouest le long de la côte de la Mer glaciale, nous trouvons que les plus proches voisins des Tchouktchi sont les *Youkaghir* ou *Adon-domni*, aussi appelés *Ardon-domni*, qui habitent principalement sur les bords de l'Indighirka et de l'Anyouï. Leur langue diffère complètement de celle de leurs voisins les Yakout et les Koryek et n'a que quelques mots de communs avec celles des Toungouz et des Samoyèdes. Ce peuple autrefois nombreux, aujourd'hui très réduit en nombre, a vu périr la plus grande partie de ses rennes par suite de maladies contagieuses; c'est pourquoi la plupart des Youkaghir demandent leur subsistance à la pêche et à la chasse des oiseaux. Ils se rapprochent déjà fort des Russes par leurs vêtements et leurs usages. Ils aiment passionnément la musique, et presque tous jouent un peu du violon, que les Russes leur ont fait connaître. Les femmes ont la voix assez agréable.

Les Youkaghir vivent en nomades, habitent dans des huttes de terre et sont d'une ignorance crasse.

Leur religion est un mélange de paganisme et de christianisme.

Hedenström trouva encore en 1809, sur les îles néo-sibériennes, des traces des anciens colons Youkaghir qui cependant avaient disparu en masse.

TCHOUKTCHI CONSTRUISANT UNE HUTTE.

Si nous regardons encore plus à l'ouest, nous trouvons, sur les bords de l'Aldane, de la Léna et de l'Indighirka, les Yakout. Ce peuple compte 200 000 âmes. Il rappelle fortement, à certains points de vue, la race juive. Les Yakout sont tartares d'origine. Les Russes assurent qu'un Turc de Stamboul, en parlant son propre langage, se ferait facilement comprendre des Yakout habitant les bords de la Léna. Les Yakout, en immigrant sur les bords de l'Angara, ont refoulé vers le nord les tribus établies près de cette rivière et du lac Baïkal.

Soumis par les Russes, les Yakout n'ont pourtant pas adopté les usages de leurs vainqueurs. A Yakoutsk, la langue yakout prévaut, et les mariages entre Russes notables et femmes yakout sont très nombreux.

Les Yakout sont pasteurs de naissance; ils restent le plus souvent isolés; rarement ils se groupent en grand nombre. Leur hospitalité est proverbiale.

Leur endurcissement à l'égard des rigueurs du climat est remarquable; pour cette raison, en Sibérie même, on les appelle *les hommes de fer*. Le thermomètre marquant un froid de — 40 degrés centigrades, Kennan les vit, revêtus d'une simple chemise et d'une peau de mouton, stationner dans les rues, riant et plaisantant; on les eût dit en plein été, caressés par un doux zéphyr.

Ils sont très actifs et s'entendent aussi bien que les Russes à se construire, à l'aide du *topor* ou de la hache, une hutte de bois avec portes et fenêtres. En somme, ni le bon vouloir, ni la capacité ne leur font défaut pour exécuter des travaux difficiles et de longue haleine.

D'ailleurs, ils occupent un rang inférieur dans la civilisation; ils sont superstitieux, sombres et taciturnes.

Le pays des Yakout s'étend au nord-ouest jusqu'à la grande presqu'île de Taïmour, aux *toundra* solitaires que traversent parfois de rares Samoyèdes.

L'intérieur de cette partie la plus boréale de la Sibérie arctique ne nous est connu que par le voyage, accompli de nos jours, en 1843, de l'académicien Alexander Théodor von Middendorff (né le 10 août 1815 à Saint-Pétersbourg). Cet homme, le seul qui se fût offert pour explorer ces contrées, était aussi le seul contemporain duquel on pût espérer, vu son endurcissement aux fatigues, froids, etc., et son aptitude scientifique, qu'il ne reviendrait pas avec des résultats purement négatifs. Il s'adjoignit plus tard un Danois, employé forestier, nommé Brandt; le 3 avril 1843, tous deux, accompagnés d'un seul serviteur, se mirent en route; ils voyagèrent jusqu'à Doudinsk sur la glace qui recouvrait l'Iéniseï. Là, les compagnons de Middendorff furent atteints de la rougeole. On ne pouvait songer à leur faire suivre un traitement normal, si l'on voulait profiter des glaces pour arriver à la Khatanga. Les malades furent donc empaquetés dans des coffres; et la troupe, augmentée d'un topographe et de deux Cosaques, quitta son campement, le 13 avril, par — 37 degrés centigrades et par une tempête si forte qu'on pouvait à peine se tenir debout. Près de la Boghénida, affluent de la Khéta, qui se jette dans la Khatanga, on dut faire halte, parcequ'à part Middendorff et Brandt, tout le monde était malade. Middendorff, sachant que les Samoyèdes passent en été par cet endroit pour aller vers le nord, résolut de les attendre; il fit dans l'intervalle une excursion à la Khatanga. Toute la population riveraine avait la rougeole et était dans une profonde détresse. Alors il se dirigea vers le Taïmour; tandis qu'une partie de la caravane restait sur les bords de la Boghénida pour faire des observations météorologiques, lui-même accompagné du topographe, d'un interprète et de deux Cosaques, se joignit aux Samoyèdes se dirigeant vers le Nord. Le 19 mai il se mit en route pour explorer l'extrémité septentrionale de l'Asie. La maladie contagieuse avait précédé les voyageurs.

La tribu samoyède qui les attendait sur les rives du Novaÿa pour les conduire plus loin était également atteinte de la rougeole et réduite à un état lamentable. La situation était donc très critique: Middendorf, au lieu d'être secouru, eut à secourir lui-même et à sauver les fils de l'extrême Nord.

A tous ces contre-temps vint se joindre un froid terrible; le 27 mai, le thermomètre marquait — 23 degrés; une tempête de neige se déchaîna avec une violence épouvantable sur ces plaines glacées, et nos voyageurs, blottis sous leurs tentes, abri bien insuffisant, restaient là engourdis, sans penser même à se faire une tasse de thé.

Ce n'est que le 31 mai qu'on put se remettre en route; le 14 juin, on aperçut dans le lointain le Taïmour, en amont de l'endroit où le fleuve verse ses flots dans le lac de ce nom, lorsque l'hiver et la gelée ne les enchaînent pas. Ce laps de temps est court: nos voyageurs le savaient, et, prévoyant la débâcle, ils se mirent résolument à apprêter le canot. Enfin le pont de glace qui reliait les rives du fleuve se rompit; le 5 juillet, il n'en restait plus trace; le 6, le canot fut mis à l'eau.

Des vents favorables accélérèrent sa marche sur le cours rapide du fleuve, si bien que, le 24 août, Middendorff arriva, sans encombre, à l'Océan glacial et poussa ses explorations jusqu'au delà du 76e degré de latitude nord.

Dès le commencement du mois d'août, les froids nocturnes revinrent, et il fallut songer au retour de peur d'être surpris, dans ces déserts, par les horreurs de l'hiver boréal. Malheureusement la violence du courant et des vents, qui avaient précédemment favorisé la marche en avant entravaient le retour. Middendorff a lui-même confessé, plus tard, que, s'il n'avait pas rebroussé chemin avant cette époque, c'était par crainte de ne remplir qu'à moitié sa mission, et que la froide raison lui aurait conseillé d'avancer beaucoup son départ.

Le 26 août, après s'être pourvu d'une bonne charge de bois de flottage, on vira cap pour cap. Surpris par le mauvais temps devant une des îles du lac Taïmour, nos voyageurs furent obligés de s'y arrêter jusqu'au 7 septembre.

Au bout de quelques jours, tout le lac se couvrit de glaçons et les voyageurs furent exposés au danger d'être enfermés par eux au milieu du lac. Le canot se brisa. Seul espoir de salut: rencontrer des Samoyèdes sur le cours supérieur du fleuve, car ces nomades ne dépassent jamais la rive sud du lac. On se mit donc sans retard à construire un grand traîneau, puis on prit la direction sud, pour regagner le fleuve, dont on était encore très loin. Au bout de deux jours, Middendorff se sentit épuisé et incapable de continuer son voyage. Un repos de plusieurs jours aurait peut-être suffi pour le remettre, mais c'eût été compromettre l'existence de toute la caravane: il n'y avait plus une minute à perdre.

Dans cette perplexité, Middendorff prit le résolution héroïque de rester seul dans cette solitude, pour sauver au moins une partie de la caravane, et n'ayant d'autre espoir de salut pour lui-même que dans le cas où ses compagnons auraient le bonheur de rencontrer des Samoyèdes avant que ceux-ci ne se fussent retirés dans leurs quartiers d'hiver.

On tua le dernier chien; on le partagea, ainsi qu'un dernier reste de bouillon, en cinq parties égales; puis on fit en commun un dernier repas de sang et de bouillon d'os, et les compagnons de Middendorff repartirent vers le sud.

Middendorff, malade et épuisé, resta donc seul, pourvu de vivres, pour deux jours seulement, — un rocher étant son seul abri contre l'hiver arctique qui venait à grands pas.

Pendant les trois premiers jours, il put encore faire une reconnaissance autour de son refuge; il vit les derniers oiseaux de passage se perdre dans le Sud et le lac se couvrir peu à peu d'une épaisse couche de glace. Les trois jours suivants, il se sentit trop faible pour sortir: dévoré par une soif ardente, il se traîna jusqu'au lac pour se rafraîchir.

La guérison ne fit que peu de progrès; peu à peu il se trouva complètement enseveli dans la neige, et la dernière lueur d'espoir s'évanouit.

Cependant le secours inespéré arriva enfin. Après avoir été exposé à toutes les horreurs de la faim, Middendorff fut recueilli par un chef samoyède ami, qui, le 30 septembre, l'amena sous sa tente. Le 25 octobre suivant, il saluait, avec des transports de joie, la lisière du bois, la Boghénida, la hutte enfumé et ses compagnons de voyage.

Depuis cette mémorable expédition de Middendorff, et ses recherches tant sur la géographie, le règne végétal et le règne animal que sur l'ensemble et les rapports généraux des lois physiques générales du Taïmour, aucun savant européen n'a mis le pied dans ces régions glacées.

# LES RUSSES À LA NOUVELLE-ZEMBLE.

Si nous portons nos regards vers l'ouest de la Mer glaciale de Sibérie, nous constatons que les expéditions entreprises depuis plus d'un siècle, par curiosité scientifique, soit par des particuliers russes, soit par le gouvernement russe, étaient presque toutes dirigées vers la Nouvelle-Zemble; les Russes seuls ont donc eu le mérite d'avoir soulevé le voile qui cachait aux géographes ces îles boréales jumelles.

Un des *Kormchtchik* ou pilotes-côtiers pour les voyages dans la Mer glaciale, Iouchkof crut s'être assuré que les montagnes de ces îles renfermaient, comme on le disait, beaucoup d'argent. En 1757, un riche habitant d'Arkhanghel le mit à la tête d'une expédition qui devait explorer ces régions à ce point de vue. Iouchkof mourut en route, et, par suite l'entreprise avorta complètement.

En 1760, *Savva Lochkine*, d'Olonez, prit l'audacieuse résolution de longer la côte orientale, encore inconnue, de la Nouvelle-Zemble; dans l'espace de trois ans, il réussit à faire le tour de tout le groupe, résultat qui ne devait être atteint une seconde fois que de nos jours; Lochkine accomplit, en trois étés, au milieu de luttes inouïes contre la glace, le trajet de la porte de Kara au *Hoek van Begeerte* (de Barents) ou *Myce Dokhody* (Cap de l'arrivée); il hiverna deux fois sur la côte orientale qu'il trouva en général plus unie et moins découpée que la côte occidentale. Des masses de bois flottants, apportées par la mer, rendirent l'hivernage possible. Après avoir tourné l'extrémité nord de l'île, Lochkine redescendit la côte occidentale et revint enfin sur le rivage de la Mer blanche.

En 1768 et 1769, un ex-lieutenant du corps des pilotes de la flotte impériale, Rosmyslof, reçut une double mission pour la Nouvelle-Zemble: un riche négociant d'Arkhanghel, du nom de Barmine, lui confia la recherche de mines d'argent, et le gouvernement le chargea de faire le relevé des côtes. Rosmyslof partit sur une kotchmara (Кочмара), bâtiment à trois mâts, de dix tonneaux. Le gouvernement lui adjoignit le sous-pilote Goubine et deux matelots; Barmine lui procura le pilote Tchirakine et neuf ouvriers. En tout 13 hommes. Le 10 juin, Rosmyslof quitta Arkhanghel.

Retenu par des vents contraires, il n'arriva en vue des côtes de la Nouvelle-Zemble que le 1<sup>er</sup> août; il se trouva en vue du Cap septentrional des oies; il continua à faire voile ver les nord; le 9, il mouilla dans la Baie Britvine[1]) où il séjourna jusqu'au 12 du même mois. Dans la *Baie sans nom (Bésimenniye Saliv)*[2]) située encore plus au nord, la kotchmara fut rejointe par un canot de chasseurs en compagnie duquel, elle atteignit, le 14 août, l'Ile Pankof, à l'entrée du *Matotchkine Char*. Le jour suivant, il s'engagea dans ce détroit jusqu'au Cap du Bélier (Baraniye Myce). Tchirakine avait déjà autrefois atteint ce point; il ne put le dépasser. Rosmyslof pénétra, avec une barque, dans le détroit; il estima que la profondeur était de 16 mètres $^1/_2$ à 27 mètres $^1/_2$; lorsqu'il fut arrivé au Cap des morses (Morchévoÿe Myce) en face de l'extrémité nord du Matotchkine Char, les vents et le courant le forcèrent à revenir sur ses pas. Il fit faire ensuite par son pilote Goubine le relevé d'une partie de la côte sud; Rosmyslof lui-même entreprit une seconde expédition en canot, pour s'avancer jusqu'à la Mer de Kara et dresser la carte de tout le détroit.

A l'extrémité est du Matotchkine Char, Rosmyslof gravit une haute montagne: aussi loin que portait le regard, la Mer de Kara était libre de glaces. Rosmyslof regretta de ne pas pouvoir s'y risquer avec sa fragile embarcation pour évaluer la distance de la Nouvellle-Zemble à la péninsule des Samoyèdes. Il constata toutefois que la Nouvelle-Zemble ne formait pas une masse unique, mais qu'elle était coupée en deux, transversalement.

Le 3 septembre 1768, il revint à sa kotchmara, et comme l'hiver approchait, il résolut d'hiverner dans la Baie Toulénya (petite Baie des phoques), sous une latitude nord de 73° 14' et environ à 26 kilomètres de la Mer de Kara. On établit un petit blockhaus dont les matériaux avaient été apportés d'Arkhanghel; comme il était trop petit, une hutte rencontrée près du Cap du Bélier fut démolie et réédifiée à l'ouest de la Baie Toulénya, près du Cap des bois (Drovyanoÿe Myce). C'est dans ces deux huttes que nos voyageurs s'abritèrent contre un hiver des plus rigoureux. Chacune

---

[1]) Lieu d'ancrage très sûr, protégé contre le vent par une ceinture de montagnes. Cette baie a environ 16 à 18 kilomètres de tour. Lorsque le vent de la mer souffle plus fort, les bâtiments trouvent un abri suffisant dans la profondeur de la baie, derrière le Cap des canards *(Outiny Noce)*.

[2]) Elle s'étend vers le nord-est, et elle est entourée de hautes montagnes couvertes de neige, derrière lesquelles se dressent, à quelque distance, de plus hautes montagnes.

des deux cabanes fut habitée par sept hommes. Le 20 septembre, le détroit se couvrit de glaces; la longue nuit polaire commença le 27 novembre et dura jusqu'au 24 janvier. Le froid fut si rigoureux qu'on ne put pas sortir des huttes; presque tous les voyageurs étaient souffrants; plusieurs d'entre eux moururent; du nombre fut Tchirakine (17 novembre 1768).

Les neiges ne commencèrent à fondre qu'à la fois du mois de mai; à la fin de juin, les glaces étaient encore tellement compactes que Rosmyslof, sans en quitter la surface, put achever le relevé de la côte méridionale. Il fit cinq observations pour déterminer la latitude nord de la station d'hivernage, et il trouva 73° 39′ c'est-à-dire environ 25′ de trop.

Quoique s'occupant de préférence de ses travaux d'hydrographie et de géodésie, l'officier russe ne laissait pas d'observer la nature. Il rapporte que les hautes montagnes du Matotchkine Char sont formées de schistes meubles, qu'elles ne renferment pas de métaux précieux, et qu'on y trouve de nombreux lacs d'eau douce peuplés par des multitudes de poissons. Pas d'arbres; très peu d'herbes. Des ours blancs, des renards polaires, des loups, des rennes; des oies sauvages, des mouettes, des choucas; des morses, des phoques et des dauphins.

Quand la saison se fut radoucie, on répara la kotchmara; et, le 2 août, lorsque le détroit devint libre, Rosmyslof se dirigea vers l'est. Quoique malade, et bien qu'il eût perdu 7 hommes de son équipage, il était fermement résolu à faire une tentative pour traverser la Mer de Kara. Il s'aventura donc encore une fois dans la pleine mer, mais dès le lendemain son bateau faisait eau de toutes parts et Rosmyslof fut obligé de reculer devant les glaces.

. Le 4, il constata une interruption de la côte; il crut d'abord que c'était l'entrée du Détroit de Matotchkine; mais ce n'était qu'une baie située plus au nord; il l'appela *Nyesnaïjemniye Saliv* (Baie inconnue). Il ne rentra dans le Détroit de Matotchkine que le 8 août; il songeait à réparer son navire devant l'embouchure de la Matotchka, près de l'entrée méridionale du détroit; là il rencontra le patron d'un bâteau de pêche; cédant aux invitations de ce marin, il s'embarqua avec lui et abandonna sa kotchmara qui n'était plus capable de tenir la mer; il rentra à Arkhanghel, le 8 septembre 1769.

L'expédition de Rosmyslof fut la plus importante depuis celle du Hollandais Barents. Il est vrai qu'elle n'amena la découverte d'aucune mine d'argent, mais elle étendit considérablement la connaissance hydrographique de la Nouvelle-Zemble. Ce voyageur est le premier qui ait mesuré la latitude du détroit coupant la Nouvelle-Zemble en deux, qui en ait déterminé la longitude, qui ait fait un relevé exact des côtes et qui enfin, dans la mesure de son modeste savoir, en ait fait l'histoire naturelle: il serait donc équitable que le détroit, en souvenir du courageux explorateur, fût appelé détroit de Rosmyslof. Après lui, la Nouvelle-Zemble ne fut visitée, pendant quarante ans, que par des chasseurs.

Ce n'est qu'en 1807 qu'une nouvelle expédition fut envoyée à la Nouvelle-Zemble aux frais du comte de Roumanzof, qui nous est déjà avantageusement connu par son zèle pour les explorations polaires, et qui avait surtout en vue l'exploration minière des îles jumelles.

A cet effet, le commandement de l'expédition fut confié à Pospélof, pilote en retraite, de la marine impériale; on lui adjoignit un employé des mines de l'Oural, du nom de Loudlof et deux mineurs, ainsi que le caboteur Myasnikof de Mésène et huit matelots.

L'expédition partit de Kola, le 29 juin, sur l'*Abeille*, tender de 35 tonnes, et longea les côtes de la Nouvelle-Zemble depuis le Détroit de Kostine jusqu'au Détroit de Matotchkine dont elle traça une assez bonne carte. C'est Pospélof qui le premier a parcouru complètement le Détroit de Kostine. L'expédition se rendit ensuite aux Iles blanches, où Loudlof constata la présence de gisements de plâtre; elle visita surtout la Baie argentine, où toutefois on ne trouva, en fait de minerai argentifère, qu'un peu de galène dont l'exploitation n'eût pas été assez lucrative. La pierre des côtes consiste en schiste calcaire et micacé ou or des chats, et c'est à cette combinaison que la baie doit certainement son nom si gracieux. Sur la côte nord de la pointe Saint-Mathieu, Loudlof trouva du soufre et du minerai de cuivre; il y soupçonna la présence de la malachite.

L'expédition entreprise en 1819, sur les ordres du gouvernement russe, par le brick Novaïa-Zemlia et commandée par le lieutenant de marine Lasaref donna des résultats encore bien moins importants. Cet officier partit d'Arkhanghel, le 10 juin, sur un vaisseau parfaitement équipé. Il essaya successivement d'atteindre le Détroit de Matotchkine, puis la pointe méridionale de la Nouvelle-Zemble; après un arrêt à Kolgouïef, il renouvela les tentatives précédentes; mais partout il fut arrêté et rejeté en arrière par des glaces infranchissables. En outre, la plus grande partie de l'équipage fut atteinte du scorbut, et, le 9 août, Lasaref se vit obligé de rebrousser chemin; il rentrait à Arkhanghel, le 3 septembre suivant.

Quelques indications topographiques sur l'île de Kolgouïef et sur la côte de l'Ile des oies qu'avant lui on plaçait trop à l'est: tel est l'unique résultat d'une expédition qu'on avait eu le tort d'entreprendre de trop bonne heure. Le peu de succès de la tentative de Lasaref ne rebuta aucunement le gouvernement russe; au contraire, de 1819 à 1824, il envoya cinq expéditions dans les solitudes de la Nouvelle-Zemble. Le fort brick Novaïa-Zemlia fut équipé sans retard, et on en confia le commandement au lieutenant Féodore Pétrovitch (plus tard comte) Lutke (né le 29 septembre 1797 à Saint-Pétersbourg), qui venait de rentrer d'un voyage autour du monde dirigé par le capitaine Golovnine. Lutke se mit en mer, le 15 juillet 1821, avec deux officiers, un pilote, un médecin et 39 matelots; il arriva, le 31 du même mois, aux glaces continues qui s'étendaient le long de la côte occidentale de l'île. Quinze jours durant, il dut se frayer un passage au travers de ces glaces; il arriva enfin, sous une latitude de 71° 31', en vue de la terre. Mais les côtes étaient partout obstruées et une violente tempête du nord rejeta le brick au loin; cependant, le vent ayant désagrégé la glace, et le courant l'ayant entraînée au loin, il put apercevoir la Pervousmotrennaÿa Gora. Les vents d'ouest, régnant dans ces parages, ne per-

FÉODOR PÉTROWITCH, COMTE LUTKE.

mirent pas à Lutke d'approcher des côtes, et il lui fut impossible de trouver l'entrée du Détroit de Matotchkine; mais il devait avoir passé deux fois devant ce détroit. Cependant la saison s'avançait (on était fin août) et Lutke songeait à faire le relevé de la côte, du 73e degré jusqu'au Cap des oies, quand il rencontra de nouveau les glaces. Forcé de rétrograder, il arriva à Arkhanghel, le 11 septembre, après avoir toutefois pu rectifier la latitude du Cap Kanine.

En 1822, Lutke fut chargé de reprendre, sur le même navire, l'exploration de l'année précédente; toutefois il devait consacrer la première partie de l'été au relevé des côtes de la Laponie, dont on n'avait à cette époque que des cartes trop primitives.

Parti d'Arkhanghel, le 21 juin, en compagnie du lieutenant Lavrof, du midshipman Lutke II, des pilotes Safronof et Prokofyef et du médicin major Smirnof, il s'occupa, pendant le mois de juillet, du relevé des côtes de la Laponie, et, le 8 août, il arriva en vue de la Pervousmotrennaÿa Gora. Les côtes se montraient complètement dégagées de glaces. S'avançant à peu de distance du rivage, il lui eût été facile d'entrer dans le Détroit de Matotchkine, mais il s'en réserva le relevé pour son retour, et continua sa route vers le nord. Le 11 août, il se trouva en face d'un promontoire escarpé et couvert de neige; n'apercevant aucune terre derrière celui-ci, il le prit d'abord pour le Hoek van Begeerte, c'est-à-dire pour l'extrémité nord-ouest de la Nouvelle-Zemble, mais plus tard, il reconnut que c'était le Cap Nassau. Bientôt après, il fut arrêté par une muraille de glaces, et s'en retourna vers le détroit de Matotchkine, dont il détermina la situation géographique. Le 6 septembre, le Novaïa-Zemlia jetait de nouveau l'ancre dans le port d'Arkhanghel.

Promu au grade de capitaine, Lutke ne resta pas oisif pendant l'année 1823. Dans les premiers jours de juin, il quitta Arkhanghel, et il commença son voyage d'été par la continuation du relevé des côtes de la Laponie; de Vardoe il se dirigea vers l'est, et, le 27 juillet, il se trouva en face du Cap des oies. Il arriva sans obstacles et tout en vérifiant ses relevés précédents, sous une latitude nord de 76° 30′, quand, le 1er août, il fut encore arrêté par les glaces, et forcé de revenir sur ses pas. Cette fois encore, il lui fut impossible d'être fixé *de visu* sur le cap en question. On donna le nom d'Iles Barents aux îles situées à l'ouest de ce point et que Lutke avait prises d'abord pour les îles Orange. Le 6 août, il jeta l'ancre devant le Cap du bélier, près de l'entrée occidentale du Détroit de Matotchkine. De là il pénétra, sur des canots, dans l'intérieur du détroit dont il releva les rives, et il fit des observations astronomiques et magnétiques. Ces travaux terminés, l'expédition reprit la mer, le 10 août; mais le mauvais temps ne permit de reprendre les recherches que le 18 août; elles furent poursuivies du Cap des oies au Cap Koussof, pointe méridionale de l'île. Dans ces parages, le brick eut le malheur de heurter contre un banc de sable, dont il put, à la vérité, se dégager, mais son gouvernail fut brisé et Lutke dut s'en retourner, en passant par Kolgouïef. Le 31 août déjà, il rentrait à Arkhanghel.

En 1824, l'amirauté russe chargea Lutke encore une fois de faire le périple de l'île septentrionale, et, à partir de là, d'essayer de longer la côte orientale; en cas d'insuccès, de faire la même tentative, mais en partant de la pointe sud, et, une fois la chose faite, de s'avancer sur mer entre la Nouvelle-Zemble et le Spitzberg jusqu'aux glaces immobiles.

Le brick quitta Arkhanghel, le 18 juin, et s'arrêta dans la Mer Blanche jusqu'au 11 juillet. En avançant vers le nord, Lutke s'aperçut bientôt que l'été s'annonçait fort mal; la violence des vents, le froid, le brouillard et la grande quantité de glaces étaient autant d'indices infaillibles. Loin de pouvoir faire le tour de l'extrémité nord de l'île, il ne put même pas l'atteindre, et ce n'est qu'au Cap Speedwell (75° de latitude nord) qu'il réussit à s'approcher des côtes; les longeant alors dans la direction de l'ouest jusqu'à une longitude est de 43°, il ne trouva aucune ouverture par où il pût avec quelque apparence de succès pénétrer vers le nord. Revenue au rivage occidental de l'île du sud, l'expédition trouva les mêmes obstacles sur sa route; à partir du Détroit de Kostine, les côtes étaient partout obstruées de glaces sur une étendue de plusieurs lieues. Ce ne fut que le 13 août, quand des tempêtes du sud et de l'ouest eurent quelque peu disjoint les glaces, que Lutke put s'approcher de l'extrémité nord de Vaïgatch et en déterminer la position géographique. Comme de cet endroit on n'apercevait pas de glaces dans la Mer de Kara, le brick cingla vers le nordest, mais il fut bientôt arrêté par un mur de glace qui s'étendait à perte de vue. Après une vaine attente et après avoir déterminé la position des îles Sakhanine, Lutke s'en retourna, le 30 août, vers l'ouest; il atteignit Arkhanghel, le 11 septembre.

Comme dans les trois voyages précédents, la santé était parfaite à bord et la maladie n'avait fait aucune victime. Les quatre expéditions de Lutke surpassent toutes celles qui les ont précédées, tant par l'exactitude des mesures astronomiques et géodésiques que par le grand nombre d'observations dont elles enrichirent l'hydrographie et la physique; elles eurent pour résultat de déterminer exactement la position géographique de la Nouvelle-Zemble, et de donner un aperçu suffisant des côtes occidentales depuis le Détroit de Kara jusqu'au Cap Nassau. Toutefois les côtes septentrionales et orientales de l'île restaient toujours inconnues.[1])

Lutke, malgré son talent et toute son habileté, n'ayant pas réussi à vaincre les tempêtes et les glaces et à se frayer un passage, le gouvernement russe renonça provisoirement aux explorations de la Nouvelle-Zemble. Mais, par contre, l'intérêt privé s'éveilla et se passionna pour l'entreprise. W. Brandt, riche négociant d'Arkhanghel, et Klokof, grand-maître des forêts, risquèrent une partie de leur fortune pour faire une nouvelle tentative.

Ils firent armer trois bâtiments, dont l'un, une lodya de 100 tonnes, sous le commandement du pilote Gvosdaref, devait essayer, en longeant la côte occidentale de la Nouvelle-Zemble, d'atteindre l'extrémité la plus septen-

---

[1]) Voir Fr. Lutke — *Viermalige Reise ins Eismeer in den Jahren 1821 bis 1824.* Saint-Pétersbourg 1828. Traduction d'Erman—Berlin 1835.

trionale de l'île. Gvosdaref ne réussit pas, et s'en retourna dans sa patrie avec un fort chargement de dents de morses.

Le deuxième navire, le schooner Yéniseï, sous le commandement du lieutenant Krotof et du sous-lieutenant Kasakof, avec huit hommes d'équipage, devait passer par le Détroit de Matotchkine et s'avancer droit sur Obdorsk; mais, assailli par la tempête et les glaces, il périt corps et biens; on en trouva plus tard des débris près du Cap Sérébryanniye, à l'entrée du Détroit de Matotchkine.

Enfin, le troisième navire, la grande karbase Novaïa-Zemlia, était sous le commandement du lieutenant du corps des pilotes, Pierre Pakhtoussof, qui avait déjà pris part aux expéditions d'Ivanof et qui avait eu l'occasion de voir le littoral de l'Océan arctique, de s'initier aux mœurs des populations. Pour équipage, dix hommes en tout: lui, Krapivine son second, le pilote Fédotof et sept paysans du gouvernement d'Arkhanghel. Pierre Pakhtoussof

LITTORAL OUEST DE NOVAÏA-ZEMLIA ET ENTRÉE DU DÉTROIT DE MATOTCHKINE.

avait mission de passer par la Porte de Kara et de faire le tour de l'île depuis la côte orientale.

Parti le 1er août 1832, Pakhtoussof arriva, le 10 du même mois, en vue de la Nouvelle-Zemble, il essaya de se conformer à ses instructions, mais des vents contraires et d'énormes glaçons le forcèrent à reculer. La Porte de Kara étant fermée par les glaces, Pakhtoussof se borna forcément à faire le relevé de la partie orientale de la côte sud des îles qui lui font face. L'été touchait à sa fin et les brouillards de l'automne commençaient lorsque le Novaïa-Zemlia, après avoir dépassé le Détroit de Nikolskiye et la Baie de Loghinof, atteignit la Baie Kamenka (Baie rocheuse) sous une latitude nord de 70° 36′ et une longitude de 59° 32′ à l'est de Greenwich; il résolut d'y passer l'hiver. Le 9 novembre, peu de jours après le commencement de la nuit polaire, le thermomètre marquait la température minima de — 40 degrés centigrades; le soleil ne reparut à l'horizon que le 9 janvier 1833, après une nuit de 65 journées, pendant laquelle on aperçut au sud, chaque fois que le soleil revenait dans le voisinage du méridien, une aurore qui durait de deux à trois heures. Grâce à une sévère discipline, au travail,

à la chasse et aux jeux, le capitaine avait assez bien réussi jusque-là à
conserver la santé de son équipage, mais le scorbut se déclara et fit deux
victimes dans le courant du mois de mai.

Le 19 juin, le dégel commença, mais sans que le Novaïa-Zemlia pût se
dégager; Pakhtoussof, monté sur un canot et pourvu de vivres pour un mois,
tenta de contourner la côte orientale de l'île. Il poussa son exploration jusque
sous une latitude nord de 71° 38′ 19″, où il arriva le 5 juillet; il fit le
relevé de la côte, dénomma les caps découverts, et découvrit plusieurs cours
d'eau. A l'embouchure de l'un d'eux, la Savina, il trouva une croix ren-
versée et les débris d'un blockhaus. Doutant qu'avec sa frêle embarcation
il pût atteindre le détroit de Matotchkine, il ne se hasarda pas plus loin.
A son retour, le 11 juillet, le Novaïa-Zemlia se trouva dégagée, et sans
retard Pakhtoussof reprit le chemin du nord. Le 19, il arriva à l'embouchure de la Savina; à partir de la rivière Kasakof, les côtes devinrent plus
escarpées et plus hautes; à la grande Baie de
Lutke, bon abri contre les vents, elles s'élevaient même jusqu'à 247 mètres. Le 12 août,
il découvrit trois nouvelles baies: Schubert,
Brandt et Klokof; le lendemain, 13 août,
l'embarcation entra dans le Matotchkine Char
et le problème de l'exploration de la côte est
de l'île méridionale était résolu.

DR. KARL ERNST VON BÆR.

La Mer de Kara, que le vent du nord-
est avait balayée pendant trois jours, était
libre, mais le manque de provisions et l'état
sanitaire des hommes ne permettaient pas de
risquer un deuxième hivernage: aussi Pakhtoussof revint-il dans la Petchora.
De là il se dirigea en traîneaux tirés par des rennes, vers Mésène et à
Arkhanghel où il arriva le 21 novembre 1833.

L'année suivante, le gouvernement résolut d'envoyer une nouvelle expédition à la Nouvelle-Zemble. Mais comme on manquait des petits bateaux
en usage dans les baies peu profondes, Klokof offrit un schooner et une
karbase, se faisant fort de transporter, au moyen d'une lodya, sur la côte
occidentale, un blockhaus et les provisions nécessaires pour l'hivernage.

Le commandement du schooner Krotof fut confié à Pakhtoussof, et celui
de la karbase Kasakof au pilote Zivolka. L'expédition quitta Arkhanghel
le 24 juillet, mais le 8 août les deux embarcations surprises par les brouillards
se perdirent de vue; elles se retrouvèrent néanmoins à l'entrée occidentale
du Détroit de Matotchkine sur la côte ouest de la Nouvelle-Zemble. En
revanche on fit de vains efforts pour retrouver la lodya qui devait transporter le blockhaus et les provisions d'hiver. On s'était engagé dans le

détroit, mais une barrière infranchissable de glaces qui en fermait l'entrée orientale força les explorateurs à rétrograder. Trouvant la mer déjà prise au large, Pakhtoussof résolut d'hiverner à l'entrée de la Tchirakina.

Dans le courant des mois de mars et avril 1831, Pakhtoussof et Zivolka firent des relevés complémentaires dans le voisinage de leur station d'hiver; on longea d'une part la rive sud, de l'autre, la rive nord du Matotchkine jusqu'à son embouchure. Une karbase devait servir à faire le périple de la Nouvelle-Zemble à partir de l'ouest, pendant que Zivolka, partant du Myce Vychodnoÿe faisait une excursion le long de la côte nord-est et découvrait la Baie Cancrine, la Baie inconnue et la Baie des ours; après avoir dépassé le Cap des cinq doigts (Myce Pyat Palzof), l'expédition arriva, le 24 avril, à la presqu'île Flotof; mais le manque de vivres força Zivolka à la retraite; après avoir érigé une croix votive, il rentra dans ses quartiers d'hiver de la Tchirakina. Des tourbillons de neige et les glaces avaient semé d'obstacles la route du voyageur. Il en triompha, et fut payé de ses peines par un grand succès: car cette côte inhospitalière, d'un accès si difficile, il l'avait explorée sur une étendue de tout un degré de latitude; posant ainsi les bases de découvertes ultérieures.

Pendant les mois de mai et de juin la température s'adoucit sensiblement; on trouva de la cochléaria fraîche, et un léger tapis de verdure parut au sud sur les flancs des montagnes. Plusieurs fois, on vit arriver des chasseurs russes à l'entrée ouest du Détroit de Matotchkine, et entre autres un certain Jérémine, de Sum sur la Mer blanche; ce dernier rendit plus tard de grands services à Pakhtoussof.

Le 29 juin, Pakhtoussof partit pour une excursion le long de la côte occidentale de l'île septentrionale; mais le 9 juillet, arrivée dans le voisinage des Iles bossues, la karbase fut saisie par les glaces flottantes et écrasée en un instant. C'est à peine si on eut le temps de sauver les canots, les instruments et des vivres, et de les transporter sur l'Ile Berkhs; mais le retour dans les canots était chose presque impossible et nos explorateurs durent se confier au hasard. Le 22 juillet, survinrent inopinément des chasseurs de morses parmi lesquels se trouvait Jérémine; ils recueillirent les malheureux naufragés.

Pakhtoussof, sans se décourager, voulut tenter encore la fortune, mais cette fois à l'est de l'île. Le 14 août, sur une lodya équipée nouvellement, il se remit en route vers l'est, en passant encore par le Détroit de Matotchkine, et longea la côte orientale dans la direction du nord; il arriva par une latitude de 74" 24', à l'île qui plus tard prit son nom, poussant ainsi environ 37 kilomètres plus loin au nord que ne l'avait fait Zivolka. A près de 42 kilomètres de là, et toujours vers le nord, il aperçut un promontoire assez élevé, auquel il donna le nom de Dalniye Myce (Cap lointain) mais que les glaces ne lui permirent pas d'atteindre; il vira cap pour cap et s'en retourna tristement. L'expédition entière quitta la Nouvelle-Zemble, le 3 septembre, et arriva le 7 octobre suivant à Solombola, tout près d'Arkhanghel. Aussitôt rentré dans sa patrie, Pakhtoussof voulut mettre de l'ordre dans ses papiers, dresser ses cartes etc., mais, à bout de forces et le corps usé fibre à fibre, il succombait déjà, le 7 novembre, à une fièvre nerveuse.

Zivolka rassemblant alors tous les documents se rendit à Saint-Pétersbourg et y acheva les travaux commencés par Pakhtoussof.

Les deux expéditions de l'habile marin ont été, et de beaucoup, les plus fécondes en résultats, sans toutefois avoir résolu le problème du périple des îles. Mais dès lors on possédait le relevé des côtes méridionale et orientale de l'île sud, celui du Détroit de Matotchkine et en partie celui dela côte orientale de l'île nord. Ajoutez à cela la détermination astronomique de plusieurs points essentiels, une quantité d'observations météorologiques et magnétiques, faites toutes avec le soin le plus scrupuleux, enfin des recherches sur le flux et le reflux : une pareille activité, qui ne se dément jamais, qui ne recule devant aucun péril, aucune fatigue, tient véritablement du prodige. Jusqu'alors la Nouvelle-Zemble n'avait été explorée qu'au profit du commerce et de la navigation. Aucun naturaliste de profession n'avait encore touché ce terrain de la baguette magique de la science, quand l'académicien K. E. von Bær saisit tout l'intérêt de cette question et fit un appel à l'Académie des sciences de Saint-Pétersbourg; lui demandant de prendre en main, dans ces contrées, la cause de l'Histoire naturelle, il joignait les actes aux paroles, et se mettait à sa disposition.

En 1837, v. Bær fut effectivement chargé d'explorer la Laponie et la Nouvelle-Zemble. Il s'adjoignit le naturaliste H. Lehmann[1]) en qualité de géologue, l'administrateur des mines Rœder, en qualité de dessinateur, et Philippof, aide au musée de géologie, en qualité de préparateur. Zivolka s'offrit à prendre le commandement du navire. L'expédition ayant choisi comme chef un chasseur de morses, qui s'était réservé le droit de continuer l'exercice de sa profession, elle ne put, par suite de mille empêchements, visiter, en six semaines de séjour à la Nouvelle-Zemble, du 19 juillet au 31 août, que quatre endroits sur la côte occidentale de la Nouvelle-Zemble et un seul sur le littoral de la Mer de Kara. Néanmoins, cette courte expédition fut de la plus haute importance sous le rapport de la minéralogie, de la botanique[2]) et de la géologie, de sorte que von Bær peut être considéré,

---

[1]) Le même qui plus tard fit un voyage important à Bokhara.

[2]) On recueillit 90 espèces de phanérogames et plus de 70 espèces d'animaux invertébrés. On fit une étude approfondie de la structure géognostique de l'île, ce qui permit de résoudre en dernière instance la question de savoir si les montagnes de la Nouvelle-Zemble sont la continuation de l'Oural.

La faune et la flore de l'île appartinrent désormais à la science. Enfin les conditions physiques de cette région furent nettement rattachées à la physique générale du globe.

avec raison, comme ayant, scientifiquement parlant, découvert la Nouvelle-Zemble. D'un autre côté, ce voyage détermina le gouvernement russe à entreprendre une nouvelle expédition qui eut pour mission de terminer le relevé des côtes.

Dans ce but, on construisit deux petits schooners, Novaïa-Zemlia et Spitzberg, qui furent placés sous les ordres de Zivolka, à peine revenu de son voyage, et du lieutenant Moïssyéyef. L'expédition partit d'Arkhanghel, le 27 juin 1838; elle se proposait d'hiverner à la Nouvelle-Zemble. Moïssyéyef avança en toute hâte; après avoir fait construire deux maisons d'hiver et un balnéarium, il était tout près à recevoir Zivolka dans la Baie des bas-fonds (Gouba Melkaÿa) le jour où ce dernier revint de la côte de Laponie, une fois ses recherches terminées.

On se partagea les travaux. Le 20 août, Zivolka se mit en route pour tourner l'extrémité nord de la Nouvelle-Zemble, mais arrivé au Cap Prokofyef, à la sortie de la Baie de la Croix, il tomba malade et se vit obligé de revenir.

Le 24 août, Moïssyéyef fit également voile vers le nord; il ne s'avança guère plus loin que Zivolka; il arriva, le 29, à la Baie Soulményef dont il commença à faire le relevé, puis il s'en retourna à son hivernage. L'hiver leur fut très funeste: bientôt le scorbut se déclara, et déjà au mois de février 1839, treize d'entre eux en étaient atteints. Zivolka mourut d'une hydropisie de poitrine, et trois de ses compagnons le suivirent dans la tombe. Moïssyéyef prit alors le commandement en chef, et, le 3 avril, il repartit pour le nord; il se proposait d'explorer la Baie de la Croix, mais il dut s'y reprendre à deux fois pour s'assurer qu'elle n'était pas, comme on le supposait, un détroit coupant l'île comme le fait celui de Matotchkine. Le printemps fit sentir ses premiers effets à la fin du mois de mai; la neige fondit au mois de juin et la végétation éphémère des régions arctiques se montra sur le flanc des montagnes exposées au sud. Le moment était propice. Un des schooners, sous la conduite de Rogatchef, se dirigea alors au sud (13 juillet) vers le Détroit de Kostine, tandis que Moïssyéyef continua sa route vers le nord; il s'était à peine avancé dans cette direction qu'à la hauteur de la presqu'île de l'Amirauté, les banquises l'empêchèrent d'aller plus loin et le forcèrent à retourner à son quartier d'hiver; il le quitta le 4 août. En chemin, il releva la Baie de Moller, au nord de la Terre des oies, puis, sans autre accident, il parvint dans la Mer Blanche et, au commencement de septembre, à Arkhanghel. Pendant ce temps, Rogatchef avait fait le relevé des côtes du Détroit de Kostine; il s'en retournait lorsque son embarcation sombra, mais l'équipage fut sauvé, et il rentra, le 19 octobre 1839, à Arkhangel, sur une lodya étrangère.

Voici les résultats de cette expédition: relevé de la côte des oies exploration de la Baie de la Croix et réfutation positive de l'hypothèse qu'un canal reliait cette dernière à la Baie des Ours; puis des sondages, des déterminations astronomiques de latitudes, et des observations météorologiques faites d'heure en heure pendant toute la durée de l'hivernage. Après cette expédition, il y eut un répit de trente ans dans les explorations de la Nouvelle-Zemble.

En passant en revue toutes les expéditions dirigées jusqu'alors vers la Nouvelle-Zemble, on trouve que les douze premières ont été entreprises par des Européens occidentaux (Anglais, Hollandais, Danois) et les douze dernières exclusivement par des Russes. Si, d'un côté, ceux-là ont posé les bases exactes de la connaissance de ces îles jumelles, on ne peut nier, par contre, que les Russes aient contribué pour la plus grande part à la faire connaître exactement au point de vue hydrographique et physiographique. Il est vrai que l'intérieur de la Nouvelle-Zemble restait pour ainsi dire inconnu: les explorateurs ne s'étaient occupés ni des fleuves, ni des lacs, ni des montagnes, ni des glaciers, et léguaient, en outre, à la postérité le soin de résoudre le problème du relevé des côtes nord et nord-est. Ainsi l'exploration plus approfondie de ces deux îles était réservée à des Norvégiens; à de simples chasseurs de morses et de phoques, qui, de nos jours, ont rendu à la navigation les plus grands services. Nous nous proposons d'apprécier plus tard ces travaux comme ils le méritent.

# SIBÉRIE D'AMÉRIQUE.

Il est des contrées qui jusqu'ici n'ont éveillé ni l'intérêt, ni la curiosité intellectuelle du monde. La plupart de celles qui dépassent le quarante-neuvième degré de latitude nord dans l'Amérique septentrionale sont, on peut l'affirmer sans crainte, les plus délaissées.

Nous avons eu, il est vrai, à parler de la presqu'île du Labrador et des rivages de la Baie d'Hudson à l'occasion des expéditions dont cette dernière était l'objectif. Mais une autre région immense, coupée en deux parties inégales par les derniers contreforts, prolongement septentrional des puissantes Montagnes rocheuses (Rocky Mountains) s'étend de la côte ouest de la Baie d'Hudson jusqu'à l'Océan pacifique. Elle comprend la Nouvelle-Bretagne, le pays appelé autrefois Amérique russe et aujourd'hui territoire d'Alaska. C'est de cette vaste étendue qu'il nous faut maintenant donner un aperçu général.

La dite région se divise en deux parties géographiquement bien tranchées: la partie occidentale, formée par un plateau qui soutient les Montagnes rocheuses, et la partie orientale, en grande partie pays de plaine. Le cours imposant du Mackenzie dont le lit profond suit la base du plateau occidental dans la direction du nord au sud, sépare les deux régions d'une manière assez distincte. Toutefois, à l'ouest du Mackenzie, le plateau qui d'abord s'élève à une altitude de 1500 mètres, s'abaisse au fur et à mesure qu'on s'avance vers le nord. Somme toute, le territoire d'Alaska[1]) est un pays de plateaux, borné au sud par une chaîne de hauteurs dont les versants septentrionaux servent d'assises au plateau qui est arrosé par le Yukon ou Kwickpack, le plus grand fleuve de ces contrées; ce plateau constitue la totalité du territoire. C'est seulement le long des côtes nord et nord-ouest que s'étend une bande de pays plat.

---

[1]) Voir Fred. Whymper. *Travel and adventures in the Territory of Alaska.* London 1868, in-8.

A l'est de l'impétueux Mackenzie, dont le cours suit la base orientale du nord des Montagnes rocheuses jusqu'au point, où, sous une latitude nord de 69°, il se jette dans l'Océan arctique en formant un delta sablonneux, se trouve le plateau moins élevé, qui s'étend jusqu'à l'Atlantique sous le nom de plateau des roches et des lacs arctiques. Ce sera l'objet principal de notre étude.

Par suite de la prédominance d'énormes nappes d'eau en comparaison desquelles notre lac de Genève n'est qu'un étang en miniature, cette partie septentrionale du Nouveau-Monde prend une physionomie toute différente de la partie correspondante dans l'Ancien. Tandis que cette dernière est caractérisée par de nombreux cours d'eau presque parallèles et par le manque presque absolu de lacs dans la plaine, on ne voit que rarement de grands fleuves dans la région arctique de l'Amérique du Nord. Sa surface dépourvue de montagnes est rendue rugueuse et inégale par une foule de rochers disposés en arêtes et en chaînes d'écueils, toutes basses et se dirigeant en général de l'ouest à l'est. Le terrain ne s'y élève nulle part au delà de 500 mètres. L'inégalité de la surface s'ajoutant à l'absence d'une pente générale bien déterminée trouble et rend incertaine en quelque sorte la formation des cours d'eau, à leur naissance; elle gêne le développement normal des systèmes fluviaux qui, au lieu de devenir à la fois grands et parfaits, restent inachevés. Tout le plateau est parsemé d'innombrables lacs réunis entre eux par des cours d'eau. Sans parler des glaces qui les couvrent pendant une grande partie de l'année, des rapides et des chutes d'eau y rendent la navigation difficile; cependant ils forment pour les habitants, montés dans des barques légères d'écorce de bouleau, les seules voies de communication dans ces régions arctiques. Souvent le chemin d'un lac à un autre n'est indiqué que par une série de mares d'eaux stagnantes, lesquelles ne sont reliées entre elles que lorsqu'elles passent à l'état de torrents à l'époque des pluies. Aussi, sur ce sol rudimentaire, voit-on des systèmes de bassins différents communiquer ensemble. Les plus grands bassins se trouvent sur une ligne qui, des lacs du Canada, se dirige vers le nord-ouest et forme en même temps une importante ligne de partage géologique. Cette ligne laisse à l'est les terrains de formation primitive, à l'ouest les bancs de silice et de chaux, et les prairies qui vont rejoindre au sud le bassin du Mississippi.

Le sol, qui consiste en terrains de formation généralement ancienne à l'est et récente à l'ouest, est recouvert, sur de vastes surfaces, de couches de terre meuble d'origine alluviale ou diluviale; on rencontre, dans celle-ci, à côté des graminées et des fleurs des steppes de la «prairie roulante», le sapin majestueux d'Amérique, et même, dans le voisinage surtout des cours d'eau et des lacs, le peuplier, l'aulne, le chêne, le saule et autres essences.

Les principaux lacs de cette région sont: le Lac Winipeg, le Lac des cerfs, le Lac Wollaston, le Lac Athapaska, le grand Lac de l'esclave et le grand Lac des ours. Mais le centre des grandes communications par eau est l'Athapaska ou Elk-River, dont les dernières ramifications s'étendent jusqu'à l'endroit dit *Athapaska portage*[1]), et plus au nord le grand Untschagah ou Peace River (rivière de la Paix) relié, par un de ses bras, au fleuve de l'esclave qui se jette dans le grand Lac de l'esclave. De ce dernier sort le Mackenzie. Le missionnaire français E. Petitot, l'audacieux et habile explorateur de ces contrées inhospitalières, comprend sous la

VALLÉE DU PEACE RIVER (RIVIÈRE DE LA PAIX).

dénomination Athapaska-Mackenzie toute cette grande artère fluviale qui s'étend du portage La Loche à l'Océan glacial arctique et qui reçoit toutes les eaux du versant oriental des Montagnes rocheuses ainsi que celles des grands lacs. Le portage La Loche (*Long portage* ou *Methy portage*) est un plateau étroit, d'environ 500 mètres d'altitude, sous une latitude nord de 56° 36′ 30″ et une longitude ouest de Greenwich de 109° 52′ 54″; il sépare les sources de l'Athapaska de celles du Saskatschewan qui se jette à l'est dans le lac Winipeg, et forme ainsi la ligne de partage entre le versant de la Mer boréale et celui de la Baie d'Hudson. Les Anglais

---

¹) On appelle *portage* au Canada et à la Nouvelle-Bretagne un obstacle qui interrompt la navigation sur un cours d'eau et oblige à porter par terre canot et cargaison.

désignent simplement sous le nom de Far North[1]) toute la région située au nord du dit portage.

Cette vaste région où est situé Methy-portage, sur l'ancienne route du grand marché septentrional aux fourrures, fut autrefois couverte par la mer qui venait battre à l'est le sol inébranlable des terrains laurentiens, et qui en se retirant ne laissa que les grands fleuves, le Mississippi, le Saint-Laurent et le Mackenzie. Le Methy-portage forme la limite ouest des formations laurentiennes qui s'étendent au sud vers le Canada et au nord vers l'Océan arctique. Tout le pays s'abaisse insensiblement en pente continue, dans cette direction, sur une étendue qui, en ligne droite, peut être évaluée à environ 1 630 kilomètres; trois grands fleuves descendent cette pente pour se jeter dans la Mer glaciale: le grand fleuve des Poissons, la Mine-de-Cuivre et le Mackenzie. Ce dernier reçoit sur son parcours de 3 700 kilo-mètres une infinité de rivières des deux côtés des Montagnes rocheuses; les principales ont toutes leur source à l'ouest de cette chaîne; le Liard, le Peel, le Peace River et une quantité de grands lacs dont la superficie totale surpasse celle de l'Europe s'étendent sur cette terre autrefois sous-marine.

Aux *forks* (fourches) de l'Athapaska, les buissons rabougris font place à de grands arbres élancés qui atteignent parfois trois mètres de circon-férence; dans un petit fort près des forks, on se régale d'excellents fruits cultivés, de rôti d'élan et de *bufflesteaks* du bison des bois, animal qui devient de plus en plus rare. On y trouve même du saumon, des poires et des pêches, mais ils sont importés de loin, de Québec et de la Californie.

L'Athapaska, ce fleuve large et aux îles nombreuses, est bordé d'abord de rives escarpées; puis le sol environnant s'abaisse et se couvre de forêts peuplées de grands arbres. Enfin apparaît à l'horizon l'immense Lac d'Athapaska. Des îles rocheuses couronnées de pins émergent de cette nappe, véritable tapis de neige, qui, à l'est, n'est limitée que par la ligne bleuâtre du ciel arctique; à l'extrémité de la rive occidentale s'élève le fort Chippe-wayan, surmonté du pavillon anglais qu'on voit flotter au milieu de ces solitudes.

Le Lac Athapaska, plus justement appelé lac Arabaskon reçut d'abord, de l'Anglais qui le découvrit le premier, le nom de Lac des collines; le nom de Lac des tempêtes eût été plus juste. Une quantité de rivières s'y jettent au sud, tandis que de son extrémité septentrionale sort le Fleuve de l'esclave ou plutôt le Mackenzie. Le climat de cette région est excessive-ment rigoureux, et un hiver à Québec, c'est tout dire: la température

---

[1]) E. Petitot. Géographie de l'Athapaska-Mackenzie et des grands lacs du bassin arctique. (Bulletin de la Société de Géographie. Paris 1875, T. 2, p. 126 à 129.)

moyenne de janvier y est de — 12 degrés centigrades, tandis qu'au fort Chippewayan elle descend jusqu'à — 31 degrés centigrades.

Le Lac Athapaska peut être considéré comme formant la limite du séjour habituel de certaines espèces d'animaux: le renne et le bouquetin porte-musc s'approchent de la partie la plus nord-est de ses bords, car leur séjour favori les *(Barren-grounds)* n'est qu'à quelques milles de là, mais ils ne descendent jamais au sud de ce lac; le caribou ou renne des forêts est une espèce particulière, différente de celle qui erre dans les solitudes dépourvues d'arbres. Le buffle et l'élan *(Cervus alces americanus)* abondent tant sur la côte nord-ouest que sur la côté sud-ouest du lac. Pendant tout l'été, on voit se jouer, dans les ondes, des oies sauvages et parfois des oies hyperboréennes.

Le fort Chippewayan, le centre du commerce des fourrures, se trouve dans un lieu solitaire. Il ne faut pas prendre à la lettre ce mot de fort qui revient si souvent dans ces tristes régions, et se figurer une forteresse imposante. C'est le plus souvent une simple palissade carrée, haute de trois à six mètres et entourée tout au plus d'une demi-douzaine de bâtiments qui servent de logements aux employés et de dépôt pour les marchandises nécessaires aux échanges avec les Indiens. Il arrive souvent qu'un fort de ce genre, qui constitue dans la prairie un moyen de défense suffisant, n'existe même pas dans les pays boisés. A l'entrée se trouvent quelques métis et Indiens oisifs en train de fumer, et à côté un cheval broute près d'une croix en bois indiquant la place où repose un homme mort dans cette solitude. Comme dans tous les forts du territoire de la Baie d'Hudson, on y trouve la plus cordiale hospitalité; la joie éclate à l'arrivée d'un étranger: il en vient si rarement! On s'empresse de lui offrir tout ce qu'on a de meilleur. Le fort Chippewayan est en communication avec le Lac Clair, qui à proprement dire, n'est qu'un bras du Lac Athapaska, par une région basse et marécageuse, submergée à l'époque des grandes eaux.

A quatre jours de marche du fort, après avoir gravi un côteau sablonneux, on arrive dans une large vallée où le regard est limité au nord et à l'ouest par la chaîne bleuâtre des monts *Caribou;* c'est la vallée du *Peace-River.* Les sources de ce puissant cours d'eau se trouvent à l'ouest des *Rocky mountains;* la principale sort d'un lac situé à une altitude d'environ 1 800 mètres et entouré de sommets neigeux, dans une contrée sauvage appelée *Stickeen,* espèce d'Alpes encore à moitié inconnues. Il perce les Rocky mountains à l'endroit où deux volcans, Cri-Hon et Saint-Elias atteignent l'altitude maxima de la chaîne, environ 5 500 mètres. A près de 300 kilomètres de sa source, le Peace-River traverse une gorge dont les parois hautes de 1 300 mètres, se dressent à pic au-dessus de la vague sombre; ensuite, entrant dans l'ancien lit de la mer, il coule dans une vallée profonde et étroite, à 210 ou 240 mètres au-dessous du niveau du plateau environnant. Plus loin il traverse un pays boisé; plus bas il devient sinueux, se ralentit et se jette, en formant un bas delta, dans le Fleuve de l'esclave, le vrai haut Mackenzie, un peu au nord du fort de Chippewayan. Il ne débouche donc pas dans le lac Athapaska, bien qu'au moment des grandes eaux il soit mis en communication avec ce dernier par l'espèce de canal que forme la dépression des quatre-fourches.

Sur ses bords s'élève, dans la prairie, le fort Vermillon ainsi nommé à cause de la couleur des eaux, et au nord se dessinent les sombres contours des Montagnes des rennes et des Montagnes des buffles; elles forment la limite zoologique des rennes et des buffles, espèces d'animaux qui se ressemblent singulièrement dans leur manière de vivre: tous deux errent dans la prairie dépourvue d'arbres, tous deux recherchent les forêts pendant l'hiver, surtout celles des lacs septentrionaux, où les Indiens les tuent par milliers. L'élan aussi habite les bords du Peace River et, été comme hiver, sert de nourriture aux chasseurs dans leurs longues excursions.[1]

Silencieuse, immense et inculte, la prairie de l'Amérique du Nord s'étend à perte de vue. Les neiges de novembre couvrent à peine les herbes jaunes qui ondoient, comme un océan, sur la prairie. Deux créatures sauvages y ont seules élu domicile: c'est là que depuis un temps immémorial errent le Peau-rouge et *son ami* le buffle ou bison (*Bos americanus Gm.* ou *Bos bison L.*)

L'Indien, race de la plus haute antiquité et plus ancienne certainement que les peuples de la civilisation moderne, est un obstacle à cette civilisation même et par suite est destiné à disparaître, comme le buffle, devant les progrès de la race blanche.

«Que faire?» disait, il y a quelques années déjà, un jeune guerrier sioux, à un officier américain. «Que faire? Le buffle est notre unique ami; s'il disparaît, c'en est fait des Dakotah. Si je te parle ainsi, c'est que tu es un brave comme moi.»[2]

Ce ne fut qu'au milieu de novembre que le capitaine Butler, cet intrépide aventurier, rencontra des buffles. La neige était trop haute pour chasser à cheval; 15 000 hommes environ, Indiens et Métis, cernaient de grands troupeaux de bisons.

Le nombre des buffles, dans cette région, baisse depuis longtemps d'une façon inquiétante, ce qui s'explique par l'énorme consommation du

---

[1] Cette description est d'après le capitaine W. F. Butler. «The wild North Land, being the story of a Winter journey with dogs across the northern North America». London 1874, in-8. p. 118 à 190. (Les déserts du Nord. Récit d'un voyage fait avec des chiens à travers l'extrème nord de l'Amérique.)

[2] Butler p. 56.

*pemmikan,* partie grasse de la chair de buffle, qui, desséchée et réduite à l'état de masse solide, sert d'aliment aux hommes et aux bêtes. Encore aujourd'hui, on tue une quantité incroyable de buffles: rien qu'à eux seuls, les Indiens «pieds noirs» en abattent 12 000.

Les aventures de Parker Gillmore[1]) dans les bois ou la prairie, offrent un haut intérêt aux chasseurs; il peint, sous les couleurs les plus séduisantes, les endroits giboyeux au-delà de l'Océan, où l'on peut se passer du permis de chasse; toutefois il est trop sincère pour leur cacher toutes les peines et tous les dangers qui les attendent. Un jour, entre autres, il rencontra un vieux buffle qui — ou abandonné de ses compagnons ou trop vieux pour les suivre — fut attaqué par quatre loups de la prairie. On aurait dit que ces fauves comprenaient qu'avant de se partager la proie, elles devaient se partager la besogne. Pendant que l'un d'eux feignait de se jeter à la tête du buffle, les trois autres guettaient le moment favorable de lui mordre les jambes de derrière. Puis ils changèrent les rôles: les trois premiers, évidemment plus inexpérimentés, firent la fausse attaque de toute à l'heure, tandis que le chef de la bande cherchait à maintenir la bête par derrière, tentative qu'un coup de pied, bien asséné, aurait pu faire payer cher à l'assaillant. Gillmore resta un moment spectateur de cette manœuvre, puis il prit parti pour le buffle, et, poussant un cri de guerre retentissant, mit en fuite les maraudeurs. Malheureusement le buffle était incapable de ce sentiment de reconnaissance qui fit tant d'honneur au lion d'Androclès: il fond sur son bienfaiteur qui maintenant se voit forcé de tuer l'ingrat qu'il vient de sauver. Pour se consoler d'une amitié si vite rompue, Gillmore fait cette remarque en guise d'oraison funèbre: «Quel sort plus digne d'envie pour un buffle dont la vie fut longue et heureuse, que de mourir en héros après une courte lutte, forcément inégale». Une autrefois Gillmore eut l'occasion de sauver des loups un buffletier; il tua les loups et la fin de l'aventure fut cette fois moins tragique. Gillmore pense que la crinière ainsi que le cuir épais du buffle d'Amérique sont, par l'effet d'une sage disposition de la nature, destinés à amortir les coups que les rivaux amoureux se portent fatalement dans leurs luttes printanières. Les glaces flottantes des cours d'eau sont au printemps un autre danger pour les buffles: il arrive souvent qu'ils se noient. Parfois aussi ils sont engloutis dans les sables mouvants.

Les chasses au buffle sont suffisamment connues par mille et mille récits, mais la chasse aux bêtes à fourrure a encore aujourd'hui l'attrait de

---

[1]) Prairie and Forest: a description of the Game of North America with personal adventures in their pursuit, by Parker Gillmore. London 1874, in-8. — Lone life: a year in the Wilderness, by Parker Gillmore. London 1875, in-8. 2 vol.

la nouveauté. Elle se fait dans des proportions colossales, et les chiffres suivants nous en donneront une idée. On exporte, en moyenne, par an, 100 000 peaux de martres et de zibelines; la belette en fournit deux fois et demie autant, mais de moins belle qualité; le raton laveur *(Procyon lotor)* environ 52 000 à bas prix; le lynx, l'ours, le castor (article d'exportation bien plus considérable avant la fabrication des chapeaux de soie, témoin les 176 000 peaux exportées par le Canada en 1788), et la loutre de mer, 52 000 à peu près. La vogue dont jouissaient les peaux de scinques soutint longtemps le zèle des chasseurs malgré les fatigues de leur métier et la pénible nécessité de faire le dépouillement sous l'eau. Le chasseur se console de la rigueur du froid par le haut prix de sa marchandise, mais il a souvent à souffrir de la faim. C'est sur les lacs et dans les marais gelés que cette chasse est le plus productive. Les poissons se pressent au bord des trous pratiqués dans la glace; le renard blanc de Virginie (dont la peau vaut 250 francs) et la belette qui connaissent cette habitude viennent les guetter dans l'espoir de faire bonne chère. Le trappeur a recours à plusieurs procédés quand il s'agit des plus gros animaux à fourrure. Tantôt il mêle de la strychnine aux boulettes de viande qui servent d'appât, tantôt il préfère un piège particulier qui consiste à abattre la proie par la chute d'un tronc d'arbre, ou bien une espèce de ratière de grandes dimensions; mais, dans ce dernier cas, il arrive

CHIEN DE LA BAIE D'HUDSON.

souvent que le renard, par exemple, pris seulement par une jambe, se met à la ronger, et se sauve clopin-clopant, ainsi mutilé.

L'hiver des parages de la Baie d'Hudson explique parfaitement pourquoi la nature a vêtu d'un chaud manteau de fourrure les quadrupèdes indigènes. Le froid est tellement intense dans cette région que le contact de la poignée d'un fouet cause une sensation de brûlure, et que le thé gèle dans la tasse où on veut le boire. Grâce au mouvement et à des habits extraordinairement chauds, ce froid excessif est encore supportable, mais que la tempête vienne à s'abattre sur la plaine avec des mugissements de bête sauvage en furie, le sang semble se figer dans les veines. Ces mauvais jours sont désignés, dans la prairie, sous le nom de *poudre days*. H. M. Robinson[1]), à qui nous devons la description la plus récente de cette région, la préfère encore à d'autres où la nature semble calme et où le soleil invite à sortir. Une

[1]) H. M. Robinson. The great Fur Land; or, Sketches of Life in the Hudsons Bay Territory. (La grande terre des fourrures, ou esquisses de la vie dans le territoire de la Baie d'Hudson.) Londres, 1879, in-8.

promenade d'un quart d'heure seulement dans cette atmosphère limpide et transparente se paie bien cher. On sent une douleur soudaine: c'est le nez qui se gèle. Quelques instants après, c'est le tour des joues. On a beau se frictionner avec de la neige, rien n'y fait, puis les doigts éprouvent le même sort; bientôt toute la figure prend la pâleur de la cire. Mais le *Simoun des prairies* est pire encore. On désigne ainsi des coups de vent auxquels tout être vivant peut difficilement résister. D'après des rapports dignes de foi, ces pays sont couverts de neige et de glace jusqu'au milieu du mois de mai, et à un hiver long et rigoureux, qui ne le cède en rien à celui de la Sibérie, succède un été frais et court.[1])

Dans des conditions pareilles, voyager n'est plus, bien entendu, un plaisir; c'est au contraire une sensation bien douloureuse que de fendre, en traîneau, cet air glacial, avec la rapidité de l'éclair: situation rendue plus pénible encore par le spectacle des souffrances qu'on fait endurer aux chiens des attelages. Le chien de l'Esquimau, grâce à un *entraînement* plus que séculaire, est devenu une véritable bête de somme; mais, pour en faire autant du chien des régions de la Baie d'Hudson, il faudrait s'y mieux prendre et ne pas le traiter avec tant de brutalité et de barbarie. Les métis ne connaissent qu'une seule méthode d'élevage pour ces pauvres bêtes: des coups perpétuels sur les reins, des coups de fouet sur la tête jusqu'à rabattre les oreilles ensanglantées de l'animal; des coups de bâton sur le museau et les mâchoires, des coups de pied, des coups de gourdin, jusqu'à ce que la bête ne soit plus qu'une plaie et que ses hurlements s'éteignent en gémissements plaintifs. A force de frapper, les bourreaux devraient se lasser, mais non, ils s'excitent et raniment par d'affreux jurons leurs bras engourdis. Ces maîtres brutaux sont d'excellents coureurs; ils peuvent, en se tenant à côté des traîneaux, parcourir quelquefois 65 à 96 kilomètres par jour. Ils se servent de la langue française, mais leur vocabulaire consiste principalement en une riche collection de jurons, ce qui s'explique chez des gens dont l'éloquence ne s'adresse généralement qu'à leurs chiens. Assurer que ces derniers sont «d'un naturel philosophe» parceque, dans le cas où le traîneau se renverse, ils s'arrêtent, s'asseyent sur leurs jambes de derrière et regardent tranquillement la scène, est loin d'être un éloge; car

---

[1]) Je dois faire remarquer que ce tableau se rapporte spécialement aux parties boréales de la région que nous venons de décrire. Dans les environs du lac Winipeg et de ses affluents, le climat n'est pas trop rigoureux, puisque les Mennonites, immigrés dans ce pays depuis 1873. sont parvenus à changer, en beaucoup d'endroits, la prairie en des champs et jardins productifs, où réussissent l'orge, le maïs et même le blé, jusque sous une latitude nord de 65°. Mais ces heureuses exceptions n'en justifient que mieux la dénomination de *Sibérie d'Amérique*, puisque la véritable Sibérie renferme, elle aussi, vers le sud, des régions fertiles.

qui donc leur en voudrait de profiter de cette occasion pour s'évader? Arrivés au but de leur étape, une ou deux livres de viande leur suffisent, et ils font leur régal d'une espèce de gros poisson desséché; puis ils s'étendent sur la neige pour se livrer à un sommeil réparateur, et, le matin à leur réveil, recommencer une journée de labeurs et de souffrances. Mais malheur au voyageur, si quelque loup venant à hurler, un des chiens de la troupe aboie pour lui répondre: toute la meute fait chorus, et impossible de reposer un seul instant de la nuit.

Les races hétérogènes qui habitent entre le 49ᵉ et le 67ᵉ degrés de latitude, du Labrador à l'Alaska, offrent un haut intérêt. A l'origine, des colons français s'y étaient fixés et servaient d'intermédiaires entre les Indiens et les marchands de fourrures. La coalition de ces derniers, en 1821, les déposséda de ce rôle, mais, trop habitués à la vie du désert pour reprendre la vie de l'homme civilisé, ils restèrent dans ce pays inhospitalier et se firent trappeurs et chasseurs de buffles. Ces métis, ramas de chasseurs, d'ivrognes, de vagabonds, de coquins même si l'on veut, ont le cœur haut placé et la vertu de l'hospitalité. Destinés à disparaître par suite des progrès de la race blanche, ils ont fini par contracter les vices du *pionnier* américain, phénomène trop fréquent chez l'homme tout à fait ou à demi sauvage. Ils ont épousé généralement des *Squaws*, c'est-à-dire des femmes indiennes, mais sans recourir au ministère de l'église. Ils passent l'hiver, eux et leur progéniture, dans des *blockhouses* construits dans quelque clairière. Ils élèvent des chiens et des poneys en foule; quelquefois on leur voit une vache, mais rarement, car la faim oblige le plus souvent à la sacrifier. Les parents seuls couchent dans un lit; le reste de la famille dort pêle-mêle sur des peaux étendues à terre. Chaque village, s'il est permis d'appeler ainsi un groupe de blockhouses, possède son Paganini, maître dans l'art d'entraîner irrésistiblement à la danse. Tout le voisinage se réunit tantôt d'un côté, tantôt d'un autre, pour se livrer à la danse et à la bonne chère, et souvent toutes les provisions d'hiver d'un blockhouse se trouvent épuisées après une fête, qui a duré, il est vrai, plusieurs jours: prodigalité sans inconvénient, puisque les vivres sont du domaine commun. La Compagnie de la Baie d'Hudson évalue à 5 kilogrammes de viande par tête la consommation journalière de ces peuplades, chiffre qui nous paraît énorme, en égard à nos habitudes.

Au printemps, le sang indien se réveille; on démolit les wigwam, et ces hommes presque sauvages s'en vont au désert, leur véritable patrie. Ils emportent, il est vrai, quelques objets pour les troquer chez les indigènes, mais leur but principal est la pêche et la chasse. Ces *squatters* sont infatigables et les meilleurs guides du voyageur; ils le conduisent, dans leurs traîneaux, à des distances énormes, pour la somme de cinq livres sterling.

Leur adresse à manœuvrer leurs canots, dans le passage des rapides tient vraiment du prodige; ils ne démentent pas dans ces occasions le sang des *Pieds-noirs* et des *Crees*, qui coule dans leurs veines.

Les prêtres catholiques, qui vivent au milieu des Indiens, réussissent à en faire des chrétiens, mais passablement douteux; s'ils croient au purgatoire, en revanche, par une superstition quelque peu païenne, ils se croient appelés à chasser, un jour, des buffles de toute beauté, dans les espaces célestes.

Robinson distingue les Indiens de la plaine, qui chassent à cheval et par troupe, et les Indiens des bois, espèces de chasseurs solitaires et de trappeurs, chassant à pied. En général, les premiers sont des *Pieds-noirs*, les seconds des *Crees*.

Tandis que Cooper idéalise l'Indien et que le capitaine Mayne-Read, par contre, en fait un être foncièrement mauvais, Gillmore, se tenant entre les deux extrêmes, paraît les juger plus froidement. Un seul blanc, pourvu d'une bonne carabine et de munitions suffisantes, abattra plus d'élans et de cerfs que trois Indiens ensemble; mais, quant à la connaissance intuitive des habitudes des bêtes sauvages, quant à l'art de les surprendre dans leur retraite et de les poursuivre une fois blessées, les Uncas ou Chingachgook n'ont pas de rivaux. Souvent l'œil exercé de Gillmore ne pouvait apercevoir de gibier à la ronde, alors que les Peaux-rouges couchaient déjà en joue tel objet qu'il avait pris pour un tronc d'arbre, pour une pierre ou un buisson, et abattaient leur proie avec une sûreté de coup d'œil qui semblait merveilleuse à ce chasseur, d'ailleurs si habile. Gillmore nous représente les Indiens comme ayant du cœur et de l'intelligence; il cite à plusieurs reprises quelques mots sententieux et laconiques qu'il a entendus, entre autres celui-ci.

Un des chiens qu'il avait emmenés avait péri misérablement dans un piège tendu à des fauves, et l'autre, qui s'était égaré, s'en retourna seul au village de la tribu; quand Gillmore rentra, à son tour, le fuyard, ne le reconnaissant pas, se mit à aboyer après lui comme après un mendiant. Enfin il le reconnut et on remarqua qu'il évitait son maître pendant plusieurs jours. Un jeune Indien dit alors: «Chien comme homme, quand mal fait, avoir honte.»

Que devons-nous le plus admirer dans ces paroles du jeune Indien, si honorables à la fois et pour l'homme en général et pour le chien? La confiance dans le premier ou dans le second? Nous ne saurions le dire.

Un vieux chef de tribu, dont la femme voulait marier une de ses filles à un étranger, coupa court à ce projet par un mot bien caractéristique: «La Squaw rouge se flétrit dans le jardin de l'homme blanc, comme la feuille se fane au souffle de la bise. Sans wigwam et canoe, il lui est aussi impossible de vivre qu'à l'élan loin des bois et de la plaine.»

L'Indien ne frappe jamais à la porte d'une habitation; il entre tranquillement, va serrer la main à tout le monde, puis s'assied sans dire mot. Si on ne lui a rien offert, il attend la fin du repas, pour vous dire que, depuis tant et tant d'heures, il n'a rien mangé.

Les privations sont, à ses yeux, un mal nécessaire et inévitable. En vain lui conseille-t-on d'amasser des provisions pour l'avenir; il vit au jour le jour et s'arrange en conséquence. A cette occasion, le capitaine Butler fait une remarque très sensée: Pour bien juger les Indiens, dit-il, il faut nous défaire de cette idée que tous les autres hommes sont comme nous et

PORTAGE AU-DELÀ D'UN RAPIDE.

pensent de même. Le caractère de l'Indien est un composé de naïveté et de ruse, de vivacité naturelle et d'*humor*, de pénétration et de défiance enfantine, de crédulité et d'esprit d'observation, de confiance, d'enjouement et d'égoïsme.

Tous les Européens, peut-être les marchands de fourrures exceptés, ont jugé à faux les Indiens; c'est là le secret de bien des mécomptes et de l'insuccès des missions après tant de peines et de sacrifices d'argent. A ce sujet, Butler égaie ses récits de piquantes anecdotes. Munberton, un de ces soi-disant convertis, était un chrétien exemplaire, qui ne manquait jamais de demander à Dieu, en récitant son *Pater*, du poisson et du gibier pour assaisonner son pain quotidien. Avant de mourir, il exprima très sérieusement le vœu d'être enterré avec toutes les cérémonies usitées dans son pays.

Tout récemment encore, un haut dignitaire de l'Église faillit tomber de son haut, à la demande de quelques chefs convertis de la tribu des Indiens Chiens: ils auraient désiré qu'on honorât du sacrement du baptême trois chemises de flanelle écarlate, heureux qu'ils étaient de porter ce genre de vêtement pour la première fois de leur vie.

Un autre sportsman, lord Southesk[1]), qui a eu des rapports fréquents avec les Indiens, s'évertue à faire ressortir leurs bonnes qualités, mais le portrait qu'il nous trace n'est rien moins qu'intéressant; la corruption effrayante de leurs mœurs actuelles, pour être en partie l'ouvrage de l'homme civilisé, ne laisse pas d'être quelque chose de bien triste.

Des Indiens, des métis et des bêtes sauvages peuplent donc cette immense région désolée par un hiver si rigoureux. La Compagnie de la Baie d'Hudson y règne, sinon nominalement, du moins de fait. Robinson, qui nous retrace les agissements de cette honorable société, en fait le tableau le plus séduisant et le plus idéal, mais où les sociétés commerciales ordinaires risquent fort de ne pas se reconnaître. La dite compagnie ne chercherait que le bonheur et le bien-être de ses administrés; elle irait même jusqu'à négocier leurs mariages, et, dans le choix de la plus belle moitié du genre humain, elle s'attacherait plutôt aux qualités morales qu'à l'extérieur, à en juger du moins par la quittance suivante signée par un jeune marié: «Reçu une femme en bon état. Elle n'est pas jolie, mais j'espère qu'elle sera bonne.»

Un mérite de la Compagnie, incontestablement supérieur à ses bons offices matrimoniaux, est le soin prudent qu'elle apporte à la chasse aux fourrures; jalouse de préserver d'une destruction totale des animaux, sauvages, il est vrai, mais d'une si grande valeur, elle se garde bien de tordre le cou à la poule aux œufs d'or. Elle possède deux qualités bien rares: la prudence éclairée qui ne forme une entreprise qu'après mûr examen, et l'énergie qui, en dépit de tous les obstacles, mène l'œuvre à bonne fin. On dit aussi à sa louange que, dans ses échanges avec les Indiens, elle ne donne que de bonnes marchandises, jamais frelatées; en outre, ses agents ne doivent livrer des spiritueux que dans les cas extrêmes. Elle paie bien ses employés, capitalise leurs économies et prend soin des malades. Mais ne pourrait-elle se ruiner par trop de désintéressement? Une chose doit nous rassurer à cet égard: c'est qu'elle sait acheter à bas prix. Il paraît que, pour un fusil qui lui coûte cinq dollars, elle se fait donner assez de fourrures pour que, empilées sur deux rangées à droite et à gauche, elles s'élèvent jusqu'à la hauteur de la bouche du canon.

---

[1]) *Saskatchewan and the Rocky Mountains.* Par le comte de Southesk. Edimbourg 1876. in-8.

Les petites colonies, composées au plus de 40 personnes, et quelquefois de deux seulement, sont exposées à bien des privations, dont la plus cruelle est l'isolement. Rester dix, vingt, trente et même quarante ans à voir les mêmes figures devient d'une monotonie désespérante. Aussi un journal, un voyageur qui arrive semblent envoyés du ciel. Cependant, chose étrange, ces mêmes hommes, qui aspirent si ardemment au moindre contact avec le monde civilisé, ne peuvent plus y vivre. Sont-ils rentrés dans leur pays natal, le temps leur pèse; ils ont hâte de retourner au désert où ils auront tant à souffrir de la solitude.

Ce littoral de la Baie d'Hudson, que nous sommes en train de décrire, et qui semble inhabitable pour des Européens, excita l'intérêt général à partir du dernier tiers du XVIIe siècle, grâce à l'initiative de Français qui, là comme ailleurs, se montrèrent les explorateurs les plus actifs, ne reculant devant aucune entreprise, si hardie qu'elle fût. C'est encore un Français qui donna à l'Angleterre le signal des voyages de découvertes dans l'Amérique du Nord. Un des premiers émigrants au Canada, alors possession française, Médard Chouart de Groseilliers (ce nom s'écrit aussi Groiselie) qui avait une connaissance parfaite de ces régions, parvint, en 1660, avec des sauvages du Canada, jusqu'à la rivière Outonaos, dans le pays de même nom; il s'avança même assez loin pour obtenir quelques renseignements sur l'existence et la situation de la Baie d'Hudson. Revenu à Québec, il nolisa une barque, de concert avec plusieurs de ses compatriotes, afin de compléter par mer ses premières découvertes. Il aborda dans l'intérieur d'un fleuve nommé *Pinassiwetschiew* et tout près du port Nelson. De là, il s'enfonça plus avant dans les terres et rapporta à Québec une grande quantité de fourrures, reçues en échange de marchandises anglaises. Il ne recueillit que d'amers reproches au lieu d'éloges dans son ingrate patrie; alors il s'adressa à l'Angleterre; à l'instigation du comte palatin Rupert, protecteur déclaré de tout ce qui était grand et utile, on arma un navire dont le commandement fut donné au capitaine Zacharias Gillam. Ce dernier, qui se mit en route dans le courant de l'été de 1668, serait arrivé, chose peu probable, dans le Détroit de Davis, jusque sous une latitude de 75°; puis il fit voiles pour la Baie d'Hudson, où il entra, le 25 septembre, à l'extrémité la plus méridionale de l'île, dans un fleuve qui sort du grand lac Mistassic; il l'appela *Ruperts-River*, en l'honneur de son protecteur. Il passa l'hiver dans ces parages et y construisit le premier fort en pierres, le fort Charles, et tout le pays d'alentour reçut le nom de *Rupertsland* (Terre de Rupert). Le résultat de cette heureuse expédition fut la fondation d'une société de commerce, *Compagnie de la Baie d'Hudson*, qui obtint du roi Charles II une licence lui accordant non seulement le monopole du commerce, mais aussi le droit de propriété dans tout le terri-

6*

toire de la Baie d'Hudson. Plus tard, le parlement confirma cette donation, mais seulement pour les sept années suivantes.

Jusqu'alors aucune limite bien marquée ne séparait ces possessions de la Compagnie, ni du pays des Indiens, ni du Canada. Grâce à une série de découvertes, prenant de plus en plus d'extension, ce territoire ne tarda pas à embrasser une superficie de 6 600 000 kilomètres carrés, s'étendant depuis la région boisée du sud jusqu'aux îles et jusqu'à la côte inaccessible de l'extrême Nord. La Compagnie créa alors le commerce des fourrures, qui, déjà en 1690, était en pleine activité. Elle fondait des comptoirs, elle construisait des forts pour se garantir des attaques des Indiens et empiétait sans cesse sur le désert.

Depuis Jacques Cartier qui, en 1545, découvrit le Canada et en prit possession au nom de la Couronne de France, ce sont principalement des Français qui ont exploré l'Amérique du Nord, jusqu'alors inconnue. Des aventuriers, des missionnaires et des négociants, notamment les *Coureurs des bois*[1]), ont été, ici comme ailleurs, les pionniers de la géographie. Cependant ces découvertes ne s'étendaient guère qu'à la partie méridionale du pays; les Anglais et leurs descendants nés au Canada ont été les vrais explorateurs des contrées septentrionales qui nous intéressent davantage. Vu la nature des choses, il ne peut guère être question que de voyages par terre, et, en effet, le XVIII^e siècle n'a à enregistrer qu'une seule exploration maritime dans ces contrées.

En 1741, le gouvernement anglais envoya le «*Furnace*» et le «*Discovery*» sous les ordres des capitaines Christopher Middleton et William Moor, à la recherche d'un passage nord-ouest. Ils hivernèrent la même année au fort Churchill dans la Baie d'Hudson, pénétrèrent en 1742 plus avant dans *Roe's Welcome* et y découvrirent le «*Waager River*» (3 août) et la *Repulse Bay* (5 et 6 août). Cette dernière découverte fit concevoir de si grandes espérances que Middleton donna le nom de Cap *Hope* à un des promontoires de la baie; le 7 août, il gravit les hauteurs du Cap *Frigid*, d'où il aperçut un bras de mer qui, d'un bord à l'autre, était couvert de glaces et auquel il donna, pour cette raison, le nom de *Frozen Strait*.

Quand il se fut assuré que le flux y venait de l'est et par conséquent de l'Océan atlantique et non du Pacifique, le 9 août il tourna le cap vers

---

[1]) On appelle ainsi de hardis jeunes gens, qui pénétraient dans les forêts vierges pour faire le commerce avec les Indiens. La Compagnie de la Baie d'Hudson donnait la préférence à de jeunes Acadiens (descendants des premiers colons français) ou Nouveaux-Écossais; celle du Nord-Est à des coureurs canadiens qui, depuis la fondation de cette dernière compagnie, reçurent le nom de *Voyageurs du pays d'en haut*, ou simplement de *Voyageurs*. Ces coureurs, en épousant des femmes indigènes, donnèrent naissance à une race d'hommes grands et vigoureux appelés *Natifs*.

le sud et s'en retourna dans sa patrie. Pour le récompenser de ses peines, on l'accusa de s'être laissé corrompre par la Compagnie du commerce de fourrures, ce qui l'obligea à publier une brochure pour sa défense. Il eut notamment une polémique à soutenir contre Arthur Dobbs[1]), partisan zélé des voyages dans le nord-est; celui-ci traça, après le retour de Middleton, une carte qui nous a été conservée, et d'après laquelle nous voyons qu'à cette époque les géographes croyaient encore que la côte occidentale de l'Amérique, à partir du cap Blanco, prenait une direction nord-est jusqu'à la Baie d'Hudson.

Cette querelle de Middleton et de Dobbs inspira à une foule de pa-

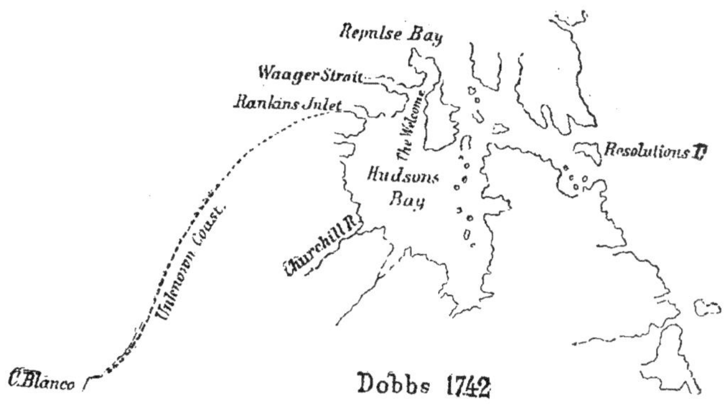


triotes distingués l'idée d'une nouvelle tentative; ils souscrivirent ensemble une somme de 1 000 livres sterling:

C'est alors qu'on arma la galère « *Dobbs* », de 130 tonneaux, et la *California*, bâtiment de 140 tonneaux: la première sous le commandement de Sir *William Moor* et la seconde sous celui de Sir *Francis Smith;* Henry Ellis les accompagna en qualité d'attaché scientifique. Les nouveaux explorateurs partirent de Gravesend le 20 mai 1746, hivernèrent à l'embouchure du « *Nelson* » dans la Baie d'Hudson et profitèrent de l'été de 1747 pour contrôler les découvertes de Middleton. Cependant eux non plus ne purent trouver le passage tant cherché; ils rentrèrent à Yarmouth le 14 octobre suivant.

Abstraction faite de ces deux expéditions maritimes, la découverte de

[1]) Voir: Arthur Dobbs. «Remarks on Capt. Middletons Defence. wherein his conduct during a passage from Hudson's Bay to the South Sea is impartially considered.» (Remarques sur la défense du capitaine Middleton; examen impartial de sa conduite, pendant une traversée de la Baie d'Hudson à la Mer du Sud.) Londres, 1744, in-8.

la partie boréale de l'Amérique est due principalement à des expéditions
par terre; toutefois elles n'aboutirent à des résultats importants que dans les
vingt-cinq dernières années du XVIIIe siècle. A cette époque, c'est-à-dire
après la conquête du Canada par les Anglais, la « Société de la Baie d'Hudson »
rencontra un concurrent dangereux dans la « *Northwest-Company* » (Compagnie
du nord-ouest) fondée en 1783 à Montréal par des marchands de fourrures
du Canada, pour la plupart sociétaires de l'ancienne « *Compagnie francaise
du Canada* », avec le concours d'éléments écossais favorables aux Français
et hostiles aux Anglais: les deux Sociétés rivalisèrent d'efforts pour ouvrir
de nouveaux débouchés à leur commerce.

Le canadien *Joseph Frobisher*, qui entra plus tard dans la nouvelle
association, remonta en 1777 le cours de la « *Maligne* » et de la « *Pente* »
et arriva jusqu'au lac de « *l'Ile-à-la-Crosse* ». L'année suivante il découvrit
le lac « *Athapaska* » et y établit un fort de commerce.[1]

Deux ans plus tard (1780), *Pierre Ponde* découvrit le grand « Lac de
l'esclave » que Sir *Alexandre Mackenzie* dut traverser en 1789, lors de
son expédition au grand Océan, que nous raconterons plus tard en détail.

Pendant ces explorations aux frais de la Compagnie du nord-ouest
(Northwest-Company), la Compagnie de la Baie d'Hudson envoyait en 1769,
*Samuel Hearne*[2] à la recherche d'un passage nord et pour déterminer
exactement la position d'un fleuve d'où venaient, disait-on, les chasseurs
rouges apportant des minerais de cuivre.

Les voyages de ce navigateur ne se terminèrent qu'au mois de juin
1772. Dans cet intervalle, partant du fort et magasin de fourrures « *Prince
of Wales* » ou « *Churchill* » à l'embouchure du fleuve de ce nom et entrant
dans la Baie d'Hudson (58° 44′ l. n.; 94° 22′ l. o. de Gr.), il entreprit
plusieurs expéditions dans lesquelles il prit assez exactement la direction du
nord-ouest. Les deux premières tentatives de Hearne échouèrent. Parti le
6 novembre 1769 du fort Churchill, il y revenait déjà le 11 décembre
suivant sans avoir dépassé la Rivière des phoques, éloignée de 320 kilomètres environ.

Dès le 23 février suivant, Hearne entreprit un second voyage; le 12 août
il atteignait une latitude nord de 63° 10′ quand son quartier se brisa et il
dut encore une fois de s'en retourner au fort Churchill, où il rentra le
25 novembre.

Le 7 décembre 1770, Hearne partit une troisième fois; il arriva enfin,

---

[1] Bulletin de la Société de Géographie 1875, T. II pag. 20.

[2] Né à Londres, 1745; entra en qualité de midshipman, sous le commandement de
Hood. dans la marine anglaise; après la fin de la guerre de sept ans. il prit du service
dans la Société de la Baie d'Hudson; en 1787, il retourna en Angleterre. Mort en 1792.

le 13 juillet 1771, à la rivière qu'il appela «Rivière des mines de cuivre» (*Coppermine River*), puis, après avoir découvert le Lac *Northlined*, le Lac Doobount, le Lac des ours gris et le Lac des buffles, il remonta, accompagné de quelques indigènes, le cours de cette rivière jusqu'à ce qu'il put, de loin, la voir se jeter dans une mer de glaces fermée; le 17 juillet, il s'en retourna, sans avoir attendu le moment de la marée.

Les géographes constatant des erreurs mathématiques[1]) dans les latitudes que Hearne avait relevées, doutèrent de la sincérité de son rapport, et la méfiance fut la récompense de son héroïsme et de ses pénibles travaux. Il est vrai que le résultat n'était pas ce qu'on avait espéré, car Hearne n'avait découvert ni mines de cuivre, ni passages nord-ouest; cependant il fut démontré, par son expédition, que la côte septentrionale de l'Amérique du nord formait la limite sud de l'Océan glacial arctique. L'exploration de l'Écossais *Alexandre Mackenzie* (probablement né à Inverness, mort en 1820) enrichit la géographie de nouveaux résultats.

ALEXANDRE MACKENZIE.

Mackenzie avait émigré, dans sa jeunesse, au Canada; après un séjour de huit ans environ au fort *Chippewayan* sur la côte du lac Athapaska (ce fort était alors le poste le plus avancé des marchands de fourrure) il eut la gloire de découvrir le grand fleuve Naotcha, qui maintenant porte, à juste titre, le nom de Mackenzie.

Parti de *Chippewayan*, le 3 juin 1780, avec 3 canoes (canots) et 12 hommes, il s'embarqua sur la rivière des esclaves et arriva au lac de même nom; le 29 il atteignit le Mackenzie, qui ravit les eaux de ce dernier lac, et descendit le fleuve jusqu'à son delta, près de l'Ile des baleines. Il se trouvait alors sous une latitude nord de 69° 14′, et voyait la mer libre, où se jouaient des baleines. Son intention n'était pas d'explorer davantage la côte; il s'en retourna donc au fort *Chippewayan*; il y rentrait le 12 septembre 1780.

Les mesures topographiques qu'il rapportait pouvaient, par leur exactitude, servir de jalons certains à la géographie de l'Amérique du Nord.

Quant au voyage à l'Océan pacifique, à travers les Montagnes

---

[1]) La relation des voyages de Mackenzie ne parut qu'en 1821: «Voyages de Montréal, sur le Saint-Laurent, aux Océans glacial et pacifique, à travers le continent de l'Amérique du Nord, en 1789 et 1793, avec notice préliminaire sur le commerce des fourrures de ces contrées et cartes.» Londres 1801. In-8. (En anglais.)

rocheuses, entrepris par le même explorateur (1792 à 1793), nous n'en parlons que pour mémoire seulement, vu qu'il n'est pas, à proprement dire une expédition polaire.

Le hardi voyageur fut plus tard nommé chevalier, en récompense de ses services.

Citons aussi un Écossais de la famille émigrée des Mackenzie, lequel découvrit le Lac des ours, en 1792.

A partir de ces remarquables explorations, il s'écoulèrent près de 30 ans avant que le continent du Nouveau-Monde ne redevienne le théâtre de nouvelles recherches.

# LES DANOIS AU GROENLAND.

Pendant que les Russes d'une part exploraient le nord de l'Asie avec
une activité dévorante, que de l'autre les découvertes marchaient bien
péniblement au nord-ouest des régions polaires, un simple pasteur norvégien
animé par la foi religieuse allait fonder une colonie dans le lointain Groenland, si longtemps négligé. Cet établissement était destiné non-seulement
à convertir les Esquimaux, mais encore à permettre de rechercher la trace
des anciennes colonies, dont la mémoire s'était perpétuée chez les peuples
du Nord. Hans Egède[1]) (c'est ainsi que s'appelait ce digne homme) pasteur
à Waagen, dans les îles Lofoten, cédant à un penchant irrésistible, quitta
son presbytère; il réussit, malgré sa modeste position, à fonder à Bergen
une petite société commerciale dite du Groenland, et put enfin, le 3 mai 1721,
s'embarquer pour sa destination. Arrivé à *Haabets Oe*, l'Ile de l'Espérance,
située tout près de la colonie actuelle de Godthaab, sur la côte ouest du
pays, il fonda le premier établissement; aussitôt après il entreprit de pénibles
excursions géographiques. En 1723, le roi de Danemark lui fit savoir qu'il
désirait le voir explorer la côte orientale où l'on croyait retrouver l'antique
*Eystribygd*. Au temps d'Egède, on croyait que le Détroit de *Frobisher* coupait
le Groenland à la latitude nord de 62° environ. Le voyageur crut donc
que ce détroit serait le chemin le plus court pour atteindre le but qui lui
était prescrit. Il se mit en route le 9 août; mais, arrivé au point où ses
cartes indiquaient l'entrée du canal, il ne trouva qu'une baie, assez profonde du reste. Bientôt les indigènes le détrompèrent complètement sur
l'existence du prétendu détroit. Alors il essaya d'arriver à l'est en longeant
la côte occidentale dans la direction du sud et en tournant le Cap *des
Adieux;* mais il ne réussit qu'à atteindre l'Ile de *Nennortalik;* le 26 août,
ses compagnons refusant de dépasser cet endroit, il dut s'en retourner;

---

[1]) Né le 31 janvier 1686 dans la Laponie norvégienne, à Trondnaes, mort, le 5 novembre 1758, à Stubbekjoeping, dans l'île de Falster.

Pendant 15 années, Egède, secondé de sa femme Gertrude, ne cessa de prêcher l'Évangile aux indigènes, avec une ferveur extraordinaire: c'est, on peut le dire, le véritable apôtre des Esquimaux. Mais que d'épreuves n'eut-il pas à traverser! En 1726, la dissolution de l'humble société commerciale qu'il avait fondée. Alors le gouvernement danois prend l'affaire en main, et, en 1728, envoie plusieurs vaisseaux et un gouverneur; celui-ci, le major *Claus Enevold Paars* transférait, dans l'automne même de ladite année, l'établissement d'Egède, de l'Ile de l'Espérance sur la terre ferme.

Au printemps de l'année suivante (1729) le gouverneur fit une excursion au *Amaralik-Fjord,* dans laquelle il se convainquit de l'impossibilité absolue d'atteindre par terre la côte orientale; ensuite il se rendit à l'île Nepisene, située un peu au sud du Holsteinberg (nom actuel), y laissa une colonie et y construisit un fort. Le lieutenant Richardt, chargé de revenir en Danemark avec un des vaisseaux, essaya aussi mais vainement de pénétrer jusqu'à la côte orientale.

Christian VI (1730 à 1746), successeur de Frédéric IV, prit la résolution de renoncer à des colonies si coûteuses et d'abandonner Egède à ses propres forces. Mais cette résolution ne tint pas devant la persévérance infatigable du missionnaire. Il y eut un nouveau revirement d'opinion, et l'Etat vint encore une fois au secours de l'entreprise.

Bien plus, le roi envoya 3 frères moraves qui établirent le siège de leur mission à *Neuherrnhut,* tout près de Godthaab, et la direction commerciale du Groenland fut confiée en 1434 à un des plus grands commerçants de Copenhague, Jakob Severin; alors pirent naissance plusieurs comptoirs tels que: *Christianshaab* (1734), *Jacobshavn* (1741), *Fredrikshaab* (1742).

Egède se rendit à Copenhague, après la mort de sa femme, arrivée en 1735. On fonda peu de temps après son retour un séminaire groenlandais. Le digne apôtre y enseigna le groenlandais et, jusqu'à sa mort, resta fidèle à sa première vocation; en 1740 il fut élevé à la dignité d'évêque. Il mourut en 1758; sa famille hérita de son dévouement enthousiaste à la mission du Groenland, de ses connaissances pratiques des besoins du pays.

En 1750, une «Compagnie commerciale générale», qui avait été fondée trois ans auparavant, prit en main les voyages au Groenland et se chargea d'entretenir la mission de ce pays. Cette compagnie se préoccupa, elle aussi, de faire inspecter la côte orientale et confia à un certain Peder Olser Walloë la mission d'étudier les parties méridionales de la côte occidentale, puis de pénétrer, en doublant la pointe sud du pays, jusqu'à la côte orientale et jusqu'à l'Eystribygd.

Il entreprit son voyage avec un seul oumyak et six personnes seulement, dont quatre femmes; parti de Godthaab, le 3 août 1751, il atteignit

Fredrikshaab, le 13; le 9 septembre, il arrivait à l'embouchure du fjord Tunnudliarbik; jusqu'au 30 septembre, il le visita scrupuleusement.

Il se vit forcé d'hiverner un peu plus au sud, dans le fjord Igaliko, à peu de distance de l'endroit où fut fondée plus tard la colonie de Julianehaab. Le long hiver se passa bien; et le 19 avril, Wallöe leva l'ancre; il se rendit au fjord Agluitsok où pullule le hareng dit du Groenland *(Mallotus arcticus)*.

Au mois de juin, il arriva aux thermes d'*Unartok* et plus loin à une série d'îles parmi lesquelles nous distinguons *Nennotalik*.

Le 20 juin, il passa *Ikigeit*, prés du site nommé aujourd'hui vallée de Frédéric; puis, traversant les iles méridionales, il tourna vers l'est, et, le soir du 6 juillet, il établit sa tente sur la côte orientale, pour la première fois.

Le point le plus avancé que Wallöe atteignit sur cette côte fut l'ile de Nenese qui se trouve, d'après ses indications, à 60° 56′ de latitude nord; le 8 août, les glaces le forcèrent à rebrousser chemin.

Après avoir passé l'hiver suivant dans le fjord Agluitsok, il fit voile pour le retour; il n'arriva que le 25 juin 1753 à Fredrikshaab, qui était alors la plus méridionale des colonies danoises du Groenland.

Walloë fut mal récompensé des importants résultats acquis au prix de tant de fatigues. De retour en Danemark, il vécut dans l'isolement et dans la misère; il mourut à Copenhague, en 1793, à l'âge de 77 ans.

En 1774, la Compagnie générale commerciale faisant de plus en plus mal ses affaires, le gouvernement se vit forcé de prendre lui-même en main le commerce au Groenland; et depuis cette époque c'est toujours au compte du roi que se fait le commerce dans cette colonie.

La colonie de Julianehaab fut fondée immédiatement après ce changement (1775). En 1776, elle devint station de missionnaires; déjà en 1774, les frères moraves avaient établi une station analogue à Lichtenau, localité située un peu plus au sud.

Sous l'impulsion de Paul Egède, fils de l'évéque Jean, on fit une nouvelle tentative d'exploration de la côte orientale. Une expédition fut organisée sous le commandement de Paul de Lövenörn, alors lieutenant-capitaine et adjutant-général. (Plus tard amiral; mourut en 1826). Parti de Copenhague le 2 mai 1786, il trouva à Raykiavik un yacht commandé par le premier-lieutenant C. F. Grove; après s'y être arrêté inutilement, il n'aperçut que le 3 juillet la côte orientale du Groenland, mais, arrêté par les glaces flottantes, il retourna aussitôt vers l'Islande, puis il fit encore dans le mois de juillet une nouvelle tentative, aussi stérile et aussi peu glorieuse que la précédente. Ensuite il revint avec Grove à Copenhague

Le yacht fut alors placé sous le commandement du second-lieutenant

Christian Thestrup Egède, fils de Paul et par conséquent petit-fils de Jean.
(Christian mourut en 1804). On lui adjoignit, sur sa propre demande, un
auxiliaire, son parent C. A. Rothe. Egède, désirant ardemment réussir et surtout
réussir là où son ancien chef avait échoué, partit d'Islande le soir même
du 8 août, date à laquelle son prédécesseur avait quitté l'île pour retourner
en Danemark. Le 16, il se trouvait en vue de la côte orientale du Grœn-
land, par 65° 24′ de latitude, mais une vaste ceinture de glace l'empêcha
d'aborder; Egède suivit alors la côte vers le sud, et il releva un fjord
excessivement large et profond, et rempli de montagnes de glace. De violents
orages, qui éclatèrent le 25 août et endommagèrent le yacht, le forcèrent
à regagner l'Islande où il hiverna dans le fjord Hafnar. Dès le 1er avril

JULIANEHAAB DANS LE GROENLAND MÉRIDIONAL.

1887, Egède reprit la mer pour recommencer ses explorations du Groenland
oriental. L'infortune poursuivit ce brave officier: après une première course
infructueuse, il essaya quatre fois dans le courant de l'été de 1887, et en
partant de divers points, de pénétrer jusqu'au Groenland oriental, mais
chaque fois en vain. On n'arriva jamais en vue de la côte; il fallut retourner
sans avoir atteint le but. Forcé par des orages d'hiverner en Norvège, le
yacht ne rentra à Copenhague que le 6 avril 1788.

Cette dernière expédition n'avait trouvé, sur les étendues de côte
qu'elle avait explorées, aucune trace de l'ancienne colonie septentrionale. Elle
semble avoir fortement ébranlé en Danemark la croyance que l'ancien Eystribygd
se trouvait sur la côte orientale. Bientôt le Holsteinois Henry Pierre
Eggers prouva, dans un mémoire couronné en 1792, que cette ancienne

colonie devait être cherchée dans la partie la plus méridionale du Groen
land occidental. On n'avait plus le même intérêt à explorer la côte orientale

comme on l'avait fait jusqu'alors; on abandonna donc les recherches de ce
côté et on concentra tous les efforts dans l'exploration de la côte occiden-

tale, beaucoup plus importante au point de vue financier. Plusieurs voyages furent entrepris pour des recherches purement scientifiques.

Pendant les années 1783 à 1784, un ingénieur allemand Pfaff voyagea dans le Groenland aux frais du gouvernement danois, surtout pour y chercher des gisements de houille, toutefois sans grands résultats.

En 1806, un autre **Allemand**, Carl Ludwig Giesecke se rendit au Groenland pour le même objet, mais il réussit complètement; il séjourna 7 années dans ce pays; tous les minéraux provenant des parties du Groenland qu'il a visitées et qui soient connus jusqu'à ce jour ont été découverts par lui, bien plus il en a découvert tous les gisements.

Vers la même époque, pendant les années 1812 et 1813, le naturaliste danois Morten Wormskjold entreprit un voyage au Groenland pour y faire des recherches botaniques; une fois de retour, il chercha à réfuter, dans un mémoire, à la vérité savant et ingénieux, l'ancienne opinion d'Eggers sur la véritable situation de l'Eystribygd et rajeunit ainsi l'ancienne erreur, mais heureusement sans lui assurer une bien longue existence; nous allons voir comment elle a été détruite.

A la fin du XVIII<sup>e</sup> siècle un homme supérieur s'était révélé parmi les baleiniers de la Grande-Bretagne, le capitaine écossais William Scoresby, auquel s'adjoignit plus tard son fils, navigateur également remarquable. En 1806, Scoresby fit dans la Mer du Spitzberg un voyage célèbre parce qu'on ne s'était jamais approché aussi près du pôle; pendant les années 1810 à 1822, le père et le fils firent dix grands voyages au Spitzberg et pendant ces explorations ils capturèrent des baleines pour une valeur de près de quatre millions de francs. Les deux hommes, primitivement dépourvus de notions scientifiques, avaient peu à peu acquis des connaissances si remarquables que les ouvrages édités par Scoresby le jeune comptent jusqu'aujourd'hui parmi les remarquables qui aient été écrits sur les régions arctiques. Pendant l'automne de 1817, des baleiniers anglais, et parmi eux Scoresby le jeune qui était déjà très en renom, rapportèrent qu'une immense débacle s'était produite entre le Groenland et le Spitzberg. Sur cette nouvelle, on conçut l'espoir, en Angleterre, que les expéditions arctiques allaient avoir plus de chances de succès, et dès 1818 on envoya vers le Nord John Ross et David Buchan dont je parlerai dans le chapitre suivant.

Ce qui nous intéresse tout d'abord, ce sont les remarquables découvertes faites en 1822 par Scoresby le jeune sur la côte orientale du Groenland qu'il avait déjà eu occasion d'apercevoir dans ses expéditions antérieures. Pendant l'expédition de 1822, les Scoresby accomplirent le désir qu'ils nourrissaient depuis longtemps d'explorer et de mesurer cette côte qui n'avait jamais été exactement mesurée ni relevée. Ils partirent de Liverpool sur un baleinier à voiles ordinaire, le 27 mars 1822, et ils revinrent le 19 septembre; ainsi l'expédition n'avait duré que cinq mois et $^2/_3$, et dans ce court laps de temps, tout en découvrant et en relevant la côte orientale du Groenland, ils n'avaint pas négligé l'objet principal de leur voyage: la pêche de la baleine. Comme d'ordinaire, on mit le cap sur le Spitzberg; dès le 28 avril on se trouvait au nord-ouest de cet archipel, par 80° 31′ de latitude. De là on fit voile vers le sud-ouest, c'est-à-dire vers la côte orientale du Groenland, tout en se livrant, sans discontinuer, à la pêche de la baleine. On aperçut la côte, le 8 juin, par 74° 6′ de latitude nord, et l'on franchit sans grande difficulté la ceinture de glaces flottantes; on commença les relevés le 10 juin, et on les poursuivit jusqu'au 26 août tout en les interrompant de temps en temps pour se livrer à la pêche. Le 26 août on revint en arrière.

Les Scoresby ne trouvèrent pas moins de 14 degrés de latitude de différence relativement aux indications des anciennes cartes. On releva la région jusqu'à 69° 13′ de latitude nord, et l'on dénomma quelques-unes de ses parties comme par exemple le large Sund de Scoresby, où Scoresby jeune rencontra le vaisseau de son père. On eut quatre fois l'occasion d'aborder; à plusieurs reprises on trouva des traces d'indigènes, mais on ne vit pas les indigènes eux-mêmes; partout où le regard pouvait s'étendre sur ce sol tourmenté, on apercevait une végétation d'une luxuriance inattendue et surtout une petite flore assez abondante pour assurer l'existence d'herbivores tels que le renne ainsi que d'une quantité d'insectes et de papillons. Scoresby assure même avoir vu une colonie d'abeilles. Le voyage des Scoresby avait fait connaître une bonne partie de la côte orientale du Groenland; dès l'année suivante ses découvertes furent continuées par le capitaine Clavering qui, chargé de transporter dans le Nord le capitaine Edward Sabine[1] auquel avait été confiée une mission scientifique devant consister surtout en observations du pendule dans diverses stations de la Mer de Glace, releva la côte 3° plus haut. Scoresby, dont l'intention n'était pas de pénétrer vers le Nord, mais de rechercher les anciennes colonies islandaises qu'il supposait situées entre le 74e et le 60e degré de latitude, avait lui-même vu la côte jusqu'à 75°; mais, pour ce qui concerne les deux degrés extrêmes, il n'avait pu en fixer que les points limites et encore d'une manière provisoire. L'expédition quitta la Tamise, le 11 mai 1823, sur le *Griper*, brick à canons de 180 tonnes, dont on ne pouvait pas espérer une marche rapide. On se dirigea d'abord sur Hammerfest, que l'on atteignit le 2 juin; on n'en partit que le 23, après y avoir pris les observations et l'on mit le cap sur le Spitzberg. Le 1er juillet, on ancra devant la partie nord-ouest du Spitzberg, et le 24 on fit voile dans la direction du sud-ouest

---

[1] Né le 14 octobre 1788, depuis 1859 major général et directeur de l'arsenal de Woolwich.

vers le Groenland; malgré la marche lente du vaisseau, on arriva le 4 août
en vue de la côte groenlandaise, par une latitude de 74° 4′; après avoir
franchi la ceinture de glaces flottantes et après quelques pointes en avant
dans les eaux navigables du littoral, on jeta l'ancre, le 13 août, devant l'île
Sabine par 74° 30′ de latitude nord.

Tandis que Sabine travaillait à l'observatoire, Clavering, le 16 août,
entreprit une excursion avec deux petits bateaux que l'on fit marcher à la
rame le long de la côte par un temps calme. Cette petite expédition dura
douze jours; chaque nuit on se couchait dans des tentes emportées; on
ne s'enveloppait que d'un manteau et d'une couverture, et jamais on ne
souffrit du froid. Températures du 16 au 28 août: en moyenne + 2° 5,
maximum + 11° 25, minimum seulement de — 5°. On trouva partout des
traces d'indigènes et des provisions de graisse. Le 18 mai, on vit même
des indigènes et l'on aperçut une tente de peau de phoque.[1]

---

[1] «Il n'y avait personne dedans, raconte Clavering; les indigènes effrayés à notre
aspect s'étaient retirés sur quelques hauts rochers du voisinage.

«Accompagné d'un de mes officiers, je m'avançai vers eux avec des signes de bienveillance et d'amitié. Ils nous laissèrent approcher jusqu'au pied des rochers qui avaient
près de cinq mètres de hauteur; nous y déposâmes une lunette d'approche et quelques
mouffles de laine et nous nous retirâmes un peu; ils descendirent aussitôt, prirent les objets
et de nouveau se retirèrent rapidement sur la pointe du rocher. Nous leur laissâmes quelques
minutes pour leur donner le temps d'examiner nos présents et nous revînmes encore une
fois; ils nous permirent alors de les aborder et de leur tendre la main, cérémonie qu'ils
parurent ne comprendre en aucune façon; malgré tous nos efforts pour leur inspirer de
la confiance, ils ne cessaient de trembler de peur. Nous les conduisîmes ensuite à leur
tente qui avait 4 mètres de périphérie, 1,6 mètre de hauteur, et dont la charpente était
constituée uniquement de bois et d'os de poissons. Ils avaient un petit bateau de peau
de phoque, des harpons et des pieux dont le manche était de bois, la pointe d'os et quelquefois d'un fer probablement d'origine météorique. Ils n'osèrent pas s'approcher de nos bateaux
et nous nous séparâmes. Le matin du 19, nous étions très désireux de renouveler nos
relations avec nos amis les Esquimaux; heureusement nous avions réussi à obtenir leur confiance. Dans le cours de la journée, des hommes, des femmes et des enfants vinrent à notre
tente. Ils nous offrirent de la chair de phoque et de morse en échange de laquelle nous
leur donnâmes du biscuit et de la viande salée; mais ils rejetèrent immédiatement cette
dernière. Grand fut leur étonnement lorsque je fis laver un des enfants, pour voir quelle
était la couleur de la peau sous la couche de crasse et d'huile qui la recouvrait; la peau
était brun puce, cuivrée; la chevelure était noire, le visage rond; les mains étaient charnues
et comme boursouflées; leur stupeur fut extrême lorsqu'ils virent un de nos matelots tuer
un phoque d'un coup de fusil. Jamais ils n'avaient entendu la détonation de cette arme.
Nous priâmes l'un d'eux d'aller avec son canot chercher l'animal mort et flottant sur l'eau.
Avant d'aborder, il le tourna et retourna jusqu'à ce qu'il eût trouvé l'endroit où la balle
avait pénétré; alors, mettant le doigt dans le trou, il exprima son étonnement par les cris
les plus étranges, tout en sautant et en dansant de la façon la plus grotesque; plus tard
nous lui demandâmes de dépouiller l'animal, ce qu'il fit très vite et dans la perfection.
Pour lui donner de nouvelles preuves de notre adresse, nous tirâmes plusieurs coups de

Pendant l'absence de Clavering, la mer s'était complètement débarrassée de glaces; des hauteurs de l'île Sabine on n'en découvrait plus vers le nord, et l'on reconnaissait que des côtes élevées et abruptes s'étendaient au moins jusqu'à 76°. L'expédition quitta le Groenland le 13 septembre; le 23, elle arriva sans difficulté à la côte norvégienne, le 4 octobre, elle aborda a Throndhjem, et.le 19 décembre, elle retourna à Londres. Le court mais intéressant récit du voyage de Clavering[1]) ne fut guère remarqué; par contre, l'ouvrage de Sabine[2]), renfermant les résultats des observations du pendule, est assez généralement connu.

Ces découvertes, on le conçoit, éveillèrent en Danemark le plus vif intérêt, mais en même temps l'appréhension de voir le Groenland, que l'on considérait non sans raison comme une possession héréditaire, passer en partie entre des mains étrangères, car Scoresby n'avait été empêché que par des circonstances purement accidentelles de prendre formellement possession, au nom de la couronne d'Angleterre, comme il en avait l'intention, de la partie du Groenland oriental, qu'il avait découverte. Le gouvernement danois fut mis en demeure d'agir; une commission spéciale décida l'envoi d'une expédition qui devait partir, sur de petites embarcations, de l'une des colonies du Sud et s'avancer, s'il était possible, jusqu'à 69° 13′ de latitude nord. La conduite de l'expédition fut confiée à W. A. Graah qui avait été employé précédemment au relevé de la côte occidentale du Groenland; on

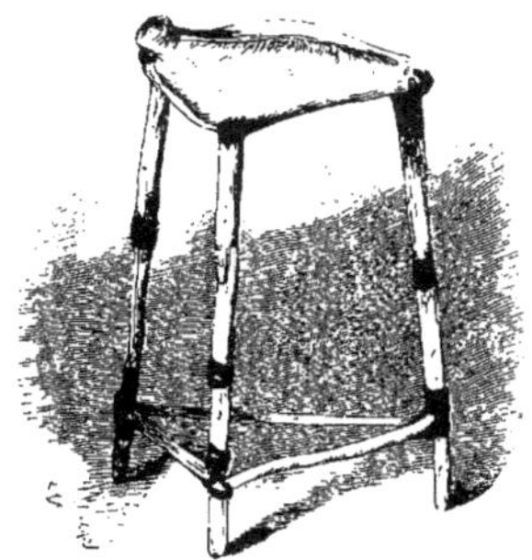

TABLE D'OS DE BALEINE.

lui adjoignait, comme naturaliste, le docteur J. Vahl, comme interprète Mr. Mathiesen, président de la colonie de Fredrikshaab. Ils furent accompagnés par le docteur Pingel, qui devait faire des explorations minéralogiques. Le 31 mars 1828, ils partirent de Copenhague; ils arrivèrent, le 28 mai, à Fredrikshaab, le 6 juin à Julianehaab où tout était préparé pour le voyage en bateau. Graah se servit de deux *oumyak* ou bateaux de femmes des indigènes, longs de

fusil sur un but désigné à l'avance; ensuite nous mîmes un pistolet dans les mains de l'un d'eux et il le déchargea dans l'eau, mais le recul l'effraya tellement qu'il alla aussitôt se cacher dans sa tente. Le lendemain matin nous constatâmes qu'ils nous avaient quittés, en nous abandonnant la tente et les autres objets; c'est certainement la crainte de nos armes à feu qui les avait fait fuir.

[1]) Il se trouve dans le périodique peu répandu, *Edinburgh new philosophical Journal*, avril à juillet 1830, p. 1 à 30.

[2]) Sabine. «*An account of experiments to determine the figure of the Earth*» etc. (Compte rendu d'expériences pour déterminer la figure de la Terre, au moyen du pendule battant la seconde, à différentes latitudes. Londres, 1835, in-4.

11,5 mètres, larges de 2,1 et profonds de 0,76, montés par quatre Danois et quinze Groenlandais (5 hommes et 10 femmes) parmi lesquels se trouvait un naturel de la côte orientale, nommé Ernenek. L'expédition quitta, le 21 mars 1829, Nennortalik, localité située sur la côte sud-ouest; le 1ᵉʳ avril, elle atteignit la côte orientale, mais jusqu'au 26 avril les glaces l'empêchèrent de s'avancer vers le Nord.

Au début Graah ne put progresser que lentement, parce qu'il ne savait pas tirer parti des frêles embarcations des Esquimaux; d'autre part, ses bizarres matelots le secondaient mal dans ses opérations topographiques. Les Esquimaux le quittèrent l'un après l'autre, deux hommes et six femmes seulement lui restèrent fidèles. Que l'on s'imagine cet étrange équipage, — un capitaine européen, deux hommes et six femmes —, s'avançant dans une région inconnue; à gauche, la côte déchiquetée par des fjords qui ont 300 mètres et davantage de hauteur, avec leurs glaciers grands comme des cathédrales et d'où se détachent d'énormes blocs roulant dans la mer avec le fracas du tonnerre; à droite les montagnes de glace flottantes. Un jour une des femmes accoucha d'un garçon: l'enfant fut déposé dans un coin du bateau et l'on reprit la marche vers le Nord. On mit relativement beaucoup de temps, du 26 avril au 23 juin, pour parcourir la première partie de la route, de 60° environ jusqu'à 61° 47'. A ce point la plupart des rameurs refusèrent d'aller plus loin, et l'expédition se trouva réduite à un bateau; dès lors on s'avança bien plus facilement. Du 27 juin au 22 juillet, c'est-à-dire en 3 semaines et demie, Graah ne parcourut pas moins de 515 kilomètres; de 61° 55' il s'avança jusqu'à l'île Wendom (Ile du Retour), située à 65° 15'. Plus tard il visita encore une île située un peu plus au Nord (65° 15' 36"), à laquelle il donna le nom de *Dannebrog:* point extrême de l'expédition. Graah crut reconnaître les îles entre lesquelles Danell avait passé et en même temps celles que les anciens nommaient *Gunnbarnasker.* Il appela le littoral «Côte du roi Frédéric.»

L'état de sa coquille de noix, de ses provisions, de son équipage féminin, et son désir de visiter les fjords de la côte qu'il avait découverte le décidèrent à retourner à Nukarbik (63° 20' de latitude nord) pour y passer l'hiver. Après avoir terminé ses relevés, il y établit son quartier d'hivernage. La végétation y était relativement magnifique: il plut encore le 29; le temps fut très doux jusqu'à la fin de février, puis il se refroidit, mais le maximum de froid ne descendit pas au delà de 21° au-dessous de zéro. Cette localité est donc loin de pouvoir être comparée aux stations d'hivernage anglaises, dans le dédale des îles et des côtes qui regardent l'Amérique. Graah qui avait déjà eu précédemment un accès de fièvre fut malade presque tout l'hiver; les provisions diminuaient. La misère devint telle que Graah redouta de voir les indigènes recourir à l'anthropo-

phagie, devant laquelle, cela est constaté, les naturels des terres orientales
du Groenland ne reculent pas en cas de disette. Quant au reste, Graah
dit que les Esquimaux de la côte orientale sont d'une race plus intelligente
et plus industrieuse que ceux du Groenland occidental; ils sont grands et
forts; les femmes ont de belles formes et des traits agréables. Les Esquimaux de ces parages, toujours d'après Graah, sont les hommes les plus
avenants, les plus probes et les plus loyaux du monde.

Le 5 avril 1830, Graah quitta son quartier d'hiver pour retourner
vers le Sud; car, bien qu'à cette époque la mer fût déjà navigable du côté
du Nord, il redoutait de s'exposer aux tempêtes du printemps dans ces
parages, avec son bateau fragile et ses femmes-matelots. Il compléta ses
relevés entre 63° 20' et 60° de latitude nord. Le 15 octobre 1830, après
avoir lutté terriblement contre une faim atroce, profondément abattu, il revint
à Friedrichsdal, sur la côte sud-ouest, où un missionnaire lui donna les
premiers secours médicaux. Il passa l'hiver à Julianehaab; il y continua
tant bien que mal les travaux commencés, et le 11 août 1831 il quitta le
Groenland; le 13 septembre, il était de retour en Danemark.

Ce voyage pénible mais fécond en résultats avait fait connaître une
partie considérable des côtes orientales du Groenland et prouvé d'une manière
irréfutable qu'il n'y fallait plus chercher l'ancienne Eystribygd. Cette expédition avait pleinement satisfait la curiosité et l'amour-propre des Danois
relativement au Groenland oriental. Pendant plus de trente ans, on ne
retourna plus dans ces parages.

Il faut mentionner la malheureuse expédition de la corvette française
la *Lilloise* qui devait y faire des recherches hydrographiques en 1833, sous
le commandement de M. Jules de Blosseville. Le 29 juillet, le navire fut
en vue de la côte; il la suivit de 68° 34' à 68° 55' de latitude mais sans
aborder; il revint en Islande à cause du mauvais temps et retourna encore
en vue de la côte orientale. Mais depuis le 6 août, date à laquelle le
commandant écrivit encore une lettre dans son pays, la Lilloise a disparu
sans laisser de traces.

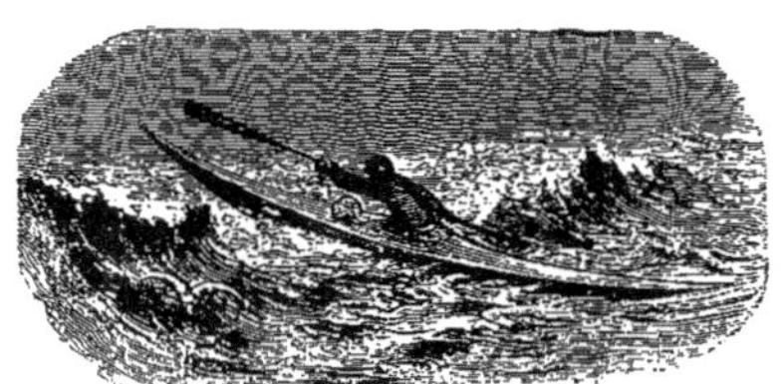

ESQUIMAU DANS SON KAYAK.

8*

# LES ANGLAIS RECOMMENCENT LES EXPLORATIONS POLAIRES.

Depuis le troisième voyage de Cook, on savait que le nord du nouveau monde s'étendait jusqu'au Détroit de Béring; dès lors les difficultés du passage du nord-ouest parurent tellement insurmontables que l'on renonça à le tenter et que l'on abandonna les expéditions polaires aux baleiniers de profession. J'ai déjà eu l'occasion de mentionner glorieusement parmi eux les deux Scoresby, le père et le fils. Au premier la gloire d'avoir atteint des latitudes qui n'avaient pas été abordées depuis longtemps. En 1806, le 28 avril, Scoresby l'ancien, monté sur le beau navire *Resolution*, rencontra, dans la Mer groenlandaise, par 76° de latitude, des masses de glace compactes, apparemment impénétrables; le hardi marin ne s'en effraya pas et il engagea la lutte. Depuis longtemps un vif *éclair de glace* illuminait l'horizon; il semblait qu'il fallût renoncer à tout espoir de succès; enfin la vue perçante de Scoresby découvrit dans l'éclair de glace une étroite ligne gris bleu qui annonçait la présence de la mer libre; il observa que l'eau s'agitait légèrement au contact des blocs de glace entourant le navire; il savait que ce phénomène ne pouvait provenir que d'un remous se produisant dans une mer libre, soit au nord soit au sud. Bientôt il se convainquit que cette nappe d'eau devait être au nord, c'est-à-dire plus loin que la ceinture de glace qui l'enserrait, et il mit en œuvre toutes ses ressources pour franchir cette ceinture. On tira et l'on radouba les canots; on tailla la glace à la scie, et on finit par amener le bâtiment à 80° de latitude, sur le bord d'un chenal étroit, dans lequel Scoresby s'engagea aussitôt. Le 24 mai, à minuit, des observations faites avec soin accusèrent une latitude nord de 81° 12′ 42″; le lendemain, à la limite septentrionale du chenal long de 80 à 100 kilomètres, il trouva que la latitude était de 81° 30′, la longitude étant de 19″ à l'ouest de Greenwich. Cette importante expédition ne réveilla pas encore l'intérêt que l'on avait porté jadis aux explorations polaires; il ne se ranima que dix années plus tard, lorsque Scoresby le jeune fit annoncer à Sir John Banks, président de la Société royale de Londres, que par l'effet des chaleurs excessives de 1816 et 1817, la glace se disloquait dans l'extrême nord. Alors le géographe John Barrow[1]), qui, dans sa jeunesse, avait été marin sur un baleinier et qui avait visité le Groenland, sut rallumer la vieille passion des Anglais pour les explorations au nord-ouest. La découverte d'un passage au nord-est avait moins d'intérêt pratique pour la Grande-Bretagne; car personne ne croyait plus à l'utilité de cette nouvelle route commerciale, l'Angleterre s'étant assuré la domination sur toutes les mers;

SIR JOHN ROSS.

mais Barrow démontra avec éloquence qu'il y allait de l'intérêt national de résoudre ce problème géographique. Malgré trois siècles d'efforts, la connais-

[1]) John Barrow, né le 19 juin 1764, à Dragleybeck dans le Lancashire, avait été d'abord surveillant dans une fonderie de fer à Liverpool, puis marin sur un baleinier et, de 1786 à 1791, professeur d'astronomie à Greenwich; en 1792, il accompagna lord Macartney en Chine; en 1796 et en 1801, il visita le sud de l'Afrique, en partant de Cape-Town. De retour en Europe, fut nommé secrétaire de l'amirauté en 1804 et créé baronnet en 1835: quitta le service de l'État, en 1845, et mourut le 23 novembre 1849; donna la première idée de la fondation de la Société géographique de Londres qui commença à fonctionner en 1830, et dont il fut le second président.

sance des côtes du littoral américain, des îles et des mers situées au nord du Nouveau-Monde était très inexacte; les rapports des divers explorateurs étaient contradictoires, de sorte que l'on croyait pouvoir même mettre en doute les découvertes de Baffin. Barrow a donc eu le mérite d'avoir persévéré dans ses efforts; et il réussit à mettre en vogue la question des recherches polaires purement scientifiques; quant aux moyen d'exécution, on verra bientôt qu'ils n'étaient pas à l'abri de toute critique; on remit au concours la prime de 20 000 livres sterling, qui avait déjà été proposée, en 1743, pour la découverte d'un passage au nord-est, et celle de 5 000 livres sterling à celui qui atteindrait le 110e degré de longitude compté depuis Greenwich. On fit partir en 1818, deux expéditions vers le pôle et vers le nord-ouest; ces expéditions, à vrai dire, ne donnèrent pas de résultats essentiels, mais elles ouvrirent, en quelque sorte, l'ère des explorations polaires modernes; et surtout elles mirent à l'œuvre, pour la première fois, toute une phalange d'hommes, de héros maritimes, dont les noms se rattachent indissolublement aux explorations arctiques, et dont les hauts faits seront l'honneur impérissable de la marine britannique.

L'*Alexander* et l'*Isabella*, d'une part, la *Dorothea* et la *Trent* d'une autre: tels étaient les noms des deux groupes de navires qui devaient tenter simultanément la solution du problème boréal. Cédant à la pression de l'opinion publique, l'Amirauté avait offert un commandement au grand promoteur des explorations polaires, à Scoresby le jeune, mais un commandement en second, parce que Scoresby, capitaine de la marine marchande, n'était que *blue officer*, et non point officier de la marine royale. Toutefois l'Amirauté eut un bonheur dont elle n'était pas digne: son choix tomba ensuite sur les gens les plus capables. Ce fut John Ross[1]) qui obtint le commandement supérieur de l'*Alexander* et de l'*Isabella*. Il avait pour mission d'explorer la Baie de Baffin, qui depuis deux cents ans n'avait pas été visitée, et de rechercher un passage vers l'ouest.

A bord de son navire à pavillon l'*Isabella* se trouvait son neveu *James Clark Ross*, alors enseigne de vaisseau, qui devait acquérir plus tard une si grande célébrité en découvrant les terres polaires du sud[2]); il y avait en outre le lieutenant W. Robertson, puis Edward Sabine, alors capitaine d'artillerie, dont nous avons déjà mentionné le voyage ultérieur au Groenland oriental, et un Esquimau du nom de John Sacheuse[3]) comme interprète.

[1]) Né le 24 juin 1777 en Écosse, il était entré en 1786 au service de la marine anglaise et il avait rapidement parcouru les grades inférieurs. Mort à Londres, le 30 août 1856.

[2]) Né en 1800, à Balsorroch en Irlande, mort le 3 avril 1862 à Aylesbury.

[3]) Sacheuse, à la suite de démêlés avec ses compatriotes dans le Groenland méridional, était venu en Angleterre, avec des baleiniers, et s'y était bien trouvé. Il ne paraissait pas avoir une bien bonne opinion de ses compatriotes, car se trouvant un jour devant une

Le second navire, *Alexander*, était commandé par le lieutenant William Edward Parry.[1]

Je ne tarderais pas à parler des deux autres bâtiments; ceux-ci devaient s'avancer en droite ligne à travers la Mer du Spitzberg et atteindre le Détroit de Béring par le pôle nord. Tous les quatre avaient rendez-vous le 2 mai 1818, dans le Brassa-Sund des îles Shetland et ils se mirent en route le lendemain matin.

L'*Isabella* et l'*Alexander* arrivèrent, fin mai, près du cap Farewell à la pointe sud du Groenland, et le 17 juin dans le Waigatt-Sund, près de l'Ile Disco. Le 22, ils franchirent le 70ᶜ parallèle après avoir été la veille entourés par les glaces; ils s'avancèrent lentement vers le nord, tout en s'occupant de relever rapidement la côte; ils constatèrent qu'en quelques endroits les longitudes étaient reculées de 10 degrés de trop vers l'est. Le 2 juillet, ils arrivèrent au bord sud de ce qu'on appelle *glace du milieu*. C'est une épaisse banquise qui s'étend transversalement sur une largeur de 300 à 400 kilomètres et qui entrave considérablement l'entrée d'une mer libre, du moins en été et au commencement de l'automne, et nommée *Northwater* (Eau du Nord). Il est singulier que, depuis Baffin, personne n'avait tenté de franchir cette barrière de glace; les premiers bâtiments qui la dépassèrent furent les deux baleinières *Larkins* de *Leith* et *Elisabeth* d'*Aberdeen*; elles pénétrèrent dans le *Northwater* en 1817 et trouvèrent des régions excellentes pour la pêche. Ross fut retenu 36 jours dans la *glace du milieu*. Le 7 août, un violent erego mit les deux bâtiments dans une situation très critique; le 8, ils atteignirent le *Northwater*, et le 19, ils entrèrent dans le Sund de Smith, à la pointe nord de la Baie de Baffin; ils n'explorèrent pas assez exactement ce Sund pour déterminer si c'était une baie ou un détroit; Ross, qui désigna le Sund de Smith, comme une impasse, resta même en-deçà de la route de Bylot et de Baffin, car ce fut le 19, à minuit, qu'il atteignit sa plus haute latitude 76° 54′, par 74° 20′ de longitude à l'ouest de Greenwich. L'entrée du Sund de Jones était barrée par un amoncellement de glaçons. Le 30 août, les navigateurs arrivèrent dans le Sund de Lancaster, dont les eaux s'étendaient devant eux, profondes et libres de glace. L'attente était à son comble, car on savait bien que là était le point décisif. Le lecteur se souvient que ce sund avait bien été

---

ménagerie et voyant un éléphant exécuter rapidement et sans hésiter les ordres de son gardien il s'écria: «Oh! Eléphant plus intelligent qu'Esquimau!»

[1] W. E. Parry, né à Bath le 19 décembre 1790, fils d'un médecin, entra en 1818 dans la marine comme enseigne; après avoir servi dans la Manche et dans la Baltique il obtint en 1809 son brevet de lieutenant; en 1811, il fut envoyé pour protéger la pêche de la baleine; il s'avança avec sa canonnière jusqu'à l'Ile de l'ours et passa les années 1813 à 1817 dans les stations du Mexique. Mort aux bains d'Ems, le 8 juillet 1855.

découvert par Baffin, mais que ce navigateur n'avait fait que l'entrevoir
et ne l'avait pas pris pour le véritable passage. Cette fois les Anglais
purent entrer à toutes voiles et avec de joyeux hourras, dans ce bras de
mer mystérieux. L'Isabella était en avant; en arrière marchait lentement le
lourd Alexander, dont le commandant, Parry, éprouva la plus vive désillusion
quand, par une longitude de 80° 37′ à l'ouest de Greenwich, il vit le vaisseau
commandant virer cap pour cap sans nécessité manifeste, et que lui-même
fut forcé de le suivre. Ross avait cru apercevoir, au-delà des brouillards,
une haute chaîne de montagnes qui donnait au détroit l'aspect d'un fjord
fermé et qu'il appela *Montagnes de Crocker*. Ce n'était là qu'une de ces

LE CAP ALEXANDRE (À L'ENTRÉE DU SUND DE SMITH).

illusions d'optique qui se sont répétées plusieurs fois dans les régions boréales; elle n'en a pas moins voilé quelque peu la gloire naissante de notre
explorateur.

Plus perspicace que Ross, Parry n'avait pas cru à ces montagnes, mais
il ne put pas empêcher la retraite de l'expédition. Durant le retour, on
étudia la conformation des côtes occidentales de la Baie de Baffin, depuis
le Sund de Lancaster jusqu'à 62° 61′ de latitude nord; on visita Pond's
Bay et Booth's Inlet (l'entrée de Booth); on constata que le centre de la
Baie de Baffin n'avait pas «James Island» qu'y plaçaient les cartes d'alors.
Le 14 novembre, l'expédition revint à Grimsby Roads. On peut dire, en
somme, qu'elle s'était bornée à suivre le sillage de Bylot et de Baffin; comme

résultat, elle n'a fait que reconnaître la Baie de Baffin, avec ses promontoires et ses golfes, telle qu'elle avait été décrite en 1616 par ceux qui l'avaient découverte. C'est pendant ce voyage qu'on vit pour la première fois la neige rouge (ce fut sur le littoral groenlandais), que l'on prit les premiers échantillons du sol maritime à de grandes profondeurs, que l'on opéra, jusqu'à une distance verticale de 1 244 mètres, des mesures thermiques plus étendues que toutes celles faites depuis lors; c'est également pendant ce voyage que Sabine fit ses précieuses observations magnétiques. L'expédition est intéressante également parce qu'elle a été la première à faire connaître la tribu septentrionale d'Esquimaux, qui habite la péninsule nommée plus tard presqu'île de Hayes. Ross, né en Écosse, nommait, en souvenir des hauts plateaux de son pays, *Arctic Highlands* (hautes terres arctiques) la région montagneuse située entre la Baie de Melville et le Whale-Sund, et *Arctic Highlanders* (habitants des hautes terres arctiques) les Esquimaux rencontrés sur ces côtes. Les puissants glaciers de ce littoral n'échappèrent pas à son attention.

WILLIAM SCORESBY.

Si l'expédition de Ross n'a pas été bien glorieuse, et si ce marin a manqué de hardiesse, il ne faut pas oublier qu'à son époque on ne venait que de reprendre les explorations polaires et qu'il fallait d'abord acquérir l'expérience de la navigation dans les glaces. Le plus grand succès de Ross est d'avoir amené l'Angleterre à continuer ces entreprises qui ont fait époque dans la géographie des contrées hyperboréennes et d'avoir considérablement élargi, en peu de temps, le cercle de nos connaissances sur l'étendue de la côte nord de l'Amérique et des îles qui la précèdent.

Presque en même temps que l'Isabella et l'Alexandre, partirent la Dorothea et la Trent. Le guide de cette expédition était le capitaine *David Buchan*, sur la *Dorothea* (382 tonnes); la *Trent*, où servaient le lieutenant *Frederick W. Beechey* [1]) et George Back [2]), *Admiralty mate*, se trouvait placée sous les ordres du lieutenant John Franklin, qui dès sa jeunesse avait mené une vie très agitée et qui avait grandi au milieu des dangers; il abordait alors la carrière où son incomparable activité devait lui assurer

---

[1]) Né en février 1796 à Londres, il y mourut contre-amiral, le 29 novembre 1856.

[2]) Né le 6 novembre 1796 à Stockport (Cheshire), mort amiral et baronnet, le 23 juin 1878, à Londres.

une gloire immortelle[1]). L'expédition, comme nous l'avons déjà dit, était chargée d'atteindre le grand Océan par le pôle nord. Les instructions de l'amirauté prescrivaient expressément la route entre le Groenland et le Spitzberg, où le courant méridional de glaces entassées offre des difficultés toutes spéciales. La connaissance des obstacles que présente un voyage polaire était bien incomplète dans les premières décades d'années de notre siècle. On croyait qu'il était possible et même qu'il n'était pas difficile de trouver un passage par-delà le pôle nord ou du moins de franchir le pôle en traîneaux.

Les navires quittèrent la Tamise, le 25 avril 1818; au mois de mai, à 80° de latitude, ils furent arrêtés par les glaces et forcés de chercher un abri dans la Baie de la Madeleine, sur la côte nord-ouest du Spitzberg. Nos navigateurs s'y arrêtèrent plusieurs jours; ils consolidèrent, en s'exposant à de grands dangers, le «Rotge Hill» qui s'élève en pyramide, à 600 mètres de hauteur, au fond de la Baie, puis ils reprirent la mer. Mais au nord-ouest du Spitzberg, ils rencontrèrent ces mêmes barrières qui avaient arrêté jusqu'alors toutes les tentatives de ce genre. D'immenses masses de glaces flottantes venaient heurter les navires et menacèrent plus d'une fois de les écraser.

Se trouvant dans l'impossibilité de pousser plus en avant (la plus grande latitude atteinte fut de 80° 34′) Buchan se tourna vers le Groenland; une effroyable tempête le surprit le 30 juillet et aggrava encore le danger qui menaçait ses embarcations; il n'arriva à sauver ces dernières qu'en s'aidant d'une audace inouïe: il les fit pénétrer dans la masse principale de la glace pour s'en faire comme un bouclier contre les blocs chassés et ballottés par la tempête. Buchan se décida alors au retour; les autres officiers supérieurs approuvèrent cette décision; Franklin seul se montrait encore plein d'espérances. Il proposa de pousser plus avant vers le pôle nord avec un seul navire; mais, sur le refus du commandant en chef, il fut également obligé de faire voile vers l'Angleterre où l'expédition rentra le 22 octobre. Les embarcations étaient presque complètement disloquées et pouvaient à peine tenir encore la mer. Nous devons à Beechey, plus tard amiral, une excellente description de ce voyage.[2])

---

[1]) Né le 16 avril 1786 à Spilsby dans le comté de Lincoln, Franklin, fils d'un négociant aisé et le plus jeune de douze enfants, entra à l'âge de 14 ans dans la marine anglaise; nous le voyons au siège de Copenhague en 1801 (il était alors midshipman); au voyage d'exploration à la Nouvelle-Hollande avec Flinders; à la bataille navale de Malacca sur le *Bellerophon*; en 1805 à la bataille de Trafalgar; en 1807, avec la flotte anglaise accompagnant au Brésil la famille royale du Portugal; deux ans plus tard au blocus de Vliessingen et plus tard à l'expédition contre New-Orléans pendant la guerre anglo-américaine, 1813.

[2]) F. W. Beechey. — «A voyage of discovery towards the North-Pole, performed in

Parry, pas plus que Franklin, n'avait eu à se louer du commandement supérieur. Durant l'expédition de Ross, on avait fait assez pour convaincre Parry de tout ce qui aurait pu être fait. Franklin, de son côté, s'était assuré que la Mer du Spitzberg n'était pas la route pour arriver au passage tant cherché; il reconnut au contraire que les côtes nord de l'Amérique, découvertes par Hearne et Mackenzie, offraient beaucoup plus de chances de réussite.

Les deux jeunes gens avaient déjà fait connaissance, avant le départ des expéditions de 1818, à Deptford près de Londres et avaient contracté une amitié qui devait durer toute leur vie. Après leur retour, ils se rencontrèrent encore, le 28 novembre, dans l'antichambre de lord Melville, alors premier lord de l'Amirauté, qui conversa franchement avec Parry sur la possibilité d'un passage à l'endroit même qui paraissait aussi le plus propice à ce dernier. Parry s'était convaincu que le Sund de Lancaster était un large passage conduisant à une mer de l'ouest, probablement celui indiqué par Hearne et Mackenzie, et que ce passage devait être praticable à certaines époques de l'année. Le résultat de cette conversation fut que, dès décembre 1878, les navires «Hecla» et «Griper» furent armés pour une nouvelle expédition, dont le commandement fut remis à Parry le 16 janvier 1819. D'un autre côté, Franklin fut envoyé vers le nord et mis à la tête d'une expédition chargée de reconnaître par terre les rivages septentrionaux du continent américain. Ce partage de l'œuvre d'exploration en voyages maritimes et voyages terrestres caractérise la nouvelle période qui s'ouvre dès lors dans l'histoire des explorations polaires.

Les deux amis quittèrent l'Angleterre à peu près en même temps: Parry le 15, et Franklin le 23 mai 1819. Parry, que nous suivrons d'abord, commandait l'Hecla, navire de 375 tonneaux, et était accompagné de nouveau par Beechey et Sabine, ainsi que par le midshipman James Clark Ross; le «Griper», plus petit, (il jaugeait 180 tonneaux) fut placé sous le commandement du lieutenant Matthew Liddon. Après une navigation difficile à travers le *middle-ice* de la Baie de Baffin, on n'arriva que le 31 juin au Sund de Lancaster, à l'entrée duquel l'expédition fut arrêté, pendant plusieurs jours, par un violent vent d'ouest et une mer très agitée. A ce vent d'ouest succéda bientôt un vent d'est qui conduisit les deux bâtiments plus loin. Bientôt on vit le passage se dessiner; les montagnes de Croke raperçues par Ross n'apparaissaient pas devant la proue de l'Hecla. Nos explorateurs s'engagèrent dans un détroit qui, comme ces montagnes, avait reçu le nom de Croker, mais qui plus tard reçut celui de Barrow, secrétaire de l'amirauté après Croker. Dans ce détroit débouchaient, à gauche pour le voyageur

his majesty's ships Dorothea and Trent under the command of capt. D. Buchan R. N. 1818, to which is added a summary of all the early attempts to reach the Pacific by way of the Pole.» With maps and illustrations. London 1843.

9*

venant du sud, le détroit nommé par Parry «Prince Regent Inlet» (Entrée du Prince régent) et un peu plus loin, à l'ouest pour le voyageur venant du nord, au pied du *Cap Riley* (74° 40′ de latitude nord, 91° 48′ de longitude à l'ouest de Greenwich) à la pointe sud de la grande île North-Devon, une voie maritime, le Canal de Wellington. On essaya d'abord d'arriver aux eaux du sud par le *Prince Regent Inlet*, mais cette entrée était obstruée par la glace. Continuant donc à faire voile vers l'ouest, on arriva, le 3 septembre, après avoir dépassé Bounty-Cap, à la grande île de Melville, découverte deux jours auparavant, par 110° de longitude à l'ouest de Greenwich.

SIR W. EDWARD PARRY.

Là Parry put annoncer à son persévérant équipage qu'on avait gagné le prix de 5 000 livres sterling proposé par le parlement aux Anglais qui, venant de l'est et du 74° degré de longitude, auraient les premiers dépassé le 110° degré, c'est-à-dire qui auraient fait la moitié du chemin entre le Détroit de Davis et le Détroit de Béring. L'expédition s'engagea ensuite dans un canal qui se trouvait au côté nord du Détroit de Barrow; c'était le seul qui fût ouvert. Bientôt les glaces s'étendirent jusqu'à la terre; les deux bâtiments n'en poursuivirent pas moins leur marche en avant; le 7 septembre, ils atteignirent la Baie Hecla et Griper, dans l'île Melville, et l'examinèrent avec l'intention d'y établir leurs quartiers d'hiver. Ils s'avancèrent à grand'peine encore un peu plus loin, mais, le 22, d'immenses masses de glace les forcèrent de retourner; le 26 septembre, ils rentrèrent dans leurs quartiers d'hiver, après avoir pratiqué, à travers la glace, un canal de 3 kilomètres, 5 de longueur, allant du détroit jusqu'au port. Ce fut le premier grand hivernage qui eût eu lieu depuis longtemps à de si hautes latitudes. Pendant dix mois, les navires furent enfermés par la glace; le thermomètre descendit jusqu'à 47°. La longue nuit polaire dura 84 jours, presque trois mois; pendant ce long hivernage les 94 hommes restèrent emprisonnés dans l'étroite enceinte des navires.[1]

---

[1] L'expédition était pourvue pour 2 ans et avait en abondance les préservatifs contre le scorbut, tels que légumes desséchés, choucroute, *pickles*, du vinaigre très concentré, du jus de citron mêlé de sucre, etc.; elle avait aussi de la viande conservée: le tout de qualité supérieure et dans des récipients closant hermétiquement. Au lieu de pain, il y avait à bord de grandes provisions de farine, soigneusement desséchée avant l'emballage; on pouvait donc manger tous les jours du pain frais, cuit sur place. Ces sages précautions portèrent leurs fruits. Pendant cet hivernage, le docteur Edwards, médecin du bord, n'eut jamais à inscrire sur son livre de malades que 1 ou 2 hommes au plus; encore n'avaient-ils que de légères atteintes de scorbut, qui cédaient au bout de quelques semaines devant une dose un peu forte de jus de citron, assaisonné de sucre. Cependant il arriva qu'une fois, le feu s'étant déclaré à l'observatoire, 16 matelots souffrirent beaucoup du froid, parce que dans leur trouble ils avaient oublié les précautions nécessaires; il fallut même faire à l'un deux l'amputation de plusieurs doigts. On n'eut à déplorer qu'un seul décès; il survint à la suite d'une pulmonie aggravée de scorbut. Ainsi l'état sanitaire de l'expédition fut, pendant cet hiver, des plus satisfaisants. Voici de quelle manière on installa les vaisseaux pour l'hivernage. Ces dispositions, remarquons-le en passant, ont été quelque peu modifiées et améliorées dans les hivernages ultérieurs. On descendit sur le pont les mâts de hune et tout le gréement mobile afin de faire durcir ce dernier par le froid du grand air; l'humidité de la cale l'eût fait pourrir. Le pont tout entier fut recouvert d'un toit de drap huilé assez fortement incliné; et c'est là-dessous que l'équipage, officiers et hommes, se donnaient pendant les mauvais temps de l'hiver le délassement de la promenade et de la gymnastique. Au début, Parry faisait dégager les abords des navires; plus tard, craignant d'exténuer ses hommes, il imagina de laisser les bâtiments dans leur prison de glace, mais de faire amonceler de la neige contre la coque; il évitait ainsi la déperdition du calorique; en outre la glace, qui entourait le navire, devenait moins épaisse, grâce à ce manteau protecteur. Parry eut à combattre surtout l'humidité des cabines; tantôt les lits étaient gelés, tantôt ils étaient mouillés de part en part. D'abord on eut soin d'ôter journellement la glace qui couvrait les cloisons; plus tard, cette précaution ayant été négligée pendant quelques semaines, il fallut, lorsque vint le grand nettoyage des parois, retirer l'énorme poids de 2 500 à 3 000 kilogrammes de glace. Commandant et médecins entraient deux fois par jour visiter le logement des hommes, une fois qu'il était vide, et du reste les officiers tenaient la main à ce que les prescriptions sanitaires fussent strictement observées. Ainsi, tous les jours, l'équipage devait, sous les yeux d'un officier, consommer la quantité réglementaire de citron sucré. Ce qui contribuait à l'humidité était la nécessité où se trouvait Parry de faire, pendant l'hiver, sécher sous le pont le linge lessivé. Contrairement à l'usage, on avait embarqué des lits fixes. Il fallut les remplacer, en totalité sur le Griper, en partie sur l'Hecla, par des hamacs. Comme on ne pouvait, bien entendu, penser à un lavage à l'eau, on nettoyait

Ce ne fut que le 1<sup>er</sup> août 1820 que le port d'hiver devint libre. Alors Parry fit voile de nouveau vers l'ouest; le 9, près du Cap Hay, il fut surpris par la glace, et, le 15 août, il atteignait le Cap Dundas, terme forcé de son voyage; une barrière infranchissable de glace se dressait devant lui à la latitude nord de 74° 26′ 25″ et à la longitude occidentale de 113° 54′ 43″. Là il aperçut pour la première fois, de l'autre côté du détroit, au sud, une nouvelle terre, à laquelle il donna le nom de *Banks Land* (Terre de Banks). Il était encore à une distance de 1 670 kilomètres du *Icy Cape* (Cap de glace) dans le Détroit de Béring.

Parry se dirigea donc de nouveau vers l'est; le 27, il tournait le dos à l'île Melville, six jours après, il arrivait au Détroit de Lancaster; de ce dernier point au port d'hiver le voyage avait duré 5 semaines. Le *Prince Regent Inlet* était de nouveau barré par les glaces. En conséquence, le 1<sup>er</sup> septembre, Parry quitta le Détroit de Lancaster; il arriva, le 30 octobre 1820, à *Peterhead* en Angleterre; il y fut reçu avec des honneurs bien mérités.[1]

La découverte de ce grand passage direct de l'est à l'ouest, formé par le Sund de Lancaster et le Détroit de Barrow était certainement la plus brillante, accomplie jusque-là dans les mers arctiques. Elle faisait connaître toute la moitié de cette région, alors problématique et restée vierge, qui s'étend vers l'ouest entre la Baie de Baffin et le Détroit de Béring; et si la voie ouverte, qui faisait si belle figure sur une carte était à peine navigable, du moins elle ne permettait plus aucun doute sur l'existence d'un passage au nord-ouest. En tout cas, un littoral embrassant 35 degrés de longitude s'ouvrait aux explorateurs; plus tard on reconnut qu'il constituait la côte sud d'une rangée d'îles, et l'on constata l'existence d'un large détroit, le *Prince Regent Inlet*, que Parry explora ultérieurement. En s'en retournant, ce navigateur releva toute la côte orientale de la *Terre de Cockburn* (Cock-

les cabines avec de la pierre et du sable chauds, préalablement chauffés au four pendant la nuit. Toutes ces précautions n'auraient pas suffi à une bonne hygiène; heureusement qu'on avait la gymnastique, l'exercice en plein air pendant des heures entières et l'animation des jeux. On organisa des parties de chasse; on rapporta un butin de 1 883 kilogrammes de viande fraîche. Quel riche appoint à ce qu'on possédait déjà de vivres! Sans compter ce qui se gagnait de vie et de santé à une pareille dépense de mouvement! La nuit polaire, l'interminable nuit aurait pu assombrir l'humeur des marins; alors le capitaine Sabine se fit rédacteur d'un journal hebdomadaire, aux articles tantôt sérieux, tantôt humoristiques; on fit un théâtre où se jouait une petite pièce tous les 15 jours; ardente était la curiosité, si ardente que, malgré le froid, un froid de 19 degrés C., ni l'auditoire dans sa gaieté exubérante, ni l'acteur chargé de l'entretenir ne cédaient la place.

[1] Le 4 novembre, il fut promu au grade de «commander;» peu après, il reçut de sa ville natale Bath le droit honorifique de bourgeoisie ainsi que de la vaisselle d'argent d'une rare valeur.

burn Land) sur une étendue de 8 degrés de latitude. La science ne fut pas oubliée dans cette expédition mémorable, témoin une foule d'observations, et de recherches, consignées dans le rapport de Parry.[1]

Ce voyage qui servit pour ainsi dire de modèle à toutes les explorations d'hiver postérieures. fut, sans contredit, le plus fécond en résultats scientifiques.[2]

Dès le 30 décembre de l'année 1820, Parry recevait le commandement d'une nouvelle expédition; elle devait se rendre à la côte nord de l'Amérique, vue seulement par Hearne et Mackenzie; Franklin, qui en avait entrepris l'exploration par terre, n'était pas encore revenu. C'est en longeant cette côte que les deux navires le *Fury* et l'*Hecla*, ce dernier sous les ordres cette fois de G. F. Lyon,[3] promu au grade de commandant et qui s'était fait un nom par ses voyages dans l'Afrique du nord, devaient essayer de se rendre au Détroit de Béring et dans l'Océan pacifique. Conformément à ces instructions, l'expédition, après avoir quitté la côte d'Angleterre le 8 mai 1821, se dirigea vers le Détroit d'Hudson, où elle arriva le 20 juin et ren-

---

[1] «Journal de voyage racontant la découverte d'un passage nord-ouest, de l'Atlantique au Pacifique; rédigé pendant les années 1819 à 1820, sur les vaisseaux l'Hecla et le Griper, sous les ordres de Parry. W. E. R. N. F. R. S. et chef de l'expédition. Avec un supplément contenant les observations scientifiques et autres.» Londres, 1821 à 1828. in-4. 6 volumes, en anglais.

[2] Ce fut à ce moment que Sabine commença ses recherches sur le pendule (qu'il devait plus tard poursuivre et compléter avec tant de succès) en vue de préciser la forme de la Terre, et qu'il détermina, à l'aide d'observations très étendues, les constantes magnétiques de plusieurs points du Globe. L'expédition consacra à la météorologie des régions polaires entre les 74e et 75e parallèles 12 mois de travaux sans interruption. On fixa la position géographique de Winter-Harbour au moyen du chiffre fabuleux de 6 862 distances lunaires et de 39 hauteurs méridiennes. On étudia le flux et le reflux; on observa la marche de 15 chronomètres qu'on avait emportés, en partie pour les vérifier, et l'on fit un certain nombre d'observations sur la dépression de l'horizon. La zoologie et la botanique étaient représentées par le docteur Edwards, qui, avec une ardeur infatigable, secondé par Sabine, Parry et Ross, recueillit de nombreux échantillons de la flore et de la faune polaires, et rapporta des espèces jusqu'alors complètement inconnues. Ce qui ne l'empêchait pas de vaquer à ses fonctions de médecin avec un amour de l'humanité, une prévoyance, un dévouement et une surveillance de tous les instants, auxquels il faut attribuer en grande partie le bas chiffre de la mortalité et des maladies à bord.

[3] Parmi les compagnons de Parry se trouvaient beaucoup de marins qui avaient pris part à sa première exploration ainsi qu'à l'expédition de 1818: le révérend George Fisher, chapelain et astronome de la *Dorothea* en 1818. Charles Palmer (ex-maat sur la Dorothea, puis promu lieutenant), John Jermain trésorier (1818), G. Crawfurd, maat (1818 à 1819) A. Reid, lieutenant (1818 à 1819), George Fife, mâteur (1818 à 1819), W. H. Hooper, trésorier (1819), le docteur John Edwards (1819). Alexander Fisher (1819) tous deux médecins, J. C. Ross, midshipman (1818 à 1819), J. Nias, lieutenant (1819) John Bushnan, midshipman (1819), J. Allison, mâteur, H. P. Hoppner, lieutenant (1819). W. Griffiths. midshipman (1819), A. Eldes, maat (1819).

contra aussitôt les glaces. En raison des difficultés extrêmes du trajet, les vaisseaux ne pénétrèrent qu'au commencement du mois d'août dans la *Repulse Bay;* comme elle n'avait jamais été explorée exactement, on pouvait supposer que c'était un détroit, menant à la côte nord, mais on constata qu'en réalité ce n'était qu'une baie. Dès lors il s'agissait de gagner d'une autre manière la pointe nord-est de la terre ferme; et, pour y arriver, l'exploration, extrêmement longue et difficile, de toutes les baies et découpures de la côte, sur une étendue de 320 kilomètres, devenait indispensable. Le 8 octobre, on dut s'arrêter et prendre ses quartiers d'hiver dans l'*Ile d'hiver,* à l'entrée d'une baie que l'on nomma «Lyon Inlet», profonde échancrure dans une masse de terre que l'on baptisa du nom de Péninsule Melville. Là on se mit en relations amicales avec une tribu d'Esquimaux, parmi lesquels une jeune femme pleine de grâce et d'intelligence, *Iligliouk* ou *Igloulik* attira tous les regards. Elle dessina une carte de toute la côte orientale, septentrionale et occidentale de la dite presqu'île, dont on reconnut plus tard l'extrême exactitude; elle fournit en outre à l'expédition les renseignements les plus précieux. Cet hiver fut aussi très long, et ce ne fut que le 2 juillet 1822 que nos investigateurs quittèrent l'*Ile d'hiver.* Remontant le *Canal Fox* ils atteignirent un détroit qui reçut, en l'honneur de leurs vaisseaux, le nom de *Détroit de Fury et d'Hecla,* et où se trouvait la pointe nord-est de l'Amérique, comme Iligliouk l'avait dit à l'avance. On devait donc de ce point pouvoir suivre aisément le développement de la côte nord-est, si longtemps cherché. Malheureusement les glaces rendaient alors le détroit complètement infranchissable. Les Anglais longèrent alors le littoral à pied, jusqu'au point où, toujours comme l'avait indiqué Igloulik, il tourne au sud, en formant le bord oriental du *Golfe Boothia.* Alors Parry voulut renvoyer l'*Hecla* en Angleterre, afin de continuer seul l'entreprise, mais le scorbut se déclara parmi son équipage et sévit avec tant de violence que, renonçant à son projet, Parry dut revenir sur ses pas, et cela aux portes, obstruées de glace, de ce passage récemment découvert. Le 23 août, il prit le chemin du retour, et descendit, au milieu des glaces, le canal Fox; le 10 octobre il entrait bien portant dans Lerwick, port des Iles Shetland. Les explorateurs avaient bien mérité de la science, mais le voyage lui-même fut sans résultats positifs, puisque le Détroit *Fury* et *Hecla* était lui aussi impraticable. Dans cette même année, 1822, Franklin revint de l'expédition qu'il avait faite dans l'Amérique du Nord, une des plus remarquables explorations qu'on eût jamais faites; malheureusement l'héroïque marin était dénué de toute expérience dans les voyages terrestres ou en canot. Accompagné du botaniste, docteur John Richardson[1]), des deux *midshipmen* Georges Back et Robert

---

[1]) Né le 5 septembre 1787 à Dumfries, en Écosse, mort le 5 juin 1865 à Grasmere.

Hood, et du marin John Hepburn, Franklin quitta l'Angleterre, le 23 mai 1823, à bord du *Prince of Wales.* Les vents étaient contraires et la mer agitée; la traversée fut très longue, et l'on n'arriva que le 7 août à l'entrée de la Baie d'Hudson, près de l'*Ile de la Résolution* et le 30 seulement à la factorerie d'York, non loin du fleuve Nelson. De cet établissement principal de la Compagnie de la Baie d'Hudson, les voyageurs se mirent en marche, le 9 septembre, à travers de vastes régions, tantôt boisées, tantôt tapissées de verdure, mais où régnait partout un silence de mort, vers le fort *Cumberlandhouse,* sur le lac Winipeg, où ils n'arrivèrent que le 23 octobre. Cette distance de 1 130 kilomètres avait été également très longue à franchir, car il avait fallu passer 10 fleuves et 9 lacs, et, pour aller de l' un à l'autre, porter souvent embarcation et bagages, des heures entières. Ajoutons que les rapides et les cataractes, dont les cours d'eau étaient coupés, interrompaient souvent la navigation. A Cumberlandhouse (par 54° de latitude nord) Franklin quitta Richardson et Hood, après leur avoir confié la mission d'étudier les régions habitées en grande partie par les Indiens *Cree;* et, le 18 janvier 1820, au cœur d'un hiver rigoureux, par une température de 37° à 45°, il se dirigea, sur 2 traîneaux, en compagnie de Back et de Hepburn, vers le Fort Chippewayan, au bord du lac Athapasca, qu'il atteignit enfin le 2 mars, après des souffrances de toutes sortes. On espérait

SIR JOHN, RICHARDSON.

trouver en cet endroit des provisions qui permissent de poursuivre l'expédition, mais cet espoir fut déçu, et l'on se vit obligé, après être retourné au fort précité, Richardson et Hood ayant été rencontrés le 15 juillet, de continuer le voyage vers le grand Lac de l'Esclave. On se trouvait dans le pays des Indiens cuivrés; Franklin sut persuader au chef de tribu Akaitcho, c'est-à-dire au *grand-pied,* de lui servir de guide dans l'expédition qu'il voulait pousser vers la Rivière des mines de cuivre et les bords de la Mer polaire. On se mit en marche dès le 2 août, et le 20 on atteignait le Lac d'hiver, d'où l'on fit une excursion jusqu'au *Lac Point*; toutefois les explorateurs, après avoir franchi, le 1er septembre, la chaîne de collines qui sépare le bassin de la Mine-de-cuivre du Mackenzie, retournèrent, le 10, au Lac d'hiver. La saison des frimas s'annonçant déjà par des signes non équivoques; on résolut d'hiverner en ce lieu et d'ajourner à l'année suivante le vrai voyage vers la Mer polaire. On éleva donc des *blockhouses* auxquels on donna le nom de *Fort Enterprise* et l'on s'occupa jusqu'à l'été d'y entasser les provisions que fournissait la chasse. Les Anglais, auxquels s'étaient joints d'abord, au Fort Providence même, un employé de la Compagnie commerciale du nord-ouest, nommé Frédéric Wentzel, et plus tard d'autres voyageurs, commencèrent à pied et par détachements, en juin 1821, le voyage aux côtes de la Mer polaire, voyage qui dura un mois. Les Esquimaux, au milieu desquels on se trouvait alors, ne furent pas médiocrement surpris de voir Akaitcho et ses Indiens, qui de leur côté s'effrayèrent à la vue des Esquimaux. Tous les efforts de Franklin pour amener une entrevue entre eux ne purent triompher de la haine qu'ils se portaient mutuellement. Les Esquimaux se retirèrent dans leurs solitudes; les Indiens, dans la crainte d'une attaque, rétrogradèrent à leur tour, mais après avoir promis à Franklin de l'attendre au fort. Le 21 juillet enfin, Franklin put commencer, en canot, cette exploration des côtes de la Mer polaire, depuis l'embouchure de la Mine-de-cuivre jusqu'au Cap *Turn-again* ($92^0$ de longitude occidentale), qu'il avait entreprise dans l'espoir de trouver une route conduisant au Golfe d'Hudson par la *Repulse Bai*. Dans ces mêmes et frêles esquifs de bouleau, avec lesquels on avait descendu la Mine-de-Cuivre, les voyageurs s'aventurèrent sur la vague houleuse de l'océan. Que de fois, au milieu de glaçons à la dérive, la légère embarcation risqua de se briser à leurs bords anguleux! Ce voyage aventureux ne dura pas moins de 42 jours. Franklin fit voile d'abord vers l'est en passant par le *Golfe du couronnement* et, doublant le cap Barrow, formé de roches escarpées, se vit forcé par les glaces de mouiller, le 27 juillet, dans le *Havre de la Détention*, qui offrait un sûr abri; on parvint, le 30, à l'entrée occidentale du *Sund arctique* ou *Entrée Bathurst* et l'on perdit un temps précieux à errer dans ce golfe dont, au début, l'on se promettait merveilles; enfin à son extrémité sud ($66^0$ 30′ de latitude nord, $107^0$ 53′ de longitude occidentale) débouchait un fleuve qui d'abord reçut de Franklin le nom de Back, en l'honneur de son ami et compagnon de voyage, mais prit plus tard celui de Hood, son deuxième compagnon. Le *Bathurst Inlet* comprend lui-même un certain nombre de baies et de ports: Franklin visita l'un de ces derniers, le *Sund Melville*, qu'il faut bien se garder de confondre avec le bras de mer de même nom, qui est beaucoup plus grand et beaucoup plus au nord.

Le 16 août, les hardis navigateurs atteignirent le Cap Flinders, à partir duquel la côte, découpée profondément jusque-là, court vers le nord-nord-est. Le temps était très défavorable, pluvieux et orageux; tout faisait présager la fin prochaine de la belle saison. Le canot de Franklin était dans un triste état. On n'avait plus de vivres, pour avoir trop compté en acheter aux Esquimaux qu'on rencontrerait. On n'en rencontra pas. L'équipage ayant déclaré ne pouvoir aller plus loin, Franklin dut consentir au retour et quitter, le 22 août, ces parages brumeux et encombrés de glaces flottantes. Tout en n'étant pas arrivés en ligne droite au-delà de 6° ½, environ 300 kilomètres, à l'est de la Mine-de-cuivre, ils n'en avaient pas moins exploré une côte profondément découpée, sur une longueur de près de 900 kilomètres, qui représente approximativement la distance en ligne droite de *Repulse Bai*, but de leur voyage. N'ayant plus que pour 2 jours de vivres, on revint par terre. Le 25 août, Franklin et sa vaillante troupe laissèrent leurs embarcations dans la rivière de Hood, dans *Bathurst Inlet* et, dénués de provisions, réduits à vivre au hasard des produits de la chasse et de lichens comestibles, ils reprirent la direction du Fort Entreprise où ils comptaient se ravitailler. Franklin avait, du reste, envoyé des messagers à différents comptoirs, pour se procurer des vivres,

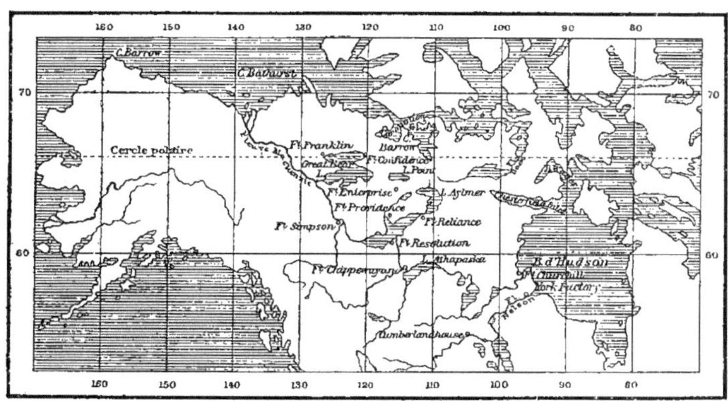

CARTE POUR L'ÉTUDE DES VOYAGES FAITS PAR TERRE DANS LE NORD DU CONTINENT AMÉRICAIN.

et chargé l'intrépide Back d'aller en avant presser l'exécution de ces mesures. Hélas! Le gibier sur lequel ils avaient compté pour le retour faisait défaut, et alors ils entrèrent dans une phase de privations et de misères qui défient toute comparaison. Plus le moindre aliment, plus de combustible. Les malheureux essayèrent d'abord de tromper leur estomac révolté avec une espèce de lichen, nommé *tripe de roche,* mais chaque jour un d'eux s'affaissait et au bivouac du soir manquait à l'appel. On vit Richardson, cet admirable philanthrope, rester exprès en arrière pour ranimer les traînards et les exhorter à un effort désespéré. Parmi ces derniers se trouvaient Hepburn et l'aimable Hood, puis un Iroquois, nommé Michel. L'assassinat, sous sa forme la plus hideuse, vint s'abattre sur cette troupe infortunée. Depuis longtemps Michel était l'objet des soupçons de Richardson. Un jour que

Franklin l'avait envoyé à ce dernier avec deux compagnons, il arriva seul. Les autres, disait-il, étaient morts de froid. Quant à lui, bien portant et dispos, il apportait un morceau de viande qu'il prétendait être de la viande de loup. On crut à la parfaite sincérité de ses paroles, mais on s'aperçut bientôt que le morceau en question était de la chair humaine. L'attitude de Michel devenait de plus en plus suspecte. Un dimanche matin, le 20 octobre, Richardson était sorti de sa cabane, lorsqu'il entendit le bruit d'une arme à feu. Il s'élance et voit Hood étendu mort près du foyer, la tête traversée d'une balle. Le projectile étant entré par derrière, l'idée d'un suicide était inacceptable. Les soupçons tombèrent aussitôt sur Michel; malgré ses énergiques protestations d'innocence, il lui échappa, les jours suivants, des paroles qui semblaient menacer Richardson et Hepburn du sort de Hood. Alors Richardson prit les devants et, profitant d'une occasion favorable, abattit Michel d'un coup de pistolet, son propre salut exigeant le trépas d'un homme que la faim avait poussée au désespoir et le désespoir au cannibalisme. La troupe ainsi décimée rejoignit Franklin qui, après 6 semaines de luttes et de souffrances indicibles, était arrivé au Fort Entreprise; mais, sur les 23 hommes qui avaient quitté la Mer glaciale avec lui, il n'en restait plus que 5.

Un nouveau mécompte les attendait. Le fort était abandonné et vide: aux alentours pas le moindre vestige d'Akaitcho et de sa troupe. On ne trouva dans la hutte qu'un avis de Back, les avertissant qu'arrivé à destination 2 jours auparavant, il allait se mettre à la recherche des Indiens ou se rendre au Fort Providence. Après des souffrances inouïes et au moment où ils se croyaient perdus sans ressource, apparaissent quelques Indiens rencontrés par bonheur par Back et porteurs de vivres. Le 16 novembre, Franklin se mit en route avec le reste de sa troupe pour le Fort Providence; les voyageurs y passèrent l'hiver et se rétablirent complètement. Le 22 mai 1822, ils partirent pour le Fort *Chippewayan* et *Noowayhouse;* ils arrivèrent enfin en juillet au Fort York, leur point de départ, et peu après ils débarquaient sans autre accident dans la mère-patrie. Cette mémorable expédition valut à Franklin les plus grands honneurs. Nommé «commander» pendant son absence il fut récompensé à son retour par le grade de capitaine, promotion la plus élevée de la marine anglaise.[1]

En 1823 il fut nommé membre de l'Académie des Sciences, publia le compte rendu de son voyage[2] et épousa la femme poète Eléonore Anna Pordon.

---

[1] Le rang d'amiral se donne par droit d'ancienneté.

[2] John Franklin: «Récit d'un voyage sur les côtes de la Mer polaire, pendant les années 1819 à 1822, avec un appendice relatif à la science et à l'histoire naturelle.» Londres 1823. 2 volumes.

Si les résultats de l'expédition nautique de Franklin dans les mers glaciales étaient loin de valoir les souffrances qu'ils avaient coûtées, ils représentaient du moins un premier progrès réel, tandis que les recherches, si méritantes, du reste, de Parry, n'avaient qu'une valeur purement négative. Les deux explorateurs étaient présents. Parry proposa alors à l'Amirauté trois expéditions simultanées qui auraient mission de se prêter un mutuel secours et d'explorer la côte nord américaine toute entière. L'Amirauté adhérant à ce plan, donna de nouveau à Parry le commandement de l'*Hecla* et du *Fury*. Parry devait se rendre au Détroit de Barrow, et le capitaine

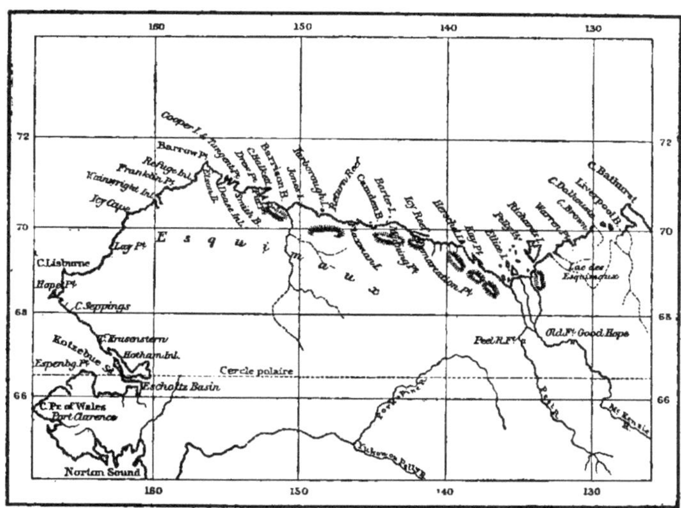

COTE SEPTENTRIONALE DU NORD-OUEST DE L'MERIQUE.

Beechey à celui de Béring; tous deux devaient se soutenir réciproquement, se donner la main, si c'était possible. Franklin avait l'ordre de chercher à atteindre encore par la voie de terre le fleuve Mackenzie, de le descendre jusqu'à la Mer glaciale, afin d'explorer la partie encore inconnue de la côte nord du continent, et de se réunir à l'une ou l'autre des deux expéditions maritimes.

On conçoit la longueur des préparatifs d'une telle entreprise; aussi Parry ne put-il se mettre en route qu'en 1824, et Franklin l'année suivante. L'Amirauté envoya, en même temps que Parry, le capitaine Lyon du *Griper* (c'est sur le Griper que l'année précédente Clavering et Sabine avaient atteint la côte orientale du Groenland) pour explorer exactement la presqu'île Melville, les détroits qui l'entourent et les côtes voisines jusqu'au Cap

*Turn-again* (Retourne sur tes pas), si faire se pouvait. Lyon quitta l'Angleterre le 20 juin 1824, un mois après Parry, mais son lourd navire ne lui permit d'atteindre qu'à la fin d'août l'extrémité sud de l'Ile de Southampton et du *Roe's Welcome*. A l'entrée de ce canal, le navire fut battu pendant des jours entiers par une horrible tempête; après avoir été à chaque instant à deux doigts de sa perte, il échappa à ce péril, fort maltraité il est vrai, et grâce à une baie où Lyon se réfugia, et que dans sa piété, il baptisa du nom de *Baie de la miséricorde divine*. Puis on remonta le *Roe's Welcome;* 14 jours ne s'étaient pus écoulés que, le 12 septembre, le *Griper* fut assailli derechef par un effroyable ouragan, qui le mit désormais hors d'état de tenir la mer.[1]

Parry ne fut guère plus heureux. Il se mit en mer avec ses 2 navires, le 19 mai 1824, se proposant d'explorer la grande entrée *Prince Regent Inlet* qu'il avait remarquée à son premier voyage et laquelle s'ouvrait peut-être au sud ou au sud-ouest. Mais le mauvais temps et les glaces du Détroit de Baffin rendaient la navigation si difficile qu'il n'atteignit le *Prince Regent Inlet* que le 10 septembre; il s'y trouva complètement cerné par les glaces; force lui fut donc, le 27, de chercher aussitôt un refuge d'hiver pour ses vaisseaux, dans le *Port Bowen* (73o 12′ 1″ de latitude nord, 89o 2′ de longitude occidentale); c'était un petit port de la côte est de l'Inlet, port qu'il avait découvert le 13 août 1819. Il profita d'un hivernage de 10 mois, 1824 à 1825, pour reconnaître par terre la côte occidentale de *Cockburn-Land* à partir de ce port jusqu'à 72o de latitude nord dans la direction du sud, et au nord jusqu'au Sund Lancaster. L'année suivante fut encore plus défavorable. Parry alla, dans l'été de 1825, jusqu'à la côte occidentale de Regent Inlet mais ne put avancer au-delà de 72⁰ 48′ nord; plus tard il explora, il est vrai, la baie dite de Creswell, mais il eut à souffrir énormément de violentes tempêtes et du choc de puissantes masses de glace, à tel point qu'il dut abandonner à l'état d'épave le Fury commandé par H. P. Hoppner. Avec sa prudence accoutumée, Parry fit mettre en sûreté à terre, dans une maison de bois solidement construite à cet effet, les vivres et l'excédant des vêtements. Ce dépôt constitua un trésor inappréciable pour des expéditions postérieures, et 33 ans après, la dernière expédition à la recherche de Franklin, conduite par M. Clintock venait puiser et se ravitailler à ce grenier d'abondance. Parry dut, sans avoir pu terminer sa tâche, revenir en Angleterre, où il aborda le 12 octobre. Telle fut sa dernière exploration maritime au nord-ouest. De 1818 à 1825, il n'avait pas hiverné moins de 4 fois au-delà du cercle arctique.

---

[1] P. L. Simmonds «Régions arctiques et découvertes polaires au dix-neuvième siècle.» En anglais. Londres et New-York 1875. In-8.

Le 16 février 1825, Franklin s'embarqua à Liverpool, avec ses fidèles compagnons ordinaires, le docteur Richardson et le lieutenant Back; E. N. Kendal, cadet de l'Amirauté, le naturaliste T. Drummont l'accompagnaient pour la première fois; on arriva à New-York au milieu de mars. A partir de là le voyage d'hiver se fit avec une rapidité extraordinaire. On passa la chute du Niagara, le lac Winipeg; le 14 juin, on était à *Cumberlandhouse*, et par des routes connues on parvenait en juillet au fort *Chippewayan*, sur les bords du lac Athapaska. Cette fois, on avait eu la prévoyance de faire rassembler, un an à l'avance, des provisions, et de commander d'autres articles indispensables; si l'on ne put éviter la peine et la fatigue, du moins on ne souffrit jamais de la faim.

Profitant de l'expérience acquise de la route, on gagna rapidement le grand Lac des Esclaves, puis s'embarquant sur le Mackenzie qui en débouche à la partie occidentale, on atteignit l'endroit où ce fleuve reçoit le *Bear river* qui sert de décharge au *Lac du grand ours* situé au nord-ouest. Sur le bord occidental de cette rivière, à la latitude nord de 65° 11′ 56″ et à la longitude ouest de 123° 12′ 44″, les voyageurs érigèrent un *blockhouse* qui reçut le nom de *Fort Franklin*, et où l'on passa l'hiver. Back et un employé de la Compagnie de la Baie d'Hudson, Peter Warren Dease se chargèrent des affaires relatives à l'hivernage de l'expédition, laquelle se composait de 50 hommes, de nationalité très différente, d'Anglais, d'Ecossais, de Canadiens, de Chippeways, d'Indiens *côtes de chien* et d'Esquimaux. En juin 1826, la saison était assez avancée pour commener l'expédition proprement dite; le 24 de ce mois, Franklin et sa troupe s'engagèrentsur 4 canots dans la vallée du Mackenzie. Arrivés au delta de ce fleuve le 3 juillet, par 67° 38′, latitude nord, ils se dédoublèrent; Richardson et sa division pour aller à l'est relever la partie inconnue de la côte, jusqu'à la rivière *Mine de cuivre;* Franklin pour descendre jusqu'à la mer par le bras gauche du fleuve; il voulait suivre ensuite à l'ouest le littoral du continent jusqu'au *Cap de glace*, limite extrême atteinte par Cook, en 1778, et selon les circonstances, pénétrer jusque dans le *Sund Kotzebue*, pensant qu'il pourrait rencontrer sur cette route le capitaine Beechey, venant du Détroit de Béring. Richardson réussit avec Kendal à s'acquitter complètement de sa mission dans le délai, relativement court, de 5 semaines. A l'exception de la Mer des Esquimaux, il releva toute la côte, jusqu'à la Mine-de-cuivre, c'est-à-dire, sur une étendue de 20 degrés de longitude, ou 830 kilomètres. En arrivant le 4 août à 117° 30′ de longitude occidentale, il fut tout surpris d'apercevoir la terre à gauche ou au nord, et craignit d'abord que ce ne fût là le prolongement d'une presqu'île, se dressant comme un obstacle entre son vaisseau et le but à atteindre. Mais il reconnut, dès le jour suivant, que la côte sud de la *Terre de Wollaston* récemment découverte était séparée de la terre ferme par un détroit, le *Détroit du Dauphin et de l'Union*, la voie était donc libre; il put alors arriver sans autre obstacle à la Mine-de-cuivre. Du Cap Bathurst, le point le plus septentrional (127° 38′ 51″ longitude occidentale) atteint dans ce voyage, la côte s'infléchissait vers le sud jusqu'au dit fleuve et se dressait escarpée. Elle était composée, sur une longue étendue, de schiste argileux, qui brûlait à de certaines places et remplissait les airs de nuages épais d'une fumée âcre et sulfureuse. Le 8 août, les voyageurs, qui naturellement n'avaient pas vu de trace de Parry, déjà de retour en Angleterre, arrivèrent aux bords de la Mine-de-cuivre qu'ils remontèrent pendant quelques heures seulement; ils tirèrent ensuite les bateaux à terre, les laissèrent avec tout ce qui n'était pas indispensable et partirent à pied pour le quartier d'hiver Fort Franklin, sur le Lac de l'ours; après huit jours de marche, ils arrivèrent en bonne santé, le 1ᵉʳ septembre, 3 semaines avant Franklin. Celui-ci avait atteint la mer le 7 juillet, après avoir traversé une contrée de plus en plus déserte; à partir de 68° 36′ de latitude, les sapins avaient disparu. Franklin s'avança, vers l'ouest, le long des côtes nord, excessivement monotones; une regrettable mêlée avec des Esquimaux pillards lui fit courir quelques dangers; les nuages et les banquises entravèrent sa marche; il se vit donc forcé de renoncer à atteindre le Cap des glaces où il avait espéré rencontrer Beechey. Ses instructions l'obligeaient à prendre le chemin du retour entre le 15 et le 20 août; le 18 donc, après avoir exploré et relevé le littoral septentrional sur une étendue de près de 12 degrés de longitude, il revint sur ses pas; il donna le nom de *Return Reef* (Récifs du retour) au point extrême qu'il avait atteint (70° 26′ de latitude nord, 148° 52′ de longitude à l'ouest de Greenwich). Le retour au Fort Franklin où il arriva le 21 septembre présenta peu de difficultés. Il y passa l'hiver, tandis que Richardson, dès l'automne de 1826, se rendait à Cumberlandhouse pour y faire des recherches d'histoire naturelle. Franklin partit, le 20 février, pour aller le retrouver. Back resta dans le fort jusqu'au moment où les cours d'eau furent libres de glaces. De Cumberlandhouse Franklin et Richardson retournèrent par Montreal et New-York en Angleterre, où tous deux arrivèrent le 26 september 1827 et furent reçus avec honneur; 24 jours plus tard, Back arrivait à Portsmouth.

Qu'avait fait le capitaine Beechey pendant ces voyages de Franklin et de ses compagnons? Il avait quitté l'Angletterre, sur le sloop *Blossom*, le 19 mai 1825, et le 28 juin 1826 il était arrivé à Petropavlovsk, où il rencontra Vranghel qui y séjournait alors, et où il fut informé du retour de l'expédition de Parry. Le 5 juillet, le *Blossom* gouvernait par le Détroit de Béring, vers le Sund de Kotzebue, et le 25 il atteignait l'île de Chamisso, où, d'après des conventions réciproques, il devait retrouver Franklin. Mais Franklin, nous le savons, ne pouvait pas venir, de sorte qu'il fallut enfin retourner. Beechey avait employé le temps à relever les côtes, depuis le Cap Franklin: c'est ainsi qu'il nomma un promontoire situé un peu au nord du Cap glacé. Les Esquimaux lui facilitèrent singulièrement son travail en lui fournissant des dessins exacts du littoral.

Le jour même où Franklin s'apprêtait au retour, Beechey envoya un bateau au-devant de lui. Le 22 août, Elson, qui commandait cette embarcation, atteignit la pointe la plus septentrionale de l'Amérique occidentale, la *Pointe Barrow*.[1]) Les bancs de glace s'étaient accumulés sur cette langue de terre à tel point qu'Elson se vit forcé de revenir au *Blossom*.

Ce sloop ne quitta l'île Chamisso que le 6 octobre 1826; il aborda, un an plus tard, en Angleterre. Une étendue de 260 kilomètres restait inexplorée entre les points extrêmes reconnus: la Pointe Barrow d'Elson et le *Return Reef* de Franklin; cette lacune ne fut comblée qu'au bout de dix ans.

CAPITAINE SIR JAMES CLARK ROSS.

Dans l'intervalle, une nouvelle expédition polaire avait été organisée et avait pris la mer. A peine revenu de son infructueux voyage de découvertes, Parry apprit que Scoresby avait émis l'idée que l'on pourrait se diriger vers le pôle en traîneaux; Beaufoy, du reste, avait, avant Scoresby, exprimé cette opinion. Parry gagna à cette idée lord Melville, le premier lord de l'Amirauté, de sorte qu'on remit à sa disposition son ancien vaisseau l'*Hecla*: dès avril 1827, il put mettre à la voile; James Clark Ross, Henry Forster, E. J. Bird et F. R. M. Crozier étaient ses lieutenants.

Cette fois il prit une nouvelle direction; ce ne fut pas vers l'Amérique du nord ni vers les régions du passage nord-ouest, qu'il s'en alla, mais vers le Spitzberg, complètement délaissé par les voyageurs scientifiques. Il cingla d'abord vers *Hecla Clove* (79° 55′ de latitude nord, 16° 53′ de longitude à l'est de Greenwich); Hecla Clove est situé sur la côte nord-

---

[1]) Ce Cap Barrow ne doit pas être confondu avec le promontoire de même nom, dans le Golfe du Couronnement, promontoire dont il a été question plus haut. Pour prévenir toute erreur, je désignerai désormais ce dernier sous le nom de Cap oriental, et le premier sous le nom de Cap Barrow occidental.

ouest de cet archipel; le 21 juillet, Parry accompagné de Ross jeune et du lieutenant Bird, muni de provisions pour 71 jours, quitta le bâtiment sur deux bateaux découverts *Enterprise* et *Endeavour*, qui pouvaient se transformer en traîneaux, et il s'avança vers le nord.

L'histoire de ce voyage sera bien vite racontée. Au bout de quelques jours, on constata que l'on n'avait pas gagné plus de 13 kilomètres et que l'on avançait avec une extrême lenteur. Néanmoins les voyageurs, redoublant d'efforts, s'avancèrent, pendant 35 jours, à travers les bancs de glace; le 23 juillet, ils abordèrent, par une latitude qui n'avait pas encore été atteinte auparavant (81° 12′ 51″), à un champ de glace, sur lequel ils espéraient pousser jusqu'au pôle nord leurs bateaux-traîneaux. On ne tarda pas à s'apercevoir que les régions polaires n'étaient pas enveloppées, comme l'avaient cru Scoresby et Parry, d'une calotte de glace continue; au lieu de cette vaste étendue de glace sans interstices, on ne trouva que de grandes banquises, séparées par des bras de mer libres, de sorte que les bateaux devaient servir tour à tour de traîneaux et d'embarcations. Le 17 juillet, on atteint 82° 32′ 15″; le 22, on arrive à 82° 43′ 32″; le 26, on constate, en observant la hauteur du soleil, que l'on n'est plus qu'à 82° 40′ 23″, tandis que Parry croyait être bien plus haut. Tout en ramant et tout en poussant les bateaux vers le nord, on était donc redescendu: c'est que, depuis le 19, il s'était élevé un vent du nord qui poussait insensiblement les champs de glace vers le sud, de sorte que la route parcourue n'était que la différence entre le déplacement du bateau-traîneau sur le glaçon et la marche de ce dernier. Les champs de glace, au lieu de devenir plus grands et plus compactes, diminuaient. Le 24 juillet, on passa la nuit sur le seul grand glaçon qui fût en vue. L'expédition avait été commencée trop tard pour un voyage en traîneau, trop tôt pour un voyage en bateau; aussi, le 27 juillet, Parry donna-t-il l'ordre de retourner au Spitzberg. On y aborda le 12 août. Au printemps de 1827, l'Hecla rentra dans les eaux britanniques.

Ce dernier voyage de Parry n'est pas seulement remarquable parce qu'il permit au hardi navigateur d'atteindre la latitude de 82° 45′ à laquelle on n'était pas encore arrivé d'une manière authentique, mais surtout parce qu'il donna le premier exemple de l'emploi de traîneaux pour une excursion polaire, exemple imité plusieurs fois depuis lors. Qui peut prétendre que Parry n'aurait pas pénétré jusqu'au pôle, si sa banquise ne s'était pas déplacée vers le sud? Aujourd'hui encore l'emploi des traîneaux est regardé comme le seul moyen effectif d'atteindre le pôle.

Bien que ce chapitre soit consacré surtout aux entreprises arctiques des Anglais, je ne trouverai guère de place plus convenable pour mentionner

la courte expédition qu'en cette même année 1827, un Allemand, bourgue-
mestre de Burtscheid, Barto von Löwenigh, fit à l'Ile de l'ours et au Spitzberg, dans la petite chaloupe à voile l'*Espérance*, louée à Hammerfest.
Parti de Hammerfest le 16 août, il y revint le 25 septembre; le voyage
tout entier n'avait donc pas duré six semaines; il n'en occupe pas moins
un rang honorable parmi les expéditions boréales; il a fourni les résultats
les plus précieux, car von Löwenigh avait pour compagnon un illustre
naturaliste, auquel nous devons une excellente description de l'Ile de l'ours,
île très intéressante surtout en ce qui concerne la physique et la géographie;
ce naturaliste, Balthasar Mathias Keilhau[1]) s'est attaché surtout à la description géologique.

Après ces digressions, revenons au passage nord-ouest. La première
des grandes expéditions suivantes fut celle entreprise par Sir John Ross
en 1829. Ross avait essayé en vain de gagner le gouvernement à une
nouvelle entreprise arctique, lorsqu'un riche distillateur, Felix Booth, auquel
son mécénat valut plus tard la dignité de chevalier, lui fournit l'argent
nécessaire (425 000 francs). Pour Ross, il s'agissait surtout de donner à sa
réputation d'explorateur polaire, souvent et violemment contestée depuis 1818,
en tout cas obscurcie, l'éclat de nouvelles découvertes. John Ross était
encore accompagné de son neveu James, devenu plus tard si célèbre. L'expédition comprenait 23 personnes, officiers et équipage; elle partit de Londres
sur un vapeur à roue, le *Victory*, jaugeant 150 tonneaux. Peu de temps
après le départ, le chauffeur eut le bras broyé par la machine; on le
débarqua sur la côte d'Écosse et on le remplaça par une autre. La machine
fut bientôt hors d'état de servir et toutes les tentatives faites pour la
réparer furent inutiles; on finit par la débarquer à *Fury Point* (où Parry
avait perdu son navire). Ross entra, le 10 août 1829, par le *Sund de
Lancaster*, dans le *Prince Regent Inlet;* faisant route ensuite vers le sud,
il découvrit la péninsule située au sud de *North Somerset* et appartenant
au continent. Il lui donna le nom de *Boothia Felix;* quant à la
partie de mer située à l'est et dans laquelle on se trouvait, il l'appela
*Boothia Gulf*. Il établit les quartiers d'hiver, le 31 septembre, à Felix
Harbour (69° 59' de latitude nord, 92° 1' de longitude à l'ouest de Greenwich), sur le bord oriental de la terre nouvellement découverte. En débarquant
la machine, Ross prit quelques vivres au dépôt qui avait été laissé par
Parry à *Fury Point*, de sorte qu'au début de l'hiver il se trouva approvisionné pour 2 ans et 10 mois.

L'installation des vaisseaux pour l'hivernage fut à peu près conforme

---

[1]) Né à Birid le 2 novembre 1797, mort à Christiania le 1er janvier 1858.

à celle qui avait été indiquée par Parry; toutefois Ross introduisit une modification essentielle: le toit tout entier fut couvert de neige, et pour maintenir en état de sécheresse les locaux s'étendant sous le pont, on installa des condensateurs. C'étaient de grandes boîtes métalliques appliquées sur des ouvertures de quelques pouces de diamètre, pratiquées dans les ponts des chambres. Ces boîtes étaient couvertes de neige; les vapeurs s'élevant des espaces inférieurs se condensaient dans ces récipients froids et l'on évitait ainsi toute humidité sous le pont; chaque semaine on enlevait la glace qui se déposait dans ces récipients: 250 à 300 kilogrammes en moyenne. Pour distraire son petit équipage, Ross organisa une école; quant au reste, on passa le temps exactement comme dans les expéditions de Parry.

L'hivernage dura onze mois. Ce ne fut que le 17 septembre 1830 que les navires purent mettre à la voile; mais après un trajet de quelques kilomètres, on se vit enfermé de nouveau et il fallut établir de nouveaux quartiers d'hiver, presque au même endroit.

Pendant l'été de 1830, puis pendant l'été suivant, avant que l'on ne pût songer à remettre les navires en route, James Ross explora les deux côtes de *Boothia Felix*, et, par de fréquents voyages en traîneau, il reconnut que ce pays communique avec l'isthme de Boothia. Dès mai 1830, il avait exploré une terre voisine, qu'il prenait pour une péninsule, et qui, en réalité, est une île, on le sait maintenant; je veux parler de la Terre du roi Guillaume (King William Land); il la releva, au-delà du *Cap Felix*, sa pointe septentrionale, jusqu'à 69° 46' de latitude nord et 98° 33' de longitude à l'est de Greenwich.

Pendant l'hiver suivant, on observa, au point où les navires étaient ancrés, que l'inclinaison de l'aiguille magnétique était de 89°; alors on pensa qu'il n'était pas impossible d'atteindre le pôle boréal magnétique lui-même, c'est-à-dire le point du Globe où l'aiguille se tient à 90°, où en d'autres termes elle est complètement verticale. On avait calculé, en effet, d'après les observations faites précédemment par d'autres navigateurs aux mers arctiques, que ce point mobile devait se trouver au voisinage de 70° de latitude nord et de 98° 30' de longitude à l'ouest de Greenwich. On était assez rapproché de ce lieu, au port d'hiver de Boothia Felix. Le 27 mai 1831, James Ross entreprit une excursion en traîneau vers l'endroit indiqué par le calcul. A son premier campement (69° 35' de latitude nord, 94° 54' de longitude à l'ouest de Greenwich), l'inclinaison s'était déjà accrue jusqu'à 89° 41' et la déclinaison occidentale n'était plus que de 57°. Ces observations lui indiquèrent son chemin; il s'avança le long du bord occidental de la presqu'île Boothia. En effet, le 1ᵉʳ juillet, campant près du Cap Adélaïde (70° 5' 17" de latitude nord, 96° 46' 45" de longitude à l'ouest de Greenwich) il vit l'aiguille d'inclinaison descendre jusqu'à

89° 59′; encore une minute d'arc, et elle coïncidait avec la verticale. Il poursuivit ses observations le lendemain, et il s'en retourna victorieusement à son navire, après avoir pris possession du pôle magnétique d'alors au nom de la couronne britannique et avoir fait flotter le pavillon anglais au sommet d'un monticule de pierres. Le rivage où avait été observée cette déclinaison maxima était triste et sans aucun pli de terrain.

Dans ses fréquentes relations avec les Esquimaux qui, là comme ailleurs, montrèrent qu'ils connaissaient bien leur pays, Ross apprit l'existence d'une grande mer ouverte au loin vers l'ouest *(Victoria Strait)*, de même que Parry, de l'autre côté de la péninsule Melville, avait beaucoup entendu parler du Golfe de Boothia, maintenant découvert par Ross. Les indigènes annoncèrent même à Ross l'existence du Détroit de Bellot qui relie le Détroit du prince régent avec le Détroit de Franklin (de Peel); cependant lorsqu'il visita les régions qui lui avaient été décrites, le détroit caché derrière plusieurs îles échappa à son attention, et il prit l'échancrure de la côte pour une baie (Brentford Bay). Les autres voyages en traîneau avaient fait reconnaître d'une manière incontestable que le Golfe de Boothia était fermé au sud; le passage n'était donc pas là.

SIR GEORGE BACK.

Il ne restait donc plus qu'à retourner pendant l'été de 1831. Mais le bâtiment ne fut dégagé que le 28 août, pour être, dès le lendemain, solidement entouré de nouveau par les glaces, à 70° 18′ de latitude nord, et il fallut se résigner à un troisième hivernage.

Il devint évident que l'on ne pourrait pas revenir avec le *Victory*. Fin mai 1832, Ross l'abandonna; on partit en traîneaux, espérant se rapprocher de régions moins désolées; on emporta les bateaux. On arriva jusqu'à *Fury Beach* (Rivage *Fury*) et plus loin jusqu'à *Batty Bay*. Pendant cette retraite, la précaution qu'avait eue autrefois Parry de débarquer à terre les provisions du *Fury* empêcha la hardie phalange de mourir de faim. Ross après s'être avancé jusqu'à *Batty Bay* y fut surpris par l'hiver, et il fut obligé, pour sauver sa vie et celle de son équipage, de revenir à Fury Beach. On y passa l'hiver dans une maison de planches garnie de morceaux de glace et chauffée avec de bons poêles.

Pendant l'été suivant (1833) nos navigateurs arrivèrent enfin dans le Détroit de Barrow; de là ils s'avancèrent plus loin dans leurs bateaux; à l'entrée du sund de Lancaster, ils furent recueillis par l'Isabella qui avait été envoyée à leur secours. C'est avec joie qu'après une absence de quatre ans et demi, on reçut en Angleterre les braves explorateurs dont le sort inspirait les plus vives inquiétudes.

Ce fut dès 1833 qu'on préluda, en Angleterre, à ces grandes expéditions de sauvetage que l'on devait envoyer plus tard à la recherche de Franklin. Nous venons de voir que l'*Isabella*, sous le commandement du capitaine Humphreys, avait été chargée d'aller secourir Ross et ses compagnons, s'il était encore temps, et qu'elle les avait rencontrés dans le Détroit de Barrow. En outre l'intérêt, l'anxiété même qu'inspirait leur destin avait fait organiser en Angleterre une réunion publique dans laquelle on décida de fréter une seconde expédition de secours; elle devait, sous la conduite de l'habile capitaine George Back, pénétrer par terre, à travers les régions de la Baie d'Hudson, vers les côtes de la mer polaire, jusqu'aux débris du Fury, que Parry avait abandonné sur ce littoral et que les explorateurs qu'on croyait perdus s'étaient proposé de visiter. Accompagné du docteur en médecine Richard King, Back quitta Liverpool, le 17 février 1833, et, après 35 jours d'une traversée orageuse, il aborda à New-York, d'où il se rendit sans tarder à Montréal. Son véritable voyage de recherches ne commença que le 28 juin; passant par *Pine Portage*, où il prit à son service A. R. Macleod, employé de la Société de la Baie d'Hudson, et par le Fort Chippewayan, que nous connaissons bien, ils se dirigea vers le grand Lac de l'Esclave. Il y arriva le 8 août, et après avoir obtenu des Indiens tous les renseignements désirables sur les eaux qui coulent vers le nord, il commença, le 19 août, l'exploration du *Hoar Frost River* (Rivière de la gelée blanche). Cette rivière pittoresque qui vient du nord, en formant sur son trajet une série de cascades, se déverse dans la partie inférieure du grand Lac de l'Esclave. Après avoir traversé toute une série de portages, de rapides, de cascades, de lacs et de rivières, il aperçut, du sommet d'une haute colline, une grande mer parsemée de nombreuses îles et dont les rivages présentaient une multitude de baies; il lui donna le nom de Mer d'Aylmer (Aylmer était alors gouverneur du Canada). Peu de temps après, Back découvrit que le *Sand Hill Lake* (Lac des collines de sable) était la source d'un fleuve; ce ne pouvait être que le *Thleweechodezeth* ou *Grand fleuve des poissons*, qui depuis a reçu aussi le nom du navigateur européen par lequel il a été découvert. Malheureusement Back, avec ses faibles bateaux, ne put pénétrer sur ce lac que jusqu'au *Musk Ox Lake* (Lac du bœuf musqué); il fut ensuite forcé de retourner vers une cabane construite à la pointe nord-est du grand Lac de l'Esclave et dite *Fort Reliance* (62° 46′ 29″ de latitude boréale et 109° 1′ 39″ de longitude à l'ouest de Greenwich), où il passa un hiver affreux, pendant lequel il endura des privations terribles. Le 17 janvier 1834, le thermomètre marquait près de 57 degrés au-dessous de zéro. L'expédition de Back ne fut sauvée que grâce à la noble conduite du chef indien Akaitcho, ancien guide de Sir John Franklin, qui passa par là en temps opportun et ravitailla les blancs. Le 25 avril, un messager apporta l'heureuse nouvelle du sauvetage et des découvertes des deux Ross. Back n'avait plus d'intérêt à poursuivre son expédition: toutefois il se décida à explorer jusqu'à l'embouchure le Grand fleuve des poissons, qui avait été découvert l'année précédente. Le 7 juin 1834, Back quitta avec sa troupe le Fort Reliance; il passa le reste du mois à transporter sur des rouleaux de bois ses provisions et son bateau, jusqu'au lieu d'embarquement sur le Thleweechodezeth, entreprise très difficile, car la distance au point déterminé d'avance était de 320 kilomètres, et l'équipage, ayant dû se contenter de fort maigres rations, était très affaibli. Cependant tout se passa bien, et, le 7 juillet, Back, King et huit autres Européens dirent adieu à leurs compagnons pour commencer l'exploration de la vallée. Au début, le fleuve était profond et interrompu par d'immenses rapides; plus loin il coulait vers le nord, à peu près partout paisiblement; par 65° 40′ de latitude nord et 106° 35′ de longitude à l'ouest de Greenwich, à la sortie du lac Beechey, il obliquait tout à coup vers l'est; il fallut donc renoncer à l'espoir d'atteindre la mer au voisinage du Bathurst Inlet, et Back craignit, non sans raison, d'être porté par le courant vers le Chesterfield Inlet de la Baie d'Hudson. Le fleuve devenait alors très large et se divisait en une série de petits lacs, se terminant par un lac si grand que de plusieurs côtés on ne voyait que l'eau et le ciel; là l'expédition fut entravée par la glace à tel point qu'elle ne put avancer sur une étendue de 30 à 35 kilomètres qu'au prix des plus laborieux efforts. Sitôt redevenu libre, le fleuve se resserrait, courait, en formant nombre de rapides et de chutes, dans la direction constante de l'est et même du sud-est; enfin, par 66° de latitude nord et 98° 40′ de longitude occidentale, comptée à partir de Greenwich, non loin de la pointe de Wager Bay qui appartient également au bassin du Golfe d'Hudson, il se frayait un passage à travers une montagne de granit, pour suivre sensiblement la direction du nord. A ce moment il avait une largeur de 1 000 à 2 000 pas, formait plus encore de rapides et de tourbillons qu'auparavant; tout autour, le sol était inégal et montagneux. Les premiers Esquimaux que l'on aperçut étaient occupés à pêcher, non loin de la mer, au bas d'une chute considérable; ils manifestèrent d'abord des dispositions hostiles, puis se montrèrent complaisants et serviables. Le 29 juillet, l'expédition atteignit la mer, par 67° 7′ de latitude nord et 94° 40′ de longitude occidentale. Le Thleweechodezeth se déversait dans une baie étroite, parsemée de bas-fonds et de bancs de sable; un cap élevé, qui reçut plus tard le nom de *Pointe Victoria*, bornait la vue du côté du nord. Mais bientôt la baie s'élargissait, la côte occidentale se redressait vers le nord-est, la côte orientale courait entre le nord-est et l'est. Le capitaine Back, se trouvant alors à l'est du fameux pilier de Ross, crut de son devoir d'aller vers l'ouest afin de le trouver, si c'était possible. Mais la glace flottante s'était amoncelée si près des rives et devenait si dangereuse par les fréquents mouvements que lui imprimaient de forts vents du nord, que Back ne put s'avancer au-delà de 68° 45′ de latitude nord et de 96° 22′ de longitude occidentale. De ce point on apercevait distinctement un horizon de glaces dans la direction nord-nord-ouest, direction où Back supposa qu'il existait un passage à travers une mer libre; car il voyait le

BACK ET SES COMPAGNONS SAUVÉS PAR LE CHEF DE TRIBU AKAITCHO.

flot venir de ce côté, et sur la côte opposée il apercevait la colonne vertébrale d'une baleine ainsi que plusieurs morceaux de bois flottants détachés de l'espèce de pin particulière au Mackenzie. Exactement vers le nord se trouvaient deux points bleus qui semblaient être deux grandes îles; vers le nord-est, de l'eau et de la glace; plus loin un *ciel d'eau*, selon l'expression consacrée; à l'est une mer parfaitement nette, entourant seulement une petite île, vers le sud-est; entre l'île et la terre ferme il y avait un nouvel espace libre. C'est surtout sur la rive occidentale que s'amoncelait la glace; plus loin, surtout à l'est, la mer était entièrement dégagée. Sans le retour de Ross, dont il avait connaissance, Back se serait avancé dans cette direction, mais, informé de cet heureux sauvetage, il eût été inexcusable de quitter la côte dans un bateau frêle et en outre avarié. Il partit donc, le 16 août, de l'*Ile de Montréal* où il se trouvait alors, emportant un dessin des côtes voisines, fait par des Esquimaux et à leur manière: ce plan confirmait merveilleusement ses propres observations. Il gravit plusieurs montagnes du voisinage, afin de découvrir un plus vaste horizon. On fut obligé d'abandonner le bateau et de continuer la route à pied sur de la glace récemment formée; mais l'équipage, bien pourvu de vivres, n'eut pas trop à souffrir de ce surcroît de fatigue. Le 27 septembre, après une absence de 3 mois $^1/_2$, on arriva au *Fort Reliance*, où l'on prit de nouveau ses quartiers d'hiver. Ce ne fut que dans l'automne de 1835 que tous les membres de l'expédition rentrèrent, bien portants, en Angleterre.

A peine revenu dans ses foyers, Back partit, le 14 juin 1836, de Chatam, sur le vaisseau le *Terror*, pour les régions polaires, mais l'expédition ne réussit pas. Le navire, après avoir franchi le Détroit de Davis, se trouva, dès le mois d'août, enfermé dans les glaces devant la *Repulse Bay;* il revint en Angleterre, en 1837, dans le plus triste état et après un hiver des plus rigoureux. Les Sociétés de géographie de Londres et de Paris décernèrent à Back la médaille d'or; en 1837 il fut anobli. Le jeune Mac Clure, qui plus tard devait découvrir le passage du nord-ouest, servait à bord du *Terror* en qualité de lieutenant, dans cette expédition.

D'après les résultats du voyage de Back en 1834, on croyait que le golfe où vient aboutir le fleuve des poissons faisait partie d'une côte se continuant jusqu'au Détroit de Béring sans presqu'îles de quelque importance; cette hypothèse fut vérifiée par les découvertes de Thomas Simpson et de Peter Warren Dease; ce dernier avait coopéré à l'expédition de Franklin, en 1825. Tous deux étaient employés de la Compagnie de la Baie d'Hudson, dont le gouverneur, Sir George Simpson[1]) était l'oncle du dit Thomas Simpson et avait une connaissance approfondie des possessions anglaises de l'Amérique du Nord; il résolut de faire étudier avec soin les portions encore inexplorées des côtes septentrionales qui bornent ces possessions au nord. La Compagnie mit à la tête de cette expédition Dease,[2]) dont Simpson, chargé de tous les travaux scientifiques, parle du reste assez dédaigneusement; il n'en est pas moins vrai que ces deux hommes n'ont pas obtenu, à beaucoup près, dans certains cercles de la société anglaise, l'estime qu'ils méritaient, et cela parce qu'ls faisaient le commerce des fourrures. Ils descendirent le Mackenzie, atteignirent et explorèrent en juin 1837 la partie du rivage que Franklin n'avait pu étudier en 1825, depuis *Return Reef*

---

[1]) Né à Lochbroom en Écosse, mort le 7 septembre à Lachine près Montréal, à l'âge de 69 ans.

[2]) Mort au milieu de janvier 1863 dans le Canada.

jusqu'au *Cap Barrow* occidental, d'où étaient revenues les embarcations du *Blossom*. Dépassant Return Reef, ils découvrirent deux nouveaux cours d'eau, la rivière *Garry* et le *Colville;* ce dernier a une longueur considérable. Puis ils abandonnèrent leurs canots et, faisant route par terre, atteignirent *Elson Bay*, à l'endroit où en 1826 Elson était arrivé sur la barque du *Blossom*, et revinrent hiverner au fort *Confidence* (la Confiance), aux bord du Lac du grand ours. L'année suivante, ils levèrent l'ancre le 6 juin, descendirent la rivière de Dease et gagnèrent, le 1er juin, l'embouchure du fleuve des mines de cuivre. Mais les côtes étaient si impraticables qu'ils durent attendre la débâcle pour continuer leur navigation. Le 29, ils doublèrent le Cap Barrow oriental, mais les glaces les obligèrent à faire un détour énorme par le Sund arctique et à longer les bords du Cap Flinders (9 août), après quoi ils furent arrêtés par un calme plat dans une petite baie qu'ils appelèrent *Port du bateau* et qui est située à 5 kilomètres de la *Pointe Turn-again* de Franklin, (68° 16' 25" latitude nord et 109° 20' 45" longitude occidentale). De là Simpson partit à pied; il dépassa le *Cap Franklin*, où, le 20 août il aperçut, le premier, au delà du détroit, large seulement de 8 kilomètres, appelé le *Détroit Dease*, une terre élevée, couverte de neige; il marcha le long de la côte jusqu'à 106° 3' de longitude occidentale; le 23 août, il fit l'ascension du *Cap Alexandre* d'où il aperçut, du côté de l'est, une mer libre, mais d'où il découvrit, vers le nord, une nouvelle côte s'étendant à perte de vue et qu'il nomma *Terre Victoria*. Satisfait de cette découverte, il revint trouver Dease au *Port du bateau*, le 29 août, et tous deux regagnèrent, le 14 septembre 1838, leur ancien quartier d'hiver, le *Fort Confidence*. Cette dernière expédition et la précédente valurent à Simpson la médaille d'or de la Société de géographie de Londres. Un hiver tempéré fut suivi d'un été extraordinairement propice; aussi tous les passages étaient-ils accessibles un mois plutôt que d'habitude, et les deux navigateurs purent-ils atteindre, le 22 juin 1839, d'abord la *Chute sanglante*, près de l'embouchure de la rivière des mines de cuivre, puis, le 3 juillet, au bout d'une semaine consacrée à l'exploration de la rivière Richardson, le Cap Barrow oriental; de cet endroit, ils aperçurent devant eux le Golfe du couronnement, complètement libre de glaces. C'est ainsi que ces hardis explorateurs purent, laissant derrière eux, dès le 20 juillet, le Cap «Retourne sur tes pas» (Turn-again) de Franklin, dépasser, le 26, le promontoire *Alexandre* et pénétrer dans un détroit, qui reçut plus tard le nom de *Détroit de Simpson*, et dans l'intérieur duquel ils purent pousser leur exploration côtière jusqu'à l'embouchure, en forme de golfe, du Grand fleuve des poissons. Ils doublèrent, le 13 août, la *Pointe d'Ogle*, le *nec plus ultra* de Back en 1834, et, cinq ans juste après ce navigateur, firent relâche dans l'île de Montréal, à l'Estuaire de Back. Le point le plus oriental qu'ils gravirent, le 17, fut un cap rocheux, le *Cap Britannia* (68° 3′ 52″ latitude nord, 95° 41′ 30″ longitude occidentale) que l'on peut rattacher au Détroit de Ross; ils parvinrent, le 20, près de l'*Ile Aberdeen*, à l'embouchure d'un petit fleuve (68° 28′ 23″ latitude nord, 94° 14′ longitude occidentale) qui reçut le nom de leurs deux meilleurs canots, *Castor et Pollux*. D'une colline située un peu plus avant à l'intérieur ils apercevaient la terre au nord-est sur un long espace, et, dans le lointain, de hautes îles qui semblaient s'étendre de l'est à l'est-nord-est. L'heure du retour était venue, ce qui ne les empêcha pas, en revenant sur leurs pas, d'aborder au Cap Felix dans la *Terre du roi Guillaume*, à une distance d'environ 145 kilomètres seulement de la colonne commémorative de James Ross, au pôle magnétique, et de reconnaître à peu près 100 kilomètres de la côte méridionale de cette île jusqu'au Cap Herschel. Arrivés à ce dernier point, ils érigèrent, le 25 août, un haut *cairn* de pierres. Après avoir encore étudié, sur une étendue de 240 kilomètres, la côte sud de la Terre de Victoria aux hardis sommets jusqu'au Cap Parry, ils traversèrent le Golfe du couronnement, pénétrèrent, le 16, dans les eaux du Fleuve des mines de cuivre et atteignirent, le 24, le fort *Confidence*. Ainsi ils avaient parcouru 2 400 kilomètres et accompli en canot l'une des plus longues et des plus remarquables expéditions entreprises vers les mers polaires; les résultats dont ils enrichissaient la géographie laissaient bien loin les travaux des Franklin, des Richardson et des Back.

12*

# FRANKLIN ET LES PREMIERS QUI ALLÈRENT À SA RECHERCHE.

Quinze ans de recherches ininterrompues de la part des Anglais n'avaient fait faire aucun pas à la question du passage nord-ouest; quelques-uns[1]) voyaient dans l'exploration de Simpson et de Dease la découverte sinon *du* ou moins *d'un* passage nord-ouest, mais ils trouvèrent, et non sans raison, des contradicteurs.[2]) Depuis le retour du capitaine John Ross, l'ardeur des découvertes s'était ralentie considérablement; on reculait devant des années de peines et de dangers, inséparables d'expéditions de ce genre. Le public, lui aussi, s'était refroidi. «Pures folies», disait-on; et comme un intérêt purement commercial avait été le mobile de tous ces efforts, l'Amirauté britannique avait considéré l'entreprise comme close; depuis le 15 juillet 1828, elle avait retiré le prix de 20 000 livres sterling affecté à la découverte du passage nord-ouest, et, pendant 18 ans, non contente de refuser toute subvention officielle aux explorations polaires, elle se gardait même de favoriser aucune expédition privée. Mais vint l'heureuse exploration de Sir James Clark Ross dans les mers antarctiques sur les navires de guerre l'Erebus et le Terror (1838 à 1843); le monde se remit alors à l'ancien problème. En même temps, comme nous l'avons vu, Dease et Simpson avaient relevé les plages de l'Amérique du Nord jusqu'à Boothia-Felix et confirmé les idées de Franklin; toutefois le triste honneur d'avoir fait reparaître la question du passage du nord-ouest au premier plan et par là d'avoir suscité des prodiges de bravoure personnelle et de hardiesse, il est vrai, mais au prix hélas! de souffrances inouïes, revint à John Barrow; c'était alors un homme très âgé, au passé orageux, et possédé de l'idée fixe de trouver le fameux passage avant de mourir.

---

[1]) Allusion à l'opinion de la Société de géographie de Londres et de Sir John Barrow.

[2]) Voir par contre le sentiment du compagnon de Back, Dr. Richard King, dans l'*Athenæum* de Londres, du 11 mai 1845.

Il s'agissait en somme de relier la route suivie par Parry, le Sund Lancaster et le Détroit de Barrow, avec les lignes Franklin, Dease et Simpson, qui constituaient le passage de la côte septentrionale de l'Amérique; on ne voyait donc pas au premier abord de problème bien redoutable à résoudre, et, avec la ténacité aveugle de son âge, Barrow persistait dans son plan d'une expédition par mer.[1])

L'opiniâtre octogénaire réussit à gagner à ses vues la Société royale; Franklin, Ross, Parry, Sabine, dont on prit le conseil, donnèrent naturellement leur approbation enthousiaste à un projet qui ouvrait à l'honneur et

SIR JOHN FRANKLIN.

au courage personnel un si magnifique horizon, mais qui pratiquement n'avait pas plus de valeur que la recherche de la quadrature du cercle. Par l'organe de son président, marquis Northampton, la Société recommanda une nouvelle expédition à l'Amirauté; celle-ci finit par consentir à un dernier

[1]) Barrow préférait toujours les voyages par mer à ceux par terre, qu'il n'acceptait qu'autant qu'ils venaient en aide aux premiers. Cet entêtement et ce singulier caprice lui valurent enfin une assez verte réfutation. Richard King démontra à Barrow que sur 10 expéditions maritimes 7 avaient complètement échoué et que les 3 autres, dont les résultats étaient hors de proportion avec les charges, ne pouvaient soutenir la comparaison avec les expéditions par terre. Barrow se refusant absolument à toute discussion particulière, les lettres qui contenaient cette réfutation furent publiées dans l'*Athenæum* de Londres, du 11 janvier et du 1er février 1845.

essai qui serait décisif. On prépara l'expédition avec les soins les plus minutieux. Sir James Ross venait de rentrer de son voyage antarctique avec l'*Erebus* et le *Terror*, qui avaient victorieusement soutenu l'épreuve. Ces 2 navires, à voiles et à hélice, devaient porter les hardis marins. La vapeur allait donc pour la première fois servir d'auxiliaire à l'homme dans ce combat de géants contre les puissantes montagnes de glaces. Les machines, de la force de 20 chevaux chacune, pouvaient être montées ou descendues à volonté; elles devaient surtout servir à faire avancer les navires contre le vent ou pendant les calmes, quand on serait enfermé dans d'étroits canaux obstrués de glace. On ne pouvait marcher toujours à la vapeur en raison de l'approvisionnement de charbon relativement faible qu'on pouvait prendre à bord et de la place nécessaire pour les vivres et autres objets indispensables. L'expédition était largement pourvue de vivres pour plus de 3 ans. Quant aux instruments et appareils de physique, jamais expédition polaire n'en avait eu d'aussi parfaits. Les volontaires se présentaient en foule; on put donc en composer un équipage choisi, d'hommes tous éprouvés. L'élite des officiers de marine briguait l'honneur de servir à bord de l'*Erebus* et du *Terror*.[1]) On choisit Francis Richard Crozier, James Fitzjames, Graham Gore, Fairholme, Hodgson, des Vœux, tous marins du plus haut mérite.[2]) Crozier avait, dès l'âge de 20 ans, pris part à toutes les expéditions polaires de Parry; il avait conduit aux mers antarctiques, sous les ordres de James Ross, le Terror, qui lui était de nouveau confié.

Fitzjames, commandant de *l'Erebus*, s'était distingué, de 1835 à 1837, dans l'expédition de l'Euphrate, et, plus tard, avait servi dans les eaux de la Chine. Le lieutenant G. Gore s'était trouvé à bord du *Terror* comme mate, sous les ordres de Back, dans le terrible et dramatique voyage de ce dernier en 1836, et avait pris part avec Ross à l'expédition antarctique.

---

[1]) C'est sur ce dernier navire que Sir George Back en 1836 entreprit pour la *Repulse Bay* son voyage infructueux.

[2]) Liste des officiers des deux navires.

|  | Erebus | Terror |
| --- | --- | --- |
| Capitaine | Sir John Franklin | R. M. Crozier |
| Commander | James Fitzjames |  |
| Lieutenants | Graham Gore | Edward Little |
|  | Henry Le Vesconte | Geo. H. Hodgson |
|  | James William Fairholme | John Irving |
| Mates | Chas. F. des Vœux | Fred. Hornby |
|  | Rob. O. Sergeant | Rob. Thomas |
| Second-maître | Henry Collins | G. A. Macbean |
| Médecin en chef | Dr. Stephen Stanley | Dr. John Peddie |
| Aide-médecin | Harry Goodsir | Alex. Mac Donald |
| Intendant | Chas. H. Osmer |  |
| Ice-master | James Reid | T. Blanky. |

Le lieutenant Fairholme avait fait partie de l'expédition du Niger. Chacun des autres officiers se distinguait par quelque aptitude particulière dans les sciences ou les arts pratiques. T. Blanky, *ice-master* du Terror, avait hiverné dans les mers du Nord sous John Ross, pendant 4 ans de suite, sur le navire *Victory*; Reid, que nous voyons sur *l'Erebus*, où il est *ice-master*, avait affronté longtemps les périls de la pêche à la baleine; l'intendant Osmer était allé avec le capitaine Beechey au Détroit de Béring et l'officier de santé Goodsir était un savant naturaliste en renom. L'Amirauté avait l'intention de donner le commandement en chef à Fitzjames, par égard pour le grand âge de Franklin, qui avait alors 60 ans, mais lorsqu'elle apprit que ce dernier regardait cet honneur comme lui revenant de droit, à lui le doyen des officiers des expéditions polaires, elle s'empressa de lui offrir le commandement suprême qu'il accepta immédiatement. Franklin avait mission de se rendre aussitôt que possible, par le Sund Lancaster et le Détroit de Barrow, jusqu'au Cap Walker de «l'Ile Russell» et, de là, de faire voile vers le Détroit de Béring, soit directement soit par le canal de Wellington.

Franklin fit hisser son pavillon sur *l'Erebus* et partit, avec le *Terror*, le 18 mai 1845, de Greenhithe près de Londres, le 26 mai, de Portsmouth. Un navire chargé de provisions, monté par le lieutenant Griffith, l'accompagna jusqu'à l'île Disco, à l'entrée de la Baie de Baffin, qu'on atteignit au bout d'un mois, le 12 juillet; ce navire devait ravitailler l'expédition. Franklin le renvoya, porteur de dépêches à l'Amirauté et de lettres à ses amis d'Angleterre. Après avoir quitté Disco, on eut à essuyer une violente tempête que rendaient doublement dangereuse le voisinage des côtes escarpées et inabordables de cette partie du Groenland; toutefois, grâce à l'habileté des chefs de l'expédition, les navires purent échapper à la mer en furie et aux montagnes de glace sinistres et menaçantes. Le vent redevenu favorable les poussa rapidement dans la direction du nord. A la hauteur d'Upernivik ils s'engagèrent dans les glaces centrales de la Baie de Baffin et s'avancèrent péniblement, lentement, se traînant, pour ainsi dire, dans cette espèce de ruelle. Pendant quelque temps, ils firent route avec des baleiniers anglais de Hull et d'Aberdeen; ils s'entretinrent, le 22 juillet, avec un certain capitaine Martin, dans la Baie de Melville, sur la côte occidentale du Groenland. Franklin affirma à ce dernier qu'il avait pour 5 ans de vivres et au besoin pour 7. Quatre jours plus tard, le 26 juillet, un certain capitaine Dannet, de la baleinière «le prince de Galles», (lequel à son retour raconta le fait) fut le dernier qui se trouva en rapport avec l'expédition. C'était un peu à l'ouest de la Baie de Melville, par 74° 48′ de latitude septentrionale et 66° 13′ de longitude occidentale. On arriva au Sund de Lancaster au commencement d'août. Le côté sud de ce sund était couvert d'une banquise qui débouchait dans la Baie de Baffin, tandis que la côte nord près de

*North-Devon* était libre.    Franklin côtoya donc ces derniers parages et atteignit le superbe port situé au nord-est de l'Ile de Beechey et de la *Baie de l'Erebus et du Terror*, port qui est protégé contre les banquises et qui, comme un observatoire, domine les différentes voies maritimes s'infléchissant dans la direction du sud, de l'ouest et du nord-ouest.    C'est ce port que Franklin eut l'heureuse idée de choisir pour en faire plus tard une station d'hiver.    D'après les instructions de l'Amirauté, il devait se rendre immédiatement après au Cap Walker[1]); mais ce lieu n'était qu'un immense bloc solide de lourdes glaces; au contraire, le canal Wellington, dirigé vers le nord, (entre North-Devon et l'Ile de Cornouailles) à l'embouchure

ILE BEECHEY.   PREMIER QUARTIER D'HIVER DE FRANKLIN, 1845 à 1846.
TOMBES DES TROIS MATELOTS.

méridionale duquel est l'Ile de Beechey, était libre et ouvert.    Franklin, cédant au désir du capitaine Fitzjames, que séduisait l'aventureux passage du canal Wellington, essaya une reconnaissance dans cette voie.    Ils remontèrent donc rapidement le canal susdit et le Détroit de Penny, qui en était le prolongement au nord-ouest, mais, sous le 77e degré de latitude septentrionale, ils furent arrêtés par les glaces.    Franklin, craignant de se voir enfermé, se hâta de profiter du premier passage qu'il trouva, traversa le canal entre Cornouailles ĕt Bathurst et rentra au sud dans le Détroit de Barrow.    Mais on avait mis 14 jours à reconnaître le Canal de Wellington (pendant lesquels, il est vrai, on atteignit les parties les plus reculées que l'on connaisse aujourd'hui de l'archipel arctique américain), et septembre

[1]) Pointe nord-est de l'Ile Russell, au nord de la Terre du Prince de Galles.

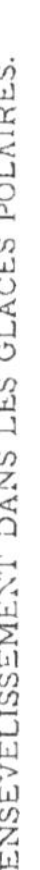

ENSEVELISSEMENT DANS LES GLACES POLAIRES.

était arrivé. Les détroits n'étaient plus navigables; malgré cela, on explora encore le Sund de Peel qui s'infléchit du Détroit de Barrow vers le sud, mais il fallut s'arrêter et chercher un refuge hivernal. Les explorateurs atteignirent heureusement et en bonne santé la Baie de l'Erebus et du Terror, qui leur offrait à la fois un abri et, grâce à leurs provisions et autres objets d'utilité, le moyen de s'installer comfortablement. Quand les jours augmentèrent, on transporta le tir, de la pointe méridionale de Beechey où il se trouvait pendant les longues nuits d'hiver, le plus près possible des vaisseaux, jusqu'aux Caps *Riley* et *Spencer*.

On organisa des voyages en traîneaux, destinés à la chasse ou à des explorations scientifiques, mais on ne put aller bien loin en raison de l'imperfection des véhicules. Des 138 hommes qui composaient l'équipage, 3 moururent pendant ce bref séjour à l'Ile Beechey.[1])

Lorsqu'en 1846 la mer redevint libre, Franklin fit voile vers le sud, vers le Sund de Peel. À l'embouchure, entre le Cap Walker et le Cap Bonny, des glaces unies flottaient çà et là; grâce au grand nombre de petites îles dont ce canal est semé, elles se détachaient vite du rivage. On franchit rapidement ce passage libre; ce n'était pas un sund mais un véritable détroit qui conduisait au terme désiré. On eût bientôt dépassé la Terre du prince de Galles pour entrer dans une mer spacieuse. A peine l'expédition eut-elle laissé derrière elle la terre protectrice qu'apparut à droite, c'est-à-dire à l'ouest, une barrière infranchissable de lourdes glaces: c'était le bord de la grande banquise qui, au nord, s'adosse contre la Terre du prince de Galles, jusqu'à l'extrémité sud de celle-ci, — au sud,. contre la Terre de Guillaume jusqu'au Cap Felix, et en cet endroit se prolonge à travers la mer. Au lieu de faire voile au sud et au sud-est, par une mer complètement libre, vers le Détroit de James Ross, les vaisseaux restèrent près de la muraille menaçante; une fatale erreur allait causer la perte de toute l'expédition. En effet James Ross avait, à tort, représenté la Terre du roi Guillaume comme une presqu'île, se rattachant, en son milieu, à Boothia Felix; le détroit qui porte son nom n'était dans cette hypothèse qu'une impasse dont la *Poet's Bay* était le fond. Franklin eut le malheur de s'en rapporter à sa carte et de ne pas faire reconnaître le détroit; et, comme à ses yeux il n'y avait pas d'autre issue, il tenta de pénétrer entre la muraille de glace et le bord oriental de la Terre du roi Guillaume, au lieu d'aller au sud-est de cette île. Ainsi, longeant toujours la glace, il parvint à 71° de latitude nord. On apercevait déjà la Terre du roi Guillaume et l'on croyait toucher

---

[1]) C'étaient le marin W. Braine, âgé de 32 ans, le sous-bosseman John Hartnell, âgé de 25 ans, tous deux de *l'Erebus*, et John Torrington, âgé de 20 ans, du Terror. Leurs tombes furent trouvées par Penny, le 27 août 1850.

au but. Mais, à la hauteur de 70° 5′ de latitude nord et de 98° 23′ de longitude occidentale (Greenwich), un peu au nord du Cap Felix, *l'Erebus* et le *Terror* se trouvèrent surpris et enfermés par une banquise, le 12 septembre 1846. Terrible fut l'hiver de 1846 à 1847, au milieu de la pression et du choc de cette énorme masse. Au mois de mai 1847, les lieutenants Gore et Des Vœux partirent en traîneau avec 6 hommes pour reconnaître le chemin par terre menant au Cap Herschel, sur la côte méridionale de la Terre du roi Guillaume. Dans le voisinage du Cap Victory, ils laissèrent des renseignements sur les événements arrivés jusque-là[1]); ils revinrent au bout de peu de temps avec la consolante nouvelle que le Cap Herschel n'était pas loin. Mais le deuil régnait à bord. L'héroïque chef de l'expédition avait succombé à ses souffrances le 11 juin 1847; il gisait dans son cercueil. Crozier prit le commandement en chef; l'été de 1846, l'année 1847 elle-même s'écoulèrent, mais l'expédition restait toujours enfermée dans sa prison de glace. Il n'y avait plus de provisions que pour quelques mois; car il avait fallu jeter par-dessus bord l'énorme quantité de viande conservée sur laquelle on avait tant compté; elle avait été livrée par un misérable trafiquant, juif allemand, appelé Goldner, à qui ce fait coupable et bien d'autres encore, découverts dans la marine anglaise, valurent un juste châtiment.

Enfin la glace se mit lentement, bien lentement, en mouvement vers le sud, entraînant irrésistiblement les vaisseaux. C'était un des premiers exemples de ce phénomène, enregistré plusieurs fois dans les annales modernes des explorations polaires. La pression exercée par les glaçons était effroyable; et ils s'entrechoquaient sans cesse avec fracas et menaçaient, à chaque instant, de broyer les navires. Mais le mouvement de la banquise, tout lent et tout dangereux qu'il était, portait les navigateurs vers le sud, dans la direction désirée. Vaine attente! En septembre, à 96 kilomètres

---

[1]) Ce document consigné sur les formulaires imprimés, en usage à bord des navires anglais envoyés en exploration, et destinés à être renfermés dans des bouteilles que l'on jette à la mer, était ainsi conçu:
> 28 mai 1847, Vaisseaux *Erebus* et *Terror* hiverné en mer
> à la latitude 70° 5′ nord, à 98° 23′ longitude occidentale.
> Hiverné en 1846 à 1847 à l'Ile de Beechey, latitude 74° 43′ 28″ nord, longitude 91° 39′ 15″ ouest. Après avoir remonté le canal Wellington jusqu'à la latitude de 77° et être retournés par l'ouest de l'île de Cornouailles.
> Sir John Franklin commandant l'expédition.
> Tout va bien. Un détachement composé de 2 officiers et de 6 hommes a quitté les vaisseaux le lundi 24 mai 1847.
> *Gm. Gore, lieutenant.*     *Chas. J. Des Vœux, Matc.*

Il faut remarquer que par inadvertance l'hivernage dans l'île de Beechey est rapporté à l'année 1846 à 1847, tandis qu'il eut lieu une année plus tôt.

13*

de l'extrémité méridionale de la banquise et à 24 kilomètres au nord du Cap Victory, le mouvement cessa. Puis vint l'hiver de 1847 à 1848. Tous les maux se déchaînaient avec furie contre les malheureux; les maladies, le scorbut, le froid, la faim. 9 officiers et 12 hommes moururent dans l'intervalle. Crozier et Fitzjames rassemblèrent au printemps le reste de leur équipage, 104 hommes en tout, et firent leurs préparatifs de départ: on devait aborder à la Terre du roi Guillaume, atteindre par terre l'embouchure du Grand fleuve des poissons et arriver ainsi au continent américain. Ils chargèrent leurs lourds traîneaux de hardes de toutes sortes et chaque équipage conduisait un grand traîneau pour les malades. N'ayant plus de vivres que pour 40 jours, ils emportèrent des munitions en abondance, espérant, une fois à terre, se tirer d'affaire avec les armes à feu. Ils prirent aussi tout ce qu'ils avaient en joyaux, argent, or, jouets élégants, pour l'échanger aux indigènes contre des secours de tout genre. On quitta les navires, le 22 avril 1848. Le voyageurs mirent 3 jours entiers à faire les 24 kilomètres qui les séparaient du Cap Victory, sur la Terre du roi Guillaume. Voyant que les traîneaux étaient trop chargés ils jetèrent à cet endroit une grande quantité d'objets. Fitzjames déroula le document que le lieutenant Gore, mort depuis, avait déposé en cet endroit et fit à la marge, en quelques mots seulement, l'historique très substantiel de l'expédition.[1]) Maigres et décharnés, les malheureux essayèrent d'avancer péniblement à l'aide de leurs traîneaux; mais à moitié chemin entre le Cap Victory et le Cap Herschel, sur la Terre du roi Guillaume, on reconnut l'impossibilité absolue de continuer le transport des malades et des infirmes. Ces derniers essayèrent, au nombre de quarante, de retourner au navire: un seul y parvint.

Les plus valides d'entre eux s'éloignèrent sur des traîneaux, chacun de son côté, ne pouvant plus compter que sur soi-même. Une quarantaine de ces infortunés furent rencontrés, dans la première moitié de juillet 1848,

---

[1]) Le 25 avril 1848. Les vaisseaux l'*Erebus* et le *Terror* ont été abandonnés ici, le 22 avril, à 5 lieues nord-nord-ouest de ce lieu-ci, après avoir été montés depuis le 12 septembre 1846. Les officiers et l'équipage, en tout 105 hommes, sous le commandement du capitaine J. R. M. Crozier, ont abordé ici, à la latitude nord de 69° 37″ 42′ et à la longitude occidentale de 98° 41′. Ce document a été trouvé par le lieutenant Irving sous le *Cairn* qui se trouve à 4 milles au nord et qu'on suppose avoir été construit par Sir James Ross en 1831; cette note avait été déposée par feu le commandant Gore en juin 1847. On n'a pu trouver la colonne même de Sir James Ross et le document a été porté à l'emplacement de ce pilier. Sir John Franklin est mort le 11 juin 1847, et le nombre total des voyageurs morts pendant l'expédition s'élève jusqu'à ce jour à 24, dont 9 officiers et 15 hommes.

J. R. M. Crozier, capitaine et doyen des officiers.

Le matin du 26. départ pour la Rivière des poissons, de Back.

James Fitzjames. capitaine de l'Erebus.

sur la Terre du roi Guillaume par des Esquimaux à qui ils firent comprendre par des gestes que leur navire avait été broyé par les glaces; ils se dirigeaient, sur la glace, vers le sud, c'est-à-dire vers la terre ferme. C'étaient Crozier et ses compagnons d'infortune qui traversaient la glace, alors sur le point de se fondre. Ils avaient 2 traîneaux, dont l'un portait un bateau recouvert d'un toit; le second, plus petit, contenait les provisions et l'attirail de campement. Avant d'atteindre le Cap Herschel, ils rencontrèrent, près de ce cap, quelques familles d'Esquimaux et campèrent à côté d'elles, mais les indigènes s'éloignèrent furtivement, abandonnant les voyageurs à leur malheureux sort. Alors, épuisés par les souffrances et le manque de nourriture fraîche, tous périrent, alors que les Esquimaux auraient pu les sauver tous, et sans peine. Il semble, du reste, que la mort de ces marins ait été naturelle; chacun d'eux, l'un après l'autre, tomba pour ne plus se relever; ainsi l'un succomba au sud-est du Cap Herschel; deux furent enterrés chrétiennement à environ 5 kilomètres de la *Rivière du poivre* où ils étaient allés prendre du poisson. À 5 ou 7 kilomètres plus loin à l'est, sur une pointe de terre, basse et longue, de la Terre du roi Guillaume, on enterra un autre; cinq périrent à *Todd's Island;* 30 à 35 compagnons de Crozier traînèrent le grand bateau recouvert jusqu'à la partie occidentale de la *Pointe Richardson,* où ils succombèrent à leur tour; un autre groupe réussit à prolonger son existence à l'abri d'une grande tente, dressée au fond de *Terror Bay,* un peu vers l'intérieur des terres. Quelques-uns se dirigèrent vers la *Pointe Ogle,* où ils eurent à souffrir le plus épouvantable trépas, car ils paraissent avoir été réduits à l'affreuse nécessité de manger de la chair humaine. Ceux enfin, du reste en assez grand nombre, qui purent se traîner le plus loin, entre autres le docteur Stanley, chirurgien de l'Erebus, atteignirent l'Ile de Montréal, où ils enterrèrent l'un de leurs compagnons; beaucoup se trouvaient sur le bord du continent faisant face à l'île; la mort vint mettre un terme à leurs souffrances. L'Ile de Montréal est encore éloignée de 64 kilomètres de l'embouchure du *Grand fleuve des poissons* où ils comptaient prendre des saumons au filet. On prétend même que plusieurs naufragés seraient parvenus réellement en bateau jusqu'aux rapides, situés en aval du Lac Franklin et y seraient morts de faim. Il paraît incroyable que Crozier en personne ait, d'après le dire des Esquimaux, atteint l'Ile Southampton, dans la partie septentrionale de la Baie d'Hudson et y soit mort en 1864; il est possible toutefois que quelques hommes de l'équipage aient franchi de vastes étendues de terre jusqu'au sud du Golfe Boothia avant de succomber à leurs horribles souffrances.

Ce qu'il y a de plus vraisemblable c'est que tous ces infortunés ont été frappés dans un temps relativement court. La femme d'un Esquimau avait vu une quarantaine d'hommes se diriger vers Montréal; à son retour, quelque temps après, elle n'en trouva plus qu'un de vivant, assis sur le rivage. C'était un homme grand et fort; il avait la tête appuyée sur ses mains, les coudes sur ses genoux. Au moment où il releva la tête pour parler, il rendit le dernier soupir. Ainsi finit l'expédition dite de Franklin, sacrifiée, osons le dire, à l'entêtement du vieux Barrow.

Comment a-t-on eu connaissance de tous ces événements, puisque personne de l'escadre de Franklin n'a jamais revu son pays et que les dernières nouvelles qu'on en ait eues en Angleterre par le capitaine Dannett, mentionné plus haut, datent de décembre 1845? On comprend facilement que l'absence de nouvelles pendant un grand laps de temps dut éveiller l'inquiétude non seulement des parents et amis de Franklin et de ses compagnons, mais de toute l'Angleterre au sujet de l'expédition. Il fallut admettre que les navires étaient complètement emprisonnés dans les glaces, ou bien qu'ils avaient échoué sur un rivage solitaire, où l'équipage, dénué de toute ressource et de tout moyen de transport, était la proie de la faim et du froid. Partout on voulut aller au secours des naufragés par n'importe quel moyen; nombre d'expéditions polaires se suivirent et se distinguèrent à l'envi pour réaliser ce vœu universel, la recherche de Franklin. Dès le 28 septembre 1846, quinze mois seulement après le départ de Franklin, le vieux Sir John Ross pressa l'Amirauté d'envoyer une escadre; il s'offrait à la commander; cependant à cette époque, il n'y avait pas encore lieu de craindre pour Franklin. Le 27 janvier et le 9 février 1847, Ross insiste de nouveau, s'appuyant sur des communications particulières de Franklin, au sujet desquelles il ne voulait pas donner de détails précis mais cette fois-ci encore, l'Amirauté, et, à son point de vue, avec raison, ne tint pas compte des propositions de Sir John, ce vieillard connu pour assez vain et assez léger, — d'autant plus que les héros des expéditions polaires, les Parry, les Richardson, les Sabine, James Ross lui-même, consultés officiellement, se déclarèrent contre John. Mais celui-ci remuait ciel et terre, provoquait sans relâche discussion sur discussion, délibération sur délibération; bientôt la presse s'en mêla, et, forcée par cette irrésistible puissance, l'Amirauté se déclara prête à organiser des expéditions de secours, dans le cas où, à la fin de 1847, on n'aurait pas reçu de nouvelles certaines.

L'année 1847 s'écoula sans apporter rien de sûr. Le baleinier qui revint le dernier rentra en Angleterre sans signaler aucune trace de l'Erebus et du Terror. Le fait le plus important fut le résultat d'une autre expédition, laquelle, indépendante, il est vrai, de celle de Franklin, avait eu lieu en même temps, avait dû visiter les mêmes parages, et par conséquent la rencontrer très probablement quelque part. Elle avait été envoyée par la Compagnie de la Baie d'Hudson, était composée de treize personnes, sous le commandement du docteur John Rae, et avait mission de relever la côte située au nord-est entre le point extrême où étaient parvenus Dease et Simpson et le Détroit de Fury et d'Hecla. Rae quitta le fort Churchill dans la Baie d'Hudson, le 5 juin 1846; le 22, il atteignit l'ouverture méridionale de la Rivière de Wager ou *Baie de Wager*, à l'endroit appelé *Rae's Welcome* (Bienvenue de Rae) et, le 24, la *Repulse Bay*, près de laquelle il rencontra des Esquimaux; quant à Franklin, il ne le vit pas et n'en entendit pas parler. Informé par des indigènes, Rae parcourut l'isthme (large de 64 kilomètres seulement, et criblé pour ainsi dire de lacs en différents points) qui relie la presqu'île de Melville avec la terre ferme, et atteignit de nouveau la mer, à la *Committee Bay;* il revint bientôt à son point de départ, à la *Repulse Bay*, où il se prépara à hiverner. L'hiver fut extrêmement orageux et d'une rigueur excessive. Le thermomètre descendit parfois jusqu'à 44 degrés centigrades. Par bonheur, la chasse avait fourni d'abondantes provisions, et les maladies furent assez rares. Aussi Rae put-il, dès le 5 avril 1847, entreprendre un voyage en traîneau vers le nord avec 3 de ses hommes et 2 Esquimaux et arriver, en franchissant l'isthme, le long de la côte, jusqu'en vue de la *Baie du Lord-Maire (Lord-Mayor's Bay)* et du groupe d'îles qui se trouvent devant (18 avril). Il trouva une largeur de 1 kilomètre, 6 à l'isthme qui unit en cet endroit Boothia Felix avec le continent. Il est à 69° 31' de latitude nord et à 91° 29' 30" de longitude ouest. La neige avait presque aveuglé la petite expédition; toutefois retournée seulement du 5 mai, dans sa station d'hiver, elle la quittait déjà le 13 pour une nouvelle excursion. Il s'agissait cette fois de faire le croquis du bord occidental de la presqu'île Melville. Malheureusement à la latitude nord de 69° 32' et à la longitude occidentale de 85° 8' les provisions étaient épuisées. Force fut donc de rebrousser chemin, au grand regret de Rae; encore un peu, et il allait atteindre le Détroit de Fury et d'Hecla. Après une absence de 28 jours, revenu à sa station hivernale de *Repulse Bay* le 29 juin, il y attendit la débacle des glaces jusqu'au 11 août; le 12 les voyageurs firent voile vers la colonie, et, le 6 septembre 1847, ils abordaient à la factorerie d'York, située sur le Nelson.

A la simple inspection d'une carte on voit de suite combien le docteur Rae s'était approché du théâtre des infortunes de l'expédition Franklin, et, malgré cette proximité, les Esquimaux ne lui avaient rien dit d'hommes blancs ayant séjourné dans ces lieux, ni rien appris sur l'apparition des deux navires. C'était le moment d'organiser les expéditions de salut; le gouvernement anglais promit à celle d'entre elles, anglaise ou non, qui secourerait effectivement Franklin ou son équipage, une récompense de 20 000 livres sterling et la moitié de cette somme pour des nouvelles certaines; il eut de 1848 à 1854 à dépenser de ce chef la somme de 20 millions de francs.

Des particuliers, des Américains, organisèrent aussi des expéditions; l'or fut prodigué; des marins anglais, d'une expérience consommée, secondèrent ce mouvement qui se propagea sur tous les points du Globe.  Admirable émulation! Mais ne pourrait-on reprocher à tous ceux qui prirent part à ces recherches — de ne s'être pas rendu un compte bien exact des vues et des plans bien connus de Franklin relativement au passage nord-ouest? S'ils s'en étaient inspirés ils eussent bien vite retrouvé Franklin, et l'insuccès de leurs tentatives fréquemment répétées est une preuve flagrante de leur incapacité.  Ah! que n'ont-ils eu, ces voyageurs en renom, les lumières de Franklin! Ils l'eussent cherché certainement, là où il était, là seulement: à l'angle que fait Boothia avec la pointe «Retourne sur tes pas.»  Seule, la digne épouse du héros, Lady Franklin, sa seconde femme, née Jane Griffin, dont l'Angleterre a le droit d'être fière, eut l'intuition de la vérité.[1])

LADY JANE FRANKLIN.

Une seule chose l'empêcha d'arriver à une conclusion exacte et de faire prévaloir son opinion: l'influence des *autorités*. Elle alla même, sous la pression de l'opinion en faveur, jusqu'à mettre par écrit à la disposition de l'Amirauté une somme de 2 000 livres sterling destinée à récompenser des baleiniers qui exploreraient le *Regents Inlet*, l'*Admirality Inlet*, le *James Sound* et le *Smith Sound*.  La science, il est vrai, n'a pas à regretter ces erreurs: on verra bientôt quels résultats lui ont valu les expéditions dites de Franklin; on put grâce à elles, lever le voile qui cachait de vastes étendues de côtes et qui peut-être encore maintenant les déroberait à nos regards.

Entre temps l'Amirauté, pour se renseigner d'une manière certaine sur le sort de l'escadre disparue, avait décidé l'envoi de trois expéditions combinées; elles devaient au même moment s'avancer respectivement par le Détroit de Lancaster, par le Détroit de Béring, et de l'embouchure du Mackenzie, comme points de départ, vers l'endroit où Franklin et ses vaisseaux devaient se trouver.  Malheureusement elles étaient condamnées d'avance à

---

[1]) Franklin l'épousa le 5 novembre 1828.  Sa première femme, l'héroïque Eléonore Anne Porden, mourut deux jours après le départ de son marin pour l'expédition de 1825. Lady Jane Franklin était née en 1805; elle mourut à Londres, le 18 juillet 1875.

un résultat nul, car à l'époque où elles quittaient l'Angleterre la catastrophe était un fait accompli.

Sir James Clark Ross s'était offert pour conduire vers le *Sund de Lancaster* l'*Enterprise* (470 tonneaux) et l'*Investigator* (420 tonneaux), deux forts navires, parfaitement équipés; son offre fut immédiatement acceptée. Il avait sous ses ordres une pléiade de jeunes officiers, souche vigoureuse de glorieux marins, entre autres, les Mac Clure, les Mac Clintock, les Barnard, etc. etc. On se berçait de l'espoir de retrouver Franklin dès la fin de l'été, ce qui n'empêcha pas d'emporter pour 3 ans de vivres[1]), mais le voyage fut des plus laborieux et des plus pénibles. Le 12 juin 1848, Ross quittait la côte anglaise, le 13 juillet Upernivik, au Groenland; il arrivait à la fin d'août dans la *Ponds Bay*, où il espérait trouver des Esquimaux; mais on n'en vit pas dans ces parages inhospitaliers de la Terre de Baffin.[2])

On essaya de pénétrer par le Sund Lancaster dans le Détroit de Barrow, mais on échoua complètement, et ce fut à grand'peine que les vaisseaux atteignirent, le 11 septembre, le port Léopold, où ils hivernèrent et furent emprisonnés quelque temps dans les glaces. Cet endroit, situé près de la petite Ile Léopold, dépendante de l'angle nord-est de Somerset[3]), était particulièrement favorable comme n'étant pas loin à la fois du Détroit de Barrow, de l'Entrée du Prince-Régent, et du Canal Wellington. Pour avertir Franklin de l'approche de l'expédition de secours, on eut recours entre autres à un singulier moyen. On s'empara d'une masse d'isatis, renards qui vivent dans les glaces, et on en lâcha une centaine, après leur avoir mis au cou un collier de laiton, indiquant l'endroit où se tenait Sir James et où Franklin trouverait du secours. Ross organisa aussi un dépôt de vivres dans l'Ile Léopold. Vers le milieu de mai 1849, de concert avec le lieutenant Mac Clintock et un fort détachement, il fit une excursion, pendant laquelle on reconnut la côte septentrionale et occidentale de North-Somerset; ils poussèrent si avant que, quand ils revinrent sur leurs pas, ils manquaient de vivres et étaient exténués. Le point extrême qu'ils atteignirent était un cap élevé au sud de la Baie des quatre rivières, (Four Rivers Bay) à 72° 38′ de latitude nord. A partir de ce point, la côte se continuait

---

[1]) On mit à profit l'expérience du passé. La ventilation, le chauffage furent organisés d'une façon merveilleuse (au dire des hommes de ce temps). On s'était muni d'une foule d'instruments magnétiques et météorologiques, et notamment de baromètres anéroïdes.

[2]) La *Terre du prince Guillaume*, est, d'après nos cartes, cette partie du littoral de la grande *Terre de Baffin*, qui se trouve entre *Ponds Bay* et *Eclipse Sound*.

[3]) North-Somerset est la grande île située au nord de Boothia Felix. On crut long-temps qu'elle faisait partie de cette terre, mais on reconnut qu'elle en est séparée par le petit Détroit de Bellot.

exactement au sud et par conséquent en ligne droite vers le Cap Nicolaï (près du pôle magnétique), le point le plus septentrional que Ross eût atteint en 1832 et qu'il comptait encore atteindre cette fois.

Pendant ce temps, le capitaine Bird, commandant de l'*Investigator*, avait de son côté fait de ses excursions vers la côte nord du Détroit de Barrow et envoyé des détachements vers la côte occidentale de *Prince-Regent's-Inlet;* il poussa aussi loin sur la côte est de *North-Somerset* que Sir James sur la côte occidentale, c'est-à-dire jusqu'à *Fury Beach*, naturellement sans découvrir la moindre trace de Franklin. Fin juin les deux navires se trouvaient encore enfermés dans les glaces, et ce n'est qu'en faisant creuser un canal de 3 kilomètres de longueur à travers la glace que Ross put en sortir le 28 août, mais à ce moment il n'y avait plus rien à faire par mer. Toutefois il s'avança encore à l'ouest dans la direction du Canal Wellington, mais 4 jours après sa délivrance il était de nouveau pris dans les glaces; toutefois il fut entraîné avec elles à 320 kilomètres à l'est, jusque dans le voisinage de Ponds Bay. La banquise se disloqua et les navires furent miraculeusement préservés; l'expédition ne rencontra pas le *North Star* (l'Étoile du Nord), commandée par le contre-maître James L. Saunders; celui-ci, chargé de croiser dans ces eaux et de ravitailler les vaisseaux de Ross, avait hiverné au Groenland, 1849 à 1851, dans la Baie de l'Étoile du Nord (*North Star Bay*) et avait relevé la *Baie Wolstenholme*, avec les deux îles qui en dépendent, et la côte, dans la direction du sud, jusqu'au Cap York. Comme la formation des glaces avait duré un mois et qu'on était au commencement d'octobre, Ross se vit obligé de retourner en Angleterre et aborda à Scarborough le 3 novembre 1849; l'Amirauté s'était attendue à ce qu'il passât l'année suivante dans les mers polaires, pour continuer ses recherches.

L'expédition «outre-terre» était conduite par le vieil ami et compagnon de Franklin, le docteur John, devenu depuis 1846 Sir John Richardson; il partit, le 25 mars 1848, pour le Mackenzie, accompagné du docteur Rae. Les deux explorateurs passèrent par New-York, franchirent les lacs du Canada, et leur voyage fut si rapide qu'ils arrivaient le 13 juin à Cumberlandhouse. Sans perdre un instant, ils se dirigèrent vers le delta du Mackenzie, point d'où ils devaient partir pour remplir leur mission spéciale: l'exploration de la côte orientale. Ils arrivèrent à l'embouchure du fleuve, le 31 juillet, et s'engagèrent aussitôt dans la mer glaciale. Jusqu'au Cap Bathurst le voyage fut rapide et aisé, mais à partir de là il fallut lutter contre les glaces, et les obstacles grandissaient à mesure qu'on avançait vers l'est. Dans le Détroit du Dauphin et de l'Union les glaces flottantes et les masses des banquises exerçaient sur les navires une pression telle qu'il fallut renoncer à la lutte. Les explorateurs continuèrent leur voyage par terre, portant les bateaux et les provisions sur les épaules, dans l'espoir de trouver la mer libre de l'autre côté du Cap Krusenstern dans le Golfe du couronnement. Mais une fois au haut de ce promontoire, Richardson n'aperçut que de la glace, à l'horizon. Alors, laissant un des bateaux' avec toute sa cargaison dans la crevasse d'un rocher, il s'achemina vers le Fleuve des mines de cuivre, dont il atteignit l'embouchure au commencement de septembre. La saison était avancée; il ne lui restait plus d'autre parti que de se rendre au Fort Confidence au bord du Lac de l'ours; il y parvint le 15 septembre et y hiverna. Le 7 mai 1849, il quitta le fort avec tous ses compagnons d'Europe; il aborda, le 6 novembre, à Edimbourg.

Ce fut en vain que le docteur Rae essayait, pendant ce temps, d'atteindre de nouveau les côtes de Wollaston et de Victoria, qu'il croyait être deux îles différentes. Le 30 juillet 1849, il arriva au Cap Krusenstern; il y attendit trois semaines le moment d'opérer sa traversée mais en vain. A l'embouchure du Fleuve des mines de cuivre il trouva les provisions de pemmikan et de poudre qu'on y avait déposées l'année précédente, parfaitement intactes; quant aux bateaux, ils étaient complètement en ruines, les Esquimaux en ayant arraché tout le fer.

La troisième expédition n'eut pas plus de résultat. Elle se composait d'un seul vaisseau le *Plover*, commandé par le capitaine Moore, — devait s'avancer par le Détroit de Béring, sur la mer libre, aussi loin que possible le long de la côte américaine, — puis, après avoir mouillé dans un port convenable, envoyer deux bateaux, qui longeant la côte rejoindraient la division Richardson, partie du Mackenzie. A son retour au Détroit de Béring, le Plover devait être ravitaillé par le Herald, sous les ordres du capitaine Kellett, occupé alors à des mesures géographiques sur la côte de l'Amérique centrale et méridionale; puis, l'année suivante, il devait poursuivre sa marche. le 3 juin 1848, Moore quitta les côtes d'Angleterre; il doubla le Cap Horn, mais manqua le *Herald,* aussi bien à Panama qu'à Petropavlovski, lieu destiné à un deuxième rendez-vous des deux navires. Alors Kellett se rendit au *Sund Kotzebue et Norton,* mais, pour la seconde fois, il n'y trouva pas le Plover; il revint en conséquence à la côte mexicaine; le 24 octobre 1848, il entrait dans les eaux de la Mazatlan. De son côté, Moore ne put, en dépit de tous ses efforts, avancer plus loin que la presqu'île des Tchouktchi et par suite franchir le Détroit de Béring. Pris dans les glaces, il dut rester 9 mois dans le port d'Anadyr. L'année suivante, en 1849, il finit par mettre le cap sur le Sund de Kotzebue, où apparut le Herald, et les deux navires purent opérer la jonction, si longtemps retardée. Le courageux Robert Schedden, ex-pilote de la marine anglaise, en train de faire un voyage

autour du monde sur son yacht *Nancy Dawson*, avait entendu parler à
Hongkong des expéditions de salut; jaloux de coopérer à l'œuvre commune,
il s'empressa de joindre les deux explorateurs. On résolut d'envoyer des
bateaux reconnaître une grande étendue de côte; de leur côté, le Plover
et le Herald profitèrent de l'été de 1849 pour explorer la mer polaire au
nord du Détroit de Béring. Kellett, à bord du Herald, était assisté de
Bedford Pim, en qualité de lieutenant, et du docteur Berthold Seemann, de
nationalité allemande;[1] il vit, dans ce voyage, au mois d'août, l'*Ile Herald*,
ainsi que la prétendue *Terre Plover*, dont on a déjà parlé précédemment.
L'expédition en bateaux était commandée par le lieutenant Pullen; Schedden
l'accompagna jusqu'au Cap Barrow occidental, et, forcé de s'en séparer
à cause de la fragilité du yacht qu'il montait, lui laissa en partant,
avec une rare désintéressement, une grande partie de ses provisions.[2] A
partir du Cap Barrow, Pullen ne disposait plus que de deux petits canots
baleiniers, sur lesquels il atteignit le Mackenzie après 32 jours d'exploration
côtière, sans avoir toutefois trouvé la moindre trace de Franklin. L'équipage des bateaux passa l'hiver dans le fort Simpson, sur le Mackenzie
(62° 7′ latitude nord, 121° 33′ longitude occidentale Greenwich); l'année
suivante, en 1850, Pullen était sur le point de retourner en Angleterre;
lorsqu'il fut arrivé sur les bords du Lac de l'Esclave, il reçut de l'Amirauté
un message qui, en lui annonçant sa promotion au grade de commandant,
lui enjoignait en même temps de pénétrer de nouveau dans la Mer polaire
et d'essayer un voyage en canot dans la direction de la Terre de Wollaston
et la Terre de Banks. Mais cette nouvelle expédition échoua complètement.
Pullen ne put même pas, à cause de l'été si défavorable de 1850, s'avancer
au-delà du Cap Bathurst.

---

[1] Né le 28 février 1825, en Hanovre, mort le 10 octobre 1871, à Javali, au
Nicaragua.

[2] Ce généraux marin était gravement malade. Il mourut peu après, le 17 novembre 1849.

# EXPÉDITIONS D'AUSTIN ET DE BELCHER, ENVOYÉES À LA RECHERCHE DE FRANKLIN.

Ainsi les premières grandes expéditions entreprises pour retrouver Franklin et ses compagnons ou du moins pour connaître leur sort n'avaient abouti qu'à des résultats parfaitement négatifs. Il s'était fait une dépense extraordinaire de persévérance et de hardiesse; on n'avait reculé devant

PERCEMENT DE CANAUX DANS LES GLACES PAR L'ESCADRE D'AUSTIN.

aucun moyen pour arriver au but, mais sans pouvoir pénétrer là où l'on supposait être les débris de l'expédition conduite par Franklin. On les cherchait, on les supposait partout, excepté dans le lieu où ils se trouvaient véritablement. On fondait quelque espoir sur le grand nombre de dépôts de vivres dont on avait parsemé les côtes du groupe inextricable des îles polaires, mais malgré tout on était plus inquiet que jamais, et avec plus de raison que jamais, sur le sort du vaillant équipage de l'Erebus et du Terror.

On commentait toutes sortes de nouvelles énigmatiques rapportées dans les dernières années par des baleiniers et qu'ils prétendaient tenir de la bouche des Esquimaux.[1]) Afin de vérifier ce qu'il pouvait y avoir de vrai au fond de toutes ces rumeurs, un médecin, Robert Anthruster Goodsir, frère d'un des marins disparus, entreprit dès 1849, sur l'*Advice*, un voyage en commun avec le baleinier William Penny, dans la Baie de Baffin et le Sund de Lancaster. Cette expédition que rien du reste ne vint contrarier aboutit à cet unique résultat: c'est qu'on ne pouvait trop se méfier des versions menteuses des Esquimaux.

Entre temps on reconnut par d'autres voies encore l'inexactitude des récits des Esquimaux, et, depuis le retour de Sir James Ross, l'opinion malheureuse que Franklin devait être enfermé dans le Canal Wellington, où Ross avait voulu mais n'avait pu entrer, devint plus puissante que jamais. Alors, les Anglais de décider sans retard l'envoi de nouvelles expéditions et de former en 1850 des plans dont le grandiose ne le cédait aucunement à celui des ressources mises en œuvre. Dans leur noble élan, ils ne reculèrent devant aucun sacrifice; et en 1850 on ne vit pas moins de 14 vaisseaux prendre la mer, au service d'une généreuse idée. Le gouvernement anglais, rien que pour son propre compte, envoya dans les mers polaires 10 navires, montés par d'excellents équipages et pourvus abondamment de toutes les ressources imaginables. Pourquoi à une volonté si ardente, ou bien à des moyens si formidables, n'a-t-il manqué qu'une chose: le jugement?

Parmi les hommes qui présentèrent leurs plans d'expéditions de secours à l'Amirauté et briguèrent l'honneur de partir à la recherche de Franklin, se trouvait William Penny d'Aberdeen, ce baleinier dont nous avons parlé plus haut; c'était un homme ouvert et droit.[2]) qui depuis 28 ans naviguait dans les mers polaires; marin audacieux et toujours heureux, il s'intéressait très vivement au sort de Franklin, mais n'avait pas beaucoup d'instruction. C'est avec Penny que commença l'engouement pour la voie du Canal de Wellington, engouement qui ne fit que s'accroître, pour devenir une véritable folie. Le 22 décembre 1849, Penny offrit de diriger des recherches par le Sund de Jones, vers le Canal de Wellington; l'Amirauté lui confia le soin

---

[1]) On trouvera dans la publication *Ausland* (Pays étrangers), 1848 page 1024, puis 1851 pages 563 et 728 un échantillon de ces bruits mis en circulation. D'après la *Ship Gazette* (Gazette navale) du 4 octobre 1849, une somnambule, d'une ignorance crasse, ne sachant ni lire ni écrire et encore moins comprendre une carte, rendit ses oracles. Suivant elle (et elle n'avait pas tout à fait tort) Franklin avait quitté ses navires pour tenter le passage par terre.

[2]) Toutefois l'homme d'affaires reparaissait encore dans cette occasion comme le prouve ce que Sherard Osborn raconta de lui dans la séance de la Société de géographie de Londres, du 13 avril 1863. Hall ayant démontré à cette époque que le *Détroit de Frobisher* n'était

d'équiper les vaisseaux *Lady Franklin*[1]) et *Sophie*.  Déjà le 13 avril 1850, il quittait Aberdeen et prenait la mer pour aller mettre à exécution le plan qu'il avait conçu lui-même. En même temps s'organisait une autre expédition, encore plus considérable que la première, dont l'équipage appartenait en grande partie à la marine anglaise, et destinée à se rendre au Détroit de Barrow (à partir duquel le Canal de Wellington s'infléchit vers le nord); elle comprenait le navire à voiles *Resolute*, capitaine Horatio Thomas L. Austin,[2]) qui, sur la recommandation de Parry devait commander en chef, le navire à voile *Assistance*, capitaine Erasmus Ommaney, le bateau à vapeur *Pioneer*, sous les ordres du lieutenant Sherard Osborn,[3]) le bateau à vapeur l'*Intrepid;* ces deux derniers servaient d'escorte.  L'escadre leva l'ancre à Woolwich, peu de temps après Penny, le 4 mai 1850.  Mais antérieurement à ces deux expéditions, et le 20 janvier déjà l'Enterprise et l'Investigator étaient partis de nouveau pour le Détroit de Béring, pour seconder, du côté de l'ouest, l'ensemble des recherches.

Il s'agissait, on le voit, de faire marcher de concert, comme la première fois, trois expéditions, avec cette différence que deux d'entre elles devaient agir sur le même théâtre.  Sir John Ross, qui ne voulait pas rester inactif malgré ses 74 ans, offrit ses services à l'Amirauté; repoussé de ce côté, il exposa ses plans à la Compagnie de la Baie d'Hudson; celle-ci, se faisant un point d'honneur de participer à l'œuvre commune, mit à la disposition du vieillard une somme d'argent, qui grossit tellement grâce à des souscriptions particulières que, le 23 mai 1850, Ross était à la tête de deux petits navires, le shooner *Felix* et le yacht *Mary*, et mettait à la voile, quittant la côte d'Écosse.  L'Amérique à qui Franklin, dans ses premiers voyages avait rendu des services signalés, entra en scène à son tour.  Aussi lorsque Lady Franklin s'adressa au président des États-Unis, Zachary

qu'une baie, Penny prétendit le savoir depuis longtemps, et même dans ses voyages de baleinier être arrivé jusqu'au fond de la baie.  Mais alors lui dit-on, pourquoi ne l'avoir pas fait connaître? Il répondit par ce mot classique: «mon savoir est de l'argent». Comptes rendus de la Société royale de géographie, 1863, page 101.

[1]) Le docteur Sutherland, se trouvait à bord de ce navire en qualité de médecin; on lui doit, entre autres ouvrages, une bonne description de la mer qui baigne la côte sud du Groenland.

[2]) Mort vice-amiral à l'âge de 64 ans, au milieu de novembre 1865.

[3]) Né le 25 avril 1822, il entra dans la marine en 1837; en 1838 et 1839 il commandait déjà une chaloupe canonnière, à l'affaire où les Malais révoltés furent chassés de Quedah, dans la presqu'île de Malaca; prit part en 1841 à la prise de Canton, et en 1842 à celle de Shanghai; de 1844 à 1848, à bord de la frégate *Collingwood*, visita les côtes occidentales de l'Amérique du sud et navigua sur le grand Océan, puis fut appelé à conduire le *Pioneer*, en qualité de commandant.  Il était contre-amiral lorsqu'il mourut, le 6 mai 1875, à Portsmouth.

MINUIT EN SEPTEMBRE.

Taylor, pour obtenir une expédition de secours, elle ne fut pas trompée dans son attente et sa demande reçut le meilleur accueil.

Le président mit tout en œuvre pour faire partir une expédition

LE BRIGG ADVANCE EN DANGER D'ÊTRE BROYÉ.

polaire dès l'année 1849, mais, grâce aux lenteurs administratives, l'entreprise n'avançait pas. Enfin, un riche marchand de New-York, Henri Grinnell,[1])

[1]) Né en 1799 à New-Bedford dans le Massachusetts, mort à New-York, premier président de la Société américaine le 30 juin 1874.

animé d'un généreux patriotisme et désireux de sauver l'honneur de son pays, intervint et organisa une expédition à ses frais. Il mit à la disposition du congrès 2 brigantins, tout équipés, l'*Advance*, (144 tonneaux), et le *Rescue*, (91 tonneaux); il demanda seulement que les deux navires ne fussent montés que par des officiers et des hommes de la marine américaine et fussent considérés comme bâtiments de l'État. Alors le congrès passant des paroles à des actes, qui ne lui étaient pas, il est vrai, trop onéreux, accepta l'offre de Grinnell et lui accorda sa demande; l'*Advance* était monté par E. J. De Haven, commandant en chef de l'expédition, et le *Rescue* par le lieutenant S. P. Grifin. A bord de l'Advance se trouvait le savant le plus distingué de la Société, le Dr. Elisha Kent Kane. Les navires portaient 17 hommes d'une part et 16 de l'autre. On les avait équipés un peu à la hâte, de sorte que l'on était assez pauvre en remèdes antiscorbutiques. Kane, qui stationnait dans le Golfe du Mexique, n'ayant reçu l'ordre de se tenir prêt que 10 jours avant le départ de l'expédition, n'eut que les 40 heures de son séjour à New-York pour s'occuper de sa propre installation et de l'acquisition de quelques instruments: malheureusement ces derniers n'arrivèrent même pas à bord. Dans les annales des voyages polaires, cette expédition qui fut la première des Américains a reçu le nom «de première expédition Grinnel». Elle quitta New-York le 22 mai.

Toutes ces explorations visaient surtout les hautes latitudes, et c'est ainsi que l'on voit 10 navires, comme poussés par un mauvais génie et aveuglés par la même erreur, se hâter à faux vers un but décevant; cependant le bon sens le plus élémentaire voulait que les escadres se partageassent le champ des recherches, et Lady Franklin, sous l'empire d'un vague pressentiment, indiquait la région de Boothia Felix aux efforts des explorateurs. Ce fut un marin, alors tout à fait inconnu, W. Parker Snow, qui, de New-York, le 7 janvier 1850, proposa à Lady Franklin une expédition de terre qui devait se rendre, en trois divisions, de «Chesterfield Inlet» au grand fleuve des poissons, au pôle magnétique et au «Prince Regent's Inlet». Snow, devinant la vérité, exposait que l'expédition de Franklin devait se tenir à un endroit difficilement accessible par terre, sinon cette expédition elle-même ou une partie eût été de retour depuis longtemps déjà. Un plan semblable avait déjà été présenté à Lady Franklin, le 6 octobre 1849, par le lieutenant Sherard Osborn qui, peu de temps après, était parti avec le capitaine Austin. Ces plans de particuliers présentaient cette particularité qu'ils avaient tous pour but, reconnu vrai plus tard, la côte sud-est du rivage septentrional de l'Amérique, tandis que les plans officiels négligeaient complètement cette direction. Pour exécuter ses projets, différents de ceux de l'Amirauté, Lady Franklin acheta elle-même un schooner, le «Prince Albert», jaugeant 89 tonnes et le plaça sous les ordres du «commander» Codrington

Forsyth de la marine royale, accompagné de W. Parker Snow dont nous avons parlé plus haut. Ces hommes étaient chargés d'explorer la côte occidentale du «Prince Regent's Inlet» et celle de Boothia jusqu'au Détroit de James Ross et au Détroit de Simpson.

Parti d'Aberdeen le 5 juin 1850, le «Prince Albert» était déjà de retour le 1er octobre. Il n'avait pas dépassé la «Fury Bay» dans le «Prince Regent's Inlet», et il n'avait pas atteint la côte occidentale de Boothia, à cause des amoncellements de glace qui s'appuyaient à l'Ile Leopold. On avait constaté qu'il était également impraticable d'arriver à Boothia par le Sund de Peel. C'était une faute que de doubler le littoral nord de «North Somerset» par le côté sud du Détroit de Barrow, car la mer y charrie toujours tant de glaçons qu'elle n'est pas praticable pour un bâtiment aussi insuffisant que le «Prince Albert». Celui-ci cependant rapporta ou du moins confirma une nouvelle de la plus haute importance: au Cap Riley et à l'Ile Beechey, les navires de l'Amirauté avaient trouvé des indices attestant que Franklin y avait pris son premier quartier d'hiver.

Revenons maintenant à l'escadre anglaise.

L'année 1850 avait été très défavorable à la navigation dans la Baie de Baffin; Penny qui était parti d'Angleterre le premier et qui le premier était arrivé à Upernivik y fut rejoint par l'escadre d'Austin ainsi que par les navires du capitaine Ross et du «commander» Forsyth. Au commencement d'août, nous trouvons tous les navires britanniques dans les labyrinthes de glace de la Baie de Melville (Groenland occidental), attendant anxieusement le moment où, à travers les masses de glace ballottées sur les flots, s'ouvrirait une route vers le Sund de Lancaster. C'est ce qui eut lieu le 10, mais on ne fit voile vers l'ouest que le 15, après que le crédule Ross, auquel son âge assurait une sorte de rôle directeur, eut perdu cinq jours précieux, sur les indications, naturellement fausses, d'un Esquimau relativement à la perte de l'expédition de Franklin. Huit jours plus tard, tous les navires étaient réunis dans le Détroit de Barrow, car Penny lui aussi avait dû, à cause des glaces, abandonner son idée fixe, qui était de pénétrer par la partie la plus septentrionale du Sund de Jones.

Le nombre des navires était monté à douze, car les Américains étaient arrivés et le «North Star,» sous le commandement de Saunders, croisait encore dans ces parages, après avoir passé l'hiver de 1849 à 1850 au nord de la Baie de Melville groenlandaise.[1] Il devenait nécessaire d'explorer le Sund de Lancaster. Voici ce que l'on décida en commun: le commander

---

[1] Sur l'ordre de l'Amirauté, le «North Star» reprit bientôt après le chemin de son pays, après avoir déposé ses provisions sur la petite île de Wollaston, dans le «Navy Board Inlet.»

15*

Forsyth devait explorer le bord sud, Ommaney avec l'«Assistance» et l'«Intrepid» le bord nord, le capitaine Austin avec le «Resolute» et le «Pioneer» la «Pond's Bay» et la «Possession's Bay». Nous avons déjà dit que l'expédition de Forsyth échoua. Le 25 août, pendant qu'il retournait, il rencontra De Haven, près du Cap Riley, sur la côte sud-ouest du «North Devon». De Haven lui apprit qu'Ommaney et bientôt après lui-même avaient trouvé des débris de cordages, de voiles, ne pouvant provenir que de l'expédition de Franklin.

Ommaney, pendant ce temps, s'était dirigé du Cap Riley vers l'ouest, vers le Cap Hotham de l'Île Cornwallis, pour y rejoindre Austin, conformément à ses instructions. La «Rescue» accompagnait Ommaney dans cette expédition. Ils furent retenus, deux semaines durant, dans la glace.

HENRY GRINNELL.

Penny, par le «Wellington Canal» était arrivé lui aussi au voisinage du Cap Riley; il apprit la grande nouvelle par De Haven, et de son côté, il partit à la découverte. Déjà au sud-ouest du North Devon près du Cap Spencer qui n'est guère éloigné du Cap Riley que de 18 kilomètres, il trouva beaucoup d'autres restes; bientôt après il découvrit sur l'Île Beechey l'ancien quartier d'hiver de Franklin.

Le 27 août, Penny, Ross et De Haven étaient réunis dans ces parages. On reconnut nettement les places de travail des ouvriers, l'observatoire et même l'ébauche d'un petit jardin dans lequel fleurissaient encore quelques anémones. On découvrit aussi trois tombes dont les inscriptions annonçaient que c'étaient celles de gens de l'expédition de Franklin. Chose étrange, on ne trouva aucune trace de manuscrit, bien que tous les alentours eussent été systématiquement explorés. Le capitaine Austin avait, avec ses collègues, assisté à ces recherches; il donna au lieu où l'on s'était réuni le nom de «Union's Bay». Du 3 au 5 septembre, le mauvais temps força tous les navires anglais de rester là; ensuite Austin gouverna sur le Cap Hotham, pour rejoindre Ommaney; Penny, que Ross accompagnait avec le «Felix», se dirigea vers le Wellington Canal, où les Américains étaient déjà arrivés le 28 août. De Haven voulait tout mettre en œuvre pour atteindre la «Mer polaire ouverte,» que l'on commençait à soupçonner, mais il dut renoncer à son entreprise et retourner. Pendant son retour, il rencontra Penny qui se rendit avec lui au Cap Hotham pour y retrouver l'escadre d'Austin. Ainsi tous les vaisseaux étaient encore une fois réunis. La saison avancée les força à chercher des quartiers d'hiver. Faustin se réfugia, avec ses quatre navires, dans une baie de l'Île Griffith, Penny et Ross avec leurs

trois bâtiments se mirent à l'abri dans la Baie Assistance, un peu à l'ouest
du Cap Hotham.

L'expédition de Grinnell, à laquelle il avait été prescrit d'éviter tout
hivernage et qui du reste n'était pas équipée pour séjourner au milieu des
glaces, revint le 10 septembre. Ce retour est cependant un des voyages
les plus périlleux qui aient jamais été accomplis; les souffrances endurées
par les marins de cette expédition sont au nombre des plus effroyables
que présente l'histoire des explorations polaires. Dès le début un orage
sépara le «Rescue» de «l'Advance», puis, lorsque les deux bâtiments se

TENTATIVE FAITE POUR GAGNER UNE MER LIBRE.

furent heureusement réunis, la glace et le vent, au lieu de les porter vers
l'est, les entraînèrent incessamment vers le nord, dans le Canal de Wellington
et jusqu'aux plus hautes latitudes qu'un Européen ait jamais atteintes dans
cette région. Au point le plus septentrional (75° 25′ de latitude nord) on
remarqua que le canal se recourbait vers l'ouest; plus loin vers le nord,
le 22 septembre, on aperçut les contours indécis d'une grande terre à laquelle on donna le nom de Terre de Grinnell. Du reste plus on pénétrait
vers le nord, plus la vie animale se déployait richement, ce qui semblait
confirmer la supposition que, plus près du pôle nord, le climat devenait plus
doux. Fin novembre 1856, l'île de glace qui tenait enfermés les vaisseaux

américains se mit à marcher en sens inverse, vers le sud, c'est-à-dire vers le Détroit de Barrow; plus tard elle tourna vers l'est, dans la direction du Sund de Lancaster. C'est sur cette île mouvante que les gens de Grinnell durent passer la longue nuit d'hiver qui dura 90 jours, de novembre à février; pendant tout ce temps, ils restèrent sans se déshabiller, toujours en danger de mort, toujours prêts à fuir. On payait cher, en ce moment, l'insuffisance de l'équipement, la hâte avec laquelle il avait été improvisé. Tout le monde sans exception tomba malade du scorbut; et quelques hommes si grièvement que plusieurs fois par jour ils perdaient connaissance. Si l'on n'eut à regretter aucun décès, on ne le doit guère qu'aux efforts presque surhumains de Kane qui, malade lui-même, soignait ses compagnons d'infortune avec une sollicitude vraiment touchante. Il ne leur prodiguait pas seulement les secours médicaux ordinaires, il leur apportait les produits de sa chasse, et cette viande fraîche les réconfortait. Ils n'eurent pas seulement à souffrir du scorbut; ils ne pouvaient se garantir suffisamment du froid. Le navire avait été tellement exhaussé par la glace que l'on ne pouvait pas garnir la coque avec de la neige; impossible également de prendre les autres mesures de précaution usitées en pareil cas. Souvent la ligne de flottaison était soulevée de plus de 2 mètres par les masses de glace; l'eau gelait près du feu; souvent même on ne pouvait pas faire de feu; tant étaient violentes les secousses imprimées au navire. Quand on se couchait, c'était dans des lits glacés. Chaque jour aggravait les souffrances. Pour comble de malheur, le «Rescue» prit une position si fâcheuse, qu'il fallut évacuer ce bâtiment; l'équipage fut transporté sur «l'Advance». Depuis le milieu de janvier 1851, les navires, avec leur prison de glace, furent entraînés dans le Détroit de Baffin, vers le sud; ils ne furent délivrés que le 5 juin, dans le Détroit de Davis, près du Cap Walsingham. Sous l'influence du courant chaud venant du sud-est, l'immense champ de glace se transforma avec une incroyable rapidité, sans effort et sans fracas, en une infinité de débris. Après avoir vainement essayé de se frayer une route à travers la *glace du milieu* de la Baie de Baffin, pour employer l'été à une nouvelle poussée vers le nord, «l'Advance» aborda, le 30 septembre 1851, et le «Rescue» un peu plus tard, dans le port de New-York, sans avoir perdu un seul hommme.

Au commencement de l'été de 1851, les Anglais arrivés dans l'Océan glacial avaient projeté et exécuté de grandes expéditions en traîneau, mais sans trouver trace de Franklin. Trois de ces expéditions se mirent en marche le 15 avril. L'une d'elles, avec 7 traîneaux et 52 hommes, était commandée par Ommaney; elle explora les régions situées au sud et au sud-ouest du Cap Walker. L'autre, lieutenant Aldrich, 2 traîneaux et 16 hommes, — le canal encore inconnu qui se trouve au nord de l'île «Byam Martin».

La troisième enfin, lieutenant Mac Clintock, 5 traîneaux et 36 hommes — l'Ile de Melville.

Les découvertes d'Ommaney s'étendirent à 950 kilomètres. Au Cap Walker, il divisa ses hommes en trois sections; l'une, sous les ordres du lieutenant Browne, explora le Sund de Peel jusqu'à 72° 49′ de latitude nord, mais sans reconnaître que c'est un bras de mer; la seconde et la troisième section se rendirent vers la côte nord-ouest de la Terre du prince de Galles, dont elles relevèrent complètement la côte septentrionale et occidentale, depuis le Cap Walker jusqu'à 103° 25′ de longitude à l'ouest de Greenwich. La Baie Ommaney et la Pointe Osborn doivent leur nom aux chefs de ces deux dernières sections. Ommaney et Sherard Osborn déclarèrent également que les glaces polaires rendaient impossible toute navigation dans le Sund de Parry. Au nord du Détroit de Barrow, les îles Parry furent explorées jusqu'à 76° 23′ de latitude nord.

Le lieutenant Mac Clintock se distingua spécialement par sa marche de plus de 1 400 kilomètres, avec des traîneaux, jusqu'à la presqu'île Dundas et jusqu'au Golfe Liddon, sur la côte méridionale de l'île Melville. C'est dans cette excursion que Mac Clintock montra pour la première fois cette grande habilité dans l'emploi des traîneaux, grâce à laquelle maints triomphes polaires lui étaient réservés. Mac Clintock confirma toutes les assertions de Parry sur l'impossibilité absolue de naviguer dans le Détroit de Banks entre l'Ile de Melville et la Terre de Banks.

Quant au lieutenant Aldrich, il s'avança sur la côte orientale de l'Ile de Melville jusqu'à 76° de latitude nord.

Le 4 juillet, toutes les expéditions étaient de retour aux navires.

Penny, qui naturellement portait son attention sur le Canal de Wellington, avait également organisé des expéditions en traîneau, mais assez défectueuses. Deux d'entre elles explorèrent la côte orientale du Détroit de Wellington jusqu'à 76° 1/2 de latitude nord; une troisième releva la côte sud de North-Devon; il poussa lui-même, sur la côte ouest du canal, jusqu'à l'Ile Baillie Hamilton (76° de latitude nord) où il vit, devant lui, un détroit libre et où tout lui indiquait qu'à des latitudes supérieures la vie organique se déployait largement. Mais lorsque, un mois après, il revint, et cette fois avec un bateau, un violent vent du nord poussait incessamment des masses de glaces flottantes dans le détroit. Le 25 juillet, Penny rejoignait ses navires, convaincu que Franklin avait passé par le Canal de Wellington.

Les rapports enthousiastes et illogiques du baleinier sans instruction ne firent que confirmer Austin, homme d'intelligence froide et sévère, dans l'opinion contraire qu'il s'était faite d'après l'examen des faits. Penny aurait voulu tenter de franchir le Détroit de Wellington, avec un vapeur et une partie de l'équipage, et de pénétrer dans la Mer polaire libre de glaces; Austin refusa; de là de graves dissentiments. Quoiqu'il en soit, on ne peut guère prétendre que ce désaccord ait fait échouer toute grande entreprise pour cette année, car Austin avait déjà décidé le retour; il se borna à une reconnaissance dans le Sund de Smith et dans le Sund de Jones; au mois d'août, il pénétra dans ce dernier jusqu'au-delà de 82° de latitude nord, releva les côtes adjacentes, l'Ile Cobourg, ainsi que la côte entre Wolstenholme et le Whale Sound; Ommaney, pendant ce temps, abordait aux Iles Carey et en déterminait la position exacte. Austin fut généralement blâmé de n'avoir pas accédé à la demande de Penny, tandis que Penny fut accueilli de la manière la plus favorable non seulement par le grand public, mais même par les géographes de profession et par Lady Franklin. Cependant, Austin étant forcément convaincu, d'après les résultats des explorations, que Franklin ne s'était avancé ni au sud-ouest, ni à l'ouest, ni au nord-ouest du Cap Walker, nous ne pouvons le blâmer de s'être décidé à revenir sans tenter de nouveaux essais.

JOSEPH RENÉ BELLOT.

John Ross, qui était parti avec des plans si grandioses, était également retourné en Angleterre; Austin et lui saluèrent en même temps les rivages de leur patrie.

Les navigateurs dont nous venons de parler n'étaient pas encore de retour que, dès l'année suivante, de nouvelles expéditions étaient organisées et chargées d'aller par terre et par mer à la recherche de Franklin. En 1851, l'intrépide docteur John Rae se rendit du Lac du grand ours à la côte arctique, et de là sur la glace à la Terre Wollaston ou Victoria. Le 25 avril, Rae quitta le Fort Confidence, il était accompagné de 4 hommes avec trois traîneaux à chiens et un plus petit traîneau sur lequel étaient chargés les bagages et les vivres. Le 1ᵉʳ mai, il atteignit la Baie Richardson, à l'ouest du fleuve Mine-de-cuivre; il constata à sa grande joie que l'on pouvait voyager sur la glace, du côté de la mer; il prit la direction de l'Ile Douglas, un peu au nord du Cap Krusenstern, il y aborda et il y mit *en cache*, selon l'expression des Français canadiens, une partie de ses vivres pour le retour. Les voyageurs poussèrent ensuite au nord-est, découvrirent quelques îles et franchirent une large baie à rives basses; ils donnèrent à ses rives le nom de «Whalebank» (côte des baleines). «Deux chemins s'ouvraient alors devant nous, dit Rae: ou aller par terre, du côté du nord, vers le rivage de la mer, ou revenir le long de la côte et voyager vers l'ouest, dans l'espoir que quelque point de la rive de Wollaston, non encore désigné sur les cartes, offrirait le passage cherché.» On suivit ce dernier itinéraire, et l'on explora la partie méridionale de la Terre de Wollaston jusqu'à 117° 6′ 35″ de longitude à l'ouest de Greenwich. A 69° 34′ de latitude nord et 116° 28′ de longitude ouest, les voyageurs trouvèrent treize huttes d'Esquimaux; les habitants, d'abord timides, prirent bientôt confiance, et des relations amicales s'établirent. Le point le plus septentrional atteint par Rae et ses gens fut 70° 0′ 23″. L'époque du retour était arrivée dans la nuit du 30 mai, les explorateurs se dirigèrent aussi directement que possible, au milieu des aspérités de la glace, vers le haut promontoire rocheux au nord du Cap Krusenstern, et le 20 juin 1851, après un voyage très désagréable, pendant lequel il leur fallut incessamment traverser des ruisseaux impétueux coulant dans toutes les directions, ils atteignirent le cours d'eau Kendale. Sur toute l'étendue de 1 500 kilomètres qu'ils avaient franchis, aucun indice, croyaient-ils, ne leur avait signalé que Franklin eût passé ou séjourné dans ces régions. Cependant Rae se trouvait tout près du lieu où «l'Erebus» et le «Terror» avaient été abandonnés par l'équipage de Franklin! Du reste les indices n'avaient pas manqué: le 21 août, Rae, revenant d'une course en bateau le long de la Terre de Wollaston, course par laquelle il s'était avancé jusqu'à 70° 30′ de latitude nord et 101° de longitude à l'ouest de Greenwich, c'est-à-dire jusqu'à 170 kilomètres du pôle magnétique, avait rencontré sur le rivage de la Baie Parker, littoral sud-est de la Terre de Wollaston, le bout inférieur d'un bâton de pavillon, auquel tenait encore un morceau de corde blanche. La corde traversée des fils de laine rouge bien connus des marins, les clous de cuivre avec l'ancre de grand rayon, tout cela trahissait l'Amirauté britannique; mais personne ne comprit ce que signifiaient ces épaves. On reconnut bien qu'elles provenaient des bâtiments de Franklin, mais on fut d'accord pour penser qu'elles venaient de loin, — du Détroit de Barrow.

Après avoir découvert les premières traces de Franklin, près du Cap Riley, le commander Forsyth, nous l'avons dit, s'était hâté de revenir en Angleterre, avec le «Prince Albert», en 1850, sans avoir obtenu d'autres résultats. Lady Franklin, ne se laissant pas rebuter par l'insuccès de cette première expédition, fit équiper à nouveau le «Prince Albert», mais elle le plaça cette fois sous le commandement de l'habile capitaine William Kennedy, Irlandais. Sur ce bâtiment se trouvaient le lieutenant Joseph René Bellot[1])

---

[1]) Né à Paris, en mars 1826, il assista en 1838, à titre d'aspirant de marine, au siége de Veracruz (Mexique); promu au grade de lieutenant en 1851, il fut autorisé à prendre part, comme volontaire, à l'expédition du *Prince Albert;* dans une lettre du 18 mars de cette même année, il avait exprimé le vœu ardent de s'associer aux efforts tentés pour le salut de Franklin, «citoyen du monde» par ses rares mérites.

de la marine française, le seul Français qui ait pris part aux recherches tentées en faveur de Franklin, et F. Hepburn, âgé de 64 ans, l'un des compagnons de Franklin pendant son premier et mémorable voyage au «Coppermine» et à la Pointe «Turnagain». Comme centre de cette expédition, on se proposa la Baie Fury; car on supposait que Franklin avait dû chercher à revenir en ce lieu où étaient déposées d'abondantes provisions. Le «Prince Albert» partit d'Aberdeen, le 22 mai 1851; il n'y revint que le 9 octobre 1852. Il n'avait pas trouvé la moindre trace de Franklin; néanmoins ce voyage fut signalé par la découverte du Détroit de Bellot, cette écluse maritime, qui, resserrée entre Boothia et «North Somerset», fait communiquer la région intérieure avec la région extérieure. La découverte de ce membre si important de l'organisme arctique n'intéressait donc pas seulement la géographie générale; elle permettait de résoudre la question du passage et de trouver les dernières traces de Franklin.

Le 8 juillet, on atteignit Upernivik; Kennedy s'y procura six forts chiens d'Exquimaux, de ces chiens qui, dans les solitudes polaires, sont aussi utiles que l'est le chameau dans les déserts d'Afrique, et les prit à bord, en vue de s'en servir plus tard pour des excursions en traîneau. C'est là aussi que, pour la première fois, les voyageurs entendirent parler des découvertes faites à l'Ile Beechey.

Le 13, ils rencontrèrent les navires de l'expédition de Grinnell. Le 26 août, ils atteignirent la «Ponds Bay».

Le 4 septembre, ils arrivèrent à l'île Léopold dans le Détroit de Barrow. C'est là que, le 10 septembre, Kennedy, cherchant avec quatre compagnons à pénétrer dans le port obstrué par les glaces, tandis que le navire croisait sous la conduite de Bellot, se vit couper la retraite par un changement soudain dans les masses de glace. Ils auraient été incontestablement perdus tous les cinq et seraient morts de faim, s'ils n'avaient pu mettre la main sur les provisions que James Ross avait autrefois déposées en ce lieu; elles leur sauvèrent la vie pendant le laps de temps (près de six semaines) qu'ils eurent à passer dans leur triste asile. Le 17 octobre, au soir, ils furent joyeusement surpris par l'arrivée de Bellot qui avait ancré le «Prince Albert» à un endroit très favorable à l'hivernage, dans la «Batty Bay», sur la côte orientale de «North Somerset», dans l'Entrée du Prince Régent (73° 10′ de latitude nord, 91° de longitude à l'ouest de Greenwich).

Ce fut en vain que, l'année suivante, on explora tout le «North Somerset», en vain que l'on franchit le Sund de Peel et que l'on s'avança jusqu'à la Terre du Prince de Galles; on ne trouva aucune trace de Franklin, bien que le lieu où ses navires avaient été abandonnés ne fût guère éloigné de plus de 240 kilomètres vers le sud. Au cours de ces recherches, Kennedy et Bellot, pendant leur voyage en traîneau, entrepris le 25 février 1852, traversèrent, le 6 et 7 avril de la même année, le détroit qui reçut le nom de ce dernier. Mais tandis que s'ouvrait devant eux le Détroit de Bellot au lieu de l'ancienne Baie Brentford, une autre ouverture, le Détroit de Peel (Peel Sund) se ferma sous leurs yeux, d'une manière énigmatique. Partis du «Cap Bird», extrémité sud-ouest de «North Somerset» (et nord-ouest du Détroit de Bellot), ils s'avançaient sur la glace, dans la partie terminale du Détroit de Peel, et ils pensaient que la terre s'étendait sans interruption à leur gauche, lorsque, le 10 avril, ils atteignirent le rivage de la Terre du Prince de Galles. Ils étaient le jouet d'une de ses illusions d'optique si fréquentes dans ces régions; une série d'îles s'étendant obliquement à travers le canal avait causé cette erreur malheureuse, qui les empêcha de se tourner du «Cap Bird» vers le sud.

Le 30 mai, Kennedy, après une absence de 79 jours, pendant lesquels il avait parcouru, d'après son évaluation, une distance de 1 770 kilomètres, revint à son navire, dans la «Batty Bay». Mais le «Prince Albert» ne put quitter son quartier d'hiver que le 6 août, lorsqu'on lui eut pratiqué, à l'aide de la scie, un chemin dans la glace, et après un arrêt de 330 jours, Kennedy se rendit alors du Cap Riley, où il apprit avec étonnement par Pullen, qui commandait le «North Star» qu'Austin, avec ses navires bien équipés, était depuis longtemps retourné en Angleterre, mais que déjà une nouvelle expédition s'avançait vers la Baie de Baffin.

Le 9 octobre 1852, Kennedy rentra en Angleterre, fermement convaincu qu'il ne faillait chercher Franklin qu'à de très hautes latitudes.

Au point de vue du but que se proposaient ces diverses expéditions et qui était de retrouver Franklin, la découverte de quelques restes par Ommaney et Penny à l'Ile Beechey, était certainement le premier résultat obtenu. En tout cas, on avait réfuté l'opinion souvent émise jusqu'alors, d'après laquelle Franklin avait péri avant d'avoir dépassé la Baie de Baffin; on avait enfin trouvé un fil conducteur, et il était permis d'espérer que l'on pourrait le suivre. L'insuccès de l'expédition d'Austin provoqua du reste le plus grand mécontentement, même dans l'Amirauté, dont les instructions avaient été exactement suivies. Les projets le plus extravagants se firent jour. Croyant sans doute que la chaleur augmentait à l'extrême nord et que là s'étendait une mer libre, considération sur lesquelles reposait aussi la croyance à la route par le canal Wellington, le lieutenant de marine Bedford Pim, du Herald,[1] proposa à l'Amirauté, par un écrit du 27 sep-

---

[1] Ce bâtiment, primitivement envoyé pour terminer le relevé de la côte occidentale d'Amérique, commencé par le capitaine Fitzroy, était revenu en Angleterre, après six ans d'absence, en 1851. Ses expéditions ont été décrites par le docteur Berthold Seemann;

tembre 1851, d'exécuter une expédition par terre, le long de la côte nord de Sibérie, pour rechercher Franklin arrivé à la côte d'Asie par la Mer polaire ouverte.   Ce plan fut reconnu comme trop fantaisiste et repoussé par l'Amirauté.

Les projets de ce genre n'en restaient pas moins en faveur, témoin le capitaine Donald Beatson qui visait notammment la Nouvelle-Sibérie; il était approuvé et secondé par la Société de géographie; le schooner «Isabel» fut même acheté pour cette entreprise, mais elle finit par être abandonnée.

L'Amirauté institua donc, en novembre 1851, un nouveau comité d'hommes compétents; Sir John Ross, le capitaine Kellet, le docteur Scoresby, Sir John Richardson, Penny, Stewart, Austin et Ommaney y furent entendus.

Ce fut également à cette époque, d'après mes recherches, que se fit pour la première fois entendre, au sujet de Franklin, un homme dont le nom, plus tard, devait se rattacher glorieusement aux questions polaires et à la géographie en général: le docteur August Petermann.   Le géographe allemand, qui vivait alors en Angleterre, aborda la publicité avec un plan qui reposait également sur l'hypothèse d'un bassin polaire navigable, mais qui indiquait une direction toute nouvelle: celle des côtes septentrionales de la Scandinavie et de la mer entre le Spitzberg et la Nouvelle-Zemble.   Il ne me sera pas difficile de montrer, dans le reste de ces études, que les idées émises alors par Petermann le dominèrent toujours.   Dans une conférence faite à la Société géographique de Londres, le 9 février 1852, sur la zoologie des terres polaires, il concluait que Franklin devait se trouver dans une région où la vie animale devait être plus développée que dans toute autre de la zone polaire et où par conséquent il ne pouvait mourir de faim.   Petermann, comme tout le monde, supposait alors que Franklin se trouvait dans le canal Wellington.   Tout le monde même indiquait la partie nord du canal; personne ne pensait à la direction du sud.

Pendant ce temps l'opinion publique, déjà préoccupée du sort le Franklin et de ses compagnons, commençait à s'émouvoir en faveur d'autres marins qui, eux non plus, n'étaient pas revenus des régions arctiques: je veux parler des capitaines Collinson et Mac Clure, partis, comme je l'ai dit plus haut, avec l'«Enterprise» et l'«Invegistator», vers le détroit de Béring, pour chercher Franklin par l'ouest.   L'Amirauté résolut donc, en 1852, d'envoyer encore une grande expédition de secours, chargée d'explorer le Canal de Wellington et la Mer polaire ouverte, et de rechercher, en même temps que Franklin, Collinson et Mac Clure, que l'on supposait arrivés

---

«Narrative of the voyage of H. M. S. Herald 1845—1851...» (Récit du voyage du Herald, 1845 à 1851, sous le commandement du capitaine Henry Kellet; circumnavigation du Globe, et trois croisières aux régions arctiques, à la recherche de Sir John Franklin.) Londres, 1853, 2 volumes.

à la Terre de Banks ou à l'Ile Melville. On nolisa à cet effet l'ancienne escadre d'Austin, c'est-à-dire les voiliers «Assistance» et «Resolute», ainsi que les vapeurs remorqueurs «Pioneer» et «Intrepid». La petite île Beechey fut désignée comme le point d'appui de l'entreprise. On devait y organiser un dépôt de provisions, et le «North Star», sous la direction de Pullen, devait rester à cette station pendant toute la durée des recherches.

Le capitaine, Sir Edward Belcher,[1] qui, de 1825 à 1829, avait pris part, comme lieutenant, au voyage du capitaine Beechey vers le Détroit de Béring, était à la tête de l'expédition; sous ses ordres servaient des hommes éprouvés, tels que George Frederick Meecham, qui avait accompagné l'expédition d'Austin, Mac Clintock, Sherard Osborn, Bedford Sim, Mac Dougall et le capitaine Henry Kellet, qui, à la vérité, exerçait un commandement à part, car il devait, avec les deux navires «Resolute» et «Intrepid» se rendre à l'Ile Melville, surtout pour seconder Collinson et Mac Clure. Cette escadre quitta la Tamise, le 21 avril 1852.

SIR EDWARD BELCHER.

Déjà l'infatigable Lady Franklin avait frété un nouveau navire, le vapeur à hélice «Isabel», pour réaliser le plan de Donald Beatson, plan que nous avons indiqué plus haut. Mais, comme l'équipement du navire ne put être terminé au commencement du printemps de 1852, Lady Franklin, pour ne pas laisser ce bâtiment au repos dans le port, durant tout l'été, l'envoya, sous la direction du commander Ed. A. Inglefield,[2] explorer la partie septentrionale de la Baie de Baffin. Inglefield ne quitta que le 10 juin la côte d'Angleterre.

Cinq vaisseaux parcoururent donc les mers, dans l'intérêt de Franklin, en 1852.

L'expédition d'Inglefield, sur son petit schooner à vapeur et à hélice, de 149 tonnes et de 17 hommes d'équipage, rappelle, par ses brillants résultats, la hardi voyage du vieux Bylot et de son brave pilote Baffin. Inglefield quitta Upernivik, le 16 août, et remonta la côte groënlandaise, le long des *Crimson Cliffs* de Sir John Ross.

Le 20 août, il atteignit le Cap York; le lendemain, il aborda à un

[1] Né en 1799, mort le 18 mars 1877.
[2] Il mourut «commander», à Honolulu, en 1858 ou 1859.

village d'Esquimaux, au voisinage du glacier Petowak; deux jours plus tard, à la Baie «North Star», au nord du Cap «Atholl», et le 25 à la Baie Bardin, à l'entrée du grand «Whale Sund». A ce point, Inglefield était près des diverses îles qui se prolongent jusqu'au «Whale Sund» et en obstruent presque l'entrée. La plupart de ces îles furent explorées, dénommées et relevées, ainsi que le «Whale Sund» lui-même, pour lequel Inglefield choisit le nom de «Murchison Strait».

Le 26 août, par une nuit polaire très douce, «l'Isabel» atteignit le Cap Alexandre (78° 25′ de latitude nord), l'entrée du Sund de Smith qui s'étendait, presque libre de glaces, sous les regards des explorateurs anglais et semblait leur promettre les plus brillantes découvertes; mais bientôt un ouragan soufflant du nord amena, du fond de l'horizon, d'innombrables blocs de glace, et, de la latitude de 78° 28′ 21″, qui n'avait jamais été atteinte auparavant dans la Baie de Baffin, le bâtiment fut refoulé vers le sud par le courant; Inglefield fut donc bientôt forcé de renoncer à toute pensée d'hivernage dans le bassin polaire ouvert.

Il estima à 79° 32′ environ la latitude de la terre la plus septentrionale qu'il eût vue sur la côte orientale du sund; il représenta cette terre comme un cap et lui donna le nom de Frédéric VII (roi de Danemark). Le point le plus septentrional de la terre occidentale, à peu près à la même latitude et à 79° environ de longitude à l'ouest de Greenwich reçut le nom de «Victoria Head».

Vers le milieu de ces deux points, il crut apercevoir une petite île, qu'il nomma «Louis Napoléon»; cette île ne fut plus revue, par la suite, et se transforma en un promontoire de la Terre de Grinnell.

Inglefield, en revenant, explora le «Jones Sund», où il vit également les flots se dérouler, sans bornes, devant lui; le 1er septembre, il y pénétra à l'ouest jusqu'à 84° 10′ de longitude occidentale relativement à Greenwich et jusqu'à un beau sommet, le «Sir Robert Inglis Peak», de l'«Ellesmere Island», grande île qui forme le bord septentrional du Jones Sund, mais qui se recourbe tout-à-coup vers le nord-ouest, de sorte qu'Inglefield regarda ce sund comme une des entrées de la mer polaire ouverte.

Cependant d'épais nuages lui firent penser qu'il était prudent de s'en retourner; il rentra donc dans la Baie de Baffin, en longeant la côte sud du Sund de Jones ou la côte nord de North Devon. Le 2, il mit le cap sur le Sund de Lancaster et sur l'Ile Beechey dans le Détroit de Barrow, pour y prendre des nouvelles de l'expédition de Belcher (7 septembre). Le 10 octobre, il était de retour en Angleterre.

Inglefield montra le premier que le Sund de Smith et le Sund de Jones sont de larges détroits, que le «Whale Sund» est au moins une grande baie, et que quelquefois ces bras de mer sont ouverts et presque complétement libres de glaces.

Le 14 août, le capitaine Belcher, trouvant ouvert le Canal Wellington, avait conçu bon espoir et avait fait voile vers le nord; il parvint, tandis que Kellett, conformément aux instructions reçues, dirigeait ses bâtiments vers l'île Melville, à atteindre la Terre de Grinnell, découverte par De Haven; il ancra devant cette terre, le 17 août, par 76⁰ 30′ de latitude nord; mais, arrivé dans cette extrémité supérieure du Canal Wellington, il reconnut bientôt combien peu il fallait s'en rapporter aux indications d'enthousiastes ignorants, comme Penny, ou des théoriciens; il vit que la vaste et libre mer polaire rêvée par eux se transformait en un réseau perfide de bourbiers et de canaux qui pouvaient à chaque instant se rétrécir et lui opposer des obstacles insurmontables.

Dès la fin d'août, l'hiver arriva avec une violence terrible et força l'expédition à s'arrêter. Elle se trouvait, par bonheur, au voisinage d'un bon port, qui offrait son abri aux navires, pour l'hivernage. C'était le Sund de Northumberland sur la côte occidentale de la Terre de Grinnell.

Les expéditions en traîneau, que Belcher organisa, de la manière ordinaire, en partie l'automne de 1852, en partie pendant le printemps de 1853, enrichirent la géographie, des découvertes les plus étendues et les plus importantes, car la superficie qu'elles explorèrent est la plus vaste de toutes celles qu'ait jamais relevées aucune expédition polaire, et elles coordonnèrent les résultats déjà acquis; mais elles ne fournirent aucun renseignement relatif à Franklin; d'autre part, on trouva les ruines d'anciens villages d'Esquimaux.

On savait jusqu'alors qu'une série d'îles s'étendait entre la côte nord de l'Amérique, l'Ile Melville, le Canal de Wellington et le «Jones Sund»; mais on ignorait quelle était la forme et la distribution exacte de ces îles. L'expédition de Belcher jeta quelque lumière sur ce chaos et montra que North Devon, Cornwallis, l'Ile Melville et l'Ile Prince Patrick étaient des parties d'un archipel étendu, dont la limite septentrionale était comprise entre 77 et 78⁰. Belcher lui-même releva, dans deux voyages, le Canal de Wellington, la Terre de Grinnell, North Devon, puis la côte sud d'une île récemment découverte, située très au nord, North Cornwallis et l'Archipel Victoria; il montra que le «Jones Sund» communiquait avec le bassin polaire intérieur. Les explorations des offciers Richard et Osborn s'étendirent aux côtes septentrionales de l'Ile Cornwallis et de l'Ile Melville.

Pendant ce temps, Mac Clintock et Mecham, partis tous deux de l'Ile Dealy, relevaient, l'un la partie nord, l'autre la partie sud des iles Melville, Eglinton et Prince Patrick.

Le voyage le plus pénible et le plus périlleux fut celui de Mac Clintock se rendant de l'Ile Prince Patrick à l'Œil d'Irlande, une des îles Polynia, par 77⁰ 45′ de latitude nord. Toute l'atmosphère était une mer de neiges et de brouillards impénétrables; c'est à peine si l'on pouvait se servir de la boussole; mais, pendant le retour, en juillet 1853, il survint un tel dégel, à l'Ile Melville, que tout le pays fut inondé et que notre explorateur ne pouvait plus avancer.

Au milieu de juillet, tous les explorateurs partis en traîneaux étaient revenus aux quartiers d'hiver des navires; ceux-ci étaient dégagés.

Peu de temps auparavant, on avait reçu la visite de Pullen, du «North Star». Inquiet sur le sort de l'expédition de Belcher, dont on n'avait pas eu de nouvelles depuis longtemps, il s'était dirigé vers le Nord, pour apprendre ce qu'elle était devenue.

En même temps l'Amirauté britannique avait envoyé vers l'Ile Beechey le vapeur «Phœnix» et le transport «Breadalbane», sous le commandement d'Inglefield, pourvu de nouvelles instructions; les deux bâtiments emportaient de grandes provisions de vivres.

Le lieutenant Bellot, de la marine française, était accouru pour prendre, sous le commandement supérieur d'Inglefield, la conduite du «Breadalbane».

Le 7 juillet, l'expédition atteignit Atanekerdluk, dans le Fjord Weigat (Groënland occidental); Inglefield y débarqua, avec des officiers des deux navires, pour visiter la forêt pétrifiée devenue depuis si célèbre; cette forêt avait été signalée par un Esquimau qui se trouvait sur le bâtiment; aucun Européen ne l'avait encore visitée.

La navigation dans le Sund de Lancaster était très difficile à cette époque de l'année; cependant Inglefield finit par rencontrer, non loin du Cap Riley, l'équipage du «North Star» mais sans Pullen, qui venait de partir vers le nord, pour retrouver Belcher.

Inglefield se mit lui-même à la recherche de Belcher; mais arrivé au «Cap Rescue», il trouva une notice lui apprenant que Pullen avait rencontré Belcher et était déjà parti pour retourner vers l'Ile Beechey.

Inglefield put donc s'en retourner. Malheureusement il ne rencontra ni Pullen, ni Bellot. Ce dernier avait été envoyé au-devant d'Inglefield, pour lui annoncer l'arrivée de Pullen à l'Ile Beechey. Alors survint un ouragan terrible qui souffla pendant plusieurs jours et mit tous nos explorateurs à deux doigts de leur perte. Le Breadalbane fut endommagé par un immense champ de glace à tel point qu'il sombra aussitôt et que l'équipage eut à peine le temps de se sauver.

Cet ouragan produisit encore une autre catastrophe (18 août 1853). Bellot, envoyé au-devant d'Inglefield, avait fait route, conformément aux avis reçus de Pullen, par le côté est du canal de Wellington, tout en se dirigeant vers le nord; il espérait trouver, à l'est, des glaces plus stables. Lorsque le grand ouragan du sud-est éclata, Bellot se trouvait, avec ses gens, au voisinage du Cap Bowden et regardait au loin le Promontoire de

Grinnell; l'ouragon détacha les masses de glace de la côte, ce qui rendit très pénible la navigation en bateau vers le rivage; Bellot, avec deux de ses compagnons, se réfugia sur un glaçon adhérent au rivage; tout-à-coup ce glaçon se détacha et fut entraîné vers le milieu du canal. Les deux matelots racontèrent plus tard que, le matin du 18 août, Bellot était sorti d'une anfractuosité de leur glaçon, dans laquelle ils s'étaient réfugiés, et qu'il s'était avancé vers le bord; depuis ce moment, ils ne l'avaient plus revu. Il est vraisemblable que le hardi Français fut emporté par un coup de vent et précipité de la pente glissante du glaçon dans la mer. Les deux matelots qui se trouvaient avec lui, eurent le bonheur de rencontrer leurs camarades près du Cap Bowden, et tous quatre rejoignirent Inglefield à l'Ile Beechey.

L'annonce d'une grande découverte vint faire diversion à la nouvelle funèbre qu'ils apportaient. Des gens de l'expédition de Kellett, partis en exploration, avaient trouvé Mac Clure et son équipage, qui étaient, depuis trois ans, emprisonnés dans les glaces, sur l'«Investigator»; ce hardi marin avait trouvé le passage nord-ouest depuis si longtemps cherché, il avait même trouvé deux passages. Un des officiers de Mac Clure, le lieutenant Samuel Gurney Gresswell[1]) attendait à l'Ile Beechey le premier navire qui viendrait dans ces parages, pour lui transmettre la nouvelle de découvertes géographiques d'une si haute importance.

Inglefield fit virer la proue du «Phœnix» du côté de sa patrie; il rentra à Londres, avec Creswell, le 7 octobre 1853.

Nous avons laissé dans l'ombre, jusqu'à présent, le seconde section de l'expédition de Belcher.

Sous la conduite de Kellett, elle était heureusement arrivée, avec la «Resolute» et l'«Intrepid», le 7 septembre 1853, à la grande Ile Melville, par la latitude du port d'hiver de Parry; mais la glace la força de retourner; elle hiverna à l'Ile Dealy, dans le voisinage.

Dès l'automne de 1852, Kellett avait envoyé une escouade avec traîneaux, commandée par le lieutenant Mecham, enfouir, à des endroits convenables, des vivres qui devaient servir aux voyageurs, à l'époque du printemps. Dans le port d'hiver, visité par Mac Clintock l'année précédente, Mecham trouva le document qui y avait été laissé par ce dernier, et, en outre, à son grand étonnement, un autre document qui n'y avait été déposé qu'au printemps de 1852 et qui était de la main de Mac Clure. Ce brave marin donnait de brèves nouvelles de ce qu'il avait fait, de la découverte du passage nord-ouest et de la position de son navire. L'«Investigator» était pris

---

[1]) Né le 25 septembre 1827; mort capitaine, le 14 août 1867, à Londres.

par les glaces, depuis un an et demi, dans la Baie «Mercy», sur la côte nord de la terre de Banks.

Mac Clure avait aussi déposé au même endroit une espèce de testament. Il demandait que, dans le cas où il viendrait à succomber, on renonçât à l'envoi de toute expédition de secours, car celle-ci, surtout si elle parvenait dans la mer à l'ouest de l'Ile Melville, serait infailliblement perdue.

Kellett se serait mis volontiers en relations avec Mac Clure, dès cette année, mais la longue nuit d'hiver arrivait, et il fallut différer cette visite jusqu'au printemps de 1853.

A peine le printemps fut-il arrivé, et avec lui le jour, que Kellett envoya le lieutenant Pim et le docteur Domville, médecin du navire, avec une escouade de traîneaux, à la recherche de Mac Clure; ils atteignirent heureusement le navire de ce dernier, au moment où on se préparait à envoyer la moitié de l'équipage vers les terres de la Baie d'Hudson, l'autre moitié devant rester. Ce moyen désespéré, qui se serait vraisemblablement terminé par la mort de tous les membres de l'expédition, devint heureusement inutile. Le 6 avril 1853, pour la première fois dans l'histoire des expéditions polaires, des hommes dont les uns étaient partis du détroit de Béring et les autres de l'Océan atlantique, se tendirent la main dans cette mer polaire, ou plutôt au milieu de ces glaces arctiques. Mac Clure alla rejoindre la «Resolute» et Kellett; l'examen médical fait à bord de l'«Investigator» ayant donné des résultats très défavorables, Kellett pria Mac Clure d'abandonner son célèbre navire, ce que fit ce dernier, le 3 juin.

Je raconterai, dans le chapitre suivant, le voyage de Mac Clure, depuis le départ d'Angleterre, et celui de Collinson.

Je reviens à Belcher, dont les navires, au nord du Canal de Wellington, ne furent délivrés des glaces, comme je l'ai dit, qu'en juillet 1853. Ils se mirent aussitôt en marche vers le sud, mais ils ne firent qu'un court trajet; ils n'arrivèrent même pas jusqu'à l'Ile Beechey: dans la Baie «Disaster», ils furent encore une fois pris par les glaces, et ils ne parvinrent pas à s'en délivrer, même en faisant jouer la mine. Belcher dut se résigner à commencer un nouvel hivernage, sans avoir obtenu aucun résultat pendant l'été de 1853.

Kellett n'avait pas été plus heureux. Il est vrai que l'ouragan du mois d'août, pendant lequel Bellot périt et le «Breadalbane» sombra, il est vrai que cet ouragan brisa les barrières de glace du Sund de Melville et que Kellett put quitter son refuge d'hiver à l'Ile Dealy, mais, avant d'entrer dans le détroit de Barrow, au sud-ouest du «Cap Cockburn», pointe sud-est de l'Ile Bathurst, ses navires «Resolute» et «Intrepid» furent encore une fois entourés par la glace, le 12 novembre 1853. Kellett passa, dans ce lieu solitaire, l'hiver de 1853 à 1854.

L'année 1854 ne fut pas meilleure que la précédente; d'épaisses masses de glaces flottantes entravaient tout mouvement; ce fut à peine si, en brûlant 400 kilogrammes de poudre on réussit à pratiquer un chenal de 1 kilomètre. Belcher, devant la perspective d'un troisième hivernage dans les glaces polaires, prit la résolution désespérée de quitter ses navires et de conduire son équipage, sur la glace, jusqu'à l'Ile Beechey.

Il envoya un ordre dans ce sens au capitaine Kellett qui, le 15 mai, quitta la «Resolute» et se dirigea, avec ses hommes, du côté de Belcher pour revenir, avec lui et avec Mac Clure, dans son pays, sur le «North Star».

Ce fut le 26 août que l'on quitta le port. Le «North Star», ayant à bord les équipages de trois expéditions, était naturellement comble; heureusement que, peu de temps après le départ, on rencontra, près du Cap Riley, le «Phœnix», avec le capitaine Inglefield. Ce dernier avait été envoyé, en 1854, par l'Amirauté, pour aller chercher des nouvelles sur le sort de l'expédition. Après avoir, au nom de son gouvernement, élevé, dans l'Ile Beechey, un monument à la mémoire de Bellot, il prit à bord du «Phœnix» une partie de l'équipage du «North Star», et, accompagnant ce navire, il retourna en Angleterre; on arriva au commencement d'octobre.

L'un des bâtiments abandonnés dans les glaces boréales, la «Resolute» revint, l'année suivante, sans capitaine, sans pilote et sans matelots, par le détroit de Barrow, montrant ainsi effectivement la force du grand courant oriental. Il fut rencontré, flottant au milieu des glaces, par une baleinière américaine, dont le capitaine Sidney O. Buddington (né à Groton, près de New-London), que nous retrouverons plus tard dans l'histoire des explorations polaires modernes, le ramena à New-London, dans le Connecticut; enfin, le 16 décembre 1856, la «Resolute» fut présentée à la reine d'Angleterre, au nom du gouvernement des État-Unis, par le capitaine Hartstene.

Belcher fut reçu en Angleterre avec une défaveur générale; les conquêtes géographiques de son expédition ne compensaient point, dans l'opinion publique, l'absence absolue de nouvelles de Franklin. Belcher, ainsi que Kellett, Richards, et Mac Clure, ayant abandonné leurs navires, durent, conformément à la loi, se présenter devant un conseil de guerre. A Belcher, on rendit silencieusement son épée, pour lui témoigner que l'on n'était pas content de sa conduite. Les autres, acquittés comme lui, furent loués pour la manière dont ils s'étaient comportés. Les distinctions honorifiques furent prodiguées à Mac Clure, qui avait découvert le prétendu passage nord-ouest.

Quant à l'Amirauté, quand elle eut appris que l'expédition de Belcher, comme les précédentes, n'avait pas trouvé trace de Franklin, elle renonça à faire d'autres recherches. Cette décision fut annoncée au parlement, d'une manière officielle, le 5 avril 1854; l'amiral Walcott fit, à ce sujet, les observations suivantes: «Tout ce qu'exige l'honneur du pays a été fait pour retrouver Sir John Franklin. Je suis d'avis que les navires ont sombré et que les hommes ont péri.»

Quelques semaines auparavant, le 13 mars 1854, les noms de Franklin, de Crozier et ceux des autres officiers de l'expédition avaient été rayés des listes de la marine, et l'on avait déclaré que tous ces officiers étaient morts.

BEDFORD PIM ARRIVANT PRÈS DU NAVIRE DE MAC CLURE «L'INVESTIGATOR .

## DÉCOUVERTE DU PASSAGE NORD-OUEST.

Le 20 janvier 1850, la grande expédition du nord-est qui devait arriver par l'ouest, passer par le Détroit de Béring, et opérer en même temps que l'expédition d'Austin, partait de Plymouth, à la recherche de Franklin. Elle se composait des deux navires *Enterprise* et *Investigator,* le premier ayant à bord le capitaine Collinson qui commandait toute l'expédition, le second conduit par le capitaine Robert John le Mesurier Mac Clure.[1]) Le commander Moore, avec le *Plover* devait stationner dans le Détroit de Béring, et le capitaine Kellett, qui se trouvait, avec le *Herald,* dans ces eaux, devait fournir aux navires des provisions venant des îles Sandwich. Cette expédition avait été organisée avec plus de soin que les précédentes: — l'équipement en général était meilleur; on avait prévu l'établissement de dépôts destinés à couvrir la retraite; on s'était préoccupé surtout du maintien des communications avec les navires stationnés au-delà du Détroit.

L'Investigator était un plus mauvais voilier que l'Enterprise; il resta donc bien en arrière. Dès le début, les deux bâtiments destinés à coopérer se séparèrent et, malgré tous les efforts, ils ne parvinrent pas à se rejoindre.

---

[1]) Né, le 28 janvier 1807, à Wexford dans la province irlandaise d'Ulster, il prit part, en 1836, aux expéditions polaires conduites par Sir George Back, et en 1848 à celle que dirigeait Sir James Ross; il reçut, en 1850, le commandement de l'«Investigator»; de 1856 à 1861, il prit part, avec distinction, comme commandant de division dans les eaux de la Chine, à la guerre contre ce pays, et il mourut vice-amiral à Portsmouth, le 18 octobre 1873.

Il est permis de penser que ni Collinson ni Mac Clure ne fut très fâché de cet accident, car chacun d'eux pouvait bien nourrir secrètement l'espoir de faire des découvertes pour son compte personnel. Les navires doublant le Cap Horn se dirigèrent vers Honolulu.

Nous allons, à partir de ce point, nous attacher spécialement à l'Investigator dont le sort est déjà connu du lecteur, par la fin du chapitre précédent; nous apprécierons ensuite les explorations que Collinson fit de son côté.

L'*Enterprise* avait plusieurs jours d'avance; pour arriver au Détroit de Béring en même temps qu'elle, Mac Clure se décida à un coup d'audace.

SIR ROBERT LE MESURIER MAC CLURE.

Au lieu de décrire le long circuit de la côte du Kamtchatka, il prit, à partir d'Honolulu, la voie directe par la chaîne des Iles Aléoutiennes. Cet ensemble d'îles était alors peu connu des Européens; en outre, un épais brouillard enveloppait ce littoral rocheux. Néanmoins l'*Investigator* franchit heureusement cette ligne, et il arriva, avant l'«Enterprise», dans le Détroit de Béring, où il aperçut le *Plover,* près du Sund de Kotzebue; quelques jours plus tard, le 31 juillet 1850, il rencontra le capitaine Kellett, du *Herald*; il sut arracher à cet officier, qui exerçait dans cette station le commandement le plus élevé, l'autorisation de pénétrer, contre la lettre de ses instructions, dans la Mer glaciale pour se frayer un passage vers le Nord-Est. Mac Clure revendiqua la responsabilité de sa désobéissance, et la fortune seconda sa hardiesse. Par un singulier hasard, Kellett, la dernière personne que vit Mac Clure sur le point de pénétrer, par l'ouest dans les glaces, fut aussi celle qui, trois ans plus tard, le délivra, du côté nord-est de l'Ile de Banks.

Mac Clure, sans tarder, poursuivit son voyage; il doubla, le 5 août, le promontoire occidental de Barrow, puis il fit voile, près du rivage, vers l'est. Le 9, il arriva à l'embouchure du fleuve Colville, et le 11, il déposa à terre une notice sur Jones Island, qui fut recouverte de bois de flottage. Il entra en relations avec les indigènes de la côte, les Esquimaux; l'interprète que l'on avait à bord, M. Johann August Miertsching, de Herrnhut en Saxe, membre de la communauté des frères moraves et missionnaire à Okak, dans le Labrador, rendit les plus grands services. Ces Esquimaux, hommes et femmes, étaient d'une race forte et vigoureuse; il y avait même quelques beautés parmi les femmes.

L'Investigator, faisant route par d'étroits chenaux, atteignit, le 21 août, les «Iles Pelly», à l'embouchure du Mackenzie, et le 24 la Pointe Warren, au Cap Bathurst.

Bien que les eaux du littoral fussent assez basses, notre navigateur put s'avancer jusqu'au *Cap Parry* (6 septembre). A partir de ce point, Mac Clure vit, vers l'est-nord-est, une contrée s'élevant à une grande altitude et la nomma *Terre du Prince Albert*; se rattachant à la Terre de Wollaston et à la Terre Victoria, elle s'étend jusqu'à 73° 21′ de latitude nord et 112° 48′ de longitude à l'ouest de Greenwich; Mac Clure était donc très près des pays qui furent découverts par Rae pendant l'année suivante, 1851.

Les masses de glace, qui jusqu'alors n'avaient laissé libre qu'un étroit chenal le long de la côte, commençant à se reculer un peu vers le nord, on navigua vers le nord-est. Le 7 septembre, on atteignit *Lord Nelsons Head* sur une terre dont la végétation avait comme un reflet du Midi et que l'on appela, en l'honneur du premier lord de l'Amirauté, *Barings-Land*; on croyait avoir fait une découverte; on reconnut plus tard que cette terre constituait le littoral sud de l'Ile Melville déjà vue par Parry.

Mac Clure observa que d'épaisses glaces soudées étaient accumulées contre les rives occidentales de cette terre, le long desquelles il s'était proposé de remonter, tandis que la côte orientale était libre. Il s'engagea dans les eaux ouvertes et bientôt il se trouva dans un étroit chenal entre l'Ile de Banks et la Terre du prince Albert. Ce chenal nommé *Passage du Prince de Galles* étant dirigé vers le nord-est, il y avait grand espoir qu'il conduisît à la mer au nord de l'Ile Melville, bref que ce fût le passage nord-ouest si longtemps cherché.

Un très grand nombre d'îles se trouvent au milieu du détroit; sur l'une d'elles Mac Clure laissa des provisions pour faire vivre 66 hommes pendant trois mois, un bateau et des munitions.

Le bâtiment marcha très bien jusqu'au 11 septembre; ce jour-là il fut pris dans les glaces et le thermomètre descendit à — 7°. Coïncidence singulière, ce fut également le 11 septembre que l'autre expédition, celle d'Austin, alors si éloignée, fut arrêtée par les glaces; c'est également le 11 septembre qu'auparavant Sir James Ross avait été emprisonné dans les glaces, tant la météorologie arctique présente de régularité.

Le 17, par 72° 10′ de latitude nord et 117° 10′ de longitude à l'ouest de Greenwich, on atteignit le point extrême de cette traversée; on n'était plus qu'à 60 kilomètres de cette série de chenaux, qui, sous les noms de Sund de Melville, Détroit de Barrow, Sund de Lancaster, s'étendent de l'ouest à l'est et communiquent avec la baie de Baffin. Au moment d'arriver, le navire s'arrêta, la glace perdit son mouvement; le détroit venait d'être obstrué par les bancs de glace du Sund de Melville.

Le 28, les masses de glace se mirent en mouvement vers le Détroit de Barrow; le bâtiment fut entraîné avec elles du côté du nord; ce mouvement en avant dura jusqu'au 30; au voisinage des «Iles de la princesse royale», la glace s'arrêta encore; mais elle ne fut complétement immobile que le 10 octobre.

Mac Clure résolut d'hiverner au milieu de ces banquises, tentative bien périlleuse; tous les hommes au courant des voyages polaires eussent déclaré que c'était s'exposer à une perte certaine. La glace, en effet, est ballottée longtemps par le flux et le reflux avant de s'arrêter complétement; quand il tombe de la neige, la glace se rompt en quelques points sous la charge et l'eau de mer pénètre en haut par les fentes.

On employa l'hiver à des excursions, car Mac Clure se persuadait de plus en plus qu'il était en train de franchir le passage depuis si longtemps cherché. Il organisa, pour acquérir la certitude à cet égard, une expédition en traîneau. Il partit, avec six hommes, le 21 octobre, vers le Détroit de Barrow. Le 25, ils s'aperçurent qu'ils s'approchaient de l'embouchure du Détroit du prince de Galles, car ils passaient devant la glace «océanique», formant des montagnes et les vallées bleues. Le 26 octobre 1850 arriva; avant le lever du soleil Mac Clure gravit une colline, haute de 200 mètres, le *Ballon de Peel*. Lorsque l'astre apparut à l'horizon, le voile qui entourait le panorama se retira peu à peu. On remarqua d'abord que la côte de la Terre du prince Albert se recourbait vers l'est; le littoral de la Terre de Banks, sur lequel on se trouvait alors, se terminait à 20 kilomètres environ vers le nord et s'étendait de ce coin vers le nord-est. Au-delà de l'embouchure du Détroit du prince de Galles, s'étendaient les eaux congelées du Détroit de Barrow ou plutôt du Sund de Melville (c'est le nom qu'on donne à cette partie du détroit). De la hauteur sur laquelle on se trouvait, on voyait l'horizon si loin que l'on pouvait penser avec certitude qu'entre la côte et l'Ile Melville, il n'y avait pas de terre ferme. Le *passage nord-ouest*, cherché 58 fois par toutes les nations maritimes, *était donc découvert*. A la vérité l'expression de *passage* est très inexacte, car le passage nord-ouest n'est pas navigable, ou du moins n'a été traversé par aucun navire. Ce n'est pas par les flots, mais par les glaces que l'Océan atlantique et le Pacifique communiquent entre eux sous les latitudes boréales. Heureux de sa découverte, Mac Clure se hâta de retourner à l'«Investigator»[1] il passa l'hiver de 1850 à 1851, dans l'espérance de s'en retourner au dégel, et sans se soucier des masses de glace qui bloquaient le Détroit du prince de Galles; il ne soupçonnait pas les souffrances qui étaient encore réservées à tout l'équipage.

---

[1] On constata, à l'arrivée, que le traîneau pesait 50 kilogrammes de plus qu'au départ, bien que durant les neuf journées du voyage, on eût consommé, indépendamment du chocolat et de l'eau-de-vie, plus de 25 kilogrammes de provisions. Ce qui avait alourdi le traîneau, c'était la glace qui avait recouvert tout l'attirail et tous les vêtements.

On attendit avec impatience l'été de 1851, et l'on utilisa le printemps pour faire des excursions en traîneau.

Le 18 avril, trois escouades quittèrent l'Investigator et prirent diverses directions, non-seulement pour explorer ce monde d'îles que la science n'avait pas encore enregistré et qui n'avait pas été visité par aucun Européen, mais aussi pour faire des recherches en vue de retrouver Franklin, c'est-à-dire pour remplir la tâche qui avait été confiée à l'expédition dont Mac Clure faisait partie.

Le 20 mai, l'une des escouades revint avec le lieutenant Cresswell; elle s'était avancée de 275 kilomètres vers le nord et le nord-ouest et s'était assurée que ce que l'on avait devant soi, à l'ouest, c'était une île: la terre de Banks.

Le 29 mai, arriva une autre escouade, commandée par le lieutenant Haswell; elle avait poussé au sud-est, et elle avait atteint, le 14 mai, par 70° 45′ de latitude nord et 114° de longitude à l'ouest de Greenwich, une baie profonde de la Terre de Wollaston: le Sund du prince Albert; à l'embouchure sud du Détroit du prince de Galles, elle avait rencontré des Esquimaux; c'était la première fois que ceux-ci voyaient des Européens; ils ne savaient donc rien relativement à Franklin et à ses compagnons.

La dernière escouade revint du nord-est, le 7 juin, conduite par Mr. Wynniat. Elle n'avait pas trouvé trace des navires Erebus et Terror.

Le 14 juillet, enfin, la glace s'ouvrit sans pression, et l'*Investigator* flotta de nouveau sur l'eau. Mac Clure voulut alors démontrer pratiquement l'existence du passage et il fit voile, avec de grands efforts, vers l'embouchure nord du Détroit du prince de Galles.

Enfin, le 15 août, le navire fut poussé vers le nord, jusqu'à 73° 43′ 43″ de latitude et jusqu'à 155° 32′ 30″ de longitude à l'ouest de Greenwich; on n'était plus qu'à 40 kilomètres du Sund de Melville; mais le navire ne parvint pas plus loin; car la glace s'étendait en travers, sur une ligne continue, et barrait complétement la route. «C'est ce qui me décida, dit Mac Clure, à abandonner toute idée de prolonger nos recherches dans cette direction. Empêché de traverser ce passage à la fin d'un été et au commencement d'un autre, je ne le jugeai pas praticable.» L'auteur de la découverte convient donc lui-même que c'est là un passage par lequel on ne peut pas passer, ce qui suffit pour en faire apprécier les avantages.

Le 16 août, Mac Clure se décida donc à retourner, dans l'espoir de pénétrer, en contournant la Terre de Banks, dans le Sund de Melville.

Le 18 août, on avait déjà doublé le *Cap Kellett*, pointe sud-ouest de l'île; jusqu'au 24 septembre, on s'avança vers le nord, le long de la côte occidentale.

Jamais peut-être il n'y eut de traversée aussi périlleuse que celle effectuée pendant ce laps de temps. Il n'y avait d'eaux libres que sur le bord de la côte. La largeur de cet étroit canal dépend de la température de l'été. De 10 kilomètres qu'il avait d'abord, il se resserra peu à peu au point de n'avoir plus que 5 à 8 kilomètres; à la pointe nord de l'île, la largeur n'était plus que de 360 mètres; elle diminua enfin jusqu'à 275 mètres, et en même temps la côte descendait verticalement dans la mer, de sorte que la sonde ne rencontrait pas le fond. Le navire se trouvait ainsi comme pris dans un étau. Si la banquise s'était rapprochée du rivage, le navire et les hommes auraient été infailliblement broyés.

Jusqu'au 19 septembre, on fut constamment menacé d'une catastrophe. On parvint, cependant, à traverser jusqu'au bout les glaces que la furie des flots projetait incessamment contre les falaises ou contre les écueils bordant la côte, et si le navire ne fut pas projeté sur la côte, il dut peut-être son salut au ressac des vagues contre ces écueils.

Le 22, on doubla le Cap Austin, et enfin on pénétra dans le Détroit de Banks, c'est-à-dire qu'on y fut poussé par la glace. Mais il ne fut pas possible d'arriver plus loin qu'à cette extrémité occidentale du Détroit de Barrow, vis-à-vis de l'Ile Melville. Il était également impossible de pénétrer vers le nord-est, ce qui eût été le seul moyen de sortir des glaces soudées. Alors les hardis marins naviguèrent quelque temps vers le sud-est; ils allaient à leur perte, lorsque soudain une baie bien abritée s'ouvrit devant eux par 74° 6′ de latitude nord et 118° 15′ de longitude à l'ouest de Greenwich.

Ils y ancrèrent le 23 septembre, et le pieux Mac Clure donna à cette baie qui se présentait si à propros le nom de «Bay of Mercy» (Baie de la Miséricorde ou de la merci). Mais le 23 septembre devait être le dernier jour où l'Investigator se hasarderait sur la mer, car la grâce n'avait été accordée qu'à la condition que les navires ne sortissent plus de la baie. Il fallut rester là; par cette croisière autour de la Terre de Banks, on n'avait fait que retourner à des parages qu'on avait auparavant déclarés infranchissables, ou plutót à une partie encore plus infranchissable de ces parages.

On s'apprêta à passer un second hiver dans ces parages. Le danger était moins grand qu'auparavant; en effet, on ne se trouvait plus dans une mer ouverte, mais dans une baie; par contre, on était à quelques degrés de latitude plus haute que dans le Détroit du prince de Galles, et, ce qui était pire, sur la côte nord de la Terre de Banks. En outre, il fallut réduire les rations de 33 pour 100, et bientôt des symptômes inquiétants annoncèrent que l'état sanitaire était compromis.

Le 11 avril 1852, Mac Clure quitta le bâtiment avec des traîneaux pour se rendre au côté opposé de l'île Melville.

Le 28 avril, il atteignit le port d'hiver. Il avait espéré rencontrer un navire de la grande escadre occupée à la recherche de Franklin, mais il ne trouva que les nouvelles laissées par le lieutenant Mac Clintock le

6 juin 1851. Mac Clure de son côté déposa des renseignements sur sa découverte et sur la situation de l'«Investigator»; nous avons raconté dans le chapitre précédent comment Kellett, grâce à ces informations, avait pu sauver Mac Clure.

Celui-ci, le 11 mai, était de retour à son navire, où, dans l'intervalle, le scorbut avait éclaté. Par bonheur et au grand étonnement de nos navigateurs, les animaux étaient abondants sur la Terre de Banks, et, du mois d'octobre 1851 au mois de juillet suivant, on put, trois fois par semaine, servir de la viande à l'équipage.

Lorsque la belle saison revint, à l'été de 1852, la patience des *Investigators,* comme on les nomma par plaisanterie, était à bout.

La glace ne se détacha que le 16 août du rivage de la baie, mais elle ne put sortir, retenue qu'elle était par des banquises, et dès le 20 la baie recommença à se prendre. Il s'agissait cette fois de sauver l'équipage. Le destin de Franklin et de ses compagnons menaçait les marins de l'«Investigator». Mac Clure voulait rester près du navire avec la moitié saine de l'équipage et essayer de traverser ou de revenir en arrière pendant la saison de 1853. L'autre moitié de l'équipage, les malades, devait, au contraire, quitter le navire, en deux escouades, au printemps de 1853, et prendre le chemin du sud et de l'est.

Le 5 avril on eut à déplorer le premier décès; ce fut le lendemain que Mac Clure écrivit, dans son journal, ce qui suit: «J'allai me promener avec le premier lieutenant, à côté du navire, en songeant comment on pourrait creuser, dans la terre gelée, une tombe pour l'homme mort la veille, lorsque nous aperçûmes quelqu'un qui, des glaçons de l'embouchure de la baie, venait rapidement à nous. A la hâte et aux gestes du nouvel arrivant, nous supposâmes d'abord que c'était un des nôtres, poursuivi par un ours; mais plus cette personne s'approchait, moins nous pouvions deviner qui c'était. Certainement elle ne ressemblait à aucun de nos gens, mais nous nous disions que peut-être c'était quelqu'un faisant l'essai d'un nouveau vêtement de voyage pour s'apprêter à partir avec les traîneaux. Comme nous ne voyions aucun homme dans le voisinage, nous nous avançâmes. Lorsque nous nous fûmes approchés jusqu'à 200 yards[1]), la forme étrange leva les bras en l'air, et nous fit des signes à la manière des Esquimaux, en nous criant, avec de grands efforts de la voix, des mots que le vent et l'émotion nous firent prendre pour des appels anxieux; dans notre stupéfaction, nous ne disions pas un mot. L'étranger s'approcha tranquillement, et lorsque nous vîmes que son visage était noir comme de l'ébène, nous nous demandions réellement si nous avions affaire à un habitant de notre planète ou d'une autre. Un

---

[1]) 200 yards = 182 mètres.

bout de queue ou quelque chose d'analogue à un pied fourchu, il n'en eût pas fallu davantage pour que nous prissions la fuite. Quoiqu'il en fût, nous restâmes à notre poste, et, si le ciel s'était écroulé, nous n'aurions pas été plus surpris qu'en entendant ces paroles: «Je suis le lieutenant Pim, précédemment sur le *Herald,* maintenant sur la *Resolute.* Le capitaine Kellett la commande près de *Dealy Island.* Involontairement, nous nous précipitâmes vers lui et nous lui prîmes les mains.»

La nouvelle de ce secours inespéré à ces latitudes se répandit avec la rapidité de l'éclair. L'émotion fut générale sur le navire; les malades sautèrent hors de leur couche, tout le monde sortit pour s'assurer de cet événement extraordinaire; peu de temps après arriva un traîneau de chien, avec deux matelots de la *Resolute.* La couleur noire qui avait tant surpris Mac Clure et son compagnon, était due à l'emploi d'une peinture ayant pour objet de protéger la peau contre le froid polaire. Si Pim était arrivé quelques jours plus tard, les trente hommes qui devaient s'en retourner auraient été en route, c'est-à-dire sur le chemin de la tombe.

J'ai raconté, dans le chapitre précédent, le reste des aventures de Mac Clure et de son équipage.

Qu'était devenue, pendant ce temps, l'*Enterprise* commandée par le capitaine R. Collinson? De tous les navigateurs polaires, Collinson est celui qui a été le plus persécuté par un destin jaloux. Son

CAPITAINE COLLINSON.

voyage fut un des plus pénibles parmi ceux entrepris à la recherche de Franklin et, malgré tous les dangers courus, il resta presque sans résultats, tandis que Mac Clure, plus jeune officier, recueillit toute la gloire.

En 1850, l'*Enterprise,* après avoir vainement attendu Mac Clure aux Iles Sandwich pendant six jours, fit voile également vers le Détroit de Béring; elle doubla la Pointe Barrow, le 21 août, c'est-à-dire seize jours plus tard que l'Investigator, lorsque déjà les glaces soudées empêchaient toute marche en avant. Sous la même longitude à laquelle Kellett, l'année précédente, avait trouvé la mer libre, on s'avança vers le nord jusqu'à 73° 23'; impossible de pousser plus loin; à la fin d'août, il fallut rétrograder. Le lieutenant Barnard et le sous-chirurgien restèrent, sur leur demande, sur les bords du Sund de Norton, pour y apprendre la langue des Esquimaux et pour apprendre ce qu'il pouvait y avoir de vrai dans la légende selon laquelle des

OURS BLANCS SACCAGEANT UN DÉPÔT.

Au Pôle Nord.

hommes blancs auraient été vus parmi ces tribus. C'est sur cette terre que le lieutenant Barnard fut tué, avec le gouverneur russe, par les Indiens.

Cette mauvaise nouvelle inaugure, en 1851, la deuxième course de l'*Enterprise*. Après avoir passé l'hiver à Hongkong, ce navire était reparti, le 2 avril, pour le détroit de Béring. Le 10 juillet, on prit congé de la civilisation pour longtemps. On arriva, sans obstacles, à travers le détroit de Béring et le long de la côte américaine jusqu'au «Wainwright Inlet» (Entrée de Wainwright). De là l'*Enterprise* fut poussée, avec une rapidité croissante par les courants de la mer vers le Détroit de Barrow où s'étaient rassemblés les indigènes, attendant le navire comme une proie assurée. Leurs espérances furent déçues, car l'*Enterprise* ne courut point sur la glace de fond. Le 31 juillet elle atteignit, sans avaries, *Point Tangent*, au-delà du Détroit de Barrow. Après une traversée pénible, on arriva enfin à l'embouchure du Mackenzie. Le 26 août, on aperçut le Cap Bathurst, et dans la même après-midi le Cap Parry. Le lendemain Parry reconnut qu'on se trouvait à l'entrée d'un détroit. L'*Enterprise* le suivit; le 30 août, on découvrit les traces de l'*Investigator*, qui devait avoir hiverné quelque part, au voisinage, dans les glaces soudées. On se convainquit que ce détroit communiquait avec le Sund de Melville; Collinson soupçonna très exactement que Mac Clure s'était engagé dans ces eaux et avait poussé vers le nord. On atteignit l'issue de ce détroit (c'était celui du prince de Galles), par $73^0$ 30' de latitude nord et $114^0$ 35' de longitude à l'ouest de Greenwich. Pendant ce temps, les vents du nord-est poussèrent des masses de glace vers l'embouchure et l'obstruèrent complétement. Collinson chercha alors un lieu d'hivernage; il descendit le détroit du Prince de Galles vers le sud, doubla, toujours sur les traces de *Investigator*, la côte sud et la côte ouest de l'Ile de Banks; il atteignit *Meek Point*, le 9 septembre 1851. Auparavant, à *Point Kellett*, Collinson avait appris, par les notes trouvées en ce lieu, que l'*Investigator* avait quitté le Détroit du Prince de Galles, treize jours avant que l'*Enterprise* se fût aventurée dans ce bras de mer. Après avoir reconnu que la glace y était très dure, Collinson retourna, par $72^0$ 54' de latitude, vers l'embouchure méridionale du Détroit du prince de Galles, et il laissa son bâtiment s'emprisonner dans les glaces de la *Baie des nuages*, Terre du prince Albert. Une bande d'Esquimaux chassa au voisinage jusqu'en novembre; elle s'en alla ensuite du côté du sud, pour reparaître en novembre.

Pendant l'hiver, on organisa deux excursions en traîneau. L'une des escouades explora les côtes de la Terre du prince Albert. L'autre poussa jusqu'à l'Ile Melville. Lorsqu'elle arriva au Cap Providence de cette île, Mac Clure l'avait quitté depuis vingt jours seulement.

Ce ne fut que le 5 août 1852 que la mer redevint navigable, mais si peu que le 5 septembre on n'avait pas encore perdu de vue le port d'hivernage, tant on avançait lentement. On retraversa le Détroit du prince de Galles; le 13 septembre, tout espoir de pénétrer plus loin dans cette direction disparut. Collinson franchit donc le détroit en sens inverse, puis il s'aventura dans le Détroit *Delphin and Union,* c'est-à-dire dans le «passage» le plus méridional, car il conduit de l'ouest à l'est entre la côte nord du continent américain et l'archipel arctique américain. Le 26 septembre 1852, il arriva à «Cambridge Bay», dans le Détroit de Dease, et sur la côte sud de la Terre de Victoria, par 105° de longitude à l'ouest de Greenwich; il ne put pénétrer plus loin vers l'est; quatre jours plus tard l'*Enterprise* était prise dans les glaces. Là aussi il eut à plusieurs reprises l'occasion de nouer des relations avec les Esquimaux, qui, d'abord très timides, devinrent ensuite très confiants. Collinson trouva chez eux quelques restes de l'expédition de Franklin, les premiers qui eussent été découverts depuis l'expédition de Rae: c'étaient quelques instruments de fer et de laiton, un morceau d'une bielle d'accouplement de machine à vapeur et un boulon de fer avec le coin de l'amirauté: une flèche.

En avril 1853, fut organisé une excursion en traîneau; on devait chercher à atteindre, en suivant la côte, le point que Sir James Ross avait touché en 1849. Par 70° 25′ de latitude, on atteignit une petite île, *Gateshead Island,* d'où l'on n'apercevait plus de terre. Les aspérités de la glace étaient si nombreuses et si hautes que les traîneaux ne pouvaient plus avancer; on retourna, quand on était encore à 215 kilomètres du but que l'on s'était proposé.

Pendant le retour on trouva un morceau d'un châssis de porte, avec une serrure de cuivre qui portait également le coin de l'amirauté. On reconnut plus tard, à Woolwich, que ce châssis avait appartenu au Terror. Pour Collinson, du reste, c'était évident. Il lui eût suffi, à ce moment, d'explorer la côte située vis-à-vis de la Terre de Wollaston, de s'avancer jusqu'au littoral de la Terre du roi Guillaume, terre dont il était alors si près, plus près que n'avait jamais été aucun des navigateurs envoyés avant lui à la recherche de Franklin, — et Collinson aurait rempli la tâche spéciale qui lui était confiée, il aurait retrouvé les débris de l'expédition de Franklin; il lui eût suffi, en outre, de faire quelques recherches un peu plus en avant vers l'est pour découvrir le véritable passage nord-ouest. Le navire resta dans la glace jusqu'au 10 août; ce jour-là elle s'écarta subitement vers l'est et dégagea le détroit de Dease. Mais on n'avait pas pris à Woolwich une provision de charbon suffisante; sans cette négligence, Collinson aurait pu poursuivre sa route vers l'est et tenter de forcer le passage; mais il fut forcé de retourner au Détroit de Béring, en longeant le littoral, où il était sûr de trouver du bois de flottage.

On eut quelque peine à se frayer un chemin à travers la glace au voisinage du fleuve *Coppermine;* la traversée du détroit «Delphin» coûta la perte d'une ancre et de 256 mètres de chaîne. Au Cap Bathurst les navigateurs n'avancèrent que péniblement à travers les glaces soudées.

Au-delà, on s'avança sans difficulté jusqu'à l'Ile Herschell, où le navire fut encore arrêté. On atteignit enfin, avec de grands efforts, la Baie de Camden, où l'on passa le troisième hiver, celui de 1853 à 1854. On y recueillit une quantité suffisante de bois de flottage.

La débâcle eut lieu dès le 15 juillet 1854; le 20, la mer était navigable. Peu après, on rencontra des Esquimaux du détroit de Barrow; ce fut par leur intermédiaire que l'on apprit les premières nouvelles d'Angleterre, car ils avaient en leur possession un paquet du périodique «London illustrated News», qui donnait des gravures de la grande exposition universelle (1851).[1] Le 8 août, l'*Enterprise* atteignit la Pointe Barrow, et elle mit le cap sur le sud du détroit de Béring; trois jours plus tard, elle rencontra un baleinier américain; depuis 1126 jours, on n'avait pas vu d'hommes civilisés; on apprit à la fois le coup d'État qui avait été perpétré en France et la guerre d'Orient.

Tels sont les résultats, apparemment insuffisants, d'un voyage polaire qui avait duré cinq ans et pendant lequel on avait subi maintes privations, couru maints dangers, tandis que l'heureux Mac Clure avait découvert, dès le premier hiver, le passage nord-ouest ou du moins ce que l'on nomma ainsi. On triompha en Angleterre, en apprenant ce succès, de cette prétendue solution du problème à l'étude depuis plusieurs siècles. On déclara à plusieurs reprises que si la marine anglaise n'avait pas rapporté de lauriers de la Crimée et de la Baltique, elle s'était largement dédommagée par cette glorieuse découverte. Mac Clure fut *bombardé chevalier* par la reine et comblé d'honneurs de tous genres.[2] Comme un prix de 20 000 livres sterling avait été proposé par le Parlement pour la découverte du passage nord-ouest, une commission de la Chambre-basse fut nommée pour examiner s'il y avait lieu de décerner le prix; cette commission exprima son avis, dans un rapport du 20 juillet 1855. Ce rapport, d'après lequel il s'agissait simplement, pour obtenir le prix, de démontrer géographiquement que les deux grands océans communiquent entre eux, ne prouve qu'une chose: c'est que l'on ignorait absolument ce dont il s'agissait.[3] Malgré tous les honneurs prodigués à

---

[1] Le transport «Plover» avait passé l'hiver au détroit de Barrow, pour attendre les navigateurs engagés dans la recherche de Franklin. Ces journaux avaient été donnés par le capitaine aux Esquimaux.

[2] Mac Clure reçut la médaille d'or de la Société géographique de Londres, la grande médaille d'or pour 1854 de la Société de géographie de Paris, une précieuse montre en or qui lui fut donnée par l'Amirauté britannique, et il fut promu capitaine.

[3] On lit dans ce rapport; «Les tentatives faites pour découvrir une communication entre les deux grands Océans, par les mers arctiques, intéressent depuis plus de trois siècles les nations maritimes. Il était réservé au capitaine Mac Clure, à ses officiers et à ses gens, de résoudre le problème. Ils sont, sans conteste, les premiers qui ont passé par eau *(by*

Mac Clure, le prix de 20 000 livres sterling parut trop élevé pour la découverte d'un passage par lequel il était impossible de passer, et l'on n'accorda que 10 000 livres. «Le *passage* était bien trouvé, mais on pouvait, dès lors, dire, en connaissance de cause, qu'il ne méritait pas les recherches dont il avait été l'objet. Le gain pour la science fut très petit; du reste cette découverte fut bientôt obscurcie par les hauts-faits du docteur Kane, un des navigateurs envoyés à la recherche de Franklin. Il existe réellement une communication par eau, dans le nord de l'Amérique. On peut même penser que, dans des circonstances particulièrement favorables, un navire passerait de l'est à l'ouest ou plutôt de l'ouest à l'est, mais l'heureux marin qui exécuterait cette traversée aurait peut-être à hiverner trois ou quatre fois en route, et encore lui faudrait-il profiter d'un été boréal qui serait par hasard très chaud. Les hommes tireraient-ils quelques bénéfices de cette acquisition faite par la science géographique? On peut, sans hésiter, répondre que «non»; du reste, ce résultat lui-même ne pourrait être obtenu que si nos moyens de transport étaient singulièrement perfectionnés.»[1]) L'homme qui émettait cette opinion, en 1857, n'était autre que le perspicace Peschel.

Personne n'a jamais essayé de franchir le prétendu passage nord-ouest de Mac Clure. La vérité, c'est que plusieurs canaux traversent le dédale de l'archipel arctique américain, mais qu'une seule route peut être regardée, sous toutes réserves, comme le passage nord-ouest. Elle passe par les latitudes les plus basses qu'il est possible, et rase le bord du continent américain. Franklin seul était en quelque sorte sur la vraie voie, lorsqu'au lieu de s'avancer vers les régions hyperboréennes, où on le crut et où on le chercha en vain, il se dirigeait vers le sud. Sir John savait bien qu'il accomplirait sa tâche, la *découverte* d'un passage nord-ouest, s'il parvenait à relier les découvertes de Parry avec un canal, conduisant vers le sud, à «la ligne d'eau qui humecte la côte du continent». Une fois arrivé à la Terre du roi Guillaume, un marin comme lui devait savoir où il était et combien il était près du littoral américain; peut-être mourut-il avec la pensée consolante d'avoir accompli la découverte. Les amis de Franklin en Angleterre, et parmi eux le brave Mac Clintock revendiquèrent plus tard pour lui cet honneur. Toutefois, quand il s'agit de faits historiques, la justice exige des

*water)* d'un océan à l'autre et qui sont revenus dans leur pays.» Vient ensuite un résumé de la traversée de Mac Clure, puis la conclusion: «Au capitaine Mac Clure appartient, sans contredit, l'honneur, l'honneur extrême d'avoir, le premier, accompli le véritable passage par eau *(to perform the actual passage over water)* entre les deux océans qui entourent le Globe terrestre. Par cette découverte, il a montré l'existence et le cours de la communication entres les deux océans, laquelle, sous le nom de passage nord-ouest, a été si longtemps un objet de recherches périlleuses et de profond intérêt pour les peuples du monde civilisé.» Il serait superflu d'accompagner de la moindre observation ces absurdités par trop tangibles.

[1]) Ausland, 1857, p. 80.

faits démontrés; elle ne veut pas que l'on se contente d'un «peut-être» ou d'un «vraisemblablement». Pourquoi les compagnons de Franklin, s'ils avaient réellement découvert le passage, n'en auraient-ils pas dit un mot dans leur dernier rapport sur sa destinée? Pour démontrer le passage, il faut passer; tant que l'on ne passe pas, mais que l'on demeure arrêté, le passage n'est pas découvert. C'est pourquoi il n'y a rien de décisif dans le récit suivant fait plus tard par Francis Charles Hall, à supposer même que ce récit soit complètement exact: «L'année même où l'*Erebus* et le *Terror* furent abandonnés, l'un deux a exécuté *la grande traversée du nord-ouest;* il avait cinq hommes à bord............ Sur ce navire de l'expédition de Sir John Franklin, tout était parfaitement en ordre; quatre matelots étaient suspendus sur les côtés du bâtiment; un autre matelot était sur le demi-pont; le bâtiment était sous une couverture d'hiver en toile à voiles ou

en toile de tente. Il fut découvert en 1849 par l'Esquimau Ukjuklik, près d'*O'Reilly Island*, à 68° 30′ de latitude nord et 99° 8′ de longitude ouest, au commencement de 1849; il était pris dans un champ de glace ne datant que de l'hiver précédent. A Iglulik, comme sur la Terre du Roi Guillaume, j'ai appris avec certitude qu'il y avait un lévrier sur l'un ou l'autre navire.»

Comme *O'Reilly Island* se trouve tout près, il est vrai, des côtes continentales, mais encore au sud du détroit de Simpson, le navire en question aurait encore eu à franchir au moins tout le Détroit de Dease, le Golfe Coronation et le Détroit *Delphin and Union,* avant que l'on pût affirmer qu'il avait effectué le passage nord-ouest. Collinson a eu, à ce point de vue, le mérite considérable, et qui n'a pas été suffisamment apprécié, d'avoir le premier conduit un grand navire, du Détroit de Béring, par le Détroit *Delphin and Union* jusqu'au *Détroit de Dease* et d'avoir ramené heureusement ce navire, tandis que jusqu'alors les parties orientales des eaux bordant le continent n'avaient pas encore été traversées par de grands bâtiments, mais ne l'avaient été que par des bateaux. Collinson a donc par là contribué grandement à la véritable solution du problème. A la vérité, les espérances enthousiastes que l'on avait conçues à cette époque se sont évanouies. «Il est maintenant démontré, écrivait, dix ans encore après le retour de Collinson, un homme doué cependant d'un grand sens critique et d'une grande perspicacité, W. Bentheim, qu'il est possible de contourner la côte nord de l'Amérique, et que les navires trouveront des avantages pratiques à prendre cette route, dès qu'ils auront été pourvus de tous les engins mécaniques nécessaires. Oui, le mot de ce Vénitien qui a mis en honneur l'idée de ce passage peut être maintenant une vérité: là serait la route la plus courte d'Europe en Asie. Oui, les difficultés mécaniques une fois vaincues, ces solitudes seraient animées un jour par une active navigation. Et même les froids rigoureux qui l'entravent aujourd'hui ne pourraient-ils pas, quelque jour, la favoriser? Ces contrées glaciales ne semblent-elles pas, en effet, destinées par la nature à servir d'entrepôt pour les produits des autres zones? il serait facile de les y emmagasiner, et ils y resteraient sans s'altérer, pendant des années entières, jusqu'au moment où l'on en aurait besoin!» Cette perspective est aussi lointaine maintenant qu'elle l'était, au jour de la découverte, et personne ne s'est trouvé pour essayer, après Collinson, cette voie maritime du sud; on peut donc, jusqu'à présent, la considérer comme aussi impraticable que la route plus septentrionale de Mac Clure. Il est donc permis d'affirmer que *jamais un même navire n'a, d'un bout à l'autre, longé de près ou de loin la côte septentrionale de l'Amérique, de l'ouest à l'est ou de l'est à l'ouest,* c'est-à-dire n'a traversé le passage nord-ouest. Le passage nord-ouest est bien trouvé, mais ce qui lui manque, c'est l'eau navigable. Malgré tout, nous pouvons être fier de voir que l'homme est parvenu à soulever le voile de ces régions d'où il semblait avoir été proscrit à tout jamais par la nature, et nous pouvons maintenant soupçonner que les organismes ne connaissent pas de limite boréale. Les animaux et les plantes se sont, jusqu'à ce jour, remontrés partout où l'homme a posé le pied vers le nord.

CAPITAINE CHARLES FRANCIS HALL.

## ON APPREND LE DESTIN DE FRANKLIN ET DE SES COMPAGNONS.

L'expédition de Belcher fut la dernière tentative que fit le gouvernement anglais pour retrouver Franklin; on admit, d'après les résultats obtenus, que tout l'équipage de l'*Erebus* et du *Terror* avait succombé aux rigueurs du climat boréal et que les deux navires avaient sombré. Cependant les particuliers et surtout l'infatigable Lady Franklin ne se reposaient pas. Grinnell de New-York avait offert son brick *Advance* pour une seconde expédition, et en 1853 nous voyons le docteur Elisha Kane entreprendre avec ce bâtiment un voyage au Sund de Smith; ce voyage, est à maints égards un des plus intéressants parmi ceux qui aient jamais eu lieu dans les mers boréales, mais il ne fournit aucun renseignement sur le sort de Franklin. Je reviendrai dans le prochain chapitre sur cette expédition connue sous le nom de «seconde expédition de Grinnell»; mais d'abord je vais raconter comment a été découverte la vérité sur la catastrophe de Franklin. Lorsque Kane revint de son voyage, le destin de l'*Erebus* et du *Terror* était dévoilé, grâce au hasard, peu de temps après que les hommes avaient renoncé à percer ce mystère.

C'est à l'infatigable John Rae qu'avait été réservé l'honneur de découvrir le lieu où avait péri Franklin. Rae avait été chargé en 1853 par la

19*

Société de la Baie d'Hudson, au service de laquelle il était, de relever complètement la côte occidentale de Boothia jusqu'au détroit de Bellot; sa mission n'avait donc aucun rapport avec la recherche de Franklin.

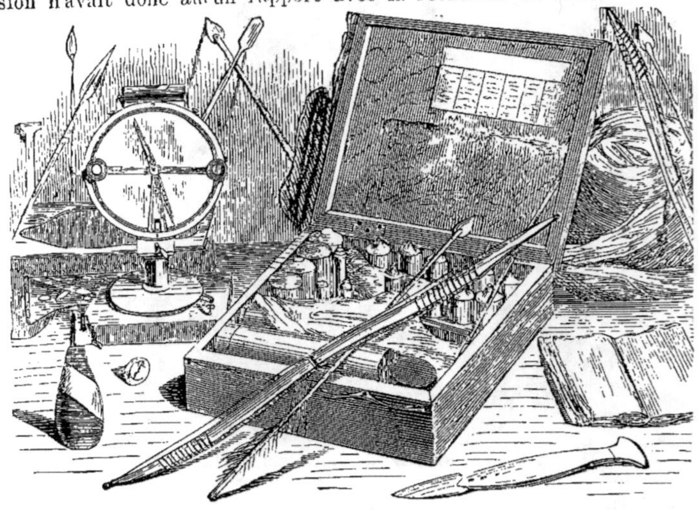

OBJETS PROVENANT DE L'EXPÉDITION DE FRANKLIN.

Rae hiverna près de la *Repulse Bay;* il en partit le 31 mars 1854, c'est-à-dire quelques jours après que les recherches avaient été abandonnées par l'Amirauté britannique. Près de la Baie Pelly, sur la côte orientale de Boothia, il rencontra, le 17 avril, des Esquimaux parmi lesquels se trouvait un certain Jn-nuk-pu-zhe-iuk, duquel il apprit qu'un certain nombre de *Kablunan* (de blancs) étaient morts de faim à peu de distance à l'ouest, près et au delà d'un grand fleuve avec beaucoup de cascades et de rapides, (Grand fleuve des Poissons, de Back). Ces Esquimaux racontèrent qu'au printemps de 1850, quarante hommes blancs environ avaient été vus sur la Terre du Roi Guillaume, s'en allant sur la glace vers le sud. Les hommes blancs firent comprendre par signes que leur navire avait été broyé dans les glaces. Au bout de quelques semaines, on avait découvert trente cadavres de blancs sur le continent et cinq sur une île du voisinage à une journée de voyage au nord du grand fleuve. Rae accueillit ces nouvelles d'abord avec méfiance, mais plus il se rapprocha du théâtre de la catastrophe, plus il reconnaissait que ce récit avait au moins quelque chose de vrai. Après avoir traversé la terre comprise entre la Baie Pelly et de la Baie Stephen, il revint vers le nord, en suivant la côte occidentale de Boothia. Le 6 mai, il atteignit le point extrême de son voyage, vis-à-vis la Terre du Roi Guillaume; il était donc assez rapproché du lieu où s'etait dénoué le drame de Franklin. Il se renseigna plus amplement et acheta aux Esquimaux un certain nombre d'objets[1]) ayant appartenu aux naufragés. Le 22 octobre 1854, il présenta ces objets à l'Amirauté britannique. Ces preuves convaincantes produisirent une émotion d'autant plus grande, que l'opinion générale jusqu'alors avait été qu'il ne fallait pas chercher Franklin en dessous du 75° de latitude nord.

On fut très mécontent de ce que Rae ne se fût pas rendu immédiatement sur le théâtre de la catastrophe quand il se trouvait à peine à 350 kilomètres, pour s'y livrer à des investigations complètes. Rae, à vrai dire, n'avait pas reçu de mission spéciale à cet effet, mais il eût pu retarder l'exécution des ordres qu'il avait reçus. Après ces récriminations, on se mit à déclarer presque unanimement que ses assertions ne méritaient aucune créance. Du moins les feuilles anglaises se montrèrent fort réservées, et l'*Athenæum* mit les Esquimaux de Rae sur la même ligne que le célèbre Tartare de Crimée. Au nombre des sceptiques se trouvait le Dr. August Petermann: ce dernier exprima ses doutes dans une publication de l'établissement géographique de Justus Perthes, dont il était devenu directeur. Quoiqu'il en soit, les parents et les amis des victimes furent vivement émus des communications de Rae, et tout le monde civilisé désirait avec la plus vive impatience des renseignements complémentaires. L'*Athenæum*, et avec lui d'autres publications périodiques, invitèrent le gouvernement à armer d'autres expéditions, tant pour contrôler les indications de Rae que pour rechercher le capitaine Collinson, qui était parti sans être approvisionné pour une aussi longue absence.

Le docteur Rae invité par l'Amirauté britannique à entreprendre un nouveau voyage ayant refusé pour raison de santé, l'Amirauté se contenta d'inviter la Société de la Baie d'Hudson à envoyer deux de ses employés faire de nouvelles recherches. James Green Stewart, un des principaux négociants de la société, se mit donc en route avec quatorze hommes, rompus aux difficultés de la vie polaire. Parti de son port *Carlton House* le 7 février 1855, il arriva au fort Chippevayan, sur le Lac Athapaska, le 5 mars; puis remonta en canots sur le *Peace River* jusqu'au grand Lac de l'Esclave, et il arriva, le 30 mai, au fort Resolute, où James Anderson vint le rejoindre; ce dernier était chargé de commander l'expédition en commun avec Stewart. Le 22 juin, ils partirent vers la source du Grand fleuve des

---

[1]) Deux douzaines de couverts d'argent, un chronomètre en or, dont la boîte en avait été enlevée, des parties d'un télescope, quatre couteaux, une décoration de l'ordre de Guelfe du Hanovre, laquelle avait appartenu à Franklin, une petite plaque ronde en argent avec son nom, plaque qui sans doute ornait la tête d'une canne, d'une petite chaîne de montre en or et d'un morceau de vieille flanelle au milieu duquel étaient les initiales de Franklin.

poissons ils en suivirent le cours jusqu'à son embouchure dans la Mer polaire, et ils y arrivèrent, le 30. Les deux explorateurs rencontrèrent des Esquimaux qui confirmèrent les récits de Rae et qui les guidèrent jusqu'à l'Ile Montréal située près de là.

Jusqu'au 9 août ils explorèrent minutieusement, et au prix de mille dangers et de privations, l'ile et le continent entre 67 et 69° de latitude nord. Près des rapides du fleuve au-dessous du Lac Franklin, ils rencontrèrent, le 30 juillet, près de trois huttes d'Esquimaux tout un monceau de débris: diverses parties d'un bateau européen, des morceaux de bois de mahagoni, de chêne et de pin, des chaudrons de cuivre et de tôle, une gamelle en fer-blanc, des morceaux d'instruments, un porte-billets de 1843, des scies, des ciseaux à froid. Il n'y avait qu'un homme auprès des huttes; mais les femmes, très intelligentes, firent comprendre par signes aux voyageurs, ignorant malheureusement la langue des Esquimaux, que ces objets provenaient d'un bateau et que les hommes blancs qui le montaient étaient morts de faim. Malgré toutes les offres de récompense, les Esquimaux ne purent fournir aucun document écrit. A l'Ile Montréal enfin, Anderson et Stewart trouvèrent des souliers de neige portant le nom de Stanley, chirurgien de l'*Erebus,* qui l'avait gravé avec un couteau, — en outre un morceau de bois sur lequel on pouvait lire encore le nom de *Terror,* — des crampons et d'autres objets de navire, des ciseaux, des pelles, des chaudrons de fer, de la fonte, des cordages, de la toile de pavillon et des bâtons, mais pas d'ossements. Les Esqimaux dirent qu'il n'était mort qu'un homme sur l'ile, mais que le reste avait passé sur le continent; on trouva en effet des ossements, près du rivage opposé à l'ile Montréal, sous une épaisse couche de grêle. Comme on ne pouvait aller à la Terre du Roi Guillaume, parce que le mouvement des glaces était trop violent pour un fragile bateau, les voyageurs se remirent en route, le 9 août, avec les restes recueillis; ils reprirent pour le retour le même chemin qu'à l'aller.

Bien que cette expédition assez défectueuse ne fût pas parvenue à dévoiler d'une façon plus satisfaisante, que ne l'avait fait Rae, le secret du désastre final de Franklin, elle confirma les indications de Rae si fortement contestées auparavant; l'Amirauté britannique devait donc accorder à Rae le prix de 10 000 livres sterling, promis depuis le 7 août 1850. Une partie des gens de Franklin avaient réellement débarqué à l'embouchure du Grand fleuve des Poissons et avaient pénétré jusqu'aux cascades de Franklin. Ce résultat était désormais incontestable. Le gouvernement s'en contenta. Quant au public, il considérait comme tout à fait insuffisante l'expédition de Stewart Anderson, la place principale, la Terre du Roi Guillaume n'ayant pas été explorée. Le gouvernement fut mis en demeure d'y envoyer un navire. Les savants les plus éminents et les plus grands explorateurs arctiques s'intéressaient vivement au projet; nous citerons Sir Roderick Impey Muckinson, l'astronome Whewell, l'ingénieur R. Stephenson, Beechey, Collinson, et Richards. Mais le gouvernement, qui dans sa sagesse, avait fait partir tant d'expéditions sans but précis, déclina catégoriquement toute initiative de ce genre, quand il n'y avait plus qu'à marcher avec des données certaines et à explorer une région restreinte.

Lady Franklin, sans hésiter, se décida à faire partir une nouvelle expédition. Plusieurs amis fidèles l'assistaient de leurs conseils et de leurs actes; cependant une souscription ouverte, sous les auspices de la Société de Géographie, pour venir en aide à la persévérante veuve ne réussit pas complètement. Lady Franklin vendit ses biens et loua un modeste logement; elle acheta le yacht-schooner à hélice, *Fox*, pour 2 000 livres sterling. Nombre d'officiers supérieurs s'offrirent à conduire gratuitement ce bâtiment. Lady Franklin destina d'abord le commandement au capitaine G. H. Richards de la marine royale; mais ce dernier, ayant été appelé par son service à l'Ile de Vancouver, fut dignement remplacé par le capitaine F. Leopold Mac Clintock, qui avait pris part à toutes les expéditions arctiques sous les ordres de James Ross, d'Austin et de Belcher et qui s'était surtout distingué par ses explorations en traîneau pendant celle de Belcher. Tous les officiers servaient gratuitement. C'étaient: le lieutenant W. R. Hobson, qui connaissait bien les eaux arctiques et qui avait servi plusieurs années

SIR LEOPOLD MAC CLINTOCK.

sur le *Plover* dans le Détroit de Béring; Allen W. Young, capitaine de la marine marchande, qui avait donné la somme considérable de 500 livres sterling pour l'armement du navire et qui devait y remplir les fonctions de maître-voilier, le D<sup>r.</sup> David Walker, en qualité de chirurgien et de naturaliste, enfin le capitaine Petersen, de Copenhague, qui avait, en qualité d'interprète, rendu de grands services à Penny et à Kane et qui remplissait de nouveau cette importante fonction. Tout l'équipage du *Fox* se composait de 25 hommes appartenant pour la plupart à des navires de guerre qui avaient déjà pris part à des expéditions arctiques antérieures. C'est un devoir de dire que l'Amirauté, bien qu'au début elle n'eût pas encouragé l'expédition de Lady Franklin, revint de ses préventions lorsqu'elle la vit sous le commandement d'un homme aussi prudent que le capitaine Mac Clintock, et la seconda efficacement en lui fournissant des provisions. Le petit *Fox*, très bon voilier, fut pourvu d'une nouvelle cuirasse. Lady Franklin laissa au capitaine Mac Clintock la liberté d'agir à sa guise; elle lui recommanda principalement de sauver

LE «FOX» TRAVERSANT LES GLACES.

les survivants s'il y en avait, puis, en seconde ligne, de recueillir les documents de l'expédition qui ne pouvaient manquer d'être importants, enfin de vérifier s'il y avait quelque raison de revendiquer pour Franklin la gloire de la découverte d'un passage nord-ouest.

Le premier juillet 1857, le *Fox* partit d'Aberdeen; il se dirigea d'abord sur la côte occidentale du Groenland, afin d'y acheter des chiens, qui étaient indispensables pour les expéditions en traîneau que l'on avait en vue. Les voyageurs arrivèrent à Upernivik, le 6 août; c'est de là qu'ils

LE «FOX», CONTRE LES ÉCUEILS DE L'ILE BUCHANAN.

expédièrent les dernières lettres pour leur patrie, puis ils se dirigèrent vers l'est dans l'intention de franchir la Baie de Baffin. Mais le *Fox* était trop faible pour se frayer un chemin à travers la *glace du milieu;* on commença donc par s'avancer, sur une certaine étendue, vers le sud, en longeant le bord de la glace, puis le 12, on mit le cap sur le nord, mais partout on trouva une banquise impénétrable; on fixa enfin le navire à une montagne de glace qui semblait adhérer à un glacier immense de la côte. Du 18 août 1857 au 17 avril 1858, le *Fox* resta attaché à cette glace, mais celle-ci se mouvant elle-même vers le sud, pendant la longue nuit polaire, entraîna le bâtiment vers l'ouest, jusqu'au 28 novembre, puis elle lui fit redescendre toute la Baie de Baffin jusqu'au Détroit de Davis, c'est-à-dire jusqu'à 63° 30′ de latitude nord. La totalité du chemin que le navire avait ainsi parcouru, depuis sa position initiale de 75° 24′ de latitude nord, et 64° 30′ de longitude à l'ouest de Greenwich, était de 2 560 kilomètres. La grande île de glace qui avait jusque là enserré le navire ne se rompit qu'au commencement d'avril 1858, et le 17 une tempête provoqua la débâcle générale de la glace. La nuit du 25, le navire arriva dans des eaux libres, et le 28 à Holsteinborg, le port du Groenland le plus rapproché. La brave phalange s'y remit de ses fatigues; du reste, l'état sanitaire avait été satisfaisant; il n'y avait eu qu'un cas de mort à bord, le 4 décembre 1857. On se ravitailla, les avaries du bâtiment furent réparées; au bout d'un mois on était prêt à reprendre la mer. Le 24 mai, Mac Clintock se trouvait près de l'île Disco; le 31 on jeta l'ancre devant Upervinik. On était donc exactement au même point que l'année précédente.

D'Upernivik où les marins attendirent la débâcle des glaces, on commença, le 4 juin, à s'avancer lentement au milieu des eaux libres le long des côtes; le 26, on atteignit le cap York sur la côte occidentale du Groenland et à l'entrée du Sund de Smith; on noua des relations avec les indigènes de ce pays, qui du reste avaient déjà reçu amicalement la «seconde expédition de Grinnell», conduite par le docteur Kane; ils reconnurent aussitôt l'interprète Petersen qui avait accompagné ce dernier. Le *Fox* arriva ensuite, le 12 juillet, au Cap Warender, une des pointes sud de *North Devon* dans le Sund de Lancaster. Le sund était obstrué par les glaces, et les vents d'est contribuaient encore à les y accumuler, de sorte qu'il ne fallait pas songer à poursuivre vers l'ouest.

Mac Clintock ayant appris en route qu'il y avait, à la *Ponds Bay*, des Esquimaux qui avaient connaissance des débris de deux navires naufragés au voisinage, fit voile pour cette baie; il croisa l'embouchure du Sund de Lancaster vers le sud, et il atteignit ce bras de mer, le 27 juillet, après avoir constamment lutté contre les glaces. Le *Fox* avait donc décrit un cercle à peu près complet le long des côtes méridionales de la Baie de Baffin. Les Esquimaux cherchés habitaient à Kaparoktolik, station d'été, d'un climat relativement doux, située dans une gorge profonde du Détroit de Ponds, entre des écueils abrupts. Le navire ne quitta cet abri que le 6 août; les indigènes avaient affirmé que, depuis 20 à 30 ans il n'y avait pas eu de naufrage sur leur côte.

Par le Sund de Lancaster, ces Dardanelles boréales, on arriva, le 11, à l'Ile Beechey où on dressa une table de marbre que Lady Franklin avait remis à Mac Clintock pour honorer la mémoire de son époux et de ses compagnons d'infortune. En même temps, on examina les provisions autrefois déposées dans ce lieu, pour savoir s'il serait prudent de se retirer dans cette île, au cas où il faudrait quitter le *Fox*. Les grandes quantités de vivres déposées dans cette île, étaient en parfait état de conservation. Les dépôts du Cap Riley et du Cap Hotham, étant moins bien abrités, avaient été en grande partie détruits par les ours, qui avaient brisé les tonneaux et qui avaient dispersé ce qu'ils n'avaient pu manger.

Après s'être ravitaillés on doubla le Cap Hotham le 16, et l'on essaya de s'avancer dans le Sund de Peel vers le Sud, route qui, pensait-on, n'avait pas été suivie jusqu'alors. On arriva à un point, à partir duquel le détroit était complétement obstrué par les glaces sur une étendue de quarante kilomètres. Il fallut donc retourner et faire le tour de l'Ile *North Sommerset* pour se rapprocher du continent, par l'Entrée du Prince Régent, plus orientale et plus ouverte. Cette bande d'eau était presque complétement exempte de glace; on put donc, le 20 août, entrer facilement dans le Détroit de Bellot, long de 27 à 28 kilomètres et large de 1 kilomètre et demi, qui relie l'Entrée du Régent au Sund de Peel. Lorsqu'on s'approcha de la Baie Brentford, l'attente était à son comble, car jusqu'alors on avait nié l'existence du détroit, de laquelle, en réalité, dépendait le sort de l'expédition. On reconnut bientôt, en voyant les énormes blocs de glace polaire s'agiter comme dans un courant, qu'il y avait là réellement un passage. Le *Fox*, poussé par un violent courant de l'est, avait déjà parcouru plus de la moitié du chemin lorsqu'il fut arrêté par une large et impénétrable bande de glaces soudées; il fut forcé de chercher un refuge dans la baie Brentford. Le 25, on essaya de nouveau de forcer le détroit, mais en vain; le navire fut encore forcé de revenir à l'entrée orientale. Le 30, un troisième essai échoua. Le 1ᵉʳ septembre, Mac Clintock partit en exploration, avec les canots; il arriva jusqu'à l'Ile Halphway, puis par terre au Cap Bird; il revint avec un nouvel espoir. Le 6 septembre, il parvint à traverser tout le Détroit de Bellot jusqu'à une île, située en dehors de l'embouchure, mais tout près d'elle; le *Fox* y fut retenu par une barrière de glaces. Le 19, on recommença la traversée pour établir des dépôts sur les îles qui se trouvent en avant de l'embouchure ouest, en prévision des excursions en traîneau que l'on se proposait de faire au printemps. Cette traversée du Détroit de Bellot, avec un bâtiment aussi faible que le *Fox*, est un des principaux événements et des plus grands triomphes de l'histoire des navigations arctiques. Enfin, le 27 septembre, Mac Clintock dut reconcer à l'espérance de pénétrer plus avant qu'en 1858 et, le cœur serré, chercher un lieu d'hivernage. Il choisit à cet effet une petite baie du Détroit Bellot, au pied du Munt Walker; cette baie reçut le nom der Port Kennedy.

A partir de ce point, qui se trouve à peu près sous le même méridien que l'embouchure du Grand fleuve des Poissons, les recherches commencèrent. On était encore à l'automne de 1858, lorsque le lieutenant Hobson,

20*

dans une excursion, qui dura du 25 septembre au 6 octobre, le long de la côte occidentale de Boothia, poussa vers le sud, jusqu'à 71° ¹/₂ de latitude nord; il se servit des dépôts établis sur cette côte; dans une seconde excursion (du 19 octobre au 6 novembre) il s'avança jusqu'au pôle magnétique. Les voyages d'automne sont très pénibles à cause des vents âpres et de l'épaisse couche de neige à moitié fondue; Hobson eut beaucoup à souffrir pendant sa seconde excursion.

Quand on crut que le temps était suffisamment radouci pour permettre de nouvelles courses, Mac Clintock, Mr. Petersen et Allen Young partirent, le 17 février 1859, dans la direction du sud-ouest. Le 1ᵉʳ mars, ils atteignirent le pôle magnétique, et un peu plus au sud, près du cap Victoria, ils rencontrèrent un campement d'une cinquantaine d'Esquimaux, auxquels Mac Clintock dut les premières nouvelles exactes relatives à Franklin. Ceux-ci racontèrent que, plusieurs années auparavant, un grand navire avait été emprisonné dans les glaces, au voisinage de la Terre du Roi Guillaume, mais que l'équipage s'était réfugié à terre et avait pris la route du Fleuve des Poissons près duquel il avait péri. Mais aucun de ces Esquimaux n'avait vu les Blancs. Quelques ustensiles européens avec une provision de bois que l'on trouva chez les Esquimaux et que leur avait fourni un bateau naufragé prouvaient que l'on pouvait avoir toute confiance dans leurs assertions. Mac Clintock en savait assez pour agir en connaissance de cause.

L'expédition du printemps proprement dite commença le 2 avril; il y avait deux traîneaux, chacun avec quatre hommes, sous le commandement du lieutenant Hobson et du capitaine Mac Clintock, ainsi qu'un traîneau de réserve attelé de six chiens. Les deux traîneaux se séparèrent près du Cap Victoria, lorsqu'on eut appris par les Esquimaux de cette région qu'un autre navire avait fait naufrage aux environs de la Terre du Roi Guillaume et avait été exploité pendant longtemps comme une mine d'or. Hobson partit pour retrouver cette épave, tandis que Mac Clintock s'avançait, sur la côte orientale de la Terre du Roi Guillaume, au sud jusqu'au continent. Mac Clintock eut beau explorer en détail, au mois de mai, la pointe, l'Ile Montréal et le Détroit de Barrow, il ne trouva nulle part ces monceaux de pierres comme on en élève, pour laisser des nouvelles. Mac Clintock était amèrement déçu dans ses espérances. Ce ne fut qu'à son retour, le 24 mai, et après être retourné a la Terre du Roi Guillaume qu'il trouva, à 16 kilomètres, à l'est du Cap Herschell, un squelette et des lambeaux d'un vêtement européen, ainsi qu'un portefeuille avec des lettres en langue allemande. L'insuccès de l'Ile Montréal avait fait presque douter de la sincérité du récit de Rae; la découverte que l'on venait de faire le confirmait complétement. Il y avait là réellement un homme qui avait appartenu à cette malheureuse expédition; ce squelette portait témoignage; il indiquait même la direction du retour, car il gisait, comme l'homme était tombé, la tête vers le sud-est. A vingt kilomètres, à peine, du Cap Herschell, Mac Clintock trouva ensuite dans un «cairn» une note de Hobson, d'après laquelle ce dernier avait passé par là six jours auparavant mais sans voir ni Esquimaux, ni bâtiment naufragé; toutefois Hobson avait trouvé près de la Pointe Victory, dans un cairn, un document très important laissé par l'expédition de Franklin. Le 30 mai, Mac Clintock aperçut un bateau déjà examiné auparavant par Hobson; le 2 juin, il arriva à la Pointe Victory, où il releva quelques debris et prit connaissance d'une note d'Hobson à ce sujet. De là il traversa la Terre, complétement déserte du Roi Guillaume, et après un voyage très difficile, il rejoignit enfin le *Fox*, le 19 juin.

Le lieutenant Hobson avait atteint, le 28, le Cap Felix, c'est-à-dire la pointe nord de la Terre du Roi Guillaume; il y avait vu trois grandes tentes pleines de couvertures et de vêtements, ainsi que d'ustensiles de chasse et d'instruments magnétiques, mais point de rapport écrit, bien qu'un «cairn» eut été élevé à côté. Le 6 mai enfin, Hobson arriva au cairn près de la Pointe Victory, cairn dont nous avons déjà parlé: il trouva sous les pierres, dans une boîte de fer blanc, un document qui expliquait enfin l'énigme Franklin. Le petit morceau de papier (formulaire imprimé à l'usage des expéditions navales, et dont le lecteur a eu un fac-simile sous les yeux,) dévoilait, en quelques lignes l'histoire des souffrances et des misères que nous avons racontées. On constatait que, sur ce papier, des notes avaient été inscrites à deux époques différentes. La première ne donnait que des renseignements favorables, mais tout autour du billet une autre main avait relaté le tragique dénouement. Une masse d'objets étaient jetés là comme si on avait renoncé à tout ce dont on pouvait se passer. En examinant plus à fond la côte orientale de la Terre du Roi Guillaume, on trouva, par 69° 9′ de latitude nord et 99° 27′ de longitude à l'ouest de Greenwich, c'est-à-dire un peu au nord-ouest du cap Herschell, un bateau de 9 mètres de long et de 2 mètres et demi de large placé sur un traîneau. Avec une foule d'objets d'habillements, des cuillers et des fourchettes d'argent, cinq montres et quelques livres de prières, on releva deux squelettes humains; aucun journal, aucune note. Il y avait dans le bateau deux fusils doubles, chacun avec un seul coup chargé, une provision de 15 à 20 kilogrammes de chocolat, ainsi qu'un peu de thé et de café, et à cent pas était un tronc de bois flotté. Les deux hommes, possédant des armes, de la nourriture et du combustible, étaient donc morts de maladie ou surpris par le froid. Hobson revint, le 14 juin, tellement épuisé qu'il ne pouvait se tenir debout. Pendant la plus grande partie du voyage, il avait tellement souffert du scorbut que son fidèle compagnon avait été obligé tout le temps de le porter ou de tirer le traîneau sur lequel était le malade.

Allen Young, parti également du navire le 7 avril, releva, du Cap Swinburne, pointe sud de la Terre du Prince de Galles, la côte sud de cette île jusqu'à 73° de latitude nord, au-delà du point extrême qu'Osborn avait atteint en venant du nord. Après de vaines tentatives pour arriver à la Terre de Victoria en traversant le Détroit de Mac Clintock, il commença, le 11 mai, à revenir sur ses pas; le 7 juin, il arrivait au *Fox*. Il repartit le 10, pour compléter l'exploration du Sund de Peel, et il n'était pas encore de retour de cette expédition, lors de l'arrivée de Mac Clintock; cependant il rencontra plus tard le navire à l'embouchure ouest du Détroit de Bellot. Le 9 juillet, l'état des glaces permit de repartir. Le *Fox* traversa heureusement le Détroit de Bellot, le 16 à l'Ile Leopold, le 19 à l'issue du Sund de Lancaster; après avoir été réparé à Godhavn, il arriva à Portsmouth, le 21 septembre 1859.

D'après les résultats de l'expédition de Mac Clintock, qui donnait enfin des renseignements précis sur le sort de Franklin et de ses compagnons, on a généralement cru en Europe, qu'en 1859, il ne restait plus un seul survivant de cette malheureuse entreprise. Longtemps on avait nourri l'espoir que l'un ou l'autre de ces malheureux avait reçu l'hospitalité chez quelque tribu d'Esquimaux, mais Mac Clintock déclara formellement que cela était impossible. D'abord les pays du voisinage du Fleuve des Poissons sont excessivement peu fréquentés des Esquimaux; en second lieu il serait très difficile à un Européen de s'habituer à la vie de ces peuplades, car il est faux de dire que les Européens ne meurent pas de faim là où les Esquimaux peuvent vivre.

Cependant quelques personnes encore n'admirent pas sans réserves les arguments de Mac Clintock; l'Américain Charles Francis Hall fut du nombre (né en 1821, à Rochester dans le New-Hampshire, fils d'un forgeron). Excité par la lecture des comptes-rendus des récentes explorations polaires, il traça avec le capitaine Budington, ce baleinier expérimenté qui, en 1855, avait rencontré la *Resolute* dans la Baie de Baffin, le plan d'une nouvelle expédition en bateau vers le Canal de Fox, dans l'espoir de retrouver en vie quelques-uns des compagnons de Franklin. Il fit construire un bateau de 8 mètres et demi de long, de 2,13 mètres de large et de 0,75 mètre de profondeur, qui ressemblait à beaucoup d'égards aux baleinières ordinaires et qui, tout chargé, n'avait que 0,20 mètre de tirart d'eau. On emportait un traîneau sur lequel on pouvait placer le bateau pour le transporter sur la glace et la neige. Avec ce bateau et un Esquimau américain, nommé Eud-la-ja-ah, Hall s'embarqua, le 29 juin 1860, à New-London dans le Connecticut, sur la baleinière *George Henry*, commandée par Budington, pour l'île de Cumberland, Terre de Baffin. Malheureusement avant qu'il n'y arrivât, son Esquimau mourut;

néanmoins lorsque le *George Henry* eut été pris par les glaces, cet homme d'un courage indomptable se fit descendre seul, le 20 août, dans une petite baie du Détroit de Frobisher, par 61º 51′ 30″ de latitude nord et 65º 4′ 45″ de longitude à l'ouest de Greenwich, pour s'acclimater aux froids arctiques et se mettre au courant de la langue et des habitudes des Esquimaux en passant plusieurs années avec eux.  Hall se proposait de se rendre ensuite à l'embouchure du Grand fleuve des Poissons, après avoir exploré la région inconnue comprise entre le Cap Willoughby et l'extrémité orientale du Détroit Fury et Heckla.  La mort de son guide et la perte accidentelle du bateau, le 27 septembre, le forcèrent à abandonner ce plan et à limiter ses recherches aux régions voisines.  Il parcourut une étendue d'environ 480 kilomètres vers l'ouest et de 120 vers le sud, dans une région qui, autant que l'on sache, n'avait été vue ou explorée par aucun homme blanc depuis les années 1576 et 1578. A cette époque Sir Martin Frobisher avait visité pendant trois années consécutives, comme nous l'avons raconté dans un chapitre précédent, le bras de mer découvert par lui, mais les explorateurs qui lui ont succédé ont toujours passé par le Détroit d'Hudson pour pénétrer dans la Baie d'Hudson, et, bien leur en prit, car le voyage de Hall prouva que ce bras de mer n'est pas un détroit, mais une entrée semblable à celle de Cumberland plus septentrionale.  Cette Baie de Frobisher, comme il nous faut la nommer maintenant, est une magnifique nappe d'eau, largeur moyenne 80 kilomètres, longueur 320 kilomètres dans la direction du nord-ouest; Hall fit le tour de ses rives sur des traîneaux, pendant l'hiver de 1860 à 1861, en examinant les moindres recoins[1]); il constata que les principaux caps et les principales îles se trouvaient à l'est conformément aux descriptions de l'ancien navigateur; à Kodlunaru ou *Whitemans-Island,* îlot de 330 mètres seulement de longueur et de largeur, il découvrit des preuves indubitables du séjour temporaire qu'y avaient fait les Anglais trois cents ans auparavant; des traditions sur cette tentative d'établissement et son insuccès s'étaient conservées chez les Esquimaux.  Hall passa environ vingt mois dans cette contrée; il y revint en septembre 1861 après avoir appris la langue des Esquimaux et s'être fait beaucoup d'amis chez ce peuple, et parmi eux les époux Joe Kukulito, qui l'accompagnèrent même aux États-Unis et puis reçurent les noms de Joseph et de Anne Ebierbing (d'après quelques-uns Eberling).

Hall n'avait pas cette fois atteint son but qui était de retrouver encore en vie quelques-uns des compagnons de Franklin, mais il ne le perdait pas de vue.  Après s'être reposé 18 mois de son voyage arctique, il partit, le

---

[1]) De nombreuses îles se trouvent dans ces parages; un immense glacier, nommé glacier de Grinnel, haut de 114 mètres, long de 30 kilomètres et large de 15, se trouve près de la Terre de la Reine Elisabeth du côté sud, et une montagne riche en fossiles à l'extrémité ouest.

30 juillet 1864, sur le *Monti Cello* commandé par Budington pour la *Repulse Bay* au nord-ouest de la Baie d'Hudson. Il se proposait de rester absent trois années environ, mais il prolongea son séjour parmi les Esquimaux, jusqu'à l'année 1869; pendant ce long laps de temps il vécut absolument en Esquimau, habitant une tente de peau de phoque, se nourrissant de viande crue et d'huile, ce qui garantit très bien du froid; Hall a même mangé en un seul jour 7,5 kilogr. de viande crue et deux pintes et demie, c'est-à-dire 1,4 litre d'huile et il n'en fut nullement incommodé. De cette manière il pénétra plus profondément que ses devanciers dans la langue et les coutumes des hommes polaires américains.

Il tenait un journal détaillé de ses observations. Ce journal n'a été publié que récemment, après la mort de l'auteur. Nous y voyons que Hall, après un bref séjour à «Depot Island», arriva, le 31 août 1864, à un point du littoral de Roés Welcome, près de la Baie Wager; là il gagna un *Iglou* d'Esquimaux où il hiverna; l'été suivant, il arriva à *Repulse Bay* où il passa l'hiver de 1865 à 1866. En avril 1866, il arriva à la Terre du Roi Guillaume, accompagné d'un indigène, de 3 traîneaux et de 18 chiens. Du fort Hope, au fond de la Repulse Bay, il suivit autant que possible la même route que le Rae, se rendant à la Baie de Colville en 1854; cependant il fut forcé, bien à regret, de retourner au fort Hope à cause de l'hostilité des tribus habitant autour de la Baie Pelly et de la lâcheté de ses propres gens. Il passa le reste de l'année au voisinage de la Baie *Repulse* où sa solitude fut agréablement interrompue par l'arrivée et l'hivernage de plusieurs baleiniers.

En février et mars 1867, pénible voyage à Iglugik, distant de 160 kilomètres; s'y étant procuré des chiens, il fut d'autant plus affecté de se voir obligé de renoncer à son projet d'expédition à la Terre du Roi Guillaume, aucun des capitaines de la flotille baleinière ne voulant tenir sa promesse et lui donner des hommes pour l'accompagner. A cette époque, en août 1867, le docteur Goold de Dublin s'entretint avec Hall à la Repulse Bay; Goold apporta en Europe des nouvelles de notre explorateur.

Tout-à-coup l'attention de Hall se tourna sur les parties méridionales de la Péninsule Melville, confinant au Détroit Fury et Hecla, où disait-on il y avait un monument et où deux hommes blancs auraient été vus trois ans seulement auparavant. Hall partit pour cette destination, le 23 mars 1868; il trouva bien le cairn; il le démolit pierre par pierre, mais il ne découvrit rien qui pût le renseigner sur celui qui l'avait construit. Alors il releva exactement le littoral de la Péninsule Melville, entre les Caps Inglefield et, Crozier, ce qui n'avait pas encore été fait; il découvrit un îlot au nord-ouest du premier de ces promontoires, et il revint à la *Repulse Bay* en juin 1868, après 96 jours de voyages en traîneau.

Hall employa l'hiver de 1868 à 1869 à préparer sa dernière tentative pour arriver jusqu'à la Terre du Roi Guillaume, et cette fois ses efforts furent couronnés de succès. Cinq indigènes, (trois femmes et deux enfants) avec des traîneaux et 18 chiens le suivaient dans ce voyage; jusqu'à la baie Colville il suivit la même route qu'en 1866. Ensuite Hall traversa la Baie Pelly; le 11 mai, il campa sur l'une des Iles Toudds au sud de la Terre du Roi Guillaume, qu'il toucha en deux points, et chercha les traces de l'expédition Franklin. Pendant le retour il tomba soudainement très gravement malade; c'était sans doute un des prodromes de la brusque attaque à laquelle il devait succomber en 1871. Le 5 août, le baleinier Ansell Gibbs jeta l'ancre dans la Repulse Bay; c'est alors que se termina le séjour

MAC CLINTOCK RECUEILLE LES RESTES DE L'EXPÉDITION DE FRANKLIN.

de Hall dans les régions arctiques. Le 26 septembre 1869, il aborda heureusement, avec son fidèle Esquimau Joë, avec Hana et leur enfant adoptif Sylvia, New-Bedford dans le Massachusets.

Les explorations de Hall dans le nord américain sont importantes à deux égards, et d'abord à cause des corrections qu'elles ont permis d'apporter à la carte.

Les corrections s'étendent à la plus grande partie des côtes entre la Baie d'Hudson au sud, la Terre du Roi Guillaume ainsi que le Détroit Fury et Hecla au nord; la côte occidentale, de la Baie d'Hudson, au nord d'York, fut reculée vers l'ouest et rectifiée; un petit îlot méridional fut, par la découverte d'un détroit, séparé de l'Ile Southampton. La *Wager River* prit une forme toute différente; les côtes de la Péninsule Melville eurent presque partout de nouveaux contours; la côte de la Baie Sherperd fut considérablement reculée vers l'ouest.

Le second résultat principal des voyages de Hall est la découverte de nombreux restes de l'expédition de Franklin.

C'est à Hall que l'on doit les détails rapportés plus haut sur les compagnons de Crozier. On lui dit en 1866 que Crozier lui-même et un autre blanc, qui l'accompagnait, étaient morts, deux ans auparavant, dans les parages de l'Ile Southampton. Les Esquimaux qui donnaient ces détails possédaient, du reste, le chronomètre de Crozier ainsi que divers objets d'argent. On ne put tirer d'eux des indications exactes, sur le chemin suivi par Crozier, ni sur les autres Blancs auxquels ils faisaient allusion. Du reste les Esquimaux parlaient aussi de documents écrits laissés par Crozier. C'est pour les obtenir, que Hall avait entrepris, en 1868, en partant de la Repulse Bay, sa reconnaissance à la Terre du Roi Guillaume. Malheureusement les efforts de cet homme courageux ne donnèrent pas de résultats favorables. Il trouva, à la vérité, beaucoup d'objets provenant de l'expédition de Franklin, mais nulle trace de nouvelles écrites.

Depuis on a vu apparaître, à plusieurs reprises, des *reliques* de l'expédition de Franklin qui avaient été transportées sur d'énormes étendues, par les nomades pillards du Nord, les Esquimaux. Ainsi Ed. Potter, capitaine de la baleinière *Glacier*, qui avait été bloquée par les glaces dans la *Repulse Bay*, pendant vingt-quatre mois, apporta à Mr. Chronegk-Morison, propriétaire du bâtiment, des couteaux, des fourchettes, des cuillers d'argent aux armes et aux initiales de Sir John Franklin, du capitaine Crozier et de Fitzjames; Potter les avait acquis, par voie d'échange, d'Esquimaux Natchilli qui s'étaient trouvés peu de temps auparavant à la Terre du Roi Guillaume. Morison se mit en relation avec Grinnell et Lady Franklin, et il songeait déjà à armer une expédition pour obtenir de nouveaux renseignements, mais l'affaire traîna en longueur et plusieurs années s'écoulèrent.

En 1877, les nouvelles antérieures furent confirmées. Un des officiers d'un baleinier Thomas F. Barry, possédant à fond la langue des Esquimaux, avait eu son bâtiment broyé par les glaces sur la côte Marble Island dans la Baie d'Hudson; il revint, en septembre, à New-York avec une cuiller aux armes et au chiffre de Franklin. Il l'avait également obtenue des Esquimaux Natchilli; ceux-ci lui avaient parlé d'hommes blancs qui, plusieurs années auparavant, étaient morts chez eux, les uns après les autres. Le dernier avait, avant sa mort, dressé un cairn et y avait déposé des livres semblables à ceux dans lesquels Barry écrivait lorsqu'il avait affaire aux Esquimaux. Or Barry s'occupait à cette époque d'inscriptions sur son livre de bord.

Plus tard le schooner *Gothen,* appartenant à Mr. Morison, se trouvait à la pêche aux phoques dans les régions antarctiques; Mr. Morison voulait l'envoyer à la recherche des papiers de Franklin; mais, au lieu de gagner sur le voyage antarctique du *Gothen,* Morison perdit de l'argent et dut renoncer provisoirement à son projet.

Le 19 juin 1878 enfin, le lieutenant Fr. Schwatka de l'armée des États-Unis, avec trois de ses compatriotes dont l'un était chargé d'observations scientifiques et avec l'Esquimau Joseph, envoyés par Mr. Morison, purent quitter New-York sur le *Gothen* et partir pour la Baie d'Hudson. Le 9 août, ils arrivèrent à l'Ile *Marmor* où ils passèrent l'hiver de 1878 à 1879 en relevant la côte de cette Ile jusqu'au Cap Fullerton. Le lieutenant Schwatka entreprit aussi un voyage en traîneau, vers le haut du *Connery River,* découvert er août 1878 par le colonel Gilder. Schwatka découvrit alors le

L'ILE „MARMOR".

cours d'eau qu'il nomma Lorillard; ces deux rivières aboutissent à la Baie Winchester. Schwatka, Klintchak et Mellus furent ensuite jetés sur une île stérile, au voisinage de l'embouchure de la Baie Winchester; ils passèrent trois jours dans cette île, sans prendre aucune nourriture. Plus tard, en février et mars 1879, pendant un voyage chez les Esquimaux Kimpatu, ils découvrirent le lac Brewort qui a 80 kilomètres de longueur, près du rivage.

Le 1er avril 1879, Schwatka avec six compagnons, entreprit un nouveau voyage à la Terre du Roi Guillaume. Il partit de la *Repulse Bay* en traîneau.

C'est aux voyages entrepris à la recherche de Franklin que nous devons d'avoir vu soulever le voile qui recouvrait le monde d'îles engourdies parmi les glaces boréales au nord du continent américain. Depuis lors, ces régions desolées sont visitées tous les ans par des baleiniers et des pêcheurs de phoques. Mais l'investigation scientifique s'en est détournée et a cherché d'autres chemins vers le pôle. Nous apprenons rarement que des découvertes géographiques viennent d'être faites dans ces parages. Quoiqu'il en soit il y aurait ingratitude à quitter ces régions, sans mentionner les services rendus par deux bâtiments qui dans la huitième période décennale de notre siècle, ont contribué par des découvertes précieuses à nous faire connaître plus exactement l'archipel polaire du nord de l'Amérique. D'abord le vapeur *Arctic*, appartenant à la flottille baleinière de Dundee, explora, en 1872, sous les ordres du capitaine Adams, les bras de mer qui s'étendent du Sund de Lancaster, vers le sud (*Admiralty-Inlet* et *Eclipse-Sund*) et apporta à la carte d'importantes corrections. D'après ces découvertes, l'*Eclipse-Sund* avec le *Navy-Board-Inlet* et le *Ponds-Inlet* forment un canal semicirculaire, séparant de la grande base de la Terre de Baffin, l'Ile *Byam-Martin* au nord-est, mais ne se prolonge pas à l'ouest jusqu'au *Prince Regent Inlet* comme l'indiquaient les cartes antérieures; la Péninsule Milne-Land reste entre le *Navy-Board-Inlet* et l'*Admiralty-Inlet*, qui, partant du Sund de Lancaster à l'ouest, s'allonge dans la direction sud-ouest jusqu'à la Terre de Baffin et qui a été suivi jusqu'à 72° 25′ de latitude nord; la presqu'île *Hoppner Land*, au contraire, sépare l'*Admiralty Inlet* du *Prince Regent Inlet*. Hall avait déjà reconnu ce qu'il y a d'essentiel dans ces faits lors de ses explorations dans le Détroit Fury et Hecla; ses assertions relatives à l'unité de la terre de Baffin n'en ont que plus de poids[1]).

En 1873 le capitaine Adams, accompagné par le «commander» Albert Hastings Markham, de la marine royale, qui se trouvait comme volontaire à bord de l'*Arctic*, pénétra plus avant; il constata qu'il y avait beaucoup de baleines dans l'Entrée du Prince Régent, et il trouva de nombreuses traces de précédentes expéditions: notamment, à Port Lincoln, les poutres de la maison que James Ross avait fait construire, lors de son hivernage en 1848 à 1849. Une partie des provisions que Ross avait déposées en ce lieu pour l'expédition de Franklin étaient encore merveilleusement conservées.

L'*Arctic*, dans une seconde visite au *Prince Regent Inlet*, pénétra jusqu'à *Fury Beach*, après avoir, comme nous le verrons plus tard, pris à bord, en juillet 1873, une partie de l'équipage du *Polaris*. Là encore, nombre d'objets abandonnés; la charpente effondrée de la maison de Somerset, dans laquelle les deux Ross avaient passé l'hiver, gisait entre deux bateaux de la *Fury*, et des centaines de boîtes de fer blanc, avec de la viande et des légumes parfaitement conservés, lesquelles sont là depuis un demi-siècle et peuvent encore rendre service aux navigateurs à venir.

L'autre bâtiment qui visita cette région fut la *Pandora*, sous les ordres de Sir Allen Young qui se trouvait sur le *Fox* avec Mac-Clintock

---

[1]) Les anciennes cartes indiquaient des canaux qui coupaient cette masse de terre entre le Sund de Lancaster et le détroit d'Hudson.

1857 à 1859; elle comptait un personnel assez nombreux; le lieutenant L. R. Koolemans Beynen de la marine néerlandaise y était volontaire. Elle sortit de Portsmouth le 26 juin 1875; un des objets de sa mission était de rechercher, à la Terre du Roi Guillaume, les papiers qu'avait pu laisser l'expédition de Franklin et en général de recueillir tout ce qu'elle pourrait trouver sur cette expédition. Le 21 août, après avoir touché Disco et Upernivik, elle atteignit le Sund de Lancaster et, le 25, l'Ile Beechey. Le dépôt de provisions dit *Northumberland-house,* que le capitaine Sonders y avait organisé en 1850, avait été forcé par les ours blancs, et beaucoup de provisions avaient été détruites; mais le yacht *Mary,* que Sir John Ross avait laissé dans ce lieu la même année, était encore en si bon état qu'il n'eut besoin que de quelques réparations pour être prêt à reprendre la mer. L'extrémité nord du Sund de Peel était, comme d'ordinaire, obstruée par les glaces, mais le navire finit par trouver une issue et il arriva, le 31 août, en remontant le Sund de Peel, jusqu'à l'Ile de la Roquette où les eaux libres se terminaient à une masse de glace soudée, s'étendant transversalement sur le Sund. Le lieutenant Pirie exécuta une carte de la côte orientale du Sund de Peel, et Mr. de Wilde prit de nombreux croquis; le docteur Borner fit des observations magnétiques et météorologiques, et Mr. Mac Gahan rassembla de nombreux matériaux pour la description de l'expédition. L'usage que l'on fait depuis peu de l'huile animale dans la fabrication de la jute, la consommation beaucoup plus grande de cette huile, attirent nombre de baleiniers dans les eaux boréales; il est permis de prévoir que les baleiniers, dont l'habileté dans la navigation au milieu des glaces, étonne les navigateurs polaires, accompliront encore de nouvelles découvertes géographiques.

ELISHA KENT KANE.

## PAR LE SUND DE SMITH A LA MER LIBRE.

Le problème intéressant pour la science géographique restait toujours
intact: la surface circumpolaire est-elle un continent ou une terre? S'il y
avait là un continent, le Groenland en serait une presqu'île et les eaux qui
bordent la côte nord du continent américain seraient une Méditerranée.
Lorsque Franklin partit, on inclinait à l'autre opinion. Les marins qui
découvrirent la partie occidentale de la côte nord d'Amérique n'avaient
jamais vu de terre à l'opposite; on pouvait donc imaginer que le nord de
l'Asie et le nord de l'Amérique n'étaient pas séparés par une terre ferme,
mais par une mer polaire, et que le passage n'était entravé que par l'archipel
tourmenté qui se trouve à l'ouest de la baie de Baffin, — le Groenland
lui-même n'étant que la plus grande des îles de cet archipel. Cette hypothèse était devenue très probable à l'époque des voyages entrepris à la
recherche de Franklin et notamment depuis les voyages en traîneaux et en
bateau, si hardiment exécutés par Penny. Penny, on s'en souvient, était
entré dans le canal Wellington. Il avait constaté à son grand étonnement
en pénétrant vers le Nord au printemps, c'est-à-dire quand la nature polaire
est encore complètement engourdie, que tout-à-coup des eaux navigables
s'ouvraient devant lui et que la vie animale augmentait d'intensité. Le

changement inespéré de climat l'autorisait à supposer qu'à l'extrême nord, autour du pôle lui-même, il devait y avoir un océan et non de la terre ferme, — la plus grande douceur de la température ne pouvant s'expliquer que par le voisinage d'une grande nappe d'eau libre. Si d'une part cette découverte reveillait le souvenir fabuleux de la terre paradisiaque des Hyperboréens, d'autre part il ne manquait pas de critiques malveillants pour s'égayer de la Capoue boréale. Cependant les idées de Penny sur la connexion qui pouvait exister entre le canal de Wellington et le bassin polaire étaient confirmées par les observations de Sir Edw. Belcher qui avait trouvé la Mer *Libre* dès le 20 mai, à la latitude du Sund de Johns. «La mer polaire, aussi loin que la vue peut s'étendre», telles étaient ses paroles textuelles. Il disait aussi que le flux paraissait aller de l'est à l'ouest. En ce qui concerne le bassin polaire lui-même, la description qu'en donne Belcher est peu encourageante. Il est couvert de colosses de glace errant à l'aventure et qui, en se rencontrant, peuvent en quelques secondes amonceler la glace jusqu'à des hauteurs prodigieuses. «Plus j'observais l'action de ces masses, les eaux libres en partie, et les chenaux perfides conduisant à cette mer libre, plus je me convainquais que très vraisemblablement quiconque s'éloigne de la terre est perdu.» Ce tableau était loin de répondre aux conceptions qu'on se faisait alors du bassin polaire océanique. On croyait en effet qu'en delà de la ceinture de glaces soudées, qui n'avait pas encore été franchie, se développaient les flots d'un vaste bassin maritime qui, au moins à certaines époques d'années, était exempt de glaces et partant navigable; il ne s'agissait plus que d'y arriver. Aucun des géographes qui ont essayé de fonder cette théorie d'une mer polaire libre n'a donné des raisons plus solides et plus scientifiques que n'a fait le docteur Auguste Petermann; ce dernier, dans l'Athenæum de Londres, du 17 janvier 1852, formule cette opinion de la manière suivante: «C'est un fait bien connu qu'au nord de la côte sibérienne et à une distance relativement courte de cette côte, la mer est libre à toutes les époques de l'année; il n'est point douteux que du côté américain, à partir du groupe Parry, il y ait également une mer ouverte vers le nord, et il est très vraisemblable que ces deux mers libres forment un grand bassin arctique navigable.» Petermann recommandait déjà à cette époque la voie entre le Spitzberg et la Nouvelle-Zemble comme étant l'«entrée vraisemblablement la plus facile et la plus avantageuse» de cette mer polaire qu'il regardait comme la *Polymnia* des Russes. Il ne pensait pas du reste émettre là une opinion nouvelle, mais ce qui était complètement nouveau, c'était l'opinion en faveur de laquelle il cherchait à accumuler les preuves et selon laquelle, «pendant la durée de l'hiver boréal, c'est-à-dire de septembre en mars, il serait bien plus facile que pendant les mois d'été, de pénétrer dans la mer polaire arctique par l'ouverture susdite; il serait

également plus facile en hiver qu'en été — de naviguer dans la mer sibérienne».   Naturellement cette opinion basée sur le tracé de lignes isothermales
et sur des hypothèses physiques ainsi que sur les témoignages de Parry, de
Vranghel, de Pages et surtout de Barentz ne resta pas sans contradicteurs,
contre elle s'élevèrent notamment Beechey et Scoresby; ce dernier, à la
réunion des savants britanniques à Hull en 1853, déclara que les régions
entourant le pôle nord n'étaient qu'une masse d'étonnants blocs de glace, et
que l'on pouvait peut-être atteindre le pôle par terre mais que certainement
on n'y arriverait jamais par eau.   Franklin, en effet, ne semble pas avoir
trouvé, à l'extrémité nord du canal de Wellington, une mer ouverte bien
engageante; sinon il ne serait point retourné vers l'Ile Beechey à l'embouchure sud du détroit.   A l'époque des recherches faites pour retrouver
Franklin, l'opinion contraire se propagea de plus en plus et ce fut elle qui
prescrivit une nouvelle route à toute une série d'expéditions jusqu'à nos
jours: la voie par le Sund de Smith qui n'avait pas encore été tentée et
dont Inglefield avait reconnu en 1852 la partie méridionale, voie par
laquelle on semblait entrevoir la perspective de pénétrer plus loin vers le
pôle, parce que là on avait atteint une plus haute latitude que n'importe
où dans les eaux boréales de l'Amérique et parceque même à cette latitude
une mer polaire apparemment libre de glaces s'étendait sous les yeux de
l'officier anglais.

A ne pas tenir compte de cette mémorable mais courte campagne
d'Inglefield, la série des voyages auxquels je fais allusion est inaugurée
par ce que l'on appelle la «seconde expédition de Grinnel».   Dès que le
docteur Elisha Kent Kane qui avait accompagné la première eut terminé son
livre dans lequel il rend compte des explorations auxquelles il avait pris
part, il commença les préparatifs d'une entreprise analogue qu'il se proposait
de diriger.

Henry Grinnell de New-York, qui offrit encore une fois son brick à
voiles *Advance* (744 tonneaux) reconnu excellent pour la navigation dans
les glaces, le riche George Peabody de Londres et diverses sociétés savantes
pourvurent au reste: je veux dire à la plus grande partie des dépenses.   La
marine de guerre des États-Unis, à laquelle Kane appartenait comme médecin,
mit dix hommes à sa disposition.   Le commandement de l'expédition fut
remis au docteur qui pouvait aller chercher Franklin droit au Nord, en longeant le Groenland et en pénétrant aussi loin que possible vers le pôle.   Il
y avait à bord de l'*Advance* 18 personnes, Kane y compris.   Parmi elles se
trouvait un astronome allemand, August Sonntag, d'Altona; James Mac-Gary
remplissait les fonctions de lieutenant; le docteur Isaac Hayes était le médecin
de l'expédition.   On emportait des tentes de caoutchouc, des traîneaux de
construction moderne, des vivres consistant en pemmican, pain, farine, fruits

secs, légumes de conserve, etc., plus une quantité assez considérable de viande salée, que l'on eût aussi bien fait de ne pas emporter.

Kane quitta le port de New-York, le 30 mai 1853; le 1ᵉʳ juillet, après un court séjour à Terre-Neuve, il atteignit le Fjord de Fiskernaesset dans le Groenland occidental; le 17, Upernivik. Dans cette dernière localité il s'assura les services du danois Karl Johann Petersen, qui avait déjà accompagné, comme interprète, le capitaine Penny dans son voyage arctique. A Fiskernaesset, il acheta des fourrures et des chiens de traîneau; il y engagea comme chasseur et conducteur de chiens, un jeune Esquimau gros et gras, d'humeur facile, nommé Hans Hendrick, ne s'intéressant qu'à la chasse, comme un Peau-rouge, indifférent et insensible à tout le reste, également habile à manier le Rayak et à lancer le harpon. Hendrick était destiné à jouer plus tard un rôle important, et son nom restera indissolublement attaché à l'histoire des explorations polaires de notre époque[1]). Le 27 juillet, on atteignit la grande Baie de Melville et le lendemain, en louvoyant constamment, on doubla le Cap York. Les masses de glace grossirent et Kane fit amarrer le navire à un immense *Jisbierg*. Après huit heures d'un travail pénible on venait de réussir, mais immédiatement après il fallut se dégager au moyen de la hache, car la montagne de glace croulait avec un bruit de tonnerre. Aussi loin que la vue pouvait s'étendre, depuis la pointe occidentale, dans la direction du nord, on apercevait des eaux libres; de fraîches brises soufflaient alternativement du sud et de l'ouest. Cependant les espérances que ces phénomènes d'heureux augure avaient fait concevoir s'évanouirent bientôt; le vent tourna et il se mit à souffler violemment du Nord; lorsqu'on arriva aux Iles Littleton, d'Inglefield, à l'entrée du Sund de Smith, on aperçut à peu de distance la ceinture de glaces soudées. Sur la plus grande des îles, Kane érigea une pyramide de pierre, où il déposa des nouvelles de l'expédition; il cacha sur la côte, un canot et des vivres, pour ne pas se trouver pris tout à fait au dépourvu, dans le cas où le navire viendrait à succomber dans sa lutte contre les glaces. Le brick poussa ensuite plus loin. Après avoir vainement essayé plusieurs fois de franchir la barrière de glaces, il atteignit enfin une petite baie que l'on nomma par reconnaissance Refuge-Harbour (Port de Refuge). A l'extérieur, dans le Sund de Smith, les masses de glace faisaient rage, mais l'Advance était en sûreté tout en étant provisoirement bloqué. Les jours suivants, il s'avança avec beaucoup de peine, et en courant grand risque d'être broyé. Quatre hommes avaient été entraînés sur les glaces flottantes,

---

[1]) Kane et les autres explorateurs jusqu'à Narès l'appelaient Hans Christian. Mais son véritable nom était Hendrik, ainsi qu'il résulte de sa propre biographie écrite par lui-même en innuit et traduite en anglais par le docteur Henry Rink.

et ce ne fut que le 22 août que l'on parvint à les recueillir. On reconnut qu'il était impossible de faire pénétrer le navire plus loin. Le 28 août, on atteignit le point extrême de ce voyage, dans la Baie Rensselae, où le navire fut bientôt bloqué. Kane entreprit alors un voyage par terre le long de la côte. Comme les montagnes étaient généralement abruptes, on longeait la côte, et le rempart de glace offrait une voie commode. Malheureusement il y avait çà et là, dans cette chaussée naturelle, de profondes crevasses par-dessus lesquelles il fallait hisser le traîneau. On vit avec surprise un cours d'eau qui coulait au milieu des glaces et qui avait à son embouchure 1,2 kilomètre de largeur. Kane le nomma, en l'honneur de la sœur de Grinnell, Mary Minturn River; c'est vraisemblablement le plus grand fleuve de la côte occidentale du Groenland. Il sort d'un grand glacier situé dans l'intérieur du pays à 64 kilomètres de distance. Au voisinage de cette eau on rencontra une flore arctique très variée et très brillante, mais chétive. Elle existe grâce à l'échauffement produit par les rayons solaires que réfléchissent les rochers. Kane enfin fit l'ascension d'un promontoire haut de 400 mètres et dont le pied s'étendait au delà du 80° degré de latitude. Au-dessous de lui, il ne voyait que de la glace. Au-delà, vers le nord, le glacier de Humboldt, et, en avant de cette immense muraille, sur la mer solidifiée, un chaos de montagnes de glaces tellement inextricable qu'il semblait barrer le chemin même aux traîneaux. Plus loin, la terre reparaissait, et les glaces étaient moins tourmentées. D'après cette inspection, Kane comprit qu'il fallait renoncer à l'espoir de pousser plus en avant, s'en tenir aux résultats obtenus, et rester où l'on était. La Baie de Rensselae est située à 78° 37′ 4″ de latitude nord et 70° 52′ 45″ de longitude à l'ouest de Greenwich. Jamais auparavant une autre expédition pourvue d'instruments n'avait hiverné à une aussi haute latitude; aussi les observations magnétiques et météorologiques faites en ce lieu ont-elles largement contribué aux progrès de la physique du Globe.

L'œuvre la plus importante était d'établir dès lors un dépôt de provisions, de recouvrir le vaisseau d'un toit de planches, et de construire un observatoire scientifique. Kane résolut aussi d'établir le long de la côte groenlandaise une série de dépôts de vivres. Cette précaution paraissait d'autant plus importante pour les explorations ultérieures, qu'elle permettait d'éviter la surcharge des traîneaux, grave inconvénient. La première sortie eut lieu le 20 septembre, et on revint le 15 octobre. Cinq jours auparavant, le 10 octobre, le soleil avait disparu et 120 jours se passèrent avant qu'il ne se montrât de nouveau sur l'horizon. La mi-janvier 1854 amena un froid terrible. En février, le thermomètre descendit à — 51 degrés de l'échelle centigrade. On éprouvait en respirant une grande sécheresse des voies respiratoires, et involontairement on s'habituait à respirer les lèvres closes. Le manque d'air plus que le froid produisait des phénomènes curieux chez les chiens. Quand ils apercevaient une lanterne, ils se mettaient à hurler comme à la lune. Bientôt apparurent des symptômes d'une maladie cérébrale, qui dégénéra vite en démence. Des 9 chiens de Terre-Neuve et des 95 chiens d'Esquimaux, que l'on avait emportés, il en eut 6 seulement qui résistèrent à cet hiver épouvantable, et cependant c'était de ces animaux que dépendait la réussite de toutes les grandes entreprises en traineau. Mars fut encore plus rigoureux que février; à la date du 4, la température moyenne était descendue à — 41°,25, la plus grande moyenne de froid observée jusqu'alors. Néanmoins, le 19 mars, Kane se hasarda à envoyer vers le nord, sous la conduite de Henry Brooks, une expédition d'approvisionnements composée de neuf hommes. Le 31, trois de ces hommes, Sonntag, Petersen et Ohlsen, revinrent inopinément; leur état était alarmant:

DEPOT DE PROVISIONS.

pouvant à peine s'exprimer, tant ils avaient froid et faim, ils racontèrent que leurs camarades étaient restés dans la glace, épuisés et perclus, mais où? aucun des trois ne pouvait l'indiquer. Kane partit immédiatement avec Ohlsen qui paraissait avoir le moins souffert des trois; ils furent assez heureux pour retrouver les infortunés et pour les ramener au navire au prix de fatigues presque surhumaines. Leur absence avait été en tout de 72 heures; ils avaient parcouru 158 kilomètres, dont la plus grande partie en traîneau. On ne s'était accordé que huit heures de repos et tout cela par une température moyenne de — 11°. Ohlsen souffrit longtemps d'une ophtalmie et d'un strabisme causés par la réverbération des neiges. Deux autres durent subir l'amputation partielle du pied, et deux autres encore succombèrent dans la suite. Le 7 avril, Jefferson Backer mourut. Le même jour, les voyageurs reçurent une visite d'Esquimaux remarquablement vigoureux;
22*

quelques uns même étaient de force à lutter contre le terrible ours polaire
et la redoutable baleine; ils se montrèrent pleins de bienveillance, et prirent
congé des voyageurs en leur faisant de vives protestations d'amitié, mais
en commettant plusieurs vols à leur préjudice.

Le 26 avril 1854, Kane partit vers le nord avec des traîneaux. Du
«Refuge-Harbour» à la Baie Ressenlae où était le brick, la côte occidentale
du Groenland retourne vers l'est. Elle n'a pas comme ailleurs, sur cette
étendue, de nombreux promontoires, des baies profondes, ni des glaciers qui
s'avancent jusqu'à la mer. Mais à partir de la Baie Ressenlae la côte
retourne vers le nord-est et l'on voit reparaître les profondes entailles de
la côte et les fjords glacés; les écueils prennent des formes variées et
pittoresques et il ne faudrait pas beaucoup d'imagination pour distinguer
des châteaux avec leurs créneaux ou les colonnades de quelque temple en

OBSERVATOIRE DE KANE.

ruines. La hauteur moyenne du plateau groenlandais nord-ouest peut être
de 300 mètres environ; le plus haut sommet jusqu'au bord de la mer
s'élève à 396 mètres, tandis que l'arrière-plan dépasse encore d'environ
200 mètres l'élévation moyenne. Toutes ces merveilles pittoresques n'étaient
rien en comparaison du grand glacier que Kane atteignit le 4 mai et auquel
il donna le nom d'Alexandre de Humboldt. Quant au reste, cette expédition
doit être considérée comme ayant échoué tout comme les autres. Quelques
hommes furent atteints du scorbut en route: Kane lui-même fut pris
d'évanouissement et de frisson et il fallut le ramener sur le traîneau. Dès
le 19, une autre escouade fut envoyée avec des traîneaux par delà le Sund
de Smith à la rive occidentale du détroit, rive qui reçut le nom de Terre
de Grinnell. Cette escouade comprenait le chirurgien Hayes et le matelot
William Godfrey qui conduisait le traîneau. Tous deux revinrent, le

1<sup>er</sup> juin, en assez bonne santé. Le but de l'excursion avait été atteint, et la côte occidentale relevée jusqu'au «Cap John Frazer» (79° 45′ de latitude nord). Jusqu'à ce point, nos explorateurs avaient suivi une côte continue, puis ils étaient arrivés au sud jusqu'au «Cap Sabine», et ils étaient revenus en retraversant le Sund. La plus importante exploration en traîneau, celle qui devait couronner l'entreprise de Kane ne se composait que de l'Esquimau Hans et du matelot William Morton; le 4 juin ils quittèrent «l'Advance» et se dirigèrent vers le grand glacier de Humboldt, où ils arrivèrent le 15 juin. Les murailles rocheuses de la côte occidentale du Groenland semblaient se terminer au Cap Agassiz (79° 45′ de latitude nord). On considérait ce cap comme l'extrémité la plus septentrionale du Groenland.

KANE DANS SON OBSERVATOIRE.

De là une masse de glaces aux parois à pic, hautes de cent mètres, s'étend du sud au nord jusqu'au «Cap Forbes» (80° 7′ de latitude boréale); cette ligne qui, vue de l'est, paraît concave a donc 170 kilomètres de longueur. Tel est le puissant glacier de Humboldt devant lequel s'étend la «Baie Peabody»; là se forment ces grandes montagnes de glace qui, dans les étés particulièrement chauds, se détachent et se dirigent vers le Sund de Smith. Le cap Forbes était donc l'extrémité méridionale d'un pays qui paraissait être séparé du Groenland (on a constaté plus tard qu'il ne l'est pas) et que l'on nomma «Terre Washington». Les voyageurs étaient munis de bâtons ferrés et de crampons; mais mauvais grimpeurs, ils ne réussirent pas à faire l'ascension du glacier de Humboldt. Le 18 juin, Morton et Hans, abandonnant leurs compagnons, partirent seuls vers le nord, au delà du glacier de Humboldt. Le 19, ils firent l'ascension d'une montagne et aperçurent derrière quelques *Iisbierg* une grande et vaste plaine s'étendant au loin vers l'est; c'était la surface du glacier de Humboldt. Ils avaient atteint l'extrémité nord du glacier, car ils voyaient des terres: devant eux, une côte de 120 mètres de longueur dominait le bord septentrional du glacier. Ils coururent le danger d'être engloutis, car la glace n'était plus sûre sous leurs pieds. Dans cette perplexité, ils crurent voir des eaux libres vers le nord; bientôt plus de doute, ils se trouvaient juste au bord d'une mer ouverte. Hans et Morton furent surpris de l'aspect agréable de ces régions; ils croyaient rêver en voyant cette foule d'hirondelles de mer et d'eiders qui peuplaient la côte. La température de l'eau était de + 2⁰,5 de l'échelle centigrade. Lorsqu'ils eurent fait le tour du Cap Jackson, ils virent que la terre s'aplanissait graduellement et finissait par une grande plaine bordée de collines. Le golfe qui fut plus tard nommé canal Kennedy était complètement ouvert; à l'opposite la côte de la Terre de Grinnell s'élevait, recouverte de montagnes coniques. Le 23 juin, Morton et Hans se dirigèrent vers le sud, mais la glace des côtes était en si mauvais état qu'il fut impossible d'amener le traîneau plus loin. Il fut donc abandonné et les deux voyageurs résolurent de continuer leur voyage à pied. Au bout de quelque temps ils aperçurent dans le lointain un cap devant lequel semblait s'étendre une île; en s'approchant ils reconnurent qu'en réalité il y avait deux îles, l'une reçut le nom de Franklin, l'autre celui de Crozier. Le 24 juin, ils continuèrent leur voyage par terre. La bordure de glace le long du rivage devenait de plus en plus étroite et cessait enfin complètement. La côte était abrupte et semblait s'élever jusqu'à 610 mètres, surtout au voisinage du Promontoire Constitution. Morton essaya de le contourner, mais il ne put découvrir une voie praticable; il gravit donc, au voisinage d'un autre promontoire, le Cap «Independence», rampe d'environ 150 mètres, et il fixa au bout de son bâton de voyage le pavillon de Grinnell de l'«Antarctic», et c'est ainsi que, le 24 juin 1854, sur cet écueil noir, en vue d'une mer ouverte, par 80⁰ 40′ de latitude nord, c'est-à-dire à 970 kilomètres environ du pôle, la bannière rayée flotta, pendant une heure et demie, sur le point le plus septentrional qu'un homme civilisé eût jamais foulé. Depuis cette exploration de Morton, l'expédition ne fit plus aucune découverte géographique importante. Mais c'est alors que commença un nouveau chapitre d'une histoire de souffrances et de luttes courageuses contre les coups du sort. Le 10 juillet, les deux voyageurs retournèrent à l'«Advance». Là les événements avaient pris une mauvaise tournure. L'été de 1854 ne promettait pas d'être plus favorable que le précédent. La mer était bien ouverte vers le nord, mais on ne pouvait plus retourner vers le Sund de

LES EXPLORATEURS SURPRIS PAR UNE OURSE.

Smith. Le navire n'avait été approvisionné que pour un an et demi. Or il y avait déjà plus d'un an qu'on avait pris la mer; juin touchait à sa fin et le brick entouré de glaces infranchissables était toujours dans le port de Renselae. Kane eut alors l'idée d'entreprendre un voyage vers l'Ile Beechey, dans le Détroit de Barrow où il supposait que se trouvait Sir Edward Belcher à la recherche de Franklin. Il voulait aller lui demander assistance. Kane partit, le 12 juillet, dans un bateau ouvert, avec un petit nombre d'hommes choisis pour ce voyage qui dans les conditions les plus favorables et par le chemin le plus court comportait plus de 750 kilomètres. Après mille privations il rentra, le 6 août, à bord de l'«Advance» sans avoir réussi à passer. D'épaisses masses de glaces soudées ne lui avaient point permis de s'avancer au sud plus loin que le Cap Parry; une barrière qui paraissait immobile s'opposait à toute marche en avant. Il n'y avait pas lieu de prévoir que le navire fût dégagé dans l'année 1854; on commença les préparatifs d'un second hivernage. Le commandement de Kane atteignait ainsi sa fin légale, car il est de droit coutumier chez les baleiniers que, quand un navire est enfermé par les glaces et qu'on désespère de le dégager, les marins ne sont plus tenus d'obéir au capitaine et peuvent élire un nouveau chef. Le 23 août, Kane déclara donc à l'équipage assemblé qu'il resterait sur le brick, mais que ceux qui croyaient pouvoir atteindre le sud étaient libres de le dire. Huit seulement de 17 survivants restèrent près de Kane. C'étaient Henry Brooks, James Mac Gary, J. M. Wilson, Henry Goodfellow, William Morton, Christian Ohlsen, Thomas Hickey et l'Esquimau Hans Hendrik. Le 8 août, les autres et parmi eux l'astronome allemand Sonntag quittèrent le brick. Les déserteurs reçurent la part de provisions qui leur revenait, mais ils durent renoncer à toute prétention ultérieure; cependant on leur assura par écrit qu'ils seraient reçus en frères dans le cas où les circonstances les contraindraient à revenir. L'un d'eux Piley revint déjà au bout de quelques jours; le 7 décembre, l'Esquimau Petersen et Amos Bonhall revinrent au navire dans un état pitoyable; les autres, à 100 lieues de distance, avaient été vaincus par les privations et les fatigues; ils arrivèrent cependant à l'«Advance» dans la nuit du 12 décembre, mais plus morts que vifs. Tout le monde était donc de nouveau réuni. — L'hiver s'écoulait lentement et l'on approchait déjà de mars 1855. Ce mois et celui de février furent les plus rudes. Le scorbut saisit les hommes les uns après les autres, et le sort de ces voyageurs aventureux ne reposait plus que sur la chasse heureuse de l'Esquimau Hans, car la viande fraîche était le seul remède que l'on eût contre la redoutable épidémie des contrées polaires. Les provisions de bois s'épuisaient; il fallut enfin brûler le brick lui-même. La mise en coupe fut systématiquement réglée; on fit passer tour à tour dans le poële les parties du navire qu'on pouvait enlever sans rendre le bâtiment impropre à tenir la mer. A la fin cependant, il fallut quitter le navire car c'eût été plus que de la folie que de se fier aux caprices de la glace et d'attendre une occasion favorable pour le délivrer de sa prison. Le 17 mai 1855, Kane et ses compagnons munis de traîneaux et de bateaux, quittèrent leur port d'hivernage. Le fidèle Christian Ohlsen, âgé de trente ans, mourut de ses fatigues en route, le 12 juin; on l'enterra au pied d'un promontoire auquel on donna son nom, ce qui était le plus grand honneur que l'on pût faire au brave marin. Vivant presque exclusivement du produit de la chasse, les autres atteignirent les eaux libres dans lesquelles ils purent, le 17 juin, engager leurs bateaux; 83 jours après avoir commencé leur navigation hasardeuse, ils arrivèrent à la colonie danoise d'Upernivik où ils trouvèrent un brick danois dont le commandant se déclara disposé à recueillir les naufragés. Pendant ce temps on s'était inquiété, aux États-Unis, du sort le l'expédition; le gouvernement avait envoyé pour la rechercher deux bâtiments de guerre, le vapeur «Arctic» et la barque «Release», sous le commandement du lieutenant Harstene. Les Esquimaux du voisinage du Cap Alexandre ayant affirmé positivement à cet officier que Kane était retourné avec ses compagnons vers le sud, l'escadre de recherche retourna également; elle trouva les célèbres voyageurs juste au moment où ils allaient s'embarquer pour les Iles Shetland.

Si cette expédition coûta bien des fatigues et eut à surmonter bien des difficultés, elle a obtenu des résultats scientifiques importants. Kane aurait dû se contenter de publier, sans préjugés, le sobre récit de Morton sur son excursion à la mer polaire libre; mais, selon Bessels, Kane, avec son penchant pour le merveilleux, penchant que l'on reconnaît à chaque page de son récit de voyages, revêtit de couleurs fantastiques les observations de Morton; et, sur la foi de ces aperçus poétiques, des esprits peu disposés au contrôle personnel, prirent des visions pour la réalité. Chercher à rabaisser son mérite, ce serait se rendre coupable d'une criante injustice; toutefois, Kane certainement n'enrichit pas la géographie, lorsque, après son retour, il annonça l'existence d'une mer polaire ouverte qui, réchauffée par les eaux du Gulfstream, baignerait la côte nord du Groenland. Le docteur H. Rink, qui connaît si bien le Groenland défendit bientôt par d'importantes considérations l'opinion d'après laquelle les eaux polaires libres du Canal de Kennedy ne seraient qu'un grand trou d'eau comme il s'en forme de temps en temps çà et là dans les régions arctiques. Comme Kane ne pouvait naturellement trouver, dans le Sund de Smith et au nord de ce Sund, rien qui se rapportât à l'expédition de Franklin, c'est surtout à un point de vue négatif que les résultats de ce voyage sont importants et instructifs, car ils montrent les dangers auxquels sont exposées les expéditions arctiques quand on n'a pas porté le plus grand soin à leur équipement.[1])

Si Kane, bien qu'ayant été très éprouvé dans son premier voyage ne s'était pas pourvu de provisions meilleures ni pour un plus long laps de temps, c'était par discrétion à l'égard des hommes généreux qui faisaient les frais de l'expédition et auxquels il ne voulait pas demander de trop grands sacrifices; c'est aussi parce qu'il espérait revenir après un autre hiver. Mais les fatigues de ce second voyage l'obligèrent à s'aliter peu de temps après son retour; il ne devait pas guérir et mourut à la Havane, le 16 février 1857.

ISAAC J. HAYES.

Le docteur Isaac Israël Hayes (né le 5 mars 1832 dans le comté de Chester, Pensylvanie) croyait qu'il existait dans les régions arctiques une mer libre, séparée seulement par une ceinture de glace — des terres et mers environnantes; il méditait une nouvelle entreprise arctique et, en décembre 1857, il exposa ses idées à la Société de géographie et de statistique américaine. En faisant des conférences dans diverses villes, il parvint à réveiller l'intérêt pour ce genre d'exploration et à organiser en Europe comme en Amérique une souscription qui lui permit d'équiper le schooner «United-States» (133 tonneaux) avec lequel il prit la mer à Boston, le 6 juillet 1860 ; il était accompagné par l'astronome Sonntag, et en outre par treize hommes dont faisait partie le matelot William Morton. Hayes suivit exactement la route de Kane vers le Sund de Smith, route qu'il préférait à toutes les autres, parceque là, on le sait par expérience, un courant nord-sud se dirige vers la Baie de Baffin, en désagrégeant la glace et en ouvrant des passages, ce qui, d'après l'opinion de Hayes, n'a pas lieu en d'autres parties de la ceinture de glace, dans lesquelles le courant vient du sud. Avant le départ de l'expédition, le docteur Petermann déclara qu'il n'espérait pas le moins du monde que Hayes atteignit son but par

---

[1]) Si Kane avait emporté au lieu de viande salée quelques tonnes de pemmican en plus, il n'aurait certainement pas eu à supporter la misère et les souffrances auxquelles il fut en proie. Il regardait le pemmican comme si peu pratique et comme si nuisible pour les hommes atteints du scorbut qu'en envoyant un détachement chercher un dépôt de vivres établi auparavant, il recommanda rigoureusement de laisser toute viande salée, et cela à une époque ou on courait le danger de mourir de faim.

cette voie. Hayes, d'après Petermann, basait son projet sur des hypothèses vagues et invraisemblables, savoir sur la relation possible entre la mer ouverte vue par Morton et le bassin polaire proprement dit, connexion contre laquelle le géographe allemand s'était déjà prononcé antérieurement; en outre la route que Hayes se proposait de suivre pour aller au pôle nord paraissait à Petermann être dans la direction la plus défavorable de toutes celles que l'on pouvait choisir. La seule route que Petermann reconnût comme offrant des chances de succès était la grande et large mer au nord du Spitzberg. Et en réalité, l'expédition de Hayes ne fut pas favorisée du sort. Hayes se proposait de remonter du Sund de Smith jusqu'au port près du Cap Frazer, d'y laisser son navire, puis d'établir, au printemps de l'année suivante, des dépôts de vivres jusqu'au 82º degré et de s'avancer en avril avec des bateaux-traîneaux par terre, par eau et sur la glace vers le Nord. Le 16 août, Hayes partit d'Upernivik. Les calmes ralentirent sa marche; le 21 août seulement, il arrivait à Tassuissak. En ce lieu, il eut l'occasion d'augmenter son effectif de deux Danois et d'un chasseur esquimau; il se procura en outre plusieurs chiens. Le 22, l'expédition poussa plus loin vers le nord; le lendemain matin, elle arriva à la Baie de Melville, et l'après-midi suivante elle franchit l'Ile Sabine; elle atteignit ce point, le 25 août, à 5 heures du soir. Le schooner aborda et Hayes, avec plusieurs hommes, descendit à terre où le jeune Esquimau Hans, qui avait quitté Kane, et divers autres indigènes vinrent au devant de lui. Hans reconnut aussitôt Hayes et l'astronome Sonntag; et ayant exprimé le vœu d'accompagner l'expédition, il fut embarqué avec sa femme et son enfant, ses instruments de chasse et deux chiens, puis le schooner remit à la voile vers le nord. Malheureusement l'état des glaces fut bientôt très défavorable et le navire, malgré tous les efforts, ne put même atteindre le Port de Rensselae, mais fut obligé de s'arrêter un peu plus au sud, dans une petite baie à laquelle Hayes donna le nom de «Port Foulke»; William Foulke, de Philadelphie, était un des promoteurs de l'entreprise. La baie en question se trouve à 78º 18′ 30″ de latitude nord et 72º 30′ 57″ de longitude à l'ouest de Greenwich; à 60 kilomètres environ des quartiers d'hiver de Kane. Le temps fut très orageux pendant tout l'automne et pendant la plus grande partie de l'hiver; par suite l'eau aux environs du port ne gela qu'en mars 1861; Hayes avait espéré exécuter, dès octobre, des excursions en traîneau dans la direction du nord, pour établir en divers points des dépôts de vivres devant servir au printemps suivant. En octobre, Hayes et Sonntag entreprirent la visite du glacier «My Brother John» que Kane avait découvert et baptisé de ce nom. Ce glacier est situé dans une profonde vallée à plusieurs kilomètres de la mer. Sur la fin d'octobre, Hayes, avec cinq hommes, s'y rendit encore une fois; il en fit l'ascension et s'y avança, dans la direction de l'est, jusqu'à une distance de 80 kilomètres. Il atteignit, dans cette excursion, une hauteur de 1 500 mètres; avant d'arriver il était tombé dans une fente du glacier; s'il échappa à la mort, ce fut parce que son bâton de voyage s'était placé transversalement au dessus de l'orifice, ce qui donna à ses compagnons le temps de sauver leur chef. Le 27 octobre, on revint heureusement à Port Foulke.

L'hiver se passa heureusement et sans que la santé de Hayes fût altérée. Par contre, en décembre, une épidémie éclata parmi les chiens, qui succombèrent tous les neuf. Il fallait, avant de songer à entreprendre des excursions, remplacer ces indispensables animaux; et Sonntag s'offrit à aller avec Hans, vers Pâques, aux établissements d'Esquimaux du «Wahle Sund» (Ile du Northumberland), où on espérait acheter des chiens. Au sud du Cap Alexandre et de Sorfalik, station d'Esquimaux abandonnée, Sonntag eut le malheur de tomber à travers la glace, peu épaisse en cet endroit. Hans l'aida à sortir de l'eau et le ramena en toute hâte à Sorfalik; mais avant d'atteindre cette localité Sonntag était déjà sans connaissance; il mourut le lendemain malgré tous les efforts de son fidèle compagnon. On alla plus tard chercher son cadavre, et on l'enterra à Port Foulke où Hans était revenu après avoir acheté dix-sept chiens. Le 18 février 1861, on vit reparaître le soleil qui, depuis le 15 octobre, c'est-à-dire depuis 130 jours, était resté sous l'horizon; mais le froid augmenta incessamment et vers la fin de mars il atteignit — 56º de l'échelle centigrade. Le 26 mars, Hayes entreprit une expédition à «Fog Harbour» pour étudier l'état des glaces et déposer des provisions. Mais ce ne fut que le 3 avril au soir qu'il entreprit sa grande excursion. Le détachement qui partit vers la Mer libre se composait de douze hommes avec deux traîneaux. Après avoir atteint Fog Harbour, on suivit une direction presque exactement boréale, pour arriver à la côte ouest, puis continuer le voyage par terre. Mais au fur et à mesure que l'on pénétrait plus loin, il devenait de plus en plus difficile de franchir le Sund de Smith. En vingt-cinq jours on était à peine arrivé au milieu du Sund; Hayes ne parvint qu'avec peine à décider trois des plus résolus à continuer le voyage. Les autres revinrent au navire à Port Foulke. Hayes, étant enfin arrivé à la Terre de Ginnell près du Cap Hawks, côte ouest du Sund, se rendit heureusement au Cap Frazer, (79º 43′ de latitude nord); le 16 mai, il laissa en route deux de ses compagnons, et n'étant plus accompagné que du matelot Knorr, âgé de 19 ans, il poursuivit jusqu'au 18 mai son voyage le long de la côte par le canal de Kennedy: ce jour-là, les vivres étant presque épuisés, on songea au retour. La latitude atteinte alors, dans la Baie Lady Franklin, était de 81º 35′, latitude que personne autre que Parry n'avait encore atteinte. On prit possession de cette terre selon les formes d'usage, au nom des

Etats-Unis; la bannière étoilée n'avait pas encore flotté si près du pôle. Dans un lointain reculé, apprécié à 82° 30′ de latitude nord, Hayes aperçut une montagne rocheuse en saillie, à laquelle il donna le nom de «Cap Union». Au nord-est, aussi loin que la vue pouvait s'étendre, un sombre «ciel d'eau». «Tout m'indiquait», dit le navigateur américain, «que j'avais atteint la rive du bassin polaire et que ce vaste océan s'étendait à mes pieds». Le 3 juin, l'expédition rentra heureusement au navire; le 12 juillet 1861, celui-ci fut dégagé; la température monta jusqu'à plusieurs degrés au-dessus de zéro et tout fit présager un bel été. Malheureusement le navire n'était plus capable de s'avancer plus loin; Hayes se décida au retour dans la pensée de revenir l'année suivante, avec un vapeur, dévoiler la mystérieuse mer boréale. Après un voyage pénible à travers les glaces de la Baie de Melville, il toucha à Upernivik, le 14 août; ensuite les explorateurs atterrirent à Godhavn, et, après une absence de 15 mois et 13 jours, ils jetèrent l'ancre à Boston, le 23 octobre. Seulement Hayes ne devait jamais exécuter son projet de revenir au Sund de Smith: la guerre civile qui, pendant son absence, avait éclaté aux Etats-Unis mit brusqement un terme à ses espérances.

Hayes, on le voit, n'avait pas pu pousser son navire aussi loin que le docteur Kane; il ne l'avait pas non plus conduit aussi loin que le capitaine Jnglefield en 1852; la latitude où il s'était arrêté était à peu près la même que celle atteinte par Bylot et Baffin en 1616! Or, nous connaissions cette région par Kane jusqu'à 82° 15′; il est donc indifférent, au point de vue du résultat, que Hayes se soit avancé en traîneau jusqu'à 81° 35′ ou 82° 30′; le résultat en somme est insignifiant. Hayes n'a pas non plus trouvé la «Mer libre», bien qu'il ait décoré de ce titre son récit de voyage; tout ce qu'il a vu, ce sont des ouvertures dans la glace, avec des eaux libres, ouvertures comme il s'en trouve si souvent sur les côtes du Groenland. L'adversaire déclaré de l'itinéraire par le Sund de Smith, le docteur Petermann, concédait bien que le Canal de Kennedy s'élargissait considérablement vers le nord, mais il contestait que ce canal conduisît sans entraves à la Mer libre et il appuyait son opinion sur deux raisons plausibles. Il ne voyait pas, sur les rivages du Canal de Kennedy, les bois flottés qui se trouvent dans les mers polaires à l'est du Groenland; en second lieu il montrait que les vents du nord abaissent la température dans le Port de Rensslae, tandis que, si le canal de Kennedy conduisait à une grande mer polaire ouverte, les vents du nord au contraire auraient dû réchauffer un peu l'air dans le port, comme font les vents qui, de la mer glaciale de Sibérie, ouverte pendant l'été, soufflent vers la côte nord du continent asiatique. Quant à l'hiver tempéré que Hayes avait observé au Port Foulke, quant à ce fait que le Sund de Smith était resté ouvert et à la fréquence des pertubations atmosphériques, Petermann les expliquait, en s'appuyant sur un travail du météorologiste Mühry de Göttingen, par les courants de la mer. Toutefois le docteur Bessels a découvert plus tard que le Gulfstream ne pénètre pas au delà de 75° 5′ dans la Baie de Baffin, ce qui détruit la base des déductions de Petermann.

Depuis 1861, les Suédois, les Allemands et les Anglais expédièrent différents navires dans la région des glaces éternelles; l'Amérique s'abstenait; entravée par de difficiles questions politiques et sociales, elle ne rentra dans la lice que dix ans plus tard. Un voyageur accoutumé aux fatigues et aux dangers, aux privations et aux angoisses d'une campagne polaire, mais malheureusement d'une éducation scientifique insuffisante, Charles Francis Hall, provoqua enfin une nouvelle expédition polaire américaine et sut intéresser à son entreprise le Congrès des États-Unis. Revenu, en septembre 1869, de chez les Esquimaux parmi lesquels il avait séjourné cinq ans et avait mûri son projet d'expédition au Pôle Nord, Hall était fermement décidé à se procurer les moyens d'atteindre son but. Je passe par-dessus les difficultés qui s'accumulèrent devant lui et dont peuvent se faire une idée toutes les personnes au courant de ce qui se passe dans la grande République transatlantique. Malgré tout, il réussit; la bannière étoilée devait encore flotter par les hautes latitudes. On choisit un navire, le remorqueur «Periwinkle»; on lui donna le nom de «Polaris» sur la proposition de Hall et on le reconstruisit presque entièrement en vue du but qu'on se proposait. C'était un vapeur à hélice de 387 tonneaux et dont l'équipement, du reste, ne laissait guère à désirer. Le Polaris emportait avec lui deux baleinières et deux bateaux d'un nouveau modèle qui pouvaient être facilement placés sur un traîneau et auxquels on pouvait adapter une voile. Le navire avait une excellente bibliothèque relative aux explorations arctiques, une provision de bois de pin de premier choix pour construire des canots; il avait des patins à traîneaux, garnis de fer, etc. La machine était construite de manière à pouvoir utiliser l'huile de baleine faute de charbon. Le navire prit comme provisions: 5000 kilogrammes de pemmican, (préparé par un mélange de 5000 kilogrammes de viande et de 2500 kilogrammes de suif) 150 kilogrammes de gâteaux de fruits, une grande quantité de conserves, etc. Rien ne manquait pour assurer le succès de l'expédition, et les provisions de bouche, mesurées pour un voyage de trois ans, témoignaient par leur quantité et leur qualité de l'intérêt apporté à cette entreprise. A la vérité, tous les gens de l'équipage ne désiraient pas s'embarquer sous la bannière azurée de la «Société de Tempérance»; ils ne pensaient pas non plus à se cacher pour introduire en petite quantité et en contrebande des substances un peu plus réconfortantes que du thé. Le commandement supérieur de l'expédition revint naturellement au capitaine Hall qui sut remplacer ce qui lui manquait comme notions scientifiques, en prenant à sa suite des hommes expérimentés, instruits et déjà éprouvés. Hall avait avec lui vingt compagnons. Le premier officier du navire, en même temps «Ice master» était, Sidney O. Buddington, qui avait accompagné Hall pendant de longues années dans la Mer polaire; le premier pilote était C. Chester de Noank dans le Connecticut: le premier pilote avait été compagnon de Hall qui, sur le Monticello, se rendait pour la seconde fois vers le nord. L'homme le plus connu était certainement le second pilote William Morton qui avait accompagné Kane et Hayes et qui avait découvert la Mer libre. Emile Schumann (Saxon), ancien mécanicien en chef sur les vapeurs faisant le service de Hambourg à New-York, et John Wilson, les ingénieurs, étaient des gens rompus aux difficultés de leur métier. Mais l'homme le plus éminent de l'expédition était incontestablement le docteur Emil Bessels, de Heidelberg, chef de l'état-major scientifique, homme encore jeune, en même temps zoologiste, botaniste et photographe distingué, qui avait déjà pris part avec éclat à une expédition polaire allemande et qui avait été chaudement recommandé par le docteur Petermann. A l'état-major scientifique appartenaient encore l'astronome R. W. D. Bryan, homme de grand mérite et Friedrich Meyer, prussien d'origine, qui, depuis 1864, était occupé dans le service des signaux, aux États-Unis; il était surtout chargé de diriger les observations météorologiques. Il faut encore citer, parmi les personnages importants et utiles du Polaris, les époux Esquimaux Joseph et Hanne, anciens compagnons de Hall dans ses précédents voyages. Joseph était un excellent chasseur et conducteur de traîneaux. Sa femme avait reçu une certaine teinture de civilisation: elle savait écrire et s'habillait à l'Européenne.

Le 29 juin 1871, le Polaris quitta New-York; son but n'était autre que le pôle nord, et les Américains enthousiasmés se réjouissaient à la pensée que nombre d'écueils, de glaciers et de détroits allaient recevoir à jamais des noms américains, tandis que jusqu'alors les grands noms de leur nation n'avaient guère été inscrits sous ces latitudes. De Terre-Neuve, le navire, traversant le Détroit d'Hudson, se rendit à la côte occidentale du Groenland, où il toucha diverses possessions danoises; à Holsteinborg, Hall acheta des chiens d'Esquimaux pour les excursions en traîneaux, et à Upernivik il prit à bord l'Esquimau Hans Hendrik qui nous est bien connu. Hendrik remplissait, au voisinage de cette station, à Pröven, les paisibles fonctions de maître d'école; cependant on l'amena facilement à quitter ses élèves et à accompagner Hall comme conducteur de chiens, mais non sans emmener avec lui sa femme et ses enfants, et tout l'appareil d'un ménage groenlandais: l'inévitable lampe à huile de poisson en pierre, une grande tente de peaux de phoque, des pots de fer blanc, des traîneaux, des épieux, des harpons, des lignes, des outils et une meute de jeunes chiens. L'après-midi du 24 août 1871, le Polaris partit de Tassuissak[1]), la possession danoise la plus septentrionale, pour les régions inconnues du Sund de Smith. Le lendemain, on traversa, sans être entravé par les glaces, la Baie de Melville si redoutée des navigateurs, et l'on doubla le Cap Dudley-Digges où l'on construisit ce qu'on appelle un homme de pierre et où l'on déposa un rapport sur la partie du voyage qui avait été accomplie jusque-là. On voyait encore des eaux ouvertes devant soi, et on se hâtait d'en profiter pour pousser vers le nord. On aperçut à distance le magnifique fleuve de glace du glacier de Potowak qui s'étend jusqu'à la mer, de nombreuses montagnes de glaces flottantes l'entouraient comme des satellites. Le soir du 26 août, on arriva à l'entrée du Sund de Booth, dont la côte est toute déchiquetée de mille petits fjords, que surmontent de sombres montagnes réunies par les ondulations des glaciers. On voyait bien des glaçons plats flotter à droite et à gauche du navire dans un courant allant vers le nord, mais on n'était pas encore gêné par des masses de glaces; on ne le fut pas davantage le lendemain à midi lorsqu'on détermina la hauteur polaire à 77° 51′ et que trois heures plus tard on pénétra dans le Sund de Smith. On voyait donc l'avenir sous de riantes couleurs et on s'abandonnait aux plus joyeuses espérances pour le succès de l'expédition.

Après avoir laissé dernière soi le Port Foulke, station d'hiver de Hayes, et avoir suivi, jusqu'au Cap Inglefield, la direction de la côte groenlandaise, qui à partir de ce point se dirige du nord-ouest au nord-est, on mit le cap directement sur le nord; dans la soirée on avait franchi la plus grande hauteur polaire que Kane, 18 ans auparavant, eût pu atteindre avec un navire. Jusque-là, du reste, la marche du Polaris avait été régulière et sans incidents. Mais à minuit on rencontra les premières masses de glaces compactes et étendues, c'était comme une muraille haute et menaçante, barrant le Sund de l'est à l'ouest. On commença déjà à se demander si l'on ne devait pas chercher un fond d'ancre dans une petite baie, non loin du Cap Frazer. Cependant Hall, dans une reconnaissance en bateau, ne rencontra que des écueils; aussi continua-t-on à s'avancer vers le nord; malheureusement on fut longtemps enveloppé d'épais brouillards qui empêchaient de reconnaître la côte. Lorsqu'ensuite le temps se fut un

---

[1]) Tassuissak, par 73° 21′ de latitude nord et 56° 5′ de longitude à l'ouest de Greenwich; solitude accablante; ténèbres persistant pendant des semaines entières, et déterminant peu à peu un affaissement physique et moral que l'on ne peut surmonter qu'avec une force de caractère extraordinaire. Dans cette région, dans cette «ultima Thule» vivait, depuis près de huit ans, une famille danoise, père, mère et enfants, seuls Européens de cette station formée par 14 ménages groenlandais. Cette famille ne paraissait pas malheureuse d'habiter ce coin perdu au milieu des glaces et des brouillards. L'homme s'appelait Jensen et était l'employé du fisc de la station.

peu éclairci, le 28 août à midi, on reconnut que le navire se trouvait par
80° de latitude nord et 69° 28′ de longitude ouest; 24 heures plus tard,
après avoir passé devant les petites Iles Franklin et Crozier, qui servirent
de points de repère, et après avoir ensuite découvert une autre petite
île près du rivage de la Terre de Grinnell, île qui reçut le nom de Hans
en l'honneur de l'Esquimau de l'expédition, on crut pouvoir admettre
que la hauteur polaire atteinte était de 81° 20′ et la longitude occidentale
de 64° 34′, l'horizon couvert de nuages ne permettant pas de prendre des
mesures exactes.

Les nuages persistaient, mais on ne voyait plus que de rares montagnes
de glaces depuis qu'on avait franchi le 80ᵉ degré de latitude. Par contre,
d'épais champs de glace, ne s'élevant que de trois à quatre pieds au-dessus
du niveau de l'eau et recouverts d'un névé à grains grossiers, devenaient
de plus en plus fréquents. La solitude qui regnait tout autour était d'une
majesté farouche. A part quelques chétifs Cténophores entre les morceaux
de glace, on n'apercevait aucune trace de vie organique. En outre le givre
et l'humidité se déposaient sur les cordages et sur les ferrements du navire,
recouvrant tout d'une écorce glacée, et la neige qui tombait se réunissait
sur l'eau calme, en disques irréguliers comme de la graisse figée. Si ces
phénomènes n'étaient pas faits pour contribuer à l'agrément du voyage, on
avait en compensation la conscience et l'orgueil d'avoir découvert à droite
une nouvelle terre qui fut désignée plus tard sous le nom de «Terre de
Hall,» et de traverser une mer que la quille d'aucun navire n'avait encore
sillonnée. En même temps nos voyageurs s'assurèrent que la prétendue
mer libre de Morton, mer qui à l'époque où elle avait été annoncée avait
déjà trouvé tant d'incrédules et que Petermann sur ses diverses cartes
représentait comme une baie en cul-de-sac, n'était qu'un nouvel élargisse-
ment du bras de mer, le «Bassin de Hall,» avec de larges fjords allant
vers l'ouest et le sud-est, et que par derrière reparaissait la terre, la «Terre
de Hall,» prolongement septentrional du Groenland. Entre ce dernier et
la Terre de Grinnel, le bras de mer se rétrécissait en un détroit, auquel
on donna, en l'honneur du secrétaire de la marine américaine, le nom
«Robeson Channel.» Ce canal s'étend de 81° 44′ à 82° 20′ ou 25′ de
latitude nord; il a donc une longueur de 72 kilomètres environ. Au-delà
il y avait vers le Nord une bande d'eau et plus loin un autre Océan ou
une baie sur le côté occidental de laquelle la terre s'étendait aussi loin
que la vue; à l'est aussi il y avait un peu de terre, mais on ne pouvait
la reconnaître nettement. La baie n'avait pas de glaces: on supposa que
c'était l'Océan polaire boréal ou un Sund y conduisant. Cette eau reçut le
nom de «Mer de Lincoln.» D'après les observations générales faites dans
ces parages, il pouvait sembler que le Polaris n'eût pas trouvé de difficultés

sérieuses à pénétrer dans cette mer. Mais au fur et à mesure que le
Polaris s'avençait, elle commença à changer d'aspect; la glace dont les
masses ne cessaient d'augmenter et de présenter les formes les plus diverses
s'accumulait vers le sud avec une rapidité croissante et Hall cherchait des
yeux un lieu de refuge où le navire pût se mettre à l'abri et jeter l'ancre.
Avec six de ses gens, Hall, dans un bateau, essaya de lutter contre la
violence du courant, mais il revint bientôt en arrière, car la côte que l'on
avait aperçue ne permettait pas d'atterrir; aussi lui donna-t-il le nom de
«Repulse Harbour»; on se remit en route; à la vérité les brouillards
empêchèrent bientôt la navigation; le 31 août, à l'aube, on essaya, pour la
dernière fois, de s'avancer encore; la marche en avant devait être de courte
durée; on s'approchait de la limite que le «Polaris» ne devait pas franchir.
L'«ice master» Buddington, dont l'expérience fort prisée n'était malheureusement pas en rapport, selon Bessels, avec le courage et l'enthousiasme qu'il
affichait, estimait qu'il était absolument impossible de pénétrer plus avant
vers le nord; il pensait que l'on devait, sans plus tarder, retourner vers le
sud et y chercher un port.  Le chef de l'expédition et quelques-uns de ses
officiers partageaient cet avis; Bessels au contraire et trois de ses officiers
soutenaient que l'on devait maintenir la direction septentrionale de la route,
car le gabier H. Hobby avait signalé au nord-est un vaste espace libre et
avait dit qu'aussi loin qu'il pouvait voir, les glaces ne devaient pas empêcher
la marche vers le nord.  Cependant, sans monter lui-même dans le grand
hunier pour s'assurer de ses propres yeux de l'état des choses, ce qui était
son devoir, et sans tenir compte des observations météorologiques, faites sur
le navire le 30 et le 31 août, desquelles il résultait clairement que pendant
6 heures de brouillard il soufflait cinq fois  des vents humides du nord, ne
pouvant avoir passé que sur des eaux libres, Buddington défendit opiniâtre-
ment son opinion et Hall fut assez faible pour se ranger à cet avis.

On ne dépassa donc pas la hauteur polaire de 82° 26', qui fut atteinte
le 4 septembre; pendant les derniers jours le bâtiment avait été soumis à
d'énormes pressions de glaces, de telle sorte qu'on le crut sur le point d'être
écrasé et que l'on donna ordre de débarquer sur la  glace une partie des
provisions.  Cependant, le 5 septembre, par 81° 36' de latitude nord, on
trouva un refuge dans une baie plate que Hall baptisa du nom de «Baie
Polaris»; il donna, dans sa piété, le nom de «Thank God Harbour» au
lieu d'ancrage; malheureusement ce port d'hiver, auquel on avait eu recours
dans la détresse, était tout à fait insuffisant, car il laissait le vaisseau
exposé sans défense aux pressions de la glace.

Dès novembre, on constata combien il était difficile d'hiverner sur cette
côte sans mouillage; les tempêtes brisèrent la glace et entraînèrent le
bâtiment.  «Au milieu des rugissements de l'ouragan déchaîné, le navire,

avec sa cuirasse de glace, répercute lamentablement le fracas de la tempête;
les mâts grincent et pleurent, et à leurs craquements lugubres répond le
bruit strident des vergues qui s'entrechoquent, le sifflement des cordages et
le cliquetis des chaînes. Les blocs de glace font rage, les haubans résonnent
comme d'immenses harpes éoliennes; la tente, gonflée comme une voile, se
balance çà et là au milieu des éléments en fureur; les bordages menacent
de céder, les montants se tordent, la carcasse du navire paraît prête à
s'entr'ouvrir. Il semble que, de la glace, s'élèvent tantôt des plaintes
désespérées, tantôt d'âpres hurlements, sur les modulations les plus sauvages
et les plus variées. C'était un étrange concert, d'une horreur indicible».

Le navire échappa encore à sa perte mais à grand'peine; on ancra
solidement à une montagne de glace qui reçut de nom de «Mount Providence.»
Mais ce bloc, loin de les sauver, leur causa au contraire un grand préjudice,

ENTERREMENT DU CAPITAINE HALL.

car il ne tarda pas à se briser en mille pièces avec un fracas de tonnerre.
Ce fut un moment solennel que celui où Hall déploya la bannière étoilée
de l'Union sur le rivage de la terre nouvellement découverte et en prit
possession «au nom de Dieu et du président des États-Unis.» Le lendemain
matin, Hall et Bessels cherchèrent une place où pût être installé l'observatoire, puis les provisions furent transportées sur le rivage et mises en
sûreté. Le 18 septembre, Bessels, Chester et les deux Esquimaux partirent
pour explorer l'intérieur du pays sur la côte occidentale duquel était ancré
le «Polaris». Le nom de «Plateau de Kane» fut donné à ce pays, qui
s'abaisse vers le sud, en formant le large «Fjord de Petermann» profondément
découpé, tandis qu'au nord s'ouvre une baie magnifique, la «Baie de

Newman». Le 24 septembre, les voyageurs revinrent au navire, et, le 12 septembre, Hall lui-même, accompagné de Chester et des deux Esquimaux, entreprit une excursion de deux semaines vers la mer polaire; mais il n'alla pas plus loin que «Repulse Harbour,» qu'il avait déjà visité par mer; un promontoire saillant à l'extrémité nord de la «Baie Polaris» fut nommé «Cap Lupton». Le 24 octobre, la petite expédition revint, car le soleil avait disparu depuis le 16, et les ténèbres boréales étaient arrivées. Hall se sentait malade. Son état s'aggrava rapidement; bientôt il fut paralysé partiellement, et il mourut le 8 novembre 1871. On l'enterra sur la côte, environ à dix minutes du lieu d'ancrage, et l'on plaça sur sa tombe un monument de bois sur lequel on inscrivit son nom et ses campagnes.

A dater de ce moment, on abandonna l'idée de faire d'autres découvertes. L'expédition avait subi un coup terrible par la mort de son chef, et la discipline se relâchait beaucoup à bord; les officiers étaient absolument en désaccord. Le commandement supérieur fut remis à Buddington, lequel n'adopta que plus tard le régime de la tempérance. L'hiver se passa sans difficulté et sans privations. Le pilote G. E. Tyson décrit le climat comme étant, de beaucoup de degrés, plus doux que celui des contrées situées plus au sud. En juin, l'endroit où on avait ancré le vaisseau était exempt de neiges et décoré de toute la flore indigène. Des herbes clair-semées s'allongeaient sur le sol; elles étaient suffisantes pour nourrir les nombreux bœufs musqués de cette région. On en tua 30 à 40. Ces animaux pouvant vivre là tout l'hiver, ce fait démontre bien la douceur de la température. On remarqua notamment un changement du climat lorsque la débacle eut passé entre le 70ᵉ et le 80ᵉ degré. On ne voyait pas d'Esquimaux, mais on en apercevait des traces. Des bois flottants venant du nord furent recueillis lorsqu'ils passèrent par la Baie Robeson, poussés par un rapide courant méridional. Le bois était trop déformé pour que l'on pût reconnaître s'il avait été scié ou coupé à la hache. Indépendamment des bœufs musqués on vit des lapins, des lemmings et quelques ours. Les fleurs sauvages étaient magnifiques; de nombreux oiseaux vinrent du sud pendant l'été. Quelques-uns des explorateurs visitèrent le plateau près de l'endroit où le navire était ancré et derrière lequel on aperçut de hautes montagnes. La rive orientale diffère beaucoup de la rive occidentale. Celle-là est apparemment plus favorisée par le climat sous le rapport de la végétation. Les chaînes de montagnes qui s'étendent à l'est sont au contraire dénudées et escarpées. Au milieu de l'hiver, le froid fut si intense, malgré les conditions climatériques que nous avons décrites, qu'à l'aide de balles de mercure congelé on pouvait percer une planche épaisse de cinq centimètres. L'hiver commença par une température qui était de — 20⁰ à l'air libre et de — 15⁰ à l'intérieur du navire aux endroits qu'on ne pouvait pas chauffer. Malgré

cette température insupportable on travaillait à l'observatoire; on opérait
des mesures aux stations trigonométriques élevées dans le sud de la baie,
et d'heure en heure on inscrivait le niveau de l'échelle sur l'étiage placé
au-dessus d'une ouverture faite à la glace. L'hiver se passa sans faits
remarquables, mais au printemps on fit une excursion en traîneaux vers le
sud: la société se composait de Bessels, de Pryan et de l'Esquimau Joseph.
En avril 1872, ils pénétrèrent sur une certaine étendue dans le «Fjord de
Petermann», mais ils ne purent reconnaître si c'est un véritable fjord ou
un détroit s'ouvrant soit à l'est soit au sud-est. Après en avoir traversé
l'embouchure, ils explorèrent le Golfe de Bessels, beaucoup plus étroit et

DE NOMBREUX OISEAUX VINRENT DU SUD.

moins profond, devant l'entrée duquel est située l'Ile de «Johanna», puis
ils suivirent la côte vers le sud, jusqu'à ce qu'ils aperçurent le «Cap
Constitution», découvert dix-huit ans auparavant par Morton et Hans. Le
8 juin, sous le commandement de Tyson, on fit, avec deux bateaux, une
nouvelle tentative pour pénétrer vers le nord. L'un de ces bateaux conduit
par le pilote Chester fut écrasé par la glace, le 7 juin; l'autre fut tiré à
terre, et tous les voyageurs franchirent à pied les 40 kilomètres qui les
séparaient du navire, le capitaine Buddington ayant appelé ses hommes à
l'aide pour réparer une avarie survenue au «Polaris». Pendant cette
excursion, on recueillit dans les plaines et dans les gorges, et même sur

les plus hautes montagnes, une grande quantité de fossiles marines. On vit environ 20 bœufs musqués, on en tua 4. On trouva, en outre, des armes de chasse, des haches et des traces de campement qui accusaient apparemment le passage d'Esquimaux venus dans cette région pour y chasser, mais longtemps auparavant. On ne trouva pas de traces d'habitations sédentaires. Le météorologiste Meyer se signala en relevant la côte orientale et la côte occidentale. Par 82° 9′ de latitude, il observa d'une hauteur des 520 mètres, vers le nord, une bande claire que d'autres prirent pour de la terre, mais qu'il regarda comme étant de l'eau. Il croit avoir aperçu la côte occidentale jusqu'au delà de 84°, la côte orientale jusqu'à 82° 30′ environ. L'entrée de la Baie de Newman est de 12 à 15 kilomètres de largeur; son cap méridional, «Summer Headland,» se trouve à 81° 55′; son promontoire septentrional, le «Cap Breewoort,» à 82° 2′ de latitude nord. Meyer a

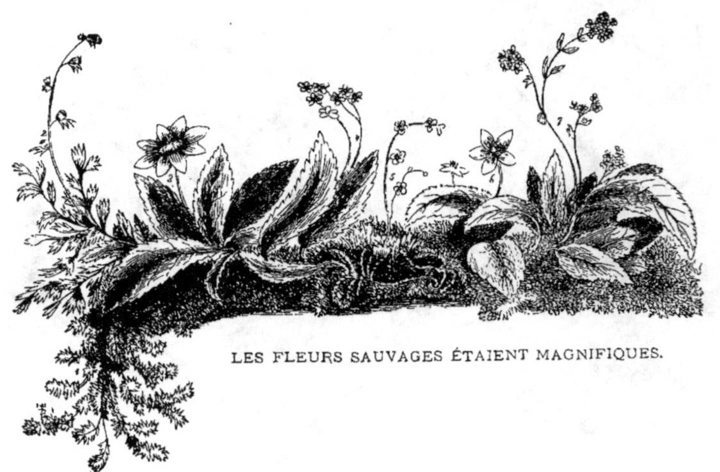

LES FLEURS SAUVAGES ÉTAIENT MAGNIFIQUES.

mesuré toutes les hauteurs de la côte orientale et de la côte occidentale, près de «Thank God Harbour.» La montagne avait de 300 à 400 mètres d'élévation.

Les observations que furent faites pendant le séjour à la terre de Hall sont très intéressantes. Pendant près d'une année entière, du 5 septembre 1871 au 12 août 1872, nos navigateurs habitèrent cette côte inhospitalière; ils purent donc suivre pendant presque toute l'année l'évolution de la faune et de la flore de cette région. Pendant la longue nuit polaire, à terre du moins, il semble que la vie disparaisse complètement; toutefois il y a des animaux, des lemmings, qui dorment de leur long sommeil dans leurs galeries souterraines, on n'a pu savoir ce que devenaient, pendant l'hiver, les lièvres et les renards polaires. En outre les nymphes de beaucoup d'animaux inférieurs sont engourdies sous la neige et sous la glace; elles se développeront pendant l'été pour prendre une nouvelle forme. Contre toute attente, on trouva, pendant l'été, une vie relativement riche dans ces régions; il est surprenant de voir combien d'animaux, et d'animaux à organisation supérieure, peuvent prospérer à l'aide d'une si maigre végétation. Si l'on considère que la plus haute température atteinte, pendant la journée, en été, était de 9° et que même dans les conditions les plus favorables, on ne pouvait creuser à soixante centimètres sans rencontrer de la glace et de la neige, on doit penser qu'il ne doit guère y avoir de flore ou de faune dans ces contrées. Cependant, les plantes qui recouvrent le sol pendant l'été sont si nombreuses que, vues de loin, elles produisent l'effet d'une prairie. Il est vrai que, si l'on s'approche, la prairie se résout tout simplement en un grand nombre de petites places de végétation. La croissance des plantes est naturellement pénible. A peine voit-on s'élever les rameaux rabougris des deux seules plantes ligneuses qui se rencontrent là-bas: le dryas et le saule polaire. «La masse principale du buisson s'est cachée sous terre. Sous l'abri du sol, les racines s'étendent au loin sans pénétrer dans la profondeur qu'elles redoutent et qu'elles évitent. La croissance par en haut et par en bas est entravée; les racines et les rameaux sont aussi rapprochés que possible». Le saule ne peut s'élever plus haut, parce que la seule couche d'air échauffée est celle qui repose immédiatement sur la terre; les couches supérieures sont froides. Deux thermomètres suspendus l'un au-dessus de l'autre, à une distance de quelques pieds, présentent une différence de plusieurs degrés. Il faut ajouter encore que la plante hyperboréenne ne peut vivre qu'à condition de raccourcir le plus possible sa période de végétation et de parcourir, en quelques semaines, toutes les phases de développement qui, chez les végétaux des zones tempérées, sont distribuées sur un même nombre de mois.

Cependant, cette végétation polaire fait vivre, non seulement de petits mammifères, tels que les lièvres polaires et les lemmings, qui se trouvent en grande quantité, mais de grands animaux, tels que les bœufs musqués. Personne ne se serait attendu à ce que, dans une pareille solitude, d'aussi grands ruminants trouvassent une nourriture suffisante. Les bœufs musqués, il est vrai, paraissent passer l'hiver plus au sud, mais, dès le mois d'avril, ils reparaissent au voisinage de la Baie Polaris. On en tua à différents intervalles, une fois 7, une autre fois 12. A la fin de septembre, ces animaux à épaisse toison erraient encore dans cette contrée.

Malgré le milieu défavorable, les fleurs aux riches couleurs ne manquent pas complètement, ni les insectes fécondants, bien qu'il n'y en ait qu'un petit nombre d'espèces. ‹Des bourdons isolés tournoyaient autour des fleurs jaunes des pavots, et des fleurs riches en miel, de la saxifrage rouge bleu. Les lépidoptères jaune *(Colias Boothii)* volaient légèrement près des mousses humides, et, sur les taches de neige éparses, des milliers de petits insectes sauteurs s'efforçaient d'échapper aux oiseaux qui les poursuivaient.›

Dans les petits lacs, des bandes de truites accusent la présence des petits crustacés et des larves d'insectes dont elles se nourrissent. On y trouva, et effet, des uns et des autres en quantités considérables, au mois de juillet, lorsque la glace recouvrant les lacs se fut fondue. De même qu'il y a, dans l'eau, des espèces de proie, de même à terre les animaux de proie sont représentés par le renard, la chouette et le faucon polaire. Nous ne parlons pas de l'ours blanc, animal plus marin que terrestre. Parmi les petits carnassiers, il ne faut pas oublier les araignées; on en trouva plusieurs espèces.

La faune marine malheureusement ne put être explorée qu'imparfaitement; cependant on peut voir, d'après les quelques échantillons ramenés par le filet dragueur du ‹Polaris,› que cette faune est riche. L'ornithologie a été mieux étudiée. On a observé en tout 24 espèces d'oiseaux. Beaucoup d'entre eux, comme l'oie sauvage, l'eider, et l'*Uria grylle* étaient très abondants et couvaient dans la ‹Baie Polaris.› D'autres oiseaux étaient plus rares: on ne vit que quelques corbeaux. D'autres encore, tels que le tourne-pierre *(Strepsilas interpres)*, apparurent, à la fin de juillet et au commencement d'août, en grandes bandes formées de mâles et de femelles adultes ainsi que de jeunes. Ils étaient en train de prendre la direction du sud; ils avaient donc couvé à l'extrême nord. On peut conclure que les conditions nécessaires pour l'existence des oiseaux se trouvent encore au-delà du 82° degré, que la vie s'étend jusqu'au pôle nord, qu'elle ne cesse donc en aucun point de la surface du Globe. En tout cas, ces observations permettent d'affirmer que la mer est peuplée d'animaux jusqu'au pôle nord et qu'elle est quelquefois ouverte pendant l'été, car les cosmopolites tourne-pierre sont des oiseaux de rivage se nourrissant d'animaux marins inférieurs.

Lorsque l'été fut revenu et que les vagues eurent brisé la glace autour du navire, on se hâta de mettre le cap sur le sud. Dans la matinée du 12 août 1873 (n'oublions pas cet événement important), Madame Merkut, femme de Hans, donna le jour à un fils qui fut baptisé Charles Polaris. Dans l'après-midi de ce jour, on sortit de la baie en se dirigeant vers le sud. Dès le 25, à une latitude de 79° 35′ 47″, le Polaris, après avoir subi de terribles pressions, fut complètement entouré par les glaces et de nouveau il fallut, à tout événement, construire sur le champ de glace une habitation de refuge, moitié tente, moitié maison. Bientôt il se produisit une catastrophe, telle qu'on n'en peut imaginer de plus terrible. Poussé par le courant jusqu'à environ 77° 35′ de latitude nord, à l'entrée septentrionale du «Whale Sund», le Polaris, pendant la nuit du 15 octobre, fut soulevé par un glaçon énorme à tel point qu'il sortit de l'eau et se coucha aussitôt sur le flanc. Une confusion indescriptible suivit ce choc; on porta, en grande hâte, sur le glaçon, tout ce qu'on avait eu la précaution de placer depuis longtemps sur le pont. Le pont craqua également et fut anéanti par la pression des glaces; une partie de l'équipage voguait sur des glaçons plus ou moins grands, au-dessus des flots agités. De nouveau le Polaris avait glissé à l'eau et avait disparu dans l'obscurité; le lendemain matin, 19 personnes se trouvaient sur la glace, 10 Américains et 9 Esquimaux. Comme provisions, ils avaient 11 sacs de pain, 14 jambons, des boîtes de viandes conservées, 1 000 kilogrammes de chocolat, assez d'armes à feu et beaucoup de munitions; ils avaient en outre des couvertures et des peaux, une tente et deux baleinières; mais était-ce suffisant pour braver l'hiver boréal et traverser le grand Océan? Bientôt il fallut se résoudre à prendre ce parti, car on ne voyait plus le Polaris que dans un lointain inaccessible. Ces hommes courageux ne désespérèrent pas. On construisit des huttes de neige, on alla chercher les poutres de la maison que l'on avait construite auparavant, et l'on rapporta le charbon qu'on y avait entassé. Les deux Esquimaux, Joe et Hans, furent d'une utilité inappréciable; tout animal sauvage, phoque, ours blanc ou renard, qui s'evanturait auprès des huttes de neige, tombait infailliblement sous les balles de ces habiles tireurs, et le produit de leur chasse fournissait un utile supplément aux rations quotidiennes, toujours mesurées d'autant plus parcimonieusement que le glaçon, maintenant dans les eaux libres, s'avançait vers le sud. On célébra Noël solennellement: on avait gardé pour ce jour la dernière boîte de fruits secs, la dernière boîte de viande conservée; 25 kilogrammes de jambon avec un peu de sang de phoque et quelques grammes de viande de phoque devaient fournir une soupe réconfortante comme on n'en avait pas mangé depuis longtemps. Bientôt les fatigues et les épreuves augmentèrent. L'équipage n'avait pas encore été à court de viande fraîche; toujours un heureux hasard amenait des phoques et des ours, qui succombaient sous le fusil ou sous le harpon, et qui étaient enregistrés sur un livre spécial; dans leurs huttes de neige, les naufragés étaient à l'abri du froid le plus rigoureux, et leur champ de glace, qui avait une lieue de longueur, les protégeait suffisamment contre les vagues et les montagnes de glace. Mais au commencement d'avril 1873 ils furent poussés si loin vers le sud que leur glaçon paraissait être le seul dans l'incommensurable désert d'eau. Les vagues avides l'émiettaient pièce à pièce. Il ne leur restait plus qu'un petit bateau qui pouvait à peine contenir 19 personnes; il fallut jeter par-dessus bord la viande et les habits pour ne conserver que le strict nécessaire: la tente et les peaux et la petite provision de pain. Ils ramèrent vers la terre, mais ils ne purent l'atteindre et ils durent s'estimer heureux de pouvoir aborder de nouveau à un champ de glace. Ils retrouvèrent des phoques, et ils purent camper sur la glace, à côté du bateau que l'on tenait toujours prêt à être lancé à l'eau. La détresse augmentait constamment; trempés par l'humidité, luttant contre des privations de toute espèce, presque épuisés par la faim, ils passaient tristement leurs jours; ils en étaient déjà réduits à manger des *peaux tannées*, lorsque Joe, d'un morceau de glace sur lequel il se trouvait, aperçut un ours; les deux Esquimaux s'apprêtèrent à l'attaque; quelques hommes de l'équipage se couchèrent simulant des phoques et attirèrent ainsi l'animal; un coup de fusil heureux, qui coûta la vie à maître Martin, sauva l'équipage pour quelques jours. Tantôt s'avançant dans des eaux ouvertes, tantôt s'appuyant à un glaçon, ils poussaient toujours plus au sud, lorsque le 28 avril ils aperçurent un vapeur. Personne de l'équipage ne ferma l'œil de la nuit; le matin, le vapeur répondit aux coups de fusil dont on le saluait; mais il ne put parvenir jusqu'au glaçon et jusqu'au bateau, et les pauvres naufragés se virent déçus dans leurs espérances. Le 29 avril, un grand vapeur la «Tigress» émergea du brouillard. Le lendemain, on attira l'attention du vapeur à l'aide de détonations; le capitaine Bartlett, qui avait le commandement de ce bâtiment, cingla sur eux et les recueillit tous les 19. Ils se trouvaient alors à 53° 35′ de latitude nord. Lorsqu'on les transporta sur le navire chauffé, ils éprouvèrent comme une sorte de suffocation et de congestion pulmonaire. Ce ne fut qu'au bout de quelque temps qu'ils s'habituèrent de nouveau au confort de la vie. Il était grandement temps, car la plupart d'entre eux étaient malades ou tellement épuisés qu'ils n'auraient pas résisté plus longtemps à l'épreuve. Grâce aux soins empressés du médecin du navire, ils se rétablirent bientôt tous; le 24 juin, ils arrivèrent heureusement à Washington, après avoir vécu huit mois entiers sur la glace.

A l'arrivée des dépêches de Terre-Neuve, le ministre de la marine américaine, appréciant dignement les intérêts de l'humanité et de la science, n'avait pas envoyé moins de trois navires à la recherche du Polaris. C'était d'abord le vapeur du gouvernement «Frolic», qui avait été envoyé à Terre-Neuve pour ramener directement les 19 naufragés à Washington; en outre le vapeur du gouvernement «Juniata» devait se rendre d'abord à Disco et, s'il était possible, jusqu'à Upernivik afin d'y établir un dépôt de provisions pour le Polaris et la partie de l'équipage restée sur le bâtiment; il devait aussi s'entendre avec les autorités danoises de la côte occidentale pour établir une communication avec l'Ile de Northumberland où le Polaris avait été vu en dernier lieu par les malheureux à la dérive sur leur glaçon;

enfin le gouvernement acheta le vapeur «Tigress», aménagé pour la chasse aux phoques et pour la navigation arctique; ce navire avait été expédié directement à Northumberland, et c'est lui qui, le 30 avril, recueillit les 19 échappés du Polaris. Tyson et les matelots recueillis avec lui, ainsi que l'Esquimau Joe, devaient accompagner l'expédition.

Pendant ce temps, le Polaris sans bateau, avec les 14 hommes qui étaient restés, et parmi lesquels se trouvaient Bessels, Bryan, Buddington, Chester, Morton, passa l'hiver de 1872 à 1873 à la latitude nord de 77⁰. C'est en vain que, montant au plus haut des mâts, les hommes à la vue la plus perçante avaient regardé les naufragés dériver sur leur glaçon; l'équipage du Polaris dut bientôt songer à son propre salut: le navire faisait eau de toutes parts et il ne restait plus qu'à l'amener rapidement au rivage de l'Ile Littleton. On construisit une maison «la misérable maison du Polaris», où l'équipage s'installa aussi confortablement que possible. On avait assez de provisions; le combustible ne manquait pas non plus, car, lorsque le charbon fut consumé, on alla chercher les débris de bois du Polaris; des lampes alimentées par de l'huile de baleine et par du lard de phoque éclairèrent la nuit du grand hiver boréal; les habitants du Life-boat Cove (ils nommaient bateau de sauvetage «crique» le pays glacé où ils étaient condamnés à vivre) passaient leur temps à lire, à jouer aux échecs, à raconter des histoires. Ils avaient même su se procurer un succédané du tabac qui leur avait fait défaut pendant longtemps, ils fumèrent du thé. Quelques familles d'Esquimaux s'étaient établies au voisinage; du produit de leur chasse ils approvisionnaient les Américains; les femmes se rendaient encore plus utiles en réparant les vêtements et en s'occupant du linge. En avril 1873, on procéda à la construction de deux grands bateaux; on les fit aussi solides que possible; le 31 mai on clôtura les observations scientifiques qu'on avait continuées malgré les souffrances et les privations; le 3 juin, on quitta le quartier d'hiver et l'on prit congé des Esquimaux amis pour commencer la navigation avec bon espoir. Pendant vingt jours on fit voile au milieu de dangers et de difficultés indescriptibles et, le 23 juin 1873, à 10 heures du matin, on aperçut un bâtiment, la baleinière écossaise «Ravenscraig». Le salut était proche, mais il restait encore beaucoup de chemin à faire. Le 7 juillet, on aperçut l'«Arctic» conduit par le capitaine Adams; il revenait d'un intéressant voyage à l'Entrée du Détroit du Prince de Galles. Ce bâtiment prit à son bord une partie des naufragés, et parmi eux le Dr. Emil Bessels; les autres restèrent sur le Ravenscraig. L'Arctic ayant abordé au port de Dundee, Bessels et ses compagnons s'y reposèrent cinq jours; puis ils s'embarquèrent à Liverpool. Le 4 octobre, ils abordaient à Sandy-Hook, d'où le navire de guerre «Talapoosa» conduisait les voyageurs à la capitale des États-Unis:

25*

Washington. Les autres naufragés y étaient déjà arrivés; les autres membres de l'expédition du Polaris revinrent à leur tour. Leurs aventures offrent peut-être plus d'intérêt que les maigres résultats mêmes de cette campagne boréale.

A part une haute falaise que le docteur Bessels prétend avoir vue au-delà du 84° degré et qui reçut le nom de «Presidents-Land» (Terre du Président), à part aussi quelques pointes de terre que l'on avait aperçues à l'est, entre 83 et 84° de latitude nord, et qui semblaient être le prolongement septentrional de la Terre de Hall, cette dernière terre est la seule qui ait été découverte par l'expédition; toutefois ce résultat a permis de corriger beaucoup de détails sur les cartes tracées auparavant; en outre, les côtés de la Terre de Grinnell, qui depuis peu a reçu, dans sa partie septentrionale, le nom de Terre de Grant, ont été notablement déplacées vers l'est. Les observations les plus fécondes au point de vue géographique sont que le flux, dans le Canal de Robeson, se dirige du nord au sud et qu'un courant de même sens, rencontrant dans le Sund de Smith le courant qui vient du sud, apporte du bois sur les côtes de la Terre de Hall; il semblait prouvé par là que la Terre de Grinnell, ce que tout le monde n'admettait pas, était séparée du Groenland, — que, par conséquent, c'était une île, — que le Canal de Robeson ne conduisait pas à un cul-de-sac, mais communiquait avec une mer polaire reliant l'Atlantique au Pacifique. Oui, Bessels a constaté ce fait remarquable: le flux qui touche le Cap Hatherton, sur la côte nord du Groenland, vient de l'Océan pacifique. Dans la Baie Newman, près de l'entrée polaire du Sund de Smith, le flux montait régulièrement plus tôt que dans la Baie Polaris située au sud. Si ce flux venait de l'Atlantique, il devrait, au contraire, puisqu'il part de l'équateur pour se propager au nord et au sud, toucher la Baie Polaris avant d'être sensible dans la Baie Newman. En outre, l'onde de flux observée dans ces deux points va du nord au sud, tandis que, près de l'Ile Littleton, on observe déjà un flux qui se dirige du sud au nord. Des faits constatés par Bessel, il résulte ou que le Groenland est une île isolée, baignée par les flots de l'Atlantique, ou ce qui est bien plus vraisemblable, que le flux de l'Océan pacifique, passant par le Détroit de Béring, se dirige vers le nord-est pour aller rencontrer, sur les côtes du Groenland, le flux de l'Atlantique. Bessel suppose qu'à ces hautes latitudes, il existe une mer polaire libre entre ces deux océans; car, si ce bassin était recouvert de glaces éternelles, le flux ne pourrait se propager dans ces parages. L'onde de flux, dit le lieutenant Maury, le célèbre pionnier de la mer, ne peut pas plus se propager sous la glace que les vibrations d'une corde ne se propagent au-delà du point sur lequel le violoniste appuie son doigt. En même temps le professeur Grisebach faisait observer que les bois flottés ne pouvaient venir que de l'Amour et du Japon par le Détroit de Béring, que par conséquent il fallait admettre une communication entre le Canal de Robeson et la mer située au nord de ce détroit; d'autre part il était vraisemblable que le Groenland se prolongeait vers le nord, sinon les chênes que le flux apporte sur le littoral du Groenland seraient entraînés jusqu'au Spitzberg et jusqu'à la Nouvelle-Zemble.

Ces observations et ces conclusions apportèrent un nouvel appui aux opinions de Petermann. Ce célèbre géographe, tout en soutenant, lui aussi, l'existence de la mer polaire libre, avait, au sujet de cette mer, d'autres idées que celles des Américains. Kane, Hayes et Morton pensaient, comme on l'a déjà dit, qu'une vaste mer, libre de glaces, s'étendait à l'intérieur de la barrière immobile des glaces soudées. Le docteur Petermann était loin de partager cette opinion. Pour se rendre compte de ses idées à ce sujet, il suffira de jeter un coup d'œil sur une de ses cartes polaires, dans laquelle il prolongeait le Groenland, au-delà du pôle, jusqu'à la Terre de Vranghel, au voisinage de la Sibérie: il séparait ainsi en deux parties inégales, par d'importantes masses de terre, ce que l'on appelait la mer polaire ouverte. Quoiqu'il en soit, il est très naturel de penser que, dans la région polaire encore inexplorée, il y ait de grands espaces, de temps en temps libres de glace; toute la question est de savoir dans quelle mesure ces eaux, ces mers si l'on veut, sont recouvertes de glace ou praticables à la navigation. Longtemps on a cru que les mers boréales étaient remplies de glaces épaisses, agglomérées depuis des milliers d'années, à tel point qu'il ne fallait pas songer à y pénétrer jamais; il n'y aurait pas de différence entre la mer et la terre, sous une pareille couche de glace. Mais les mers boréales ne sont pas ainsi obstruées; on peut du moins le penser, d'après les résultats des explorations faites jusqu'à ce jour. Il y a, dans les mers glaciales, des passages plus ou moins étroits, nommés «wakes», dans lesquels des navires peuvent passer. Quand bien même la «Mer polaire ouverte» des Américains n'existerait pas, il n'en est pas moins certain qu'ils ont vu une nappe d'eau, par 82° de latitude nord. L'expédition du Polaris a en effet trouvé ces eaux (c'est la mer de Lincoln), au delà desquelles on n'apercevait la terre que dans un lointain reculé. J'ai expliqué en quoi consiste cette mer polaire «libre»; aussi désirerais-je vivement que cette expression ambiguë et inexacte de «mer polaire libre» fût remplacée par «eau polaire navigable»; on exclurait ainsi l'idée d'une grande mer, s'étendant sans solution de continuité, sur toute la région du pôle, et l'on ne préciserait rien quant à l'étendue des parties liquides de cette mer polaire, ni quant au laps de temps pendant lequel elles restent praticables. Une «eau polaire» de ce genre est la Mer de Lincoln, découverte par Hall. Est-elle constamment navigable? Nous sommes loin de le prétendre; l'expédition polaire la plus récente organisée par l'Angleterre va nous apprendre ce qu'il en est ou du moins ce qu'il est permis de penser à cet égard.

SHERARD OSBORN.

Dans ce pays qui, depuis le mémorable voyage de Mac Clintock, semblait avoir complètement renoncé aux explorations polaires, l'amiral Sherard Osborn s'était voué avec ardeur à cette branche de la géographie, et il a rendu de grands services à la science. Depuis, qu'en 1865, les Anglais avaient recommencé à se préoccuper des questions polaires,[1] plusieurs hommes, qui s'y intéressaient très vivement mettaient tout en œuvre pour décider le gouvernement à envoyer une expédition; à leur tête, on remarquait particulièrement, à côté d'Osborn, Clements Robert Markham, secrétaire de la Société de géographie et le docteur Hooker. Ils croyaient que sans les grandes ressources et les forces considérables dont dispose seul le gouvernement, il serait impossible d'arriver à des résultats décisifs; ils dédaignaient donc de rivaliser avec les Suédois, les Norvégiens, les Allemands et les Autrichiens, dans de modestes tentatives. Ils eurent enfin la satisfaction qu'ils ambitionnaient: le 17 novembre 1874, le gouvernement, ému des découvertes dues aux Autrichiens Payer et Weyprecht, décida une expédition

---

[1] Dans sa séance du 10 avril 1865, la Société de géographie reprit les débats sur l'exploration de la région du pôle nord. On entendit la lecture d'un mémoire de Monsieur W. E. Hickson sur le climat de ces contrées. Hickson essayait de démontrer qu'au pôle nord, la température était de 5 degrés centigrades et $1/3$ environ plus élévée qu'au 80e degré. L'auteur, s'appuyant sur les observations de Humboldt et de Sir David Brewster, invoquait les isothermes et l'inclinaison de l'axe terrestre. L'action continuelle des rayons solaires pendant une demi-année devait, selon lui, produire une plus grande élévation de température que dans la Baie de Baffin; on devait donc, pour cette raison, trouver plus de glace dans la Baie de Baffin qu'au pôle; au voisinage du pôle, la mer devait très vraisemblablement être ouverte pendant les mois d'été. Monsieur Hickson ajoutait qu'avec un vapeur Cunard, on devait, par la mer ouverte, pouvoir se rendre en six semaines de Londres au pôle. Il désirait que le parlement examinât s'il n'était pas utile d'envoyer un navire de guerre faire quelques excursions dans les mers du Groenland, pour permettre aux officiers de se familiariser avec la navigation à ces hautes latitudes. Ne serait-ce pas là un sujet digne des délibérations du pouvoir législatif? L'auteur désignait la route passant par le Spitzberg comme celle par laquelle on pouvait le plus sûrement arriver au but. — M. Markham était d'un autre avis. Il objectait que les navires arriveraient au milieu des glaces et, ne pouvant s'en dégager, seraient entraînés irrémédiablement avec elles vers le sund. Le Sund de Smith était, disait-il, la route la plus certaine; il conseillait d'y pénétrer

au pôle nord, et cette expédition dépassa toutes les autres par l'abondance de ressources et les soins prévoyants avec lesquelles elle fut organisée.

SIR GEORGE S. NARES.

Le comité chargé des préparatifs se composait des amiraux G. H. Richards, Sir Leopold Mac Clintock et Sherard Osborn; il fit équiper pour cet usage spécial les vapeurs qu'il avait choisis «Alert» et «Discovery», de 550 et de 750 tonnes, et il les fit approvisionner de vivres d'excellente qualité, pour trois ans au moins; il choisit les officiers et l'équipage (60 hommes par navire), dans le grand nombre des volontaires qui venaient s'offrir; il engagea, comme interprète de la langue des Exquimaux, un Danois, Neil Christian Petersen (il ne faut pas le confondre avec son homonyme qui accompagna Penny et Kane); il se procura des chiens groenlandais et il accomplit sa difficile mission dans le court laps de six mois, de sorte que les deux navires purent quitter Portsmouth, le 29 mai 1875. Toute l'expédition était sous le commandement du capitaine George S. Nares, très habile à opérer des relevés maritimes. C'est ce même Nares qui, en 1855, fit partie de l'expédition polaire de Kellet et parcourut 2 400 kilomètres en traîneau. Le capitaine Nares était alors à la tête de l'expédition du Challenger pour

---

avec deux navires, ce qui ne serait pas très difficile puisque déjà 38 autres s'étaient frayé un chemin à travers la glace de la Baie de Baffin, et de s'avancer avec des traîneaux, du Sund de Smith le long de la côte. A la vérité, cette route serait très coûteuse; il fallait 2 canonnières, avec 120 hommes, pendant deux ans et demi. L'expédition de Mac Clintock, qui était restée absente pendant deux ans et demi, avait coûté 7 000 livres sterling; mais, fallût-il même dépenser quatre fois autant, ce serait peu de chose en comparaison des résultats à obtenir. — Le président de la Société, Sir Rod. Murchison, adhéra aux idées émises par M. Hickson, confirmées par ce fait qu'à l'extrême nord de la Sibérie la température était plus élevée que dans les parties moins boréales. Sir R. Murchison se prononça, sans réserves, en faveur du Spitzberg. Il lut ensuite une lettre (de Madrid, 6 avril) dans laquelle Lady Franklin exprimait l'espoir que le triste sort de l'expédition conduite par son mari n'effraierait pas d'autres navigateurs et ne les détournerait pas des explorations polaires. — Le capitaine Inglefield dit que la route du pôle, par le Sund de Smith, était de 4 000 milles, et, par le Spitzberg de 2 500 milles; que l'on pouvait, en tout temps, aller au Spitzberg, tandis que la possibilité de pénétrer dans le Sund de Smith dépendait de la douceur de l'été; que, par la première route, l'allée et le retour pourraient s'effectuer en quelques mois et, par la seconde, n'exigeraient pas moins de trois étés et trois hivers. — L'orateur suivant, le capitaine Davis, membre de l'Amirauté, qui avait pris part au voyage antarctique de Sir James Ross, s'exprima aussi en faveur de la route par le Spitzl'exploration de la mer; il la quitta à Hongkong pour prendre le commandement de la nouvelle expédition polaire. La «Discovery» était commandée par le capitaine Stephenson; l'«Alert» par le commander Albert Hastings Markham; indépendamment des officiers et des médecins, il y avait à bord plusieurs savants pour les travaux spéciaux.[1]) D'après le plan qui avait été adopté, les deux navires devaient se diriger vers le nord par le Sund de Smith, que les géographes anglais, malgré les avertissements du docteur Petermann, considéraient non seulement comme la meilleure route, mais aussi comme la seule possible, et, tandis que l'un d'eux hivernerait à 81° ou à 82°, l'autre devait chercher à s'avancer dans la direction du pôle nord. Lorsque les navires seraient arrêtés, on recourrait aux traîneaux pour compléter l'œuvre d'exploration. On attendait donc avec confiance un résultat favorable, et le «Daily Telegraph» terminait un long article, dans lequel étaient examinées les ressources de cette expédition ainsi que des précédentes expéditions vers le nord, depuis celles de Stephan Burrough et de Barents, en affirmant que, si jamais le pôle nord devait être atteint, la route serait le Sund de Smith et les navires ceux qui étaient sous le commandement du capitaine Nares et de Markham. Ceux-ci avaient pour mission de se préoccuper surtout d'atteindre la plus haute latitude boréale et, si c'était possible, le pôle nord. Leurs instructions portaient aussi qu'ils devraient, de leurs quartiers d'hiver, explorer le littoral le plus proche, aussi loin qu'ils pourraient s'avancer. Les 20° et 90° méridiens devaient limiter les mouvements latéraux des deux navires.

Après avoir touché Godthaab et Ritenbenk dans le Groenland occidental, l'expédition, le 7 juillet, atteignit Godhavn, jusqu'où elle fut accompagnée par le transport «Valorous»; de là, le 17, elle se rendit à Upernivik,

---

berg. — M. Lamont ne croyait pas à l'existence d'une mer ouverte autour du pôle. Au Spitzberg, il s'était entretenu de ce sujet avec plus de vingt baleiniers norvégiens, qui tous avaient rejeté cette idée. Un petit vapeur à hélice, envoyé dans ces parages pourrait décider définitivement s'il était possible d'atteindre le pôle par mer. — Avant que la réunion ne se séparât, le président lut encore une communication de la Société linnéenne, qui, réunie à la Société de géographie, voulait demander au gouvernement de donner sa sanction à une nouvelle expédition au pôle nord. La Société linnéenne mentionnait divers points qui rendaient désirable une nouvelle étude de la flore et de la faune des régions arctiques, et dont l'élucidation présenterait également un grand intérêt pour la géologie.

[1]) Ces travaux étaient répartis de la manière suivante: I. Sur l'«Alert»: le capitaine Nares et le lieutenant Pelham Aldrich, tracé des cartes, sondages; commander Markham, tracé des cartes, géologie, observations magnétiques; lieutenant Alfred A. Chase Parr, observations spectroscopiques et astronomiques; Dr. Thomas Colar, ethnologie et météorologie; Dr. E. Moss, microscopie; le capitaine H. Wemyss Jeilden, naturaliste, surtout ornithologiste, représentait aussi la géologie et la botanique. II. Sur la «Discovery», le lieutenant Beaumont Fulford, observations magnétiques; Mr. Crawford Conybeare, analyse spectrale; Dr. Ninnis, météorologie; Dr. Coppinger, géologie; Mr. Hart, naturaliste, surtout botaniste.

qu'elle quitta, le 22. Le 25, on aperçut au nord les hauts plateaux du Cap York; dans la nuit du 26, on atteignit les Iles Carey. Passant entre les Iles Hakluyt et Northumberland, les navires arrivèrent, le 27 juillet, à la hauteur du Cap Robertson, et le lendemain au Port Foulke. L'entrée du Sund de Smith était complètement exempte de glace, et même un vent frais du nord ne poussait pas de glace vers le sud. Pendant que Stephenson explorait le fjord Foulke, pour voir si ce fjord ne pourrait pas servir de quartier d'hiver à un bâtiment qui serait envoyé, le cas échéant, au secours de l'expédition, Markham et Nares visitaient l'Ile Littleton et «Life-Boat-Cove», (Crique du bateau de sauvetage) où le Polaris avait naufragé. Le matin du 29, on traversa le détroit en travers, vers le Cap Isabelle; le temps était beau, mais, tandis que les navires se rapprochaient du rivage, ils furent assaillis par un violent ouragan de neige; la «Discovery» se sépara, et l'«Alert» ne la rejoignit que le lendemain, bien plus loin au nord. Un port sûr, un peu au sud du Cap Sabine reçut alors les deux bâtiments. On lui donna le nom de «Port Payer».

Les deux navires y restèrent trois jours, enfermés dans la glace; dans la matinée du 4 août, on put, en doublant le Cap Sabine, s'avancer vers l'ouest. On fit 32 kilomètres le long de la rive sud du Sund Hayes et on y trouva un lieu de refuge dans un port paisible, «Princess Alexandra-Harbour». Les chasseurs de l'expédition découvrirent une vallée avec une riche végétation et de nombreuses troupes de bœufs musqués et d'autre gibier. On donna à ce lieu le nom de «Twin Glacier-Valley», à cause de deux glaciers le dominant, presque à l'opposite l'un de l'autre. Le 8, on atteignit «Franklin Pierce-Bay» sur la rive sud de la Terre de Grinnell. Dans cette baie, large de 4,8 kilomètres et profonde de 4 kilomètres, on trouva un glaçon uni ininterrompu, car la baie est protégée contre les fortes pressions par «Norman Lockyer-Island» et par le Bas-fond du morse» situé à 1,5 kilomètres plus à l'est; elle est donc très propre à servir de quartier d'hiver. Les voyageurs furent retenus trois jours près du bas-fond du morse, sans pouvoir avancer ni reculer; enfin, le 10 août, le flux détacha la glace de la côte, et leur permit ainsi d'arriver, au delà du Cap Hawks, jusqu'à l'«Ile Washington Irving», où la glace empêcha encore tout mouvement. Le lendemain, on parvint à conduire les navires jusqu'à la rive orientale de la baie; le 19, à doubler le Cap Frazer et à entrer dans le Canal Kennedy. Les eaux sans glaces devinrent alors plus fréquentes et plus vastes. Les navires dépassèrent l'embouchure d'une baie, profonde de 15 kilomètres environ; après s'être avancés péniblement à travers la glace, et après avoir été souvent sur le point d'être entraînés de nouveau vers le sud, dans les glaces agglomérées, ils atteignirent un promontoire, que l'on soupçonnait être le Cap Collinson. Au nord de ce cap, la terre fait un léger détour à l'ouest; à 4,5 kilomètres au nord du cap elle se recourbe fortement vers l'ouest, formant ainsi la Baie Richardson.

Le courant, dans le Canal de Kennedy, se dirige vers le sud avec une plus grande rapidité que dans le Sund de Smith. Le 21 août, les navires, poursuivant leur route à travers le canal de Kennedy, atteignirent, après une pénible traversée dans les glaces, des eaux libres qui s'étendaient vers le nord-est. Après un violent ouragan de neige qui sévit ce jour-là, la terre resta couverte de neige pour toute la saison. Le 22, on vit apparaître le «Lawrence», pointe nord de la plus grande baie de la côte orientale, je veux dire de la «Baie Carl Ritter» qui n'est que la partie septentrionale de la «Baie Richardson». Le soir du 22, Nares pénétra plus loin vers le nord, en traversant des passages d'eau libre, à l'ouest de la baie Franklin, et à minuit il arriva au voisinage de l'île Hans. On se dirigea ensuite vers le nord-est, jusqu'au moment où les vapeurs trouvèrent un bon ancrage, au nord de l'«Ile Hannah».

Le 24, Nares fit l'ascension du Cap Morton, pour se rendre compte de l'aspect général du pays. A une hauteur de 620 mètres, l'air était complètement calme et pur. Les navires se remirent en route; ils rencontrèrent peu d'obstacles au début, mais, à 8 kilomètres au nord du «Cap Lieber» ils furent forcés par les glaces agglomérées d'entrer dans le «Lady Franklin-Sund», sur la rive septentrionale duquel une baie semblait leur offrir son abri. En s'approchant, on découvrit un grand port bien abrité, dans une île immédiatement à l'ouest du «Cap Bellot». Ce port retenait les glaces agglomérées du canal. Les navires y retournèrent, le matin du 25 août. En entrant dans le port, on aperçut une troupe de neuf bœufs musqués, qui furent tous tués; la végétation était plus riche que celle de n'importe quelle autre partie de la côte visitée au nord du Port Foulke. Ce lieu semblait propre à l'installation des quartiers d'hiver; du reste, la richesse de la faune boréale de la région promettait des chasses heureures; aussi Nares prit-il la résolution de laisser la «Discovery» dans ce port, et de pousser en avant, seul, avec l'«Alert».

Comme on avait atteint une très haute latitude boréale, le thermomètre, à partir du 20 août, resta constamment au-dessous de o.

Nares ayant renforcé son équipage, du lieutenant Wyatt Rawson et de 7 hommes de la «Discovery», les deux navires de l'expédition se séparèrent, le matin du 26 août. L'«Alert» s'avança vers le nord. Le 29, la glace s'ouvrit, et Nares atteignit la Baie Lincoln; mais, le 30, tandis qu'il s'engageait dans les glaces entr'ouvertes qui semblaient lui promettre un facile passage, ces glaces se renfermèrent autour de son bâtiment. L'aspect et la structure des glaçons avaient notablement changé depuis qu'on avait quitté le Cap Sabine. Au commencement, les plus forts glaçons n'avaient pas plus de 2,5 mètres ou 3 mètres d'épaisseur; près du Cap Frazer, on aperçut des glaçons plus vieux, plus considérables: au fur et à mesure qu'on s'avançait vers le nord, ils se rapprochaient davantage et se soudaient les uns aux autres. Nares parvint, avec de grands efforts, à briser la glace qui entourait son navire et à gagner la Baie Lincoln. C'est alors qu'on reconnut les services que peut rendre la vapeur pour tirer un navire d'une position aussi critique. Peu de temps après que Nares fut entré dans la baie protectrice, survint un vent du sud-ouest qui refoula devant lui les principales masses de glace. Dans l'après-midi du 1er septembre, Nares atteignit la latitude de 82°,24'.

A l'issue du Canal Robeson, la terre se recourbe immédiatement à l'ouest, la côte devient moins abrupte et la glace lourde s'écarte du rivage jusqu'à une distance de 90 à 180 mètres, en formant une barrière de masses détachées, qui s'élèvent de 6 à 18 mètres au-dessus de l'eau. Comme, plus loin, près du «Cap Sheridan», la glace s'avançait jusqu'à la terre, il était impossible de pousser plus avant; il ne restait donc qu'à mettre le navire, à l'abri, derrière cette barrière protectrice. D'un point de la côte, à 100 mètres de hauteur, le capitaine Nares examina la disposition topographique des environs. La ligne du littoral se prolongeait encore de 50 kilomètres environ dans la direction du nord-ouest; Nares ne découvrit pas de terre vers le nord; de la nature et du mouvement des glaces, il déduisit même que la terre faisait également défaut jusqu'a une grande distance au loin vers le nord. J'ai déjà dit que les glaces soudées s'appuyaient immédiatement au Cap Sheridan et à la rive occidentale; seul le côté est de toutes les parties saillantes de ce littoral présentait des passages sans glaces, mais ils étaient inaccessibles à l'«Alert», à cause des glaces qui barraient la route. Vers l'est également, le canal était obstrué par des glaces agglomérées.

Comme, d'un point élevé, on avait aperçu une baie, à 12 ou 13 kilomètres environ vers l'ouest, — le 5 septembre, le commander A. H. Markham et le lieutenant P. Aldrich partirent en traîneau pour aller l'explorer. Ils rapportèrent qu'elle formait un port bien abrité, mais qu'une muraille de glace, qui la bordait, n'en permettait pas l'accès aux navires.

La température se maintint constamment entre — 6,7 degrés centigrades et — 12,°2; et le rempart de glace qui protégeait l'«Alert» en l'emprisonnant augmentait constamment d'épaisseur, les grands blocs lourds se soudant entre eux par l'intermédiaire des glaçons plus petits amenés par les marées. Nares résolut donc, d'après les renseignements qui lui avaient été apportés par Markham et Aldrich, de porter à terre toutes les provisions qui surchargeaient le pont et dont on pourrait se passer pendant l'hiver si un heureux hasard venait à permettre la recherche d'un abri plus certain pour cette saison. Le lieutenant Aldrich, le capitaine Feilden et le Dr. Moss, pendant une excursion de 4 jours, le long de la côte, allèrent jusqu'à 32 kilomètres vers le nord-ouest, tandis que le lieutenant W. Rawson essayait de pousser au sud. Ce dernier revint après une absence de deux jours; la verticalité des falaises l'avait empêché de s'avancer plus loin par terre; le mouvement incessant des glaçons ne lui avait pas permis de faire route par la mer. Le 11 septembre, le ciel fut très clair et permit aux voyageurs de se former une opinion plus nette au sujet de la terre septentrionale annoncée par les navigateurs du «Polaris». Après avoir observé avec soin le mouvement des places sombres, Nares se crut autorisé à conclure qu'à une très grande distance vers le nord, il n'y avait point de terre.

Le 13 et le 14, le vent du sud-ouest ayant peu à peu grandi, toute la glace de la saison se rompit, mais la masse principale des glaces agglomérées resta encore immobile. Le 15, la glace fut chassée de la côte et il se forma un canal ouvert; malheureusement un terrible ouragan de neige empêcha les voyageurs de s'engager dans ce chemin. Dès le lendemain, le vent ayant tourné au nord-ouest, le chenal se referma; les glaces agglomérées se rapprochèrent du rivage, et le bâtiment resta enfermé, pour toute la durée de l'hiver. Lorsque plus tard, à l'automne et au printemps suivant, on explora la ligne des côtes, on constata que le séjour forcé du navire dans son quartier d'hiver avait été un accident heureux, car au delà il n'y avait aucune baie qui eût pu l'abriter. Sur la côte découverte où l'«Alert» fut obligé de passer l'hiver, l'épaisseur de la glace sauva le bâtiment, car, comme cette glace atteignait le fond à 22 mètres de profondeur, elle ne pouvait mettre le navire en danger.

Aussitôt que la glace du rivage fut devenue assez forte, le 25 septembre, le commander Markham partit en traîneau, avec les lieutenants Parr et May, pour aller établir un dépôt de provisions, au point le plus éloigné qu'il serait possible d'atteindre au nord-ouest. Le lieutenant Aldrich était parti quatre jours auparavant avec deux légers traîneaux à chiens, afin d'explorer pour la grande expédition les contours du Cap «Joseph Henry». Il revint, le 5 octobre, et rapporta que, du haut d'une montagne de 600 mètres, à 82° 48′ de latitude nord, il avait aperçu la terre vers le nord-ouest, jusqu'à 83° 7′, c'est-à-dire sur une étendue de 100 kilomètres; dans l'intérieur, vers le sud, il avait reconnu de hautes montagnes. Vers le nord, il n'avait pas vu de terre.

Deux jours après que le soleil eut disparu sous l'horizon et que le long hiver eut commencé, Markham revint au navire; il avait réussi à établir un dépôt par 82° 44′ et à tracer la ligne des côtes jusqu'à environ 3,25 kilomètres encore plus au nord. Le 2 octobre, Nares envoya le lieutenant Rawson établir une communication avec la «Discovery». Rawson revint sans avoir réussi, le 12 octobre; il avait parcouru 14,5 kilomètres, lorsque des glaces mouvantes lui barrèrent le chemin.

Après le retour des traîneaux, on commença les préparatifs d'hiver; on établit un toit au-dessus du navire; toutes les provisions qui résistent à l'hiver et que l'on ne pouvait pas placer sous des tentes furent déposées sur le rivage. Le long hiver boréal avec ses ténèbres qui durent 142 jours fut supporté patiemment par tous les voyageurs. Quand la soirée était belle, le commander Markham tenait école sur le pont et il était écouté fort attentivement; tous les jeudis, il y avait des conférences ou des représent-tations théâtrales. L'état sanitaire était excellent, à part une seule exception. Bien que de violents vents du Nord régnassent dans le Canal de Robeson, le temps était remarquablement calme au quartier d'hiver. Ce calme de l'atmosphère coïncidait avec un froid extraordinairement rigoureux. En février, le mercure resta congelé pendant 15 jours consécutifs, jusqu'à ce qu'un vent du sud-ouest, qui dura 4 jours, vint adoucir un peu la température; lorsque le vent cessa de souffler, le froid revint aussitôt, et le mercure resta encore gelé pendant 15 jours.

Pendant l'hiver, le commander Markham et le lieutenant Giffard travaillèrent avec une grande persévérance dans l'observatoire magnétique qui avait été organisé sur le rivage et qui se composait d'une série de maisons de neige grandes et spacieuses, reliées entre elles par une galerie de neige, couverte. Le lieutenant Aldrich dirigeait les observations météoro-logiques ainsi que les observations avec le polarisscope de Sir E. Wheastone, tandis que le lieutenant Parr exécutait une bonne série d'observations astronomiques avec le spectroscope et l'électromètre mobile de Sir William Thomson. Le capitaine Feilden et le Dr. Moss se livraient à des recherches d'histoire naturelle et faisaient des collections.

Le soleil revint, le 1er mars. Le temps des voyages en traîneau approchant, le capitaine Nares résolut de transmettre au capitaine Stephenson, de la «Discovery» l'ordre d'explorer, avec tous les hommes dont il pourrait disposer, la rive voisine et la côte nord du Groenland, au lieu d'envoyer une partie de ses gens établir une communication vers le Sund de Smith. Nares pensait que, si l'on avait envoyé un navire d'Angleterre à l'Ile Littleton, l'absence de nouvelles de l'expédition polaire ferait conclure à un résultat heureux. Le 12 mars, le sous-lieutenant George le Clere Egerton partit en traîneau avec le lieutenant Wyatt Rawson et l'interprète Petersen pour transmettre ces ordres à la «Discovery». L'escouade revint au bout de quatre jours, parceque Petersen était gravement malade. On fut obligé, de l'amputer des deux pieds; il mourut, deux mois plus tard, le 14 mai 1876.

Egerton et Rawson se remirent en route, le 20 mars. Ils atteignirent la «Discovery», le sixième jour, après une excursion très fatigante sur les glaces raboteuses du Canal Robeson. La température oscillait entre — 41° 11 C. et — 31° C. 11.

Les grandes excursions commencèrent, le 3 avril 1876, avec 7 traîneaux et 53 hommes, officiers et équipage. Le commander Markham se proposait de chercher, avec deux bateaux approvisionnés pour une absence de 70 jours, un chemin vers le nord par les glaces, et de quitter la terre, au voisinage du Cap Joseph Henry. Trois escouades de traîneaux, sous le commandement du Dr. Moss et de l'ingénieur George White l'escortèrent aussi loin que leurs provisions le leur permirent. Le lieutenant Aldrich, accompagné par une escouade de traîneaux, sous le commandement du lieutenant Giffard, devait explorer le littoral de la Terre de Grant vers le Nord et vers l'Ouest, le long de ligne de côtes découverte par lui, l'automne précédent.

Le lendemain du départ des traîneaux, Egerton et Rawson revinrent de la «Discovery»; leur voyage de retour avait été très pénible, par une température variant entre — 42°,25 et — 26°,11. Les nouvelles de la «Discovery» étaient très favorables. L'hiver s'était passé fort agréablement et il n'était survenu qu'un cas grave de maladie. Le capitaine Stephenson se prépara à explorer le Sund de Lady Franklin et la côte groenlandaise. Le premier traîneau de réserve des escouades de Markham et d'Aldrich revint le 8 avril; deux jours sur les six qu'avait duré l'absence, on avait observé, une température de — 43°. Le 10 avril, Rawson et Egerton entreprirent une excursion vers le Canal de Robeson, afin d'étudier l'état des glaces et de trouver un chemin convenable pour les lourds traîneaux du détachement d'exploration qui étaient en route, venant de la «Discovery», sous les ordres du lieutenant Beaumont.

La seconde partie des traîneaux de réserve de la division du nord revint quatre jours plus tard et apporta la nouvelle que l'expédition continuait à être en bonne situation. Mais, le soir du 8 juin, le lieutenant Parr, de la division de Markham, vint inopinément apporter l'effrayante nouvelle que presque tous les hommes de cette division étaient malades du scorbut et avaient besoin d'être secourus promptement. Dès minuit Nares partit avec deux fortes escouades. Lorsqu'il arriva, l'un des malades était déjà mort. Nares rejoignit le navire avec les autres, le 14. De toute la troupe de Markham, les deux officiers avaient été seuls épargnés. Les malades se rétablirent promptement. Markham, dans son voyage vers le nord, avait rarement trouvé des glaces unies, depuis qu'il avait quitté la côte. Les débris de la précédente débacle d'été s'étaient resoudés entre eux pendant l'hiver et formaient un chaos à travers lequel il était fort difficile de passer avec des traîneaux. Souvent il fallait employer la hache pour se frayer un chemin. Le 12 mai, Markham était arrivé jusqu'à 83° 20′ 26″. Pour atteindre cette position qui, en ligne droite, n'était qu'à 117,5 kilomètres du navire, il avait fallu parcourir 344 kilomètres; le retour en exigea 394. Narès conclut, de cet essai, que les glaces polaires soudées sont impraticables en toute saison, et qu'une expédition de traîneaux, emportant avec elle un bateau capable de tenir la mer, ne peut pas aboutir.

Le 16 avril, le lieutenant Beaumont et le docteur Coppinger revinrent de la «Discovery» au quartier d'hiver de Narès; ils avaient mis 10 jours à parcourir, avec de légers traîneaux, une distance de 122 kilomètres, tant la glace était inégale dans le Canal de Robeson. Ils apportèrent la nouvelle que la glace, étant cohérente dans le Bassin de Hall, permettait les petits voyages, et que le dépôt installé dans la Baie Polaris se trouvait en bon état. Ces circonstances déterminèrent à envoyer le lieutenant Beaumont avec des traîneaux légèrement chargés faire une excursion sur la côte groenlandaise vers l'est; après avoir accompli cette excursion, Beaumont devait chercher à atteindre avant le 15 juin le dépôt établi dans la Baie Polaris, où deux bateaux seraient envoyés au devant de lui, afin de lui permettre de revenir en cas de débâcle. Le 18 avril, Rawson et Egerton revinrent après avoir réussi à traverser le canal sans y trouver des difficultés plus qu'ordinaires. Ils avaient abordé à la côte groenlandaise, au nord du lieu dit Repulse Harbour, qui n'était qu'une petite baie; un lac situé en arrière peut avoir fait croire à ceux qui le voyaient de terre qu'il y avait là un port. Beaumont, accompagné de Rawson et de Coppinger, entreprit le 20 son voyage d'exploration. Le 9 mai, Narès reçut, grâce au retour des lieutenants William H. May et Egerton revenant du Groenland, les premières nouvelles de l'expédition de Beaumont. Ces messieurs, pour apporter des provisions de réserve à la côte du Groenland, avaient avec le docteur Coppinger accompagné l'expédition de Beaumont sur une certaine étendue. Ils avaient découvert, immédiatement à l'est du cap Brevoort une route de terre, praticable, laquelle, au moment de la débâcle, devait être très utile aux traîneaux qui reviendraient. Les nouvelles relatives à Beaumont allaient jusqu'au 4 mai, date à laquelle ils se trouvaient à 3,25 kilomètres du «Cap Stanton». A partir de l'endroit où ils avaient traversé la route jusqu'près du Cap Stanton, les falaises de la côte ont leur pied — exposé directement au choc des glaces soudées qui, venant du nord-ouest, les heurtent presque à angle droit. Les glaçons, s'amoncelant les uns par dessus les autres, formaient un chaos indescriptible et rendaient le voyage très pénible; il fallut sept jours pour parcourir 32 kilomètres. De la «Discovery» le lieutenant Fulford avait amené, au commencement de mai, par le Bassin de Hall, deux bateaux à la baie Polaris, pour secourir Beaumont à son retour. Le 12 mai, on décora d'une table commémorative la tombe de Hall dans la Baie Polaris. — Le 6 août, l'«Alert», en train de revenir, fut arrêtée dans la glace à 30 ou 33 kilomètres au nom de «Discovery Harbour»;

Rawson apporta de la «Discovery» la nouvelle que la division groenlandaise était elle aussi attaquée du scorbut et que Beaumont se trouvait avec ses gens dans la Baie Polaris. Lorsque Coppinger quitta cette troupe le 5 mai, tout le monde se trouvait encore en parfaite santé; la maladie éclata quelques jours plus tard. Beaumont renvoya alors Rawson avec 3 hommes et les malades à la Baie Polaris, et continua son voyage avec ses compagnons en moins grand nombre. Rawson atteignit le dépôt de la Baie le 3 juin; un de ses gens mourut quelques heures après l'arrivée. Fulford et le docteur Coppinger, qui s'étaient dévoués à l'exploration du Fjord Petermann, revinrent le 7 juin à la Baie Polaris où Coppinger prodigua aux malades les secours de son art.

Beaumont avait pénétré jusqu'à 82° 18′ de latitude nord, 50° 40′ de longitude à l'ouest de Greenwich; il découvrit une terre, en apparence une île; mais, vraisemblablement d'après la nature de la glace, c'était un prolongement de la côte groenlandaise, s'étendant jus'quà 82° 54′ de latitude nord et 48° 33′ de longitude ouest. Pendant le retour, le scorbut éclata avec tant de violence qu'il ne resta finalement que Beaumont et deux de ses gens — en état de tirer les traîneaux; il fallut transporter les quatre autres sur le traîneau; hommes on ne pouvait les prendre tous ensemble; il fallut exécuter deux ou trois fois la même route sur la glace inégale; la joie était grande, quand on parcourait un kilomètre et demi par jour! Le 1er juillet, les voyageurs, au devant desquels étaient venus Rawson et Coppinger, atteignirent le dépôt de la baie Polaris où ils prirent un mois de repos pour permettre aux malades de se rétablir. Un d'eux avait succombé. Le 12 juillet, le lieutenant Fulford fut envoyé vers la baie Discovery, pour informer le capitaine Stephenson. Il trouva la glace en mouvement sur le côté ouest du Canal. Stephenson se mit aussitôt en route avec une division de secours; il atteignit la Baie Polaris le 19; le lendemain, la glace se mit en mouvement sur les deux rives du canal. Le 14 août tout le monde était de retour à la «Discovery».

Fulford et le Dr. Coppinger, qui avaient entrepris l'exploration du Fjord-Petermann, atteignirent à 30,5 kilomètres de l'embouchure la déclivité rapide d'un glacier qui les empêcha d'avancer plus loin.

Le 1er juin, Conybeare arriva au quartier d'hiver de l'«Alert» et apporta des nouvelles de la «Discovery», allant jusqu'au 22 mai. Archer avait exploré le Sund Lady Franklin, et vu que c'était un fjord, pénétrant profondément dans la contrée montagneuse. Des vallées couvertes de glaciers avaient été aperçues dans l'intérieur du pays.

Le 3 mai, Nares avait reçu des nouvelles de la division de traîneaux occidentale; ce jour-là, le lieutenant Giffard, qui avait accompagné Aldrich avec un groupe de réserve, était revenu; ses rapports allaient jusqu'au

25 avril. L'état de santé était très bon, mais la neige molle ralentissait beaucoup le voyage. Pendant le mois de mai, le scorbut avait éclaté violemment dans le quartier d'hiver de l'«Alert»; Nares, préoccupé de la santé de l'escouade de traîneaux occidentale, envoya au devant d'elle le lieutenant May qui, le 20 juin, rencontra Aldrich en train de revenir. Ce dernier avait terminé son voyage juste en temps utile, car le lendemain un vent du sud-ouest adoucit la température, et le dégel survint avec une telle rapidité, que les vallées de neige du pays furent, pour le reste de la saison, impraticables à des traîneaux. L'aide de May vint à point, car le scorbut avait également éclaté avec une grande énergie dans l'escouade d'Aldrich. Assisté par May, il parvint, le matin du 26, à atteindre l'«Alert». Aldrich avait exploré la ligne de côtes jusqu'à 354 kilomètres de la position de l'«Alert». Cette ligne se prolonge d'abord sur une étendue de 144 kilomètres dans la direction du nord-ouest jusqu'au «Cap Colombia», sa pointe nord extrême, par 83° 7′ de latitude nord et 70° 30′ de longitude ouest; elle tourne ensuite vers l'ouest, et, 96 kilomètres plus loin, par 79° de longitude ouest, elle se recourbe peu à peu vers le sud; le point extrême qui fut alors atteint se trouve par 82° 16′ de latitude nord, et 85° 33′ de longitude ouest. On n'aperçut ni terre ni apparence de terre vers le nord ou vers l'ouest.

Les résultats des excursions en traîneau et l'impossibilité de naviguer sur les glaces polaires soudées convainquirent Nares qu'il était impraticable de s'avancer vers le pôle avec des embarcations ou des traîneaux par ces parages. L'expédition n'avait donc plus que deux objets de recherche susceptibles de prolonger le séjour: étendre l'exploration des côtes de la terre de Grant vers le sud-ouest et celle du Groenland vers le nord-est ou vers l'est. Mais, comme on ne pourrait espérer, même avec toutes les ressources de l'expédition, dépasser de plus de 80 kilomètres les points extrêmes déjà atteints, et comme l'équipage éprouvé par la maladie était évidemment incapable d'entreprendre, l'année suivante, de grandes excursions en traîneau, le capitaine Nares décida que l'expédition retournerait en Angleterre, dès que la glace le permettrait.

Après de grands efforts pour frayer une route à travers la barrière de glace, qui pendant l'hiver avait formé un abri si précieux, on parvint, le 31 juillet, avec l'aide d'un fort vent du sud-ouest conduisant les glaces soudées à la pleine mer, à doubler le Cap Rawson et à pénétrer dans le Canal Robeson. La traversée vers le sud fut excessivement pénible et dangereuse; plusieurs fois, le navire n'échappa que très difficilement à la pression des glaces gigantesques. Le 11 août, Nares arriva à la «Discovery». Neuf jours plus tard, les deux navires venant de «Discovery Harbour», prirent la route du sud; dans la «Hawlings-Bay», au sud du Cap Laurence, apparurent les premières montagnes de glace que l'on eût vues depuis qu'on venait du nord. Cinq jours plus tard, on franchit le Cap Frazes où se rencontre la marée de la Mer polaire, allant vers le sud, et celle de l'Atlantique, allant vers le nord. Le 29, l'expédition atteignit «Prince Imperial-Island» dans la Baie Dobbin; un énorme glacier, débouchant en ce point, le plus grand de la côte occidentale du Sund de Smith, fut nommé «Glacier Empress Eugenie». Le 7 septembre, on atteignit «Norman Lockyer-Island»; le 10, on doubla de Cap Victoria.

A partir de ce point, la traversée ne rencontra plus qu'un seul obstacle sérieux; la glace récente s'était tellement congelée par l'effet du calme de l'atmosphère que les navires étaient sans cesse obligés d'employer toute la force de leur vapeur, surtout quand il leur fallait forcer le passage à travers des amas de glace formés d'anciens débris resoudés. Quand on eut passé la dernière barrière de ce genre, on aperçut un canal libre jusqu'au Cap Sabine; la glace s'ouvrait de plus en plus au fur et à mesure qu'on pénétrait en avant, jusqu'à ce qu'enfin, de la pointe des mâts, on n'aperçut plus rien.

Le 9 septembre, les navires atteignirent le Cap Isabelle, où l'on trouva quelques lettres et gazettes, qui avaient été déposées par la «Pandora». Le 11, ils entrèrent dans le «Whale-Sund», sans avoir trouvé de glace depuis qu'ils avaient quitté le «Smith Sund»; le 14, ils atteignirent le «Wolstensolm-Sund», le 16, le Cap «Byam Martin» à l'entrée du «Lancaster Sund» et le 25, ils débarquèrent à Disco, où l'inspecteur du Groenland septentrional, Krarup Smid, les reçut très affablement. Le 4 octobre, les navires franchirent le cercle polaire, et, le 27, ils arrivèrent, en bonne santé, à Valencia, Irlande.

Ainsi donc, la grande expédition polaire des Anglais, dont le départ avait éveillé tant d'espérances, revenait, après une absence de dix-sept mois, au milieu du désenchantement général. Il était de fait que l'expédition anglaise mise en scène avec une dépense de plus de 3 millions $^1/_4$ de francs n'avait pas accompli sa tâche, et il n'y avait point de sa faute naturellement. Il est vrai qu'elle est parvenue jusqu'à la hauteur polaire de 83° 20′ 26″ qui n'avait pas encore été atteinte auparavant, mais c'est à peine 120 kilomètres au-delà du point extrême touché par la précédente expédition de Hall à moitié manquée; cette dernière de son côté n'avait dépassé que de 65 kilomètres celle du Dr. Hayes, qui avec de très faibles ressources, était déjà arrivé en 1861, jusqu'à 81° 35′ de latitude nord. Les conditions fondamentales du succès du plan anglais étaient que le Sund de Smith fût navigable jusqu'à une haute latitude, 82° au moins et que la côte se poursuivît plus loin vers le nord; mais la côte se dérobant vers l'ouest, la grande expédition en traîneau vers le nord avait vu la terre lui manquer en quelque sorte. La terre s'étendant au loin vers le nord et dont l'expédition du Polaris avait parlé n'existait point; à sa place, le Sund Robeson s'ouvrait directement dans la Mer de Lincoln, c'est-à-dire dans la Mer polaire. La Terre du Président, de Hall, n'existe point, mais Nares mettait fin en faveur de Petermann à la longue discussion qui avait duré 24 ans. «Toute cette polémique, écrivait Petermann, provenait de ce que l'on avait pensé avoir découvert dans le Sund de Smith, puis au delà de ce sund, dans le Canal de Kennedy, enfin, dans les bras de mer au nord de ce canal, une mer libre qui ouvrait, pensait-on, le pôle nord aux navires. C'est ce que j'ai contesté dès le début. En outre, on trouvait diverses raisons pour regarder le Sund de Smith comme la meilleure route pour atteindre le pôle nord. On rappelait notamment que Hall avait vu une terre s'étendant vers le pôle. J'ai également combattu cette opinion. Enfin on espérait exécuter un voyage au pôle nord au moyen de traîneaux, idée que j'ai aussi repoussée. L'expédition anglaise, envoyée pour faire la preuve de toutes ces opinions, a été contrainte de démontrer le contraire; elle n'a trouvé ni la mer libre et navigable, ni la terre dont on avait admis l'existence sur la foi de l'expédition de Hall».

L'expédition de Nares annonçait, et c'étaient là les principaux résultats de son voyage, qu'il n'y a pas de mer polaire libre, qu'au delà de 82° 50′ la vie animale n'existe pas, que les masses de glaces compactes et immobiles ne permettent pas d'atteindre le pôle en traîneau et que pour les mêmes raisons on ne peut pénétrer par le Sund de Smith. L'opinion émise par Carl Weyprecht nous apprend ce qu'il faut penser de chacune de ces opinions.

«The North-pole impraticable», telle était la première notion catégorique que le capitaine Nares télégraphiait comme donnée principale provenant des observations faites entre 82° et 83° par cette grande expédition; cependant, en 1872, par 82° 16′ dans la même région, nous avions entendu dire que la glace n'était pas de nature à opposer des obstacles insurmontables à une marche en avant. Nares dit que la glace a 24 mètres d'épaisseur. Sur le Polaris, on n'a jamais vu pareille masse de glace. Cependant Nares et Hayes ont vraisemblablement raison tous les deux; l'un a vu la glace dans des conditions favorables, l'autre dans des conditions défavorables. Il est difficile de se représenter de la glace d'eau salée qui atteigne, par la congélation, une épaisseur de 24 mètres, car la glace ne peut croître qu'autant que le permet la différence entre la température variable de l'air et la température constante de l'eau, cette dernière étant au-dessus de zéro. L'équilibre entre la température de l'air et celle de l'eau doit s'établir sur la face interne du lit de la glace, et c'est ce qui détermine l'épaisseur de cette glace. Par contre, il est facilement possible que la glace atteigne une épaisseur de 24 mètres et au delà sous l'influence des pressions. Les champs de glace qui se broient entre eux repoussent une plus grande quantité de glace au-dessous de la surface qu'au-dessus, et le choas des glaces échappant à la congélation au-dessus du niveau est faible en comparaison de celui qu'on trouverait par en-dessous. Des vents violents, persistants, peuvent, réunis avec le courant, précisément dans les localités telles que celle de l'issue de cet étroit canal du côté d'une mer, large peut-être, produire des pressions si fortes que, dans un seul hiver, la couche de glace se redouble plusieurs fois. D'autre part, un seul été avec vent contraire prédominant suffit pour livrer toutes les masses de glaces impénétrables et en apparence indestructibles à des régions où elles deviennent le jouet des phénomènes destructeurs.

«Les voyages en traîneau de l'expédition sur les côtes du Groenland sembleraient indiquer que l'extrêmité nord du Groenland se trouve par 83° de latitude nord environ. S'il en est ainsi, la mer dans laquelle le capitaine Nares a recueilli ses observations communique avec la mer du Spitzberg, et par conséquent avec le grand canal de dérivation de la glace arctique, avec le courant de glace méridional, qui coule le long de la côte est du Groenland.

«On a donné à la mer dans laquelle on avait navigué le nom de «Mer des glaces éternelles» ou «Mer Paléocrystique» (palaeoscrystic sea). Si cette mer n'est pas complètement fermée du côté de l'est par la côte du Groenland, se prolongeant vers le nord, se nom est faux, car alors la glace doit être soumise aux changements qui se produisent en tout autre point du domaine polaire, communiquant avec la mer libre. S'il y avait réellement de la glace pouvant atteindre par la congélation une épaisseur de 24 mètres et au delà, il faudrait aussi qu'à des latitudes déjà atteintes, dans toute baie fermée d'où la glace ne peut s'échapper en été, la mer fût congelée presque jusqu'au fond. C'est ce que démentent toutes les observations. Par suite, jusqu'à ce que l'on connaisse de nouveaux détails permettant de réfuter cette assertion, on est tenu d'admettre que les glaces extraordinaires qu'on a rencontrées se sont formées sous l'influence d'énormes pressions, ou que, s'étant formées dans d'autres régions plus favorables peut-être encore à la production de la glace, (étroits canaux, baies fermées), elles ont été transportées par les vents et les courants jusque-là. *Nec plus ultra*, a déjà dit maint navigateur polaire, et son successeur a franchi tranquillement les murailles de glace déclarées à jamais infranchissables. Le pôle n'est ni absolument praticable ni absolument impraticable. Il y aura toujours dans toute la région polaire de vastes étendues qui, selon l'année et la saison, seront ou ne seront pas praticables. Il est téméraire en tout cas d'émettre un jugement dogmatique, d'après les observations d'une seule année.

«Tout ce qui est certain, c'est qu'il était absolument impossible, cette année-là, par ce chemin-là, d'atteindre le pôle nord avec les moyens mis en œuvre; rien de plus.

«Pour prouver que ces contrées sont éternellement couvertes de glace, on insiste sur ce que la vie animale avait cessé aux quartiers d'hiver des deux navires.

Cependant la faune ne doit pas être si mal partagée dans une région où pendant un seul hiver on a tué 63 bœufs musqués. La flore en tous . cas doit être suffisante pour assurer l'existence de ces animaux. Si l'on ne tua que peu de phoques, cela tient à l'état de la glace, car le phoque a besoin d'espace; c'est un animal voyageur qui se décide selon les circonstances; il est suivi par l'ours dont il est la principale nourriture. — On ne vit qu'un petit nombre d'oiseaux, et l'on n'observa presque pas d'immigrations vers le Nord, ce qui semblerait indiquer qu'il n'y a pas de terre dans cette direction. Selon les journaux spéciaux anglais il est définitivement constaté qu'il n'existe point de mer polaire ouverte; mais n'y a-t-il pas eu avant le départ de l'expédition anglaise beaucoup de gens sensés qui croyaient à une mer exempte de glace dans une contrée où la température, d'après les lois physiques invariables, ne dépasse guère — 0º en été et descend en hiver jusqu'à — 50º et 60º.

Quelques jours seulement après le départ de l'expédition de Nares, la Pandora équipée aux frais du capitaine Sir Allen Young, de Lady Franklin, du lieutenant Junes-Lillingston et de James Bennett, propriétaire du «New-York Herald», partit de Portsmouth le 26 Juin 1875 avec la double mission d'établir des communications avec l'expédition de Nares et de rechercher dans la région de la terre du roi Guillaume les papiers et d'autres traces de l'expédition Franklin. — Après avoir accompli cette tâche, le capitaine Young aborda en effet aux Iles Carey pour y chercher les nouvelles que Nares y avait déposées. L'année suivante, en 1876, le même navire fut envoyé de nouveau au Sund de Smith pour y chercher des nouvelles de Nares; à l'Ile Littleton et au Cap Isabella, il trouva deux rapports de ce dernier, mais il revint en Angleterre en même temps que l'expédition britannique sans tenter de découverte géographique. Sir Allen Young était accompagné dans ce voyage par les lieutenants Arbuthnot et Pirie de la marine britannique, en outre par le lieutenant de vaisseau hollandais Koolemann Beynen, qui avait aussi participé au voyage exécuté par la Pandora, l'année précédente; puis par le lieutenant de vaisseau de ligne, Alois Ritter von Becker, un des jeunes hommes qui honorent le plus la marine autrichienne, brave fils d'un père de génie, enfin par le Dr. Horner et par le photographe W. Grant.

Le capitaine Walker de l'«Erik», baleinier de Dundee, visita aussi le Sund de Smith en 1876. Au milieu de juin les eaux étaient libres; nulle part on ne vit de glace polaire; par contre, le Sund de Lancaster qui débouche dans la Baie de Baffin était barré par la glace transversalement depuis l'Ile Léopold jusqu'à la Baie Maxwell. Depuis cette époque, le Sund de Smith est visité chaque année par des baleiniers dans ces parties méridionales, mais, depuis le grand échec des Anglais, aucun explorateur scientifique n'a plus cherché à atteindre le pôle par cette voie. L'importance de cette expédition anglaise consiste donc surtout dans ce fait, qu'elle a prouvé évidemment que le Sund de Smith ne se prête pas à l'exploration de l'intérieur de la région polaire boréale et n'est pas le chemin des hautes latitudes. Cette expérience était nécessaire; elle apprendra qu'il ne faut pas disperser ses forces et ne pas perdre de vue les portes naturelles qui donnent accès dans ces contrées. Tel est l'avis de J. Chavanne; cela n'empêche point naturellement, qu'il n'y ait encore des gens qui ferment obstinément les yeux à l'évidence et qui demeurent partisans entêtés de la route du Sund de Smith.

Le Capitaine américain, H. W. Howgate, essaie maintenant de fondre une colonie polaire sur la côte de la Baie Lady Franklin par 80° 40′ de latitude Nord, et de résoudre ainsi les questions de géographie et d'histoire naturelle qui se rattachent aux parties les plus boréales du continent américain et du Groenland jusqu'au pôle. Cette colonie devrait être entretenue jusqu'à ce que le domaine des explorations dans cette direction eût été épuisé ou jusqu'à ce que l'impossibilité de pénétrer plus avant eût été clairement établie. Le plan de Howgate se rattache aussi dans un certain sens au programme de station d'observation circumpolaire de Weyprecht, programme que j'exposerai plus loin en détail; seulement Howgate se préoccupe davantage des découvertes géographiques. La localité visée par ce dernier pour l'établissement de cette colonie se trouve immédiatement au voisinage du gisement de charbon trouvé par l'expédition de Nares et du quartier d'hiver de la Discovery. Il est vraisemblable que cette localité pourrait être atteinte tous les ans par un bateau à vapeur; on pourrait donc apporter des provisions à la colonie qui se composerait de 50 blancs parmi lesquels des officiers de marine, des médecins et des savants, et qui seraient chargés provisoirement de rester là trois ans; on pourrait donc la secourir au besoin. Howgate estimait de prime abord qu'une aussi vaste entreprise ne pourrait être accomplie qu'avec l'aide du gouvernement des Etats-Unis. Toutefois, il lui parut qu'une expédition préliminaire était nécessaire; à cet effet il équipa pour quinze mois le petit schooner «Florence», de 56 tonneaux, bâti pour la pêche de la baleine, et il en confia la direction au capitaine George E. Tyson, connu depuis l'expédition du Polaris; ce dernier était accompagné par le météréologiste O. T. Sherman et par le naturaliste Ludwig Kümlein, avec 10 matelots choisis. Le Florence quitta

New-London, le 3 août 1877; le 12 septembre, il atteignit le port Niautilic d'où il repartit le 1ᵉʳ Octobre, et il pénétra plus loin dans le golfe, la mer étant très houleuse.   On s'arrêta peu de temps aux Iles Kickerton; le 7 octobre on atteignit le port Annuit (Annanutak), où l'on établit les quartiers d'hiver. — Annanutak est un groupe d'iles sur la côte occidentale du golfe de Cumberland (Terre de Baffin Méridionale), ou du Sund de Hogarth. Cet archipel se trouve, d'après les déterminations de Sherman, par 66⁰ 13′ 45″ de latitude nord et 67⁰ 18′ 39″ de longitude à l'ouest de Greenwich. Le plus grand froid observé pendant l'hiver fut de 47′ (21 Janvier 1878); la plus forte chaleur fut de + 13⁰ C (8 Juin). L'hiver se passa sans événement remarquable.   Les deux savants se livrèrent à leurs observations, et Kümlein se joignit aux Esquimaux, se rendant au «Lac de Kennedy» qui n'avait pas été visité par les blancs avant 1876; ce grand bassin d'eau douce très poissonneux se trouve dans l'intérieur du pays, à l'ouest de la localité où le Florence hivernait.   Le 11 Juin 1878, le navire quitta Annanutak; le 13 juillet, on atteignit les Iles Kickerton; pendant cette traversée le petit bâtiment avait été exposé à tous les dangers de la navigation arctique.   La mer jusqu'à Disco se montra également tourmentée et périlleuse. — On arriva le 31 à Disco, mais on n'y rencontra point le capitaine Howgate.   Le Congrès ne lui avait pas accordé les ressources nécessaires pour cette expédition.   Le capitaine Tyson attendit jusqu'au 22 août sans recevoir de lettres ou de nouvelles, puis il se décida à retourner au Golfe de Cumberland où il rencontra encore plus d'obstacles que précédemment; la glace s'étant montrée cette année-là, aucun baleinier écossais ne franchit la baie de Melville du côté Groenlandais, et les navires danois ne purent pénétrer jusqu'aux établissements supérieurs. — Le Florence rencontra les glaces agglomérées. près du «Cap Mercy» (64⁰ 45′ de latitude nord — 65⁰ 20′ de longitude ouest); il fallut accomplir de grands efforts et s'exposer à de graves dangers pour se frayer un chemin à travers cette glace sur une distance de 320 kilomètres.   Le 31 août on atteignit le golfe, on paya et congédia les Esquimaux; le 2 septembre, on prit le chemin du retour.

Pendant les dernières semaines du voyage, la Pandora avait été tellement endommagée par la mer qu'il fallut faire manœuvrer les pompes jour et nuit.  On rapporte aussi d'autre part que l'état de la mer dans le Sund de Smith fut tellement défavorable, que l'on doit s'applaudir de ce qu'aucune expédition polaire n'ait essayé de le traverser. Le capitaine Adams de l'«Arctic» annonçait le 2 juillet qu'on n'avait pas pris un seul poisson, car aucun navire n'avait pu même passer la Baie de Melville, à cause des glaces flottantes, ce qui n'avait jamais eu lieu dans aucun des étés précédents.  Du haut des pointes de montagnes les plus élevées, la vue d'une rive à l'autre charriait de blocs de glace, et tous les essais pour y pénétrer furent inutiles. Le 18 juillet, l'inspecteur danois du Groenland septentrional annonçait aussi que, pendant aucune des années précédentes, il n'avait jamais vu la glace occidentale s'approcher aussi près de la côte ni en si grande masse. Le Florence ne revint à New-London que le 13 octobre, après une absence de 15 mois. Les résultats obtenus par les membres scientifiques de l'expédition sont importants; on peut citer la découverte de fer météorique dans les roches basaltiques et la découverte de cinq nouvelles espèces d'oiseaux de la côte polaire. Pendant tout le voyage, il ne survint pas un seul cas de maladie.

Selon Howgate, l'expédition préliminaire a complètement accompli sa tâche et prouvé la possibilité pratique d'exécuter le projet en question. Quant à moi, j'en doute, car le Florence ne s'est pas avancé à plus de $15^0$ de latitude au sud de la colonie projetée. Le persévérant capitaine ne réussit pas davantage en 1879 à obtenir du Congrès les ressources qu'il avait demandées; cependant, les comités chargés d'examiner ce projet s'étaient prononcés dans un sens favorable, et nombre de sociétés savantes des Etats-Unis avaient approuvé les plans de Howgate. Ce dernier fit donc fréter, en Angleterre, un vapeur à hélice de 225 tonneaux et de 250 chevaux-vapeur qui, en novembre 1879, fit la traversée d'Amérique; le 21 juin 1880 le «Gulnare», après avoir été consolidé pour la navigation dans les glaces, partit sous le commandement du capitaine Chester pour le Nord; il emportait deux ans de vivres pour vingt-cinq hommes, parmi lesquels les lieutenants américains Doan et W. H. Low.

# LES EXPÉDITIONS POLAIRES DES ALLEMANDS,

En étudiant à fond et sans parti pris l'histoire des explorations polaires modernes, on reconnaîtra que personne, non-seulement en Allemagne, mais encore dans presque tous les Etats maritimes du monde civilisé ne s'en est occupé d'une manière plus fructueuse que ne l'a fait le Dr. Petermann; son nom se rattache à jamais aux efforts qui pendant ces trente dernières années ont été accomplis dans le domaine littéraire de la géographie, et notamment de la cartographie, ainsi que des voyages scientifiques. La vie de Petermann fut assez simple et même uniforme. Né à Bleicherode près de Nordhausen, le 18 avril 1821, il se forma pendant les années 1839 à 1844 à l'école artistique géographique de Potsdam, que présidait alors comme directeur Heinrich Berghaus, l'ami d'Alexandre de Humboldt.

LE DOCTEUR PETERMANN.

Petermann devient lui-même professeur dans cet établissement, puis un an plus tard il quitte cette position pour se rendre à Edimbourg, pour travailler à l'édition anglaise de l'atlas de géographie physique de Berghaus. En 1847, il passe à Londres où il vit exclusivement de travaux et d'études de géographie cartographique avec tant de succès qu'on lui décerne le titre de géographe de la couronne. Parfaitement au courant de la langue anglaise, il rend compte dans «l'Athenaeum» des faits qui intéressent la géographie et produit diverses cartes; il fait paraître notamment un «atlas of physical geography»; il rédige aussi le compte-rendu officiel de la grande expédition dans l'Afrique centrale de messieurs Richardson et Overweg, organisée par le gouvernement anglais.

Après avoir séjourné sept ans dans la métropole britannique, Petermann fut rappelé en Allemagne comme directeur du célèbre établissement géographique de Justus Perthes à Gotha, et en même temps comme rédacteur de la revue que Justus Perthes avait fondée en 1855: «Mittheilungen» (Communications de l'établissement géographique de Justus Perthes sur les explorations nouvelles et importantes dans tout le domaine de la géographie). Grâce à Petermann, cette revue acquit bientôt le premier rang parmi les publications de ce genre, en Allemagne du moins; elle a su incontestablement le conserver jusqu'à l'heure actuelle, du reste il est peu de pays qui possèdent un recueil mieux compris.

Les «Geographischen Mittheilungen», (c'est le nom qu'on donna à ce recueil pour le désigner plus brièvement), portèrent bientôt la réputation de leur fondateur et de leur directeur dans toutes les directions de la rose des vents, et l'étranger même fut unanime à reconnaitre sans réserve la valeur de cette revue. Petermann publia un grand nombre de mémoires excellents et des milliers de cartes, si bien exécutées et si exactes, qu'elles sont certainement supérieures à toutes les productions cartographiques de l'époque; elles sont généralement exécutées d'après des documents originaux. La collection particulière qu'il a faite pendant près de 40 ans est une des plus riches qui existent. En même temps, Petermann s'adjoignait comme collaborateurs les hommes les plus éminents; et même des savants étrangers considéraient comme un honneur d'être admis à publier leurs recherches dans les «Geographischen Mittheilungen», car pour être admis à y écrire, il fallait avoir accompli des travaux scientifiques réellement importants: la revue n'avait point de place pour la médiocrité. C'est ainsi que ce savant réussit à faire de sa revue l'organe central de toutes les découvertes géographiques et à y faire converger de tous les points de la Terre toutes les nouvelles concernant l'exploration de ce globe lui-même.

Mais Petermann qui n'avait jamais voyagé lui-même et qui traverse l'Atlantique pour la première fois en 1876 (il allait alors visiter l'Exposition universelle de Philadelphie), ne bornait pas son activité à recueillir des nouvelles et à les publier; le grand géographe de Gotha rendit à la science de plus importants services, des services dont l'immense valeur est presque incalculable, en suscitant lui-même des voyages de découvertes en Afrique et dans les regions boréales. C'est sous son inspiration qu'ont été entrepris, de 1860 à 1867, les voyages en Afrique de von Heuglin, Steudner, Munzinger, Kinzelbach, Schubert, Hansal, von Beurmann et Rohlfs. Pendant plus de quinze ans, Petermann a contribué, sans relâche, à l'exploration des régions polaires; c'est de son initiative que sont issues la première et la seconde expédition allemandes aux régions polaires; et ses conceptions sont chaque jour confirmées par les nombreuses expéditions organisées, grâce à ses efforts. La voie maritime à travers la Mer de Kara si redoutée jadis, cette voie qui longe la Sibérie et que Nordenskiöld a trouvée en 1876 — 1877, avait été d'abord signalée scientifiquement par Petermann.

En publiant pendant vingt-trois années consécutives, jusqu'à sa mort[1]), les «Geographische Mittheilungen» dans lesquelles sont résumés tous ces efforts, Petermann, alors même qu'il n'eût pas exécuté tous ses travaux cartographiques, parmi lesquels nous nous bornerons à mentionner le grand atlas de Stieler, dont il était depuis 1854 le rédacteur en chef et dont il a remanié plus de la moitié, s'est élevé un monument qui restera indestructible dans l'histoire de la géographie.

Quant à l'activité dans la question polaire, personne ne l'a mieux caractérisée que Peschel, de mémoire ineffaçable, qui disait au sujet des résultats obtenus: «Nous les devons uniquement et absolument au patriotisme tenace d'un savant allemand qui depuis vingt ans a voué aux régions polaires inconnues une haine catonienne. Inutile de le nommer; il est le Barrow allemand. Seulement Barrow avait plus beau jeu, car il lui suffisait de rallumer la soif de découvertes d'un peuple marin qui devait être ambitieux de résoudre un problème déjà entamé et complètement britannique. Lorsque au contraire notre compatriote commença à provoquer les entreprises maritimes, le public allemand était encore de marbre; il fallait longtemps creuser avant d'y faire pénétrer la nouvelle idée. Ce fut un travail gigantesque que de frapper à coups redoublés, de multiplier mémoires, conférences, cartes, nouvelles, entretiens, comités et correspondance. Enthousiasmer un peuple pour un objet complètement nouveau et d'abord exciter en quelque sorte son appétit, était certainement une rude tâche; elle se poursuivit nombre d'années et au début sans espoir. On ne pouvait espérer que, dans la population du littoral, le goût des entreprises nautiques, une activité sans exemple pouvait seule gagner à l'idée nationale les hommes de l'intérieur parmi lesquels on en comptait peu qui eussent vu la mer mugissante». Lorsque les géographes et amis de la géographie allemande se réunissaient à Frankfort-sur-le-Mein, le 23 juillet 1865, et lorsque Petermann y parut, la question du pôle nord prit une nouvelle face. Depuis longtemps, en effet,

---

1) Il a malheureusement attenté lui-même à ses jours et s'est pendu le 25 septembre 1878.

le lecteur le sait, Petermann s'était persuadé que les routes suivies jusqu'alors pour pénétrer dans les secrets du monde polaire ne pouvaient mener à ce but si convoité, tandis que la route par l'Océan glacial européen, route qui n'avait pas encore été essayée, offrait infiniment plus de chances de succès. Le plan de Petermann, tel qu'il le developpa à la réunion de Frankfort-sur-le-Mein, était d'atteindre le pôle nord, au moyen du courant chaud (le Gulfstream) qui longe les côtes de l'Europe. A partir du Spitzberg, après s'être frayé un chemin à travers la ceinture des glaces agglomérées, on trouverait vraisemblablement une mer libre de glaces jusqu'au pôle. Les régions polaires elles-mêmes offriraient au commerce des produits importants la pêche de la baleine, diminuée depuis quelques années parceque les poissons se retiraient dans la mer polaire, deviendrait plus profitable; on pourrait exploîter les dépôts d'ivoire des temps préhistoriques; on perfectionnerait la météorologie; bref la géographie physique, la géologie, la botanique et la géologie étaient intéressées à cette expédition. L'Allemagne considérée isolément, possédait une marine de guerre et une marine marchande assez importantes; il était donc singulier que l'on eût toujours agi comme si l'on n'avait eu ni marins ni navires; autant les Allemands avaient contribué aux découvertes par terre, autant était faible leur part dans les découvertes par mer. L'Allemagne, pensait Petermann, devait prendre, au pôle nord, le rôle que la Russie avait pris au pôle sud par les découvertes du capitaine von Bellingshausen.

Une pierre projetée dans l'eau fait naître autour d'elle une série de cercles concentriques; ainsi fit l'idée de Petermann non-seulement dans les contrées de l'Allemagne, mais encore dans presque tous les pays du monde civilisé. La question du pôle nord était lancée. En Angleterre le projet d'une nouvelle expédition au pôle nord fut vivement discuté, et il fut analysé, à la «Geographical Society» de Londres, par les coryphées de la science nautique et arctique; cependant les savants britanniques ne purent s'entendre sur un projet déterminé, mais ils combattirent l'idée de Petermann d'atteindre le pôle nord par l'Océan glacial européen.

En 1867, la France entra en lice avec beaucoup plus d'ardeur; le lieutenant de vaisseau Gustave Lambert conçut le plan colossal d'atteindre le pôle nord par le Détroit de Béring; une telle entreprise, dont le succès eût été très profitable à la science, exigeait des ressources exorbitantes; la collecte des sommes nécessaires devrait apparemment exiger beaucoup de temps, bien que l'empereur Napoléon eût octroyé cinquante mille francs. Les préparatifs de cette expédition polaire française, à laquelle la découverte d'une nouvelle terre polaire, au nord des Iles de la Nouvelle-Sibérie, découverte faite en 1867 par le capitaine américain Long, prêtait un charme scientifique particulier, durèrent jusqu'au moment où éclata la guerre franco-allemande. La science a perdu là G. Lambert qui fut mortellement blessé à Buzenval en combattant bravement pour son pays.

Tandis que l'Angleterre discutait sans agir et que la France s'apprêtait sans débats, on ne s'occupait pas moins activement, en Allemagne, d'organiser une expédition au pôle nord; ou du moins le Dr. Petermann, à lui seul, écrivait et parlait pour pousser à la réalisation de son plan. A lui seul appartient le mérite d'avoir suscité la première expédition allemande au pôle nord. Ce n'est point ici le lieu de rappeler toutes les difficultés qu'il fallut surmonter avant que la Germania ne fût prête à prendre la mer. D'autre part, Petermann trouva le concours le plus empressé à la Société de géographie de Vienne. Il fut vivement soutenu, notamment par le président de cette société, le professeur Ferdinand von Hochstetter, le célèbre géologue de l'expédition de la Novara. A côté de ce dernier, on distinguait le Dr. M. A. von Becker et plusieurs membres influents de la Société, parmi lesquels Friedrich von Hellwald, von Hauslab, von Helfert et A. Steinhauser. En outre, le baron Kuhn, alors ministre de la guerre, s'intéressait vivement à l'entreprise. Néanmoins la bienveillance et l'appui de la Société de géographie de Vienne ne pouvaient pas servir beaucoup Petermann; le célèbre géographe n'avait à compter que sur lui-même et sur ses propres efforts.

L'achèvement de la guerre du Schleswig-Holstein ayant surexcité le sentiment national allemand, les appels de Petermann trouvèrent de l'écho, ses propositions furent appuyées, et dès 1865 le capitaine de la marine prussienne Reinhold Werner fut envoyé en reconnaissance pour étudier l'état des glaces entre le Spitzberg et la Nouvelle-Zemble, et pour reconnaître la route que devrait suivre l'expédition proprement dite pour s'avancer vers le pôle nord. Malheureusement il fut obligé de retourner peu de temps après son départ, la machine ayant éprouvé de graves avaries. L'année suivante éclata la guerre austro-prussienne, et le gouvernement prussien qui s'était intéressé à ces projets en fut détourné par les préoccupations militaires. Petermann ne perdit point courage. Il s'adressa à toute l'Allemagne pour cette œuvre nationale, et les suscriptions affluèrent. En 1868 enfin, les efforts incessants du savant allemand furent récompensés par le succès; un navire sous pavillon allemand et conduit par un marin jusqu'alors inconnu, Karl Koldewey[1]), partit de Bergen, en Norvège, Richard Hildebrandt, fils d'un

---

1) Koldewey, né le 26 octobre 1837 à Bücken, près de Hoya en Hanovre, fréquenta le gymnase de Clausthal, de 1849 à 1852; à pâques 1858, il s'engagea comme mousse; en 1859, il suivit les cours de l'école des timoniers de Brême, passa son examen et partit pour les Indes-Orientales. En 1861 il suivit le cours de l'école des seconds pilotes; après avoir subi l'examen avec succès, il repartit sur mer et il continua à voyager

prédicateur de Magdebourg, étant premier pilote et chef en second, Georg Heinrich Sengstacke de Brême étant second pilote. Koldewey acheta à Bergen un yacht de construction récente, le «Groenland», bâtiment de 80 tonnes; il le débaptisa pour lui donner le nom de «Germania», le fit renforcer et lui donna treize hommes d'équipage.

Cette première expédition si modeste ne pouvait prétendre à de grandes découvertes géographiques dans les régions polaires; il s'agissait plutôt d'ouvrir la voie, de constater dans quelle direction et jusqu'à quelle distance le Groenland s'étendait vers le pôle nord, parce que les courants, les glaces et le climat du pôle dépendaient, pensait-on, de la longueur de cette terre, qui semble s'avancer, comme un coin, dans le Nord. Si l'on ne parvenait pas à atteindre la côte du Groenland, on devait visiter, s'il était possible, la terre de Gillis, soupçonnée à l'est du Spitzberg; mais l'expédition, en tout cas, devait revenir en Europe à l'automne.

Ce fut le 24 mai 1868 que la «Germania» partit de Bergen, sous la bannière de la Confédération de l'Allemagne du Nord. Le voyage s'accomplit dans de bonnes conditions et très rapidement jusqu'à Jan Mayen, où l'on arrivait dès le 30 mai après avoir franchi en ligne droite onze degrés de latitude ou 1224 kilomètres, par un temps très variable qui passa par toutes les phases depuis le calme le plus complet jusqu'à l'ouragan déchaîné. Le matin du 30 mai, il se mit à souffler de l'est; la mer devint très houleuse, l'atmosphère était tellement chargée de pluie que l'on voyait à peine à un mille de distance; la température descendit de $+ 7^0, 5$ à $- 1^0, 25$; la pluie fine et drue se prenait en aiguilles au fur et à mesure qu'elle tombait, et les agrès se recouvraient d'une couche de glace. A partir de Jan Mayen, en suivant généralement la direction nord-nord-ouest sur le Groenland oriental, on franchit en deux jours une étendue de 370 kilomètres à travers des nuages épais qui permettaient de conclure au voisinage de la glace. Ce ne fut que le 5 juin, par $74^0 50'$ de latitude nord et $10^0 38'$ de longitude à l'ouest de Greenwich, à 124 kilomètres seulement de la côte groenlandaise, qu'on vit les premières glaces. On ne tarda pas à s'engager entre elles, et après trois jours d'efforts persévérants, on s'était avancé jusqu'à $75^0 19'$ de latitude nord et $12^0 48'$ de longitude ouest. Le 8 juin revint un violent ouragan d'est, pendant lequel la petite Germania reçut des chocs violents; elle resista cependant et ne fut pas endommagée. Le temps restait orageux,

---

jusqu'en mai 1866. Il arriva une fois aux hautes latitudes, dans un voyage à Arkhanghel, par le Cap Nord. Koldewey compléta plus tard son éducation scientifique, d'abord à l'école polytechnique de Hanovre, puis à l'université de Göttingen. Koldewey est depuis 1875 conseiller de la marine impériale et président de la seconde section de l'observatoire allemand à Hambourg.

il fallut jeter l'ancre dans les glaces et dériver provisoirement avec elles vers le sud, jusqu'à ce que les vents eussent changé et que les glaces fussent devenues moins pressées. Pendant ce temps, on fit diverses observations scientifiques, et on fit la chasse aux ours blancs. Le 16 juin, le bâtiment fut poussé au sud jusqu'à 73° 47′ de latitude et 15° 40′ de longitude; de là le ciel était très clair; on voyait nettement toute la côte, depuis «Hudson's Hold with Hope» jusqu'à l'Ile Sabine, cette dernière éloignée de 125 kilomètres environ; mais il ne fallait pas songer à l'atteindre, car, pendant la semaine précédente, des vents d'est avaient poussé et amoncelé la glace contre la côte.

Le yacht continuait à dériver vers le sud; le 20 juin, il arriva à 73° 20′ de latitude nord et 16° 18′ de longitude ouest. Ce jour-là on reçut la visite d'un bateau envoyé par le navire anglais «Diana» de Hull, qui se trouvait en eau libre à quelques kilomètres, et bientôt une fraîche brise du nord-est, qui ensuite s'accrut sur la mer, où elle devint ouragan délivra la Germania. A peine dégagée elle essaya vainement de forcer le dédale des glaces qui bordaient la côte; alors, conformément aux instructions reçues au départ, on se dirigea sur le Spitzberg, pour s'enquérir, s'il était possible, de la position de la Terre de Gillis. On voulait d'abord aller aux «mille Iles» situées au sud de l'archipel du Spitzberg, mais d'énormes masses de glaces flottantes ne permirent pas de pousser jusque-là; il fallut se contenter de reconnaître jusqu'à 80° 30′ la côte occidentale du Spitzberg, assez exactement élevée, du reste, depuis longtemps. A partir de ces parages, on entreprit de visiter la côte orientale du Groenland, mais on ne réussit pas mieux que la première fois; il est même permis de penser que le principal but de l'expédition, visiter cette côte vers le nord, à partir de 75°, fut tout à fait manqué. Pour employer convenablement le temps qui lui restait, la «Germania» retourna au Spitzberg et se dirigea au Nord, vers le détroit de Hinlopen, dont la partie méridionale n'avait encore été visitée par aucune expédition scientifique. Par contre, Koldewey y rencontra le capitaine Sievers Tobiesen, baleinier norvégien qui séjourna dans la partie méridionale du détroit de Hinlopen pendant tout le temps qu'y passa la «Germania»; Koldewey explora la spacieuse «Baie Augusta», — terre du nord-est, — et, au sud de l'Ile Waygat du Sud, «l'Ile Wilhelm», assez considérable, que le «détroit de Bismark» sépare de la masse principale du Spitzberg, et à l'est de laquelle s'étend un groupe de petites îles, les «Iles Bastian». On croirait peut-être que la première expédition allemande au pôle nord a fait là une découverte; il n'en est pas ainsi, car depuis déjà cent ans on connaissait bien le Spitzberg oriental. Ainsi, par exemple, l'Ile Wilhelm, le Détroit de Bismark, les Iles Bastian, baptisées par l'expédition allemande, se trouvaient déjà sur l'ancienne carte de Keulen, et en général sur

LA GERMANIA DANS LES GLACES.

toutes les cartes jusqu'à ces derniers temps; seule la carte officielle suédoise de 1864 représentait l'Ile Wilhelm comme un promontoire, erreur que corrigèrent cependant d'autres cartes suédoises de l'époque. Du reste, une année auparavant, en 1867, le capitaine Nils Frederik Rönnbäck, de Hammerfest, avait rencontré un groupe d'îles nombreuses, les Iles Bastian sur la côte est du Spitzberg, par 79⁰ de latitude nord; il s'était ensuite dirigé vers la « Baie Björn » et avait reconnu que ce n'était qu'un détroit fort resserré, le « Détroit de Bismarck »; il était ensuite parvenu au Détroit de Hinlopen, ce qui lui assure la priorité des découvertes faites dans ces parages. Après y avoir longtemps séjourné, la « Germania » reprit sa course vers le nord; le 14 septembre 1868, elle atteignit sa plus haute latitude, 81⁰ 4′ 30″ (à 15⁰ 17′ de longitude à l'ouest de Greenwich,) et de là elle fit voile directement pour Bergen où elle arriva le 30 septembre. La première expédition allemande au pôle nord était accomplie.

Si elle n'avait réussi à accomplir comme on l'eût désiré la première partie de sa tâche, ses observations hydrographiques et météorologiques firent compensation à cet échec. On fit avec grand succès nombre d'observations magnétiques, notamment sur de grands glaçons, et quelques sondages.

En ce qui concerne la géographie, on découvrit que les parties méridionales de la Terre du Nord-Est sont situées autrement qu'on ne l'avait admis jusqu'alors, que la « Baie allemande » est profondément échancrée et qu'il existe encore d'autres grands promontoires au sud du Cap Torell.

Les sondages furent très peu nombreux et en partie insuffisants; la plus grande profondeur constatée n'était que de 550 mètres, tandis que les Suédois pendant le même temps mesuraient l'étonnante profondeur de 4754 mètres. Par contre, l'expédition allemande a résolu d'une manière satisfaisante, dans les parages qu'elle a visités, la question de l'étendue horizontale du courant chaud du nord-est, que nous pouvons suivre, sous le nom de Gulfstream, à travers tout le nord de l'Océan atlantique, par-dessus le plateau relativement élevé entre les Farœr et l'Islande, et bien plus facilement à travers la grande dépression de 1280 mètres, entre les Farœr et les Shetland. Une foule d'observations, parfaitement concordantes, tant de la température que du courant, mettent hors de doute que, pendant les mois de juillet, d'août et de septembre, il y a, à l'ouest du Spitzberg, un étroit prolongement du Gulfstream, qui coule vers le nord jusqu'à la latitude de 80⁰ 10′, par une longitude orientale moyenne de 8⁰, et qui est bordé à l'est par un étroit courant méridional d'eau froide longeant le Spitzberg, à l'ouest par le grand courant sud des régions arctiques. Le directeur de l'observatoire de l'Allemagne du Nord, W. von Freeden, put, à l'aide de ces résultats, dresser une carte des isothermes de la Mer du Groenland, dans laquelle il représente excellemment l'abaissement progressif de la température de la mer, à partir des côtes de Norvège, jusque vers le Groenland oriental.

Sans se laisser décourager par l'insuccès de cette première expédition, Petermann continua sans trève et sans repos à mettre tout en œuvre pour provoquer une nouvelle expédition allemande, mieux équipée et plus considérable que la première. En même temps fonctionnait à Brême un comité, dont la conduite, il est vrai, ne fut pas à l'abri de tout reproche, surtout vers la fin. Le public, surtout dans l'Allemagne du Sud, restait froid; on réussit cependant, grâce aux souscriptions des princes et des villes libres, à réunir les sommes nécessaires; et cette fois on put équiper, pour

deux années une nouvelle expédition de telle sorte qu'il ne restât rien à désirer. Malheureusement, des difficultés s'étaient élevées, peu de temps après le retour de la première expédition allemande, entre Petermann et Koldewey, et celui-ci, en mars 1869, manifesta ouvertement, par la publication d'un «plan» autographié, son opposition à Petermann qui avait été jusqu'alors l'âme de

CAPITAINE KARL KOLDEWEY.

toute l'entreprise et qui depuis dix-sept ans avait travaillé virilement à la faire réussir. On ne saurait trop regretter, dans l'intérêt de la science, que le désaccord entre ces deux hommes qui avaient collaboré à la même œuvre ait éclaté au dehors. Mais l'histoire des explorations polaires peut d'autant moins l'ignorer que, par suite de ces différences d'opinion, les savants de l'Allemagne se divisèrent pour ainsi dire en deux camps, l'un ayant pour chef Petermann, l'autre Koldewey. Ce dernier comptait parmi ses partisans les membres du comité de Brême. C'était cependant Petermann, qui par ses habiles efforts avait su réunir les sommes considérables nécessaires à l'expédition. Il commit la faute incompréhensible de confier encore à Koldewey le commandement de la nouvelle expédition: «Un homme moins persévérant que Petermann aurait été découragé par l'insuccès de la première expédition; un homme moins généreux aurait remercié Koldewey et aurait cherché un autre capitaine». Petermann n'en fit rien, mais il donna de nouveau au marin qui avait été malheureux dans la première expédition, l'occasion de se distinguer. Bien que Koldewey eût eu recours à la menace peu délicate de déposer son commandement et que, le jour même du départ de l'expédition, il l'eût peut-être exécutée, s'il n'eût été retenu par la présence du roi de Prusse à Bremerhaven, on réussit à éviter cet éclat et à faire partir l'expédition. Petermann était d'avis que le Groenland oriental était une base d'opérations convenable; il imposait à la seconde expédition allemande, comme il avait imposé à la première, l'adoption de cette base; il espérait que l'exploration scientifique des côtes qui s'étendent au nord du 75e degré de latitude nord (le point le plus septentrional atteint en bateau par le capitaine Clavering, le 11 avril 1823, se trouva à 75º 14, près de Shannon Island) conduirait à d'importantes découvertes et même révèlerait le moyen d'arriver jusqu'au pôle. D'autre part il s'était prononcé formellement contre l'adoption de la route à l'ouest; déjà, du reste, il entrevoyait une autre route qui, pensait-il, serait moins obstruée par les glaces, et c'était la route à l'est du Spitzberg, par la mer qui sépare cet archipel de la Nouvelle-Zemble. Puisqu'on était parvenu à équiper deux bâtiments, le second, pensait Petermann, devait prendre cette route. Koldewey refusa, et Petermann dut s'accomoder d'envoyer les deux bâtiments vers le Groenland oriental, résolution qui coûta la perte d'un navire.

La seconde expédition polaire allemande se composait du vapeur à hélice «Germania», construit spécialement en vue de cette expédition et du navire à voiles «Hansa» jaugeant chacun 143 tonneaux, le dernier commandé par le capitaine Paul Friedrich August Hegemann d'Olden-

CAPITAINE PAUL HEGEMANN.

bourg, tandis que Koldewey, sur la «Germania», avait le commandement supérieur de toute l'expédition accompagnée par six savants; savoir, sur la Germania, le Dr. Carl Nicolaus J. Börgen et le Dr. R. Copeland de l'observatoire de Göttingen, embarqués en qualité d'astronomes et de physiciens, le lieutenant en premier Julius Payer, de l'armée autrichienne, qui s'était déjà distingué comme un hardi explorateur des cimes et des glaciers alpestres et à qui était dévolue la tâche d'explorer les glaciers et l'intérieur du Groenland, enfin le docteur Adolf Pausch, médecin, représentant la zoologie, la botanique, l'ethnologie et l'anthropologie; sur la Hansa, le Dr. Reinhold Wilhelm Buchholz, chargé de la zoologie, de l'ethnologie et de l'anthropologie, enfin le Dr. Gustav C. Laube, géologue autrichien[1]).

Les deux navires de l'expédition, la Germania et la Hansa, partirent, de Brême, le 15 juin 1869. Ils arrivèrent le 15 juillet aux glaces colossales que le courant froid venant du pôle accumule, toute l'année sans en excepter l'été, où elles fondent à peine, sur les côtes orientales du Groenland, pour le plus grand danger des navigateurs qui tenteraient de les franchir. Les deux bâtiments continuèrent à naviguer le long de ces glaces, jusqu'au 15 juillet. Ils s'étaient déjà, plusieurs fois, écartés l'un de l'autre, mais pour peu de temps, au milieu de brouillards intenses; la séparation du 20 juillet devait être définitive, les équipages ne devaient plus se revoir qu'à Brême; à la suite d'un signal mal compris, la Hansa mit plus de voiles au vent et s'avança plus vivement au milieu des brouillards; elle allait à sa perte; la Germania resta un peu en arrière. Lex deux bâtiments s'étaient quittés par 74° 4′ de latitude nord et 12° 52′ de longitude ouest. A partir de ce moment, la «Hansa» commença à lutter contre les glaces; toutes les tentatives que fit, pour les franchir, le faible bâtiment, n'ayant pas à sa disposition la force de la vapeur, furent vaines; plus d'une fois on vit la côte, jamais on ne put aborder. Deux mois durant, l'équipage fit d'énergiques efforts pour faire avancer le bâtiment; ces matelots qui étaient partis pour conquérir le pôle étaient eux-mêmes assiégés et serrés de plus en plus près par les glaces du pôle. Au commencement de septembre, il fallut bien reconnaître que le blocus allait être complet, que la «Hansa» allait être investie de toutes parts; il ne s'agissait plus que d'envisager d'un regard calme et froid des mesures à prendre en vue de cette éventualité. Le 14 septembre, la «Hansa» fut complètement prise dans les glaces, par 73° 25,7′ de latitude nord et 18° 39,5′ de longitude ouest; mais déjà auparavant on avait remarqué que la glace dérivait constamment vers le sud, circonstance qui seule assura plus tard le salut de l'équipage. On passa le temps à chasser les ours et les renards, à patiner, à faire de la gymnastique, à jouer à la balle et à examiner les formes étranges des blocs de glace entourant le navire. Vers la fin de septembre, on avait perdu tout espoir de sortir des glaces avant la fin de l'hiver; il n'y avait plus qu'à prendre les dispositions nécessaires pour passer cette longue saison dans ces parages, avec ou sans la Hansa, car il importait de prévoir la possibilité de la perte du bâtiment.

---

[1]) Dr. Laube, né à Teplitz, était préparateur du professeur Ferdinand von Hochstetter à Vienne.

Aussitôt les hommes se mirent courageusement à l'œuvre, et en sept jours, du 27 septembre au 3 octobre, la maison d'hiver fut construite sur la glace qui dérivait toujours vers le sud. La maison avait 6,5 mètres de longueur, 3,5 mètres de largeur et 2 mètres de hauteur; elle était à 250 pas du navire; on porta aussi une grande partie des provisions dans cette maison d'hiver et on l'organisa aussi bien qu'on pouvait le faire sur un glaçon, au milieu de la mer polaire, loin des foyers de la civilisation.

La Hansa, pendant ce temps, était soumise à des pressions continuelles. On entendait, sous la glace, des résonnances menaçantes, des craquements et des sifflements se succédant régulièrement et semblant accuser le choc des flots liquides sur les flots congélés. On eût dit, tantôt des portes grinçant sur leurs gonds, tantôt le tumulte d'une place publique, tantôt le ronflement d'un train qui passe. Entre ces pressions redoutables, la «Hansa» allait certainement être broyée; il s'agissait donc de tout sauver, du moins autant qu'il était possible, et l'équipage ne prit pas de repos avant que ce travail ne fût accompli. Le 21 octobre, les glaces avaient accompli leur œuvre: la «Hansa» n'était plus qu'une épave. Le 22, elle sombra par 70° 52′ de latitude nord et 21° de longitude ouest à 10 kilomètres de la côte groenlandaise. On passa les jours suivants à compléter les travaux d'organisation de la petite colonie; on réussit à chauffer assez bien pour avoir jusqu'à 22,5° C. Tandis que les hommes de la Germania se reposaient tranquilles et satisfaits, à l'abri de tout danger immédiat, dans leur port d'hiver, l'équipage de la Hansa dérivait vers le sud, sur le glaçon de la mer polaire, dans lequel ils avaient planté le pavillon allemand.

Le glaçon, de plusieurs kilomètres d'étendue, avait environ 15 mètres d'épaisseur et faisait saillie de 1 mètre au-dessus de l'eau. Ce refuge semblait assez solide, et l'équipage de la Hansa se voyait emporté par son radeau de glace sans grande inquiétude. La chasse et l'observation des merveilles de la nature polaire interrompaient la monotonie de la vie quotidienne; de magnifiques aurores boréales excitaient l'admiration des naufragés; on tua un ours blanc qui fournit un festin de Lucullus. Du 5 au 13 novembre, le glaçon s'avança avec une vitesse de 15 kilomètres. La fête de Noël fut célébrée solenellement sur le glaçon groenlandais. Peu de temps après, de terribles orages éclatèrent et menacèrent de disloquer le glaçon qui craquant sous le heurt des vagues et des vents, faisait une étrange musique: bruits de scie ou de hie, coups de bélier répétés, gémissements, cris stridents; on eût cru que de mauvais génies se livraient à de sinistres plaisanteries sous leur plafond de cristal. Le 4 janvier 1870, l'ouragan avait cessé, le glaçon s'était amenuisé au point d'inspirer des craintes. Du 11 au 15 janvier survinrent de nouvelles tempêtes, et le glaçon rapetissait toujours; il n'avait plus que 50 mètres de diamètre. Le 14 janvier, il se fendit tout près de la maison; bientôt après une nouvelle crevasse, celle-ci au-dessus de la maison qui faillit être divisée en deux. Les hommes de la Hansa sortirent en toute hâte, au milieu de la tempête et se réfugièrent dans des bateaux, où ils passèrent la nuit; cette nuit, sur de frêles bateaux, au milieu de la tempête, fut la plus terrible de cet aventureux voyage; il semblait qu'elle ne dût pas prendre fin. Le 19, une nouvelle maison, plus petite que l'ancienne, avait été construite sur ce qui restait du radeau de glace; notablement diminué, il dérivait à grande vitesse. Le 7 mai, on résolut de l'abandonner et de faire en bateau le reste du voyage jusqu'aux établissements groenlandais. On avait parcouru sur le glaçon 2002 kilomètres, soit 7,6 kilomètres par jour. Quelques comparaisons de température ne seront pas dépourvues d'intérêt. La plus basse température moyenne notée par l'équipage de la Hansa avait été de — 13°,61 (novembre 1869), la plus haute température moyenne avait été de + 2°, 06 (mai). Quant à la Germania on y avait observé, en même temps, — 19°,32 (en janvier 1870) et — 3°,47 (en septembre 1869). La température absolue la plus basse fut de — 25°,9 (20 décembre 1869); la plus haute de + 10°.

Le 7 mai, les intrépides marins quittèrent le glaçon qui les avait portés pendant deux cents jours. C'était par 61° 12′ de latitude nord et 42° environ de longitude ouest. La pointe sud du Groenland, avec ses ressacs redoutables, le Cap Farewell avec ses tourmentes ne pouvait plus être loin. Il était temps d'arriver, car les provisions étaient singulièrement réduites. On aperçut des eaux libres menant à la côte. Les trois bateaux s'engagèrent dans ces eaux; le capitaine Hegemann conduisait le bateau «Hoffnung» (Espérance); le capitaine Hildebrandt, le «Bismarck»; le pilote Bade, le «König Wilhelm». Un triple hourrah, et l'on mit à la voile; mais la navigation ne devait durer que trois jours. On n'était plus qu'à 5 ou 6 kilomètres de la côte, lorsque des barrières de glace impénétrables arrêtèrent les bateaux. Il fallut se décider à les traîner sur la glace et à camper de nouveau sur sa surface. Ce travail dura du 10 mai au 4 juin, et ces 25 jours exigèrent des efforts inouïs de la part de l'équipage qui était réduit à la demi-ration; les bateaux avançaient à peine de 500 pas par jours; bientôt éclata l'ophtalmie particulière que produit la vue continuelle de la neige, de sorte qu'il fallut remplacer les conserves que l'on avait perdues, par les verres qui, dans les instruments d'astronomie, servent à amortir l'éclat du soleil.

Le 4 juin, on atteignit la terre: c'était l'île rocheuse et stérile Idluitlik, par 61° de latitude nord. On s'était reposé et on avait célébré la fête de la Pentecôte sur la glace.

Du 6 au 13 juin, les trois bateaux de la «Hansa» descendirent en longeant des écueils à pic, où l'on n'apercevait qu'une végétation rudimentaire.

Malgré vents et marées, on avançait; le 13 juin, on aperçut une large baie; la verdure commençait à se montrer; on distinguait des maisons rouges; il y avait des hommes sur les écueils, et ils regardaient avec surprise la course périlleuse des bateaux; un Kaïjak précédait les bateaux tout en se maintenant prudemment le long de la côte. Tout à coup, on entend ce cri qui. vient du rivage: «C'est notre pavillon allemand». Les naufragés étaient sauvés. Les premiers hommes auxquels ils serrèrent la main étaient des compatriotes. Les missionnaires Starik et Gerike, de Frederiksdal, accueillirent avec bonté les hommes de la Hansa, les réconfortèrent et les soignèrent juqsu'au 16 juin. Les naufragés s'en retournèrent à bord du brick danois «Constance»; ce brick partit, le 3 juillet, de la colonie de Julianehaab, et, après un trajet, interrompu à plusieurs reprises, il atteignit Copenhague, le 1er septembre; le 3 septembre, les hommes de la Hansa mettaient le pied sur le sol allemand.

Le navire principal, la «Germania» avait été plus heureux. Après avoir été séparée de la Hansa et après avoir été rencontrée deux fois par le vapeur «Bienenkorb» (la Ruche) dont il sera question plus loin, elle rencontra les glaces agglomérées et elle se trouva, le 29 juillet, en vue de la côte groenlandaise dont elle était séparée par ces glaces. Des vents du nord et un courant violent poussèrent le navire vers le sud; comme on ne pouvait pénétrer vers l'ouest en partant du point où on était arrivé, on revint à la limite de la glace, pour tenter de franchir les glaces au nord du 74e degré. A l'aide de la vapeur, on pénétra dans la barrière de glaces, large de 150 kilomètres, et l'on atteignit enfin heureusement les eaux du littoral. Le 5 août au matin, la Germania ancra sur la côte sud de l'Ile Sabine, appartenant au groupe du Pendule; cette île fut relevée les jours suivants. Le 10, on put continuer à s'avancer, à la vapeur, vers le nord; on arriva, sans obstacles, jusqu'au «Cap Philipp Broke», pointe sud de «l'Ile Shannon», et plus loin jusqu'à 75° 31′ de latitude nord et 17° 16′ de longitude ouest, où la glace arrêta tout à coup les explorateurs. Ce fut le point le plus septentrional que l'expédition atteignit en navire. On résolut alors d'explorer scientifiquement l'Ile Shannon. Elle était notablement plus grande que les cartes ne l'indiquaient; son point le plus proéminent au nord-est, le «Cap Börgen» est situé par 75° 26′ de latitude nord et 18° de longitude ouest; la côte occidentale se dirige presque en ligne droite vers le nord. L'aspect général de cette île déserte produit une impression de tristesse. Le 26 août, les travaux y étant presque terminés, on retourna vers le sud, et, le 27 au soir, la Germania ancra à la côte sud, du «Petit-Pendule»; on passa la première partie de septembre à relever le pays, à exécuter d'autres travaux scientifiques, à chasser le bœuf musqué, le renne, etc.; le 13 septembre, le bâtiment se retrouvait dans le petit port de la côte sud de l'Ile Sabine, où on avait jeté l'ancre, pour la première fois, le 5 août. Comme, d'après les calculs, le soleil devait disparaître sous l'horizon, pour trois mois entiers, le 6 novembre, il importait d'utiliser le temps, jusqu'à cette époque, en explorant le pays, et, dès le 14 septembre, on entreprit un voyage en traîneau, dans la direction du nord-ouest. Les jours suivants, Payer et Koldewey, chacun d'eux tirant lui-même son traîneau du poids de 300 kilogrammes, pénétrèrent dans l'intérieur d'un fjord, qu'ils se mirent à explorer. Ils lui donnèrent en l'honneur du directeur de l'institut de géographie militaire de Vienne, le nom de «Fjord Fligely». Après avoir franchi ce bras de mer, dans lequel se trouve une grande île, l'«Ile Kuhn», Payer gravit la «Pointe de l'extrémité occidentale» (Westend-Spitze), du haut de laquelle il découvrit des montagnes à perte de vue, sauf dans la direction du nord-est, où s'étendaient les glaces de la mer; Payer, en revenant au navire, découvrit des gisements d'anthracite et de nombreuses pétrifications sur l'«Ile du Charbon» (Kohlen-Insel), dont la flore et la faune étaient relativement riches. Le 22 septembre, les explorateurs revinrent à bord, en bonne santé; on avait, en leur absence, pris diverses dispositions en vue de l'hivernage. Peu de temps avant le commencement de la longue nuit d'hiver, on entreprit encore une excursion en traîneau, cette fois vers le sud, pour visiter la Baie Gael Hamke. Payer, l'âme de toutes ces entreprises, le Dr. Copeland et trois matelots prirent part à cette excursion. Elle dura du 27 octobre au 4 novembre. On atteignit, au prix de pénibles efforts, et après de nombreux détours la grande «Ile Clavering», qui se trouve dans la baie susdite; cette île est dominée par une montagne dont les cimes abruptes, couvertes de névé, atteignent 1220 et 1520 mètres de hauteur. On ne pouvait négliger d'explorer en détail le fjord s'étendant entre cette île et la rive septentrionale de la Baie Gael Hamke. Sur les bords de ce bras de mer, auquel on avait donné, à cause de son entourage grandiose, le nom de «Fjord du Tyrol», se dressent, jusqu'à 1000 mètres de hauteur, des masses rocheuses, coupées par les allées aussi grandioses que celles des hautes Alpes. De nombreux glaciers débouchent dans ces vallées, au fond desquelles on aperçoit d'immenses pyramides. Payer et Copeland s'engagèrent sur un de ces glaciers, auquel on donna, à cause de la pureté et de la couleur azurée de sa glace, le nom de «Pasterzengletscher.» Dans la partie occidentale de l'Ile Clavering, on trouva une riche végétation. On remarquait des andromèdes, des saules, des bouleaux; jamais on n'avait vu une flore si abondante, dans le Groenland oriental; les bouleaux, à vrai dire, n'avaient que quelques centimètres de hauteur. Cette excursion fut la dernière de celles qu'on fit en 1869.

---

[1]) August von Fligely, lieutenant-feldmaréchal autrichien, né à Janow, en Galicie, mort le 12 avril 1879, à Vienne. Il était depuis 1853 directeur de l'Institut de géographie militaire de cette ville, auquel il a pu donner, par son activité, une réputation universelle.

Le 5 novembre, écrit Koldewey, le soleil se montra encore sur l'horizon, à midi; puis il disparut complètement, pour ne plus revenir qu'au commencement de février. Les jours, jusqu'alors nos voisins fidèles, cessèrent de nous rendre visite; les rennes et les bœufs musqués s'étaient retirés, pour chercher de meilleurs pâturages à l'intérieur des fjords. La nature, autour de nous, était déserte, rigide, inanimée. Néanmoins, presque tout le monde était de bonne humeur, et il n'y avait à bord personne qui appréhendât d'être incommodé ou de devenir malade par la prolongation de l'hiver, car nous possédions tous les moyens de résister heureusement aux plus grandes rigueurs de la saison. Les occupations et les distractions ne manquaient pas non plus; il y avait continuellement à observer, à calculer, à écrire, à dessiner, et même le service régulier du bâtiment, devenu notre maison, prenait chaque jour plusieurs heures. Le temps se passa rapidement ainsi, et Noël, qui marque le milieu de la nuit polaire, arriva sans que nous eussions été affectés par la disparition de la lumière. La seule chose qui nous fût désagréable, c'étaient les fréquents ouragans de neige qui venaient du nord et qui souvent nous empêchaient complètement de sortir et même de venir prendre de l'air sur le pont. La neige pénétrait, en fine poussière, par toutes les fentes du bastingage et de la tente, de sorte que le pont, en maints endroits, était rempli de neige jusqu'à un mètre de hauteur. L'ouragan le plus violent souffla, sans discontinuer, du 16 au 20 novembre, et souvent par rafales qui faisaient trembler le navire à sa poupe. A 300 pas au sud du navire, ainsi qu'à l'est de l'île, cet ouragan du nord brisa complètement la glace qui avait déjà atteint une épaisseur de quelques mètres, de sorte qu'on voyait au sud, le long de la côte, une étroite bande d'eau libre. Nous remercions Dieu de ce que la petitesse de notre navire nous eût permis d'entrer si avant dans le port; un grand bâtiment, auquel il eût fallu 5 ou 6 mètres d'eau, aurait été certainement entraîné et broyé. Après cet ouragan, il y eut plusieurs jours de calme; il arriva de légères brises du sud, et la température, qui était descendue quelquefois jusqu'à 27°,5 et — 31°,25 de l'échelle centigrade, remonta, vers Noël, jusqu'à 3°,75, et dans les cabines, trop bien chauffées, cette température fut beaucoup plus difficile à supporter que le froid le plus rigoureux. On célébra Noël, les portes ouvertes, et l'on dansa à la lumière des étoiles. On fit un petit arbre de Noël avec de l'andromède, plante toujours verte, et les cabines furent pavoisées; on distribua, à table, les présents que des mains amies avaient données à l'expédition en prévision de cette fête. Chacun reçut sa part et la joie régna dans tout le navire. Le mois de janvier amena un temps généralement beau et calme; le froid redescendit à — 25° et à — 40°, de sorte qu'on put faire beaucoup d'observations astronomiques et magnétiques. La lumière boréale se montra dans toute sa splendeur, de sorte que les docteurs Börgen et Copeland purent faire une série de précieuses observations sur ce phénomène. Janvier se passa; à midi, l'aurore devenait de plus en plus claire, à tel point que, pendant quelques heures de la journée, on pouvait lire, sans lampe, les instruments météorologiques. Tout le monde attendait avec impatience le retour du soleil, car l'absence de la lumière finissait à la longue par avoir de l'influence sur le caractère. C'est le 3 février, d'après les calculs du Dr. Copeland, que le soleil devait reparaître; le ciel était parfaitement pur; du haut d'une montagne voisine, haute de 250 mètres, nous eûmes la grande joie, de voir à midi, le soleil, dans tout son éclat, se lever peu à peu sur l'horizon. Nous vîmes alors tout l'ensemble des glaces. Aussi loin que la vue pouvait s'étendre, on n'apercevait qu'une masse blanche continue; nulle crevasse, nulle fente; tout était bien compacte; sur la côte seulement, il y avait de la glace mince et récente, car depuis le grand ouragan de décembre, tous les grands vents avaient arraché la glace au fur et à mesure qu'elle se formait. Après le retour du soleil, on se remit à l'œuvre; on entreprit quelques excursions à l'intérieur de l'île; mais avec prudence et en armes, à cause des ours qui rôdaient dans les environs. Il y eut quelques surprises, mais sans suites graves, bien que les hommes eussent été serrés de près; l'un des savants fut grièvement blessé à la tête par un ours et traîné sur une distance de plus de 400 pas; il se rétablit en quelques semaines. Les astronomes commencèrent à relever la base pour la mesure d'un degré de méridien. Les ouragans de neige recommencèrent à sévir avec une fureur inouïe, et le froid atteignit son maximum, — 40⁰, le 21 février; cependant nous n'eûmes pas le plaisir de voir le mercure congelé. L'hiver, en somme, ne fut pas très désagréable, et la température fut généralement assez uniforme.

Aussitôt que le temps le permit, on se mit activement à continuer les voyages en traîneau entrepris pendant l'automne. Dès le 8 mars, on partit, sous la conduite de Payer, pour explorer le nord du Groenland oriental; mais on n'arriva que jusqu'à la pointe nord de l'Ile Sabine; le traîneau était trop lourdement chargé; on revint donc au navire, pour alléger ce véhicule. Pendant qu'on se livrait à cette occupation, les ouragans se renouvelèrent avec une telle violence que l'on préféra attendre un temps meilleur. Le 24 mars enfin, Payer, Koldewey et six hommes se remirent en marche; ils allèrent sur la glace du littoral, en passant entre l'Ile Shannon et le continent jusqu'à la pointe la plus septentrionale du Groenland oriental comme jusqu'alors. Laissons Payer lui-même nous raconter la suite de cette mémorable excursion:

«Le 3 avril, nous atteignîmes l'extrémité nord de la Terre de Hochstetter, formée par un cap qui reçut le nom de Cap Finke, en l'honneur de mon vieil et fidèle ami; nous étions à la limite nord de la région explorée jusqu'à ce jour dans le Groenland oriental.

«Dans la péninsule «Haystack» que Clavering prenait à tort pour une île, il y a une montagne de 200 à 250 mètres. Jusqu'aux trois quarts de sa hauteur, elle est couverte de blocs erratiques appartenant en partie à des formations très jeunes, et, comme les hautes cimes de la ligne des côtes, elle est formée, en général, d'une syénite de gneiss. Du sommet on aperçoit, vers le nord, une grande baie (la «Baie de Bestel») où débouchent plusieurs fjords; vers l'est, on ne voit que la glace et l'extrémité nord de Shannon, avec les douces ondulations de ses montagnes. Les masses rosées de la «Terre d'Adalbert» qui se dressent à pic au nord-est apparaissaient dans l'éclat du soleil levant, comme un rêve réalisé. Entre elles et nous s'étendait un vaste désert gris bleuâtre. A l'extrême sud, des montagnes dont la hauteur par l'effet de l'éloignement et de la rotondité de la Terre n'était mesurée que par quelques degrés d'arc de cercle.

«Plus près, l'île Kuhn, si intéressante au point le vue géologique, dressait son front sauvage; immédiatement à l'ouest, une terre montagneuse dont l'intérieur n'a jamais été foulé par le pied des hommes et dans laquelle Clavering fait pénétrer à tort un fjord, nommé par lui «Entrée Roseneath», qui n'existe pas du tout. Du Cap Finke au «Cap Seebach», (à l'ouest de Haystack), une baie magnifique s'étendait vers le sud.

«Le 4 avril au matin, un ours nous ayant surpris dans notre tente, expia de sa vie sa témérité; il nous fournit de la graisse pour 4 jours, et beaucoup de viande, à laquelle nous goûtâmes immédiatement sans même la faire cuire. Nous nous remîmes en route; la première fois, nous fûmes pris d'un sommeil presque invincible; et tour à tour nous fermions les yeux tout en tirant le traîneau. Dans l'après-midi, la neige recommença à tomber; elle venait droit du nord et nous frappait au visage; au bout de quelques heures, elle augmenta à tel point qu'il nous fallut dresser la tente. L'ouragan de neige qui dura toute la journée du 5 avril nous y tint renfermés. Une soudaine élévation de température fit fondre la neige à l'intérieur et nous mit dans la situation la plus fâcheuse; cette élévation, du reste, ne dura que quelques heures. Le 6 avril, nous franchîmes le 76e degré de latitude, et nous atteignîmes le pied d'un cap (le «Cap Arendts») qui limite au nord la Baie de Bessel, formant un grand nombre de fjords. Sur la côte sud du cap, nous trouvâmes, à notre grande surprise, des débris d'ossements d'animaux marins avec des restes d'habitations d'Esquimaux.

«C'étaient des tentes d'été limitées par des pierres placées en cercle, au-dessous desquelles ou avait glissé des peaux et que l'on avait dressées au moyen d'un pieu central.

La route que nous suivions avait complètement changé de caractère;

ce n'étaient que hummocks arrondis par l'évaporation; nous perdîmes, en les traversant, le récipient qui contenait la graisse d'ours. Cependant, nous atteignîmes, le même soir, au nord-est du «Cap Peschel», l'embouchure méridionale d'une seconde et immense baie (la «Baie Roon»), remarquable par l'aspect sauvage des hautes montagnes dans lesquelles elle était encaissée et qui se divisaient en massifs rocheux couverts de glaciers.

De tous côtés les montagnes devenaient de plus en plus nombreuses, de plus en plus hautes. Au nord s'élevait une imposante muraille, haute de 1000 mètres, dont les bancs de syénite, aux nuances variées, s'inclinaient vers le sud, sous un angle de 15⁰. Nous donnâmes le nom de «Teufelskap» (Cap du Diable) à cette magnifique muraille, généralement rosée; déjà nous inclinions à croire que, derrière elle la côte groenlandaise se recourbait au nord-ouest, en communiquant peut-être avec le sund de Smith. Mais vers le nord, nous vîmes de nouvelles et immenses montagnes, devant lesquelles il y avait des îles, se dégager peu à peu des nuages. Nous poursuivîmes notre route dans la direction du nord-est. Le 9 avril, au soir, nous atteignîmes, après une marche fatigante, un groupe d'îles hautes le 200 mètres (les «Iles de l'Orientation»), au milieu de la grande «Baie Dove», et nous fîmes l'ascension du plus haut sommet pour étudier la configuration du pays et la route à suivre. Nous jugeâmes que, pour arriver à ligne extrême du littoral, il fallait passer par les détroits resserrés entre les Iles Adalbert. L'ascension de cette hauteur fut intéressante aussi à un autre égard, car nous reconnûmes que la Baie Dove est encaissée à l'ouest par une région de montagnes et de glaciers dont la hauteur atteint 2100 mètres; on les aperçoit jusqu'à une distance de 100 kilomètres. D'après la direction des fjords qui s'enfoncent dans les bords de ce massif, on peut supposer que le fjord débouchant au fond de la Baie Ardenkaple communique avec les sunds de la Baie Bessel et de la Baie Dove. Partout la montagne était d'une beauté extraordinaire; au nord-ouest du point où nous nous trouvions, des cascades de glaciers, de plusieurs milles de largeur, descendaient du plateau neigeux, haut de 1520 mètres. Des montagnes de glace d'une immense hauteur et que nous prîmes d'abord pour des îles s'élevaient au milieu de la vaste baie. Le 10 avril, nous nous dirigeâmes presque à l'est, vers l'extrémité nord de la plus septentrionale des îles Adalbert; nous avions les yeux de plus en plus fatigués par l'éclat de la neige; le sommeil nous gagnait et nos forces allaient s'affaiblissant. Le Cap Helgoland, pointe nord-ouest de l'île rocheuse, auquel nous arrivâmes le soir, se compose d'un schiste amphibolique qui se divise en minces feuillets et qui porte des traces évidentes du glissement de la glace. Le soleil étant devenu plus ardent, nous vîmes, pour la première fois depuis que nous étions dans ces parages, la neige fondre sur les rochers. Le matin du 11 avril, la température était redescendu à 33° au-dessous de zéro. Nous poursuivîmes notre route, à l'intérieur de la Baie Dove, presque dans la direction du nord, après nous être convaincus, par une reconnaissance préalable, qu'il nous faudrait un temps considérable pour arriver · au bord de la côte, et nous arrivâmes au but de notre voyage en traîneau, à une baie limitée à l'est par un plateau de 360 mètres de hauteur et que nous appelâmes «Sturmbai» (Baie de l'ouragan). Le 12, nous fîmes l'ascencion de ce plateau, pendant une violente tourmente de neige, de sorte que nous ajoutâmes peu de chose à la géographie de cette région. Lorsque nous fûmes de retour à notre tente, il éclata une violente tempête, et la neige tomba, à gros flocons, pendant trois jours. Nous ne mangions presque pas, parceque nos provisions diminuaient d'une manière inquiétante. Jamais nous n'observâmes le carême plus rigoureusement qu'alors (4 avril, jeudi saint). Le 15 avril, il nous fut possible de quitter la tente; trois jours d'inactivité avaient déprimé nos forces; abattus, affamés, altérés, nous laissâmes le traîneau et nous fîmes notre dernière marche vers le nord; nos provisions étaient à peine suffisantes pour le retour; il ne fallait donc pas songer à continuer cette excursion, néanmoins nous allâmes encore jusqu'à une montagne, haute de 300 mètres, qui dominait le plateau longeant la côte.

«Nous avions franchi le 77e degré de latitude. Comme tant de nos prédécesseurs, désireux eux aussi, de soulever le voile qui cache encore le système géographique du monde boréal, nous avions trouvé notre «nec plus ultrà»; parvenus au terme de notre voyage, après des fatigues extrêmes, nous étions bien en-deça du but que notre imagination avait entrevu; nous avions cherché en vain la solution de tant d'énigmes entreprise par nous au nom de la science. A la question de la mer polaire ouverte, nous ne pouvions que répondre négativement, car, jusqu'à l'horizon le plus lointain, la mer était recouverte d'une solide couche de glace, sur laquelle nous aurions pu sans entraves continuer notre voyage, si nous avions eu des provisions en quantité suffisante. La ligne extérieure des côtes s'étendait à peu près vers le nord; vers le nord-ouest de hautes montagnes couvertes de glaciers fermaient l'horizon à une distance de quelques milles. Notre voyage n'a donc pas appris dans quelle direction le Groenland se prolonge.

«En raison du grand nombre de mers intérieures, de l'extrême division du pays, qui ressortaient avec une grande netteté, au crépuscule, il était également permis de supposer: ou que le principal massif de cette terre, si toutefois elle est un continent, se recourbe vers le nord-ouest vers le 76e degré de longitude, et qu'au 77e degré nous n'ayions que de hautes îles situées en avant, ou que la côte se prolonge directement vers le nord, comme toutes nos cartes la représentent arbitrairement depuis une dizaine d'années».

La terre nouvellement découverte reçut le nom de «Terre du roi Guillaume».

Le retour au navire, commencé le 16 avril, imposa à nos braves marins de nouvelles fatigues, cependant ils arrivèrent à leur but, le 27; ils étaient épuisés. La détente fut terrible, les explorateurs éprouvaient de violentes crampes aux jambes; cependant ils se remirent bientôt grâce à la bonne et fraîche nourriture du bord, au repos et surtout aux soins qu'on leur prodigua. Dès le 8 mai, Payer avec quatre matelots put entreprendre un nouveau voyage en traîneau dans l'intention d'explorer l'entrée Ardenkaple.

«Les voyages à la fin du printemps» dit Payer, «prennent un caractère tout différent de ceux qu'on entreprend au commencement de cette saison. Dans ces dernières explorations on avait à souffrir du froid; on souffre maintenant du rayonnement solaire, quoique le thermomètre à l'ombre soit toujours au-dessous du zero.

«La réverbération de la lumière sur les champs de neige est aussi très désagréable. Pendant l'excursion dont il va être question, la température à l'intérieur de la tente s'éleva pendant la journée du 9 mai à + 11°; le 10, à + 18,5°, et le 26, à + 25°. Nous étions littéralement à l'état de daube. Les champs de neige jusqu'alors durs comme de la pierre se transformaient à la fin de mai et au commencement de juin en bourbiers de neige fondue.

«Lorsqu'enfin nous arrivâmes au Hummocks de la glace du littoral brisée par le flux, c'est-à-dire au pied des murailles, et que nous eûmes péniblement traîné le traîneau en franchissant les barrières de glaces et les fondrières, nous vîmes à notre grand désappointement que le Fjord Fligely, au lieu d'être recouvert de glaces unies comme nous l'avions supposé était couverte de neiges à perte de vue; cependant, nous ne perdîmes pas tout espoir, car il était encore possible que l'épaisseur de la neige diminuât peu à peu dans le fond du Fjord. Mais, tout ce que nous vîmes d'une hauteur que nous avions gravie, ainsi que la grande épaisseur de la neige, nous donna la conviction qu'il fût impossible d'atteindre l'entrée Ardenkaple par le Sund Fligely; nous retournâmes donc à notre tente, après une marche de plusieurs heures malheureusement infructueuse. Il ne nous restait plus qu'à reprendre la route parcourue avec tant de peines, et à chercher à atteindre notre but en contournant la côte est de l'île Kuhn. Le 17 mai, malgré un violent ouragan de neige, nous poussâmes avant et nous franchîmes l'entrée de la pittoresque «Baie Bastian»; le matin du 18 nous arrivâmes au pied du «Cap Hamburg», qui forme le coin méridional de l'Entrée Ardenkaple. Le temps des voyages en traîneau était incontestablement passé. Pour décider s'il fallait pénétrer dans l'Entrée Ardenkaple ou entreprendre l'exploration géographique de l'île Kuhn et compléter les relevés trigonométriques, il était nécessaire de faire l'ascension du Cap Hamburg, haut de 975 mètres, et coupé à mi-hauteur par des masses de dolérites s'étendant horizontalement. Je gravis donc, le 19 mai, un champ de neige abrupt, puis un terrain moins incliné; après trois heures et demie de marche j'atteignis la cime la plus élevée de la montagne dont les parois de gneiss descendent dans la Baie Ardenkaple.

La température était de 3⁰,5. La vue, grâce à la pureté du ciel, s'étendait au loin, depuis la Montagne de la Selle (Sattelberg) et depuis les Iles du Pendule jusqu'à l'extrémité nord des «Iles Koldewey». Pendant huit heures entières, la clarté du jour permit de dessiner tout le panorama et surtout d'opérer les mesures d'angle nécessaire pour compléter le réseau de triangulation. L'Entrée Ardenkaple, à une grande distance au-dessous de nos pieds, était, comme le Fjord Fligely, recouverte d'une couche de neige sans interruption. De notre point de vue, on apercevait, dans la direction du nord-ouest, jusqu'à une distance de 80 kilomètres environ, le grand fjord qui débouche dans la Baie Ardenkaple; il semblait ensuite se recourber vers l'ouest; on put en tracer, sur la carte, les principaux contours, jusqu'au point d'inflexion. A l'entrée de ce fjord, à l'ouest des imposantes masses montagneuses apparaissent les roches cristallines du Cap Klinkerfuess; d'innombrables blocs de glace, d'une grande hauteur, étaient enchassés dans la nappe de même substance. L'existence de grands glaciers dans ce fjord était donc hors de doute; toutefois on n'en voyait qu'un petit nombre.

«Les difficultés croissantes que nous trouvions à avancer, la diminution des provisions, l'avancement de la saison enfin nous forçaient à repartir dans la huitaine. Pendant ce laps de temps, il n'eût pas été possible, même si la neige avait été plus dure, d'explorer le fjord suffisamment. Nous résolûmes donc de modifier immédiatement notre plan de voyage, et de rester à l'île Kuhn, pour l'examiner, aussi longtemps que possible.

«Le 21 mai (— 16⁰2), nous atteignîmes, après une marche forcée, un promontoire du côté est de l'île Kuhn.

«Ce versant oriental s'élève, en formant des ondulations, jusqu'à 250 mètres de hauteur.

«Il se compose d'un système de couches de marnes et de grès feuilletés. Leurs pétrifications annoncent que les dépôts recouvrant comme un manteau les roches cristallines qui se dressent plus à l'ouest, appartiennent à l'âge mésozoïque. La surface de ces marnes et de ces grès était recouverte de débris erratiques. Le 22 et le 23 furent conscacrés à l'étude des divers étages de cette formation. . . . . . . . . . . . . . . . . . .

. «Nous ne découvrîmes aucun gisement de houille; par contre, nous trouvâmes, immédiatement sous le sommet de la paroi noire, un grès dans lequel étaient enchassés de petits morceaux de charbon. De nombreuses masses de dolérite traversaient en couches horizontales les bancs supérieurs des couches sédimentaires. Comme la Terre de Hochstetter présente absolument le même caractère géologique, il est permis de penser que ces contrées, séparées par la dépression de l'Entrée d'Ardenkaple et constituées par des roches sédimentaires résizoïques se sont formées en même temps et de la même façon.

«Le 24 mai, peu après minuit, je me mis en marche pour faire l'ascension de la paroi noire, montagne de 1018 mètres de hauteur; je voulais y faire des observations pour la carte de cette île. Nous passâmes d'abord par une haute vallée encaissée entre d'imposantes murailles rocheuses, et, après avoir franchi les névés de cette région, nous nous engageâmes sur des pentes neigeuses qui, par places, étaient inclinées à 45°. Après cinq heures d'ascension, nous arrivâmes au sommet constitué par un escarpement de 45 mètres de hauteur entouré de frêles colonnes de dolérite; cette roche forme, dans l'île Kuhn, un des nombreux filons qui viennent aboutir à la crête de la montagne. Le résultat le plus important de cette excursion fut la découverte d'un nouveau sund qui paraissait relier le coin sud ouest du Fjord Fligely à la Baie Ardenkaple.»

Après 21 jours d'absence, Payer avec ses compagnons, revint, le 29 mai, au navire. On s'apprêtait au départ, mais la «Germania» ne put quitter, avant le 22 juillet, le lieu où elle avait été emprisonnée dix mois durant. Divers indices faisant prévoir que l'été serait doux, on essaya encore une fois de s'avancer, avec le bâtiment, vers le nord; mais, au nord-est de l'île Shannon on rencontra des glaces agglomérées si épaisses qu'il ne fallait pas songer à aller plus loin; on s'en retourna donc vers le sud. Après avoir passé devant la Baie Gael Homkes, on trouva, à la hauteur du Cap Franklin, l'entrée d'un fjord qui n'était encore tracé sur aucune carte, et qui reçut, en l'honneur de l'empereur d'Autriche, le nom de Fjord François-Joseph. La découverte et l'exploration de ce bras de mer sont les faits les plus remarquables à l'honneur de cette expédition. Pour explorer le Fjord François-Joseph, il fallait commencer par gravir une imposante muraille de granit dont la base plonge sous les flots et dont la crête s'allonge à plus de 1200 mètres de hauteur au-dessus de leur niveau.

Payer avec Copeland partit, dans l'après-midi du 8 août 1870, de la tente dressée sur le rivage. Après cinq heures de marche, il atteignit heureusement, à 8 heures du soir, le sommet nord-est du groupe de rochers qui constitue le cap. «Quel spectacle inattendu se développait devant nos yeux ravis! Un immense fjord, bordé de falaises chenues et recouvert d'innombrables montagnes de glace aux lueurs chatoyantes, s'étendait vers l'ouest, à nos pieds, jusqu'à son embouchure parsemée d'innombrables petites îles. A plus de 70 kilomètres vers l'ouest, l'un des bras principaux du fjord se recourbait vers le sud-est, au pied d'une chaîne de montagnes haute d'environ 2400 mètres.

«Au loin vers le sud, bravant l'assaut des glaces, le Cap Parry, comme un fort avancé, se dressait solitaire.

«Vers le sud-ouest, au-delà d'un dédale de baies, de langues de terre, de glaciers, de chaînes de montagnes, dont la connexion est encore un problème pour la géographie, à une distance de 100 à 110 kilomètres, nos regards erraient sur les Monts Wagner, hauts de 3000 mètres, dont les formes rappelaient les montagnes dolomitiques du Tyrol méridional. Vers l'est s'étendait, jusqu'au bout de l'horizon, la surface blanche et immobile des glaces soudées, à travers lesquelles nous devions, quelques jours plus tard, nous frayer un chemin pour retourner en Europe».

Lorsque Payer, de retour au navire, eut exposé à ses compagnons, quelle était la configuration du pays qu'il venait d'examiner, tout le monde fut d'avis de faire pénétrer la «Germania» dans les eaux libres de glace. Dès le 16 août en effet, elle entra dans le fjord qui, très large à son embouchure, se rétrécissait bientôt au point de n'avoir plus que 15 kilomètres de largeur et conservait, dans la branche suivie par l'expédition, une largeur moyenne de 7 à 10 kilomètres. La profondeur de l'eau était généralement très considérable, ainsi qu'on pouvait en juger à voir les falaises presque à pic et les montagnes de glace, hautes de plus de 600 mètres; à 1000 mètres en effet, la sonde ne trouva pas le fond.

«Désirant nous avancer vers l'ouest aussi loin que possible, nous traversâmes la branche la plus large du fjord, celle qui se dirige vers le nord, et nous aperçûmes, sur sa rive occidentale, à une distance de quelques lieues, un glacier de dimensions extraordinaires. Il paraissait avoir plusieurs kilomètres de largeur; ses hautes parois plongeaient dans la mer. Son axe longitudinal paraissait s'étendre vers l'ouest. Ce glacier reçut le nom de Walterhausen. La direction vraisemblable du fjord qui disparaissait derrière les caps permettait de penser qu'il se rattachait au «Fjord du Tyrol», s'étendant au sud-ouest, au-delà de l'Ile «Jordan Hill», ainsi qu'on s'en était assuré du plus haut sommet de l'«Ile Jackson». Il fallut renoncer à explorer deux autres rameaux du Fjord François-Joseph; par contre, les détails de la branche que nous suivions et qui s'étendait vers l'ouest méritaient la plus grande attention. Les particularités éparses dans le monde alpestre: parois immenses, profondes crevasses d'érosion, pics dénudés, glaciers énormes et déchirés, cours d'eau, cascades mugissantes, toutes ces scènes éparses dans le Tyrol, étaient là, dans leur sauvage magnificence, réunies sous nos yeux.

«Nous étions arrivés à une sorte d'entonnoir dont les parois rocheuses avaient des formes et des couleurs que je n'avais jamais vues. La nappe liquide était entourée de rocs bizarres et grandioses s'élevant jusqu'à 1500, 1800 et 2000 mètres de hauteur comme des citadelles féeriques. Telle fut du moins la première impression; et elle m'est restée aussi vive qu'au jour même où ces merveilles nous apparurent. Un massif, relativement étroit, de roches étranges, formées d'assises jaune-rouges, noires et blanches, pénétrait fort avant dans le fjord et, d'une hauteur de 1500 mètres, dominait les eaux vertes. Flanqué de tourelles, couronné de donjons, il ressemblait à un château-fort. Il reçut en conséquence le nom de « Teufelsschloss » (Château du Diable). Je ne me rappelle pas avoir vu dans les Alpes rien de comparable à ces montagnes, à ces glaciers, à leurs portiques démesurés, livrant passage à des torrents qui roulent en cascades du haut en bas des rocs pour aller s'engloutir dans les eaux immobiles. Au fur et à mesure que nous avancions dans la branche principale, recourbée vers le sud-ouest, le fjord nous laissait entrevoir de nouveaux embranchements, et, partout où ses parois présentaient des retraits, des scènes toujours variées surprenaient nos regards.

« Le machiniste Krauscher travaillait courageusement depuis 32 heures. On ne pouvait lui en demander davantage; il était complètement épuisé. D'autre part, la chaudière recommençait à fuir; aussi le capitaine se décidat-il à jeter l'ancre au pied d'un grand glacier, manœuvre qui, vu la profondeur de l'eau et le voisinage de quelques montagnes de glace, n'était pas sans difficulté. Quelque désir que l'on eût de poursuivre l'exploration du fjord qui, à ce point, se dirigeait vers l'ouest, il fallait tenir compte de l'état de la chaudière, car il ne soufflait aucun vent et il fallait marcher à la vapeur exclusivement. On ne pouvait donc, si l'on voulait éviter un second hivernage, continuer à marcher jusque la chaudière fût complètement hors de service. »

Nos explorateurs s'étaient avancés fort loin dans l'intérieur du Groenland, mais l'horizon était si restreint qu'ils n'avaient pu étudier la structure du sol à quelque distance. Vainement, avec l'aide de la vapeur, ils auraient pénétré, pendant plusieurs jours encore, dans les profondeurs du fjord ; ils n'auraient guère été plus instruits sur la configuration générale du pays. Pour se rendre compte du relief de cette région il était nécessaire de la contempler du haut d'une montagne. Or il y avait au sud-ouest une montagne de 2100 mètres de hauteur; il fallait, pour y arriver, traverser un glacier de 15 kilomètres de longueur, remplissant une grande et large vallée dont les eaux débouchaient dans le fjord à peu de distance du navire.

Le 12 août, à 10 heures du matin, Payer partit, avec Copeland et Ellinger, par un temps superbe, pour faire l'ascension. L'aspect de la vallée était simple mais imposant : d'immenses murailles de granit entre lesquelles passaient des langues de glaces qui s'allongeaient comme pour lécher les cascades grondant au-dessous d'elles. Presque isolée dans un cirque de névés qui mesurait à peu près 5 kilomètres de rayon, une mince pyramide de glace, sur une base de 1200 mètres de hauteur, s'élevait elle-même à 1 kilomètre de hauteur environ.

Vers 8 heures et demie du soir, après 10 heures de marche parconséquente, Payer et Ellinger atteignirent le sommet qui porte aujourd'hui à bon droit le nom de «Pointe Payer». Une longue mousse fibreuse et ces lichens, noirs ou jaunes, que l'on rencontre également sur les plus hautes cimes des Alpes étaient, dans cette solitude, les représentants de la vie organique.

Payer a décrit le panorama qu'on apercevait de ce point culminant. On peut, d'après ses indications, le reproduire comme il suit:

«La cime que nous avions atteinte était à 2130 mètres au-dessus du niveau de la mer (lecture barométrique de Copeland). Maintes fois, dans les Alpes, j'avais, — dépassant cette altitude et gravissant des sommets de 3000, de 3600 mètres ou de plus élevés encore, — admiré l'éclat des hauteurs glacées. Mais quelle différence entre les vallées alpestres, tapissées de verdoyants pâturages, parsemées de chalets, de fermes, de hameaux, et ces encaissements, dont toutes les parois, toutes les saillies, toutes les anfractuosités sont cuirassées de glace, — et ces abîmes au fond desquels une nappe d'eaux sombres s'étend à perte de vue, — et ces âpres solitudes que le regard fouillait en tous sens, sans trouver, dans ce grandiose paysage, aucun signe de vie!

«Partout, —

«Depuis ces escarpements de 2300 mètres qui dévalent à nos pieds et se terminent, en bas, au bord du fjord, par une immense barrière de glace d'où se détachent ces montagnes flottantes que les vents et les courants emportent loin de nous et chassent à l'Océan.

«Au-dessus de cette imposante corne de glace, haute de 2400 mètres qui domine cette barrière blanchâtre;

«Au-dessus de ce glacier de 30 kilomètres de profondeur qui, à l'ouest, débouche dans la mer sur une largeur de 6 à 7 kilomètres;

«Au-dessus de cette immense pyramide cristalline implantée dans ses flancs et décorée par nous du nom de Petermann;

«Au-dessus du Fjord François-Joseph, dans lequel nos regards plongent jusqu'à une distance de 70 kilomètres vers le sud-ouest, où il semble, vu la dépression du massif, communiquer avec le Sund de Scoresby et le Sund de Davis;

«Au-dessus des canaux qu'à cette grande distance nous voyons encore s'embrancher sur ce fjord et dont le plus grand semble se recourber vers le sud;

«Enfin, jusqu'à ces lointains perspectives où, sur le fjord, les montagnes de glace n'étaient plus que des perles opalisantes, et jusqu'à l'horizon hérissé d'innombrables sommets;

«Partout devant nous, partout autour de nous, partout sur ces montagnes, sur ces glaciers, sur cette mer, — le silence et la solitude.»

Après cette reconnaissance qui terminait si heureusement la série des découvertes, la «Germania» leva l'ancre, le 17 août, et se fit jour à travers les glaces soudées qui lui barraient la route d'Europe. Le 11 septembre 1870, elle était à Bremerhaven, qu'elle avait quitté 453 jours auparavant. L'attention publique étant absorbée par les événements de cette époque, les explorateurs allemands ne furent pas reçus avec l'enthousiasme qui devait éclater, plus tard, au retour de l'expédition austro-hongroise.

Lorsque, après la paix signée, le calme revint dans les esprits, les résultats obtenus furent appréciés peu à peu comme ils le méritaient. Quelle qu'en soit, du reste, la valeur, quel qu'ait été le grand mérite déployé par tel au tel membre, le problème essentiel qui n'avait pas été résolu par la première expédition allemande, ne l'avait pas été davantage par la seconde. Le fjord François-Joseph et les immenses cimes glacées du Groenland oriental nous ont été révélés, brillantes découvertes dues principalement à Payer et à Copeland, mais le nœud de la question polaire est resté intact. Peut-être aussi, à une expédition comme la seconde expédition allemande avait-on le droit de demander plus que de s'avancer en navire jusquau $75^{1}/_{2}$º de latitude nord, et en traîneau jusqu'à 77º.

L'issue de l'expédition n'était pas de nature à rétablir l'harmonie entre Gotha et Brême, c'est-à-dire entre le Dr. Petermann et le comité brêmois. On voyait enfin, on touchait de la main la faute que l'on avait commise en dirigeant, avec obstination, les deux navires sur le Groenland oriental, au lieu d'envoyer l'un d'eux vers la Mer du Spitzberg oriental. Il est vrai, Petermann lui-même n'avait pas été très heureux dans sa ténacité à présenter le Groenland oriental comme la meilleure base d'opérations pour pénétrer au pôle; mais, n'etait-elle pas recommandée aussi par le capitaine écossais David Gray, habile baleinier qui, en 1874, alla croiser sur ce littoral. De tant d'expéditions qui depuis sont parties pour les eaux boréales, aucune ne s'est dirigée de ce côté.

Après cette expédition, l'ardeur pour les explorations refroidit considérablement en Allemagne, et aucune entreprise de ce genre, nationale ou officielle, ne réussit plus. Il est vrai qu'en décembre 1874, le plan motivé d'un nouveau voyage fut présenté à la «Société pour l'exploration polaire allemande». La nouvelle expédition devait suivre encore la côte orientale du Groenland; la côte occidentale fut assignée, au contraire, à l'expédition anglaise qui partit en 1875. Après une longue délibération, la Société décida unanimement de prier le Sénat brêmois d'obtenir, par l'intermédiaire de son fondé de pouvoirs auprès du Conseil fédéral, que l'Empire allemand fît les frais d'une nouvelle expédition polaire, dont le plan était déjà tout tracé; malheureusement il resta sur le papier, car il fut repoussé sur l'avis d'une commission savante appelée par le Conseil fédéral. La Société déçue dans son attente, occupa ses loisirs, à préparer «l'Expédition de l'ouest de la Sibérie,» expédition très méritoire, du reste, dont firent partie le Dr. O. Finsch, Alfred Brehm et Karl von Waldburg-Zeil-Trauchburg, et qui eut lieu en 1876 à 1877. Peu après, la Société pour l'exploration polaire allemande trouva opportun de se transformer en Société géographique.

LA PERTE DE LA HANSA.

# LA MER A L'EST DU SPITZBERG ET LA DÉCOUVERTE DE LA TERRE FRANÇOIS-JOSEPH.

Sans doute, Petermann s'est trompé en affirmant l'existence d'une mer polaire libre de glaces et navigable ; mais cette erreur a été très heureuse ; elle a été le ressort de l'activité qui, depuis 1868, à été déployée à l'intérieur du cercle polaire. Si la mer arctique était réellement navigable, alors on pouvait espérer non-seulement d'atteindre les pays vus par les anciens marins, indiqués sur leurs cartes et depuis passés à l'état de mythe, comme par exemple la terre de Gillis, mais encore d'atteindre le Pôle lui-même. Depuis que les Suédois avaient relevé la Terre Suédoise (1864), depuis que Birkbeck l'avait presque atteinte, on ne pouvait plus guère douter qu'il n'existât, à l'extrême nord des régions inexplorées. Lorsque le Groenland oriental

CARL WEYPRECHT.

eut été complètement exploré par la seconde expédition allemande au Pôle nord, Petermann, avec son activité ordinaire, suscita une série d'entreprises ayant pour objet la Terre de Gillis. Il est bien fâcheux que Koldewey ait refusé de conduire l'un des navires de la seconde expédition allemande dans la mer encore inexplorée entre le Spitzberg et la Nouvelle Zemble. Tandis que la «Hansa» sombrait et que son équipage souffrait la misère, pendant que toutes les forces étaient ainsi concentrées sur la côte orientale du Groenland — des Anglais, d'autres Allemands, des Scandinaves et des Russes s'occupaient activement à déchiffrer la région polaire orientale, si dédaignée par Koldewey, et y accomplissaient des travaux sans précédents.

Les visiteurs du Spitzberg, jusqu'à l'époque à laquelle nous sommes parvenus, n'avaient pas tous été guidés par l'intérêt de la science; certains, notamment des Anglais et parmi eux l'Ecossais Lamont, ainsi que les frères Palliser, étaient venus pour chasser les puissants cétacés du nord, les ours blancs et les rennes. Lamont, marin habile et entreprenant, avait déjà, comme nous le savons, visité plus d'une fois l'extrême nord. Il équipa à ses frais un vapeur à hélice de 250 tonneaux, la «Diana», dont il confia la conduite au capitaine norvégien Iversen, habitué à la navigation dans les mers arctiques. Lamont était accompagné du naturaliste Dr. Leigh Smith et du peintre Livesay. Il quitta l'Angleterre le 29 avril 1869. Il arriva, au mois de mai, par un temps très agréable à Novaïa Zemlia, où il chassa les morses et d'autres animaux. Lorsque le temps devint orageux, il alla au Spitzberg, où il entra au mois de juin. Il y trouva une accumulation si insolite de glaces épaisses qu'il ne put pénétrer au-delà de 80° de latitude nord; le 5 septembre, il repartit pour Tromsoe où il rencontra le capitaine Palliser, également de retour; le 6 septembre, il aborda à Dundee en Ecosse.

L'année 1869 devait être beaucoup plus importante que la précédente pour les expéditions polaires. Le zèle en leur faveur s'était éveillé partout; en Allemagne, le riche armateur Albert Rosenthal, de Bremerhaven, envoyait, tous les ans, deux vapeurs à la chasse aux morses et à la baleine. Le 2 février 1868, il fit partir de Bremerhaven le «Bienenkorb,» avec mission d'explorer la mer entre le Groenland et le Spitzberg (la Mer Groenlandaise), de se diriger sur le Groenland oriental et éventuellement de pousser jusqu'à la Terre de Gillis, qu'on n'avait plus revue depuis 1707. Le Dr. F. J. Dorst de Jülich accompagnait l'expédition, approvisionnée pour six mois. Le «Bienenkorb», vapeur à hélice de 65 chevaux, spécialement équipé pour la navigation dans les glaces, 55 hommes d'équipage, eut d'abord à lutter, surtout en février et en avril, contre de violentes tempêtes qui endommagèrent son gréement et qui l'accompagnèrent jusque dans le nord. Les premières glaces furent aperçues, le 15 mars, à l'est de l'île Jan Mayen, par $70\frac{1}{2}°$ de latitude nord; le 28 avril, on était arrivé, en les longeant, sur une longueur de 237 kilomètres, jusqu'à la côte orientale du Groenland (73° 14′ de latitude nord, 12° 25′ de longitude à l'ouest de Greenwich); mais les glaces étaitent cette année-là, si défavorables et si fixes, qu'il fallut renoncer. Le

19 et le 29 juillet, on aperçut la Germania et on parla à l'équipage; le lendemain on aperçut la Hansa, de la seconde expédition polaire allemande, mais on ne put l'atteindre. Après une longue et pénible navigation dans la mer groenlandaise, qui s'étend au nord jusqu'à 79⁰ de latitude, à l'ouest, jusqu'à 13⁰ de longitude à l'ouest de Greenwich, au sud-est jusqu'au-delà de Jan Mayen, le Bienenkorb rentra à Bremerhaven, le 31 août.

Les travaux du Dr. Dorst concernent des parages assez connus. Nous leur devons une carte précieuse qui représente, d'une manière très synoptique, la façon étonnante dont la glace polaire diminue de mars en août. La densité de l'eau de la mer a été déterminée deux fois par jour; au printemps, entre la glace de baie de formation récente, elle était très considérable: 1,₀₃₁₅. La densité a été prise jusqu'à de grandes profondeurs: 275 mètres. La température également. Les animaux de ces profondeurs on été étudiés; on a exécuté de nombreux dessins d'aurores boréales; enfin, on a mesuré au sextant la hauteur de la Montagne de l'Ours à Jan Mayen.

Le 23 mai, Rosenthal expédia de Bremerhaven un second vapeur à hélice, l'«Albert», capitaine Gashagen, accompagné par le zoologiste Dr. Emil Bessels de Heidelberg. Cette expédition était chargée de redécouvrir la terre de Gillis, de faire le tour du Spitzberg, ce qui jusqu'alors, comme nous l'avons déjà dit, n'avait été accompli que par le norvégien Carlsen, en 1863, d'explorer la mer jusqu'à la Nouvelle-Zemble et naturellement de pénétrer jusqu'aux plus hautes latitudes possibles. L'Albert passa à l'ouest de Jan Mayen, il longea l'arête de glaces agglomérées qu'il rencontra à 72⁰ 22′ de latitude nord.

Le 29 juin, il atteignit sa plus haute latitude: 80⁰ 14′. Il se trouvait alors à l'extrémité nord-ouest du Spitzberg. De là il aurait volontiers poussé à la terre de Gillis, mais il reconnut que c'était impossible; il fallut même renoncer au désir plus modeste d'atteindre le Détroit de Hinlopen par le nord, ce qu'avaient fait l'année précédente les Suédois et les Allemands. En partant du sud-est du Spitzberg, on ne réussit pas davantage à atteindre la Terre de Gillis; l'Albert ne réussit même pas à atteindre les Mille-Iles; il ne put visiter l'Ile Hope, mais il passa juste au sud, se dirigeant sur Novaïa Zemlia, où il ne put aborder. Au milieu de nuages épais, le Cap Nassau ne fut visible que pendant quelques minutes. Le 22 août, l'Albert retourna; le 22 septembre il rentra à Bremerhaven.

L'expédition de l'Albert est la première qui ait traversé toute la mer de Spitzberg à une assez haute latitude (de 70⁰ à 76⁰ 45′) de la côte sud du Spitzberg à la côte nord de Novaïa-Zemlia; elle fit tout ce que permettait l'état défavorable des glaces en 1869.

Le Dr. Bessels réussit à déterminer exactement la situation des îles au sud-est du Spitzberg, surtout de l'Ile Hope (la pointe sud-est à 76⁰ 35′ de

Au Pôle Nord.

TERRE DE L'EMPEREUR GUILLAUME, DANS LE NORD-EST DU GROENLAND.

latitude nord et 25° 47′ de longitude à l'ouest de Greenwich, c'est-à-dire 34′
plus au sud que n'indique la carte suédoise); on a constaté que Lamont et
les Suédois avaient placé cette île, ainsi que les Iles Rijk-Ys plus septentrionales, trop au nord. Les sondages de Bessels indiquèrent en outre la
présence d'un banc qui s'étend des Mille-Iles à l'Ile de l'Ours, ou peut-être
encore plus au sud ; partout sur son chemin, jusqu'à 59° de longitude ouest,
il ne trouva que d'assez petites profondeurs; à 76° de latitude nord et 22°
de longitude à l'ouest de Greenwich, il ne trouva même que 37,8 mètres
d'eau. A l'est du Spitzberg, la mer était partout très peu profonde.
A l'ouest et au nord, les Suédois, en 1868, ont trouvé, au contraire, de
très grandes profondeurs. Les observations de température de l'eau de
la mer, faites par Bessels entre le Spitzberg et Novaïa-Zemlia, sont les
premières qui aient accusé le Gulfstream à de si hautes latitudes.

Les années 1870 et 1871 amenèrent une série d'intéressantes expéditions dans la partie orientale du bassin polaire. La Russie possède dans
la personne du négociant M. K. Sidorov un Rosenthal russe: un homme
toujours prêt à sacrifier des sommes considérables en faveur d'explorations
scientifiques polaires. Dès 1869 il avait entrepris lui-même, avec son vapeur
«Georg», capitaine Rieck, une excursion à travers la mer polaire, vers
l'embouchure de l'Obi; cette expédition avait parfaitement réussi. Membre
influent de la Société de géographie russe de St. Pétersbourg, il maintenait
en éveil l'intérêt de cette société savante pour les expéditions polaires et
travaillait sans relâche à en provoquer une.

Ses désirs devaient être partiellement réalisés par une excursion que
le grand prince Alexis Alexandrowitch entreprit en 1876 sur la corvette
«Varyeiye», capitaine O. von Kramer, en compagnie de l'académicien A. von
Middendorff, célèbre par ses voyages en Sibérie. Jtinéraire: d'Arkhanghelsk,
sur la Mer Blanche, aux îles Solovetzk; le long de la côte ouest de la Mer
Blanche à Kanine-Noce, en droite ligne à Kostine-Char, de là aux Sept-Iles,
au golfe de Kola, au Fjord de Varange, limite de la Norvège, à Wadsoe,
à Wardoe, à Hammerfest, à Tromsoe, en Islande, puis par le travers de la
pointe nord de l'Ecosse. On prit, sous la direction de Middendorff, la
température de la mer dans des parages où jamais semblables observations
n'avaient été faites. Il était réservé au Varyeiye de confirmer les théories
de Petermann sur les courants de ces parages, notamment sur l'étendue du
gulfstream, aux hautes latitudes, et même de les élargir.

Il y a peu de temps encore, les opinions relatives à la marche du
courant chaud qui sort du golfe du Mexique, entre la Florida et Cuba,
étaient encore assez confuses. Généralement on pensait que le gulfstream
s'étendait jusqu'à 45° de latitude nord, puis se recourbait et disparaissait.
C'est à ce courant d'eau chaude, on le sait aujourd'hui, que l'Europe est

redevable du climat humide et doux dont elle jouit jusqu'aux plus hautes latitudes. Dire que le gulfstream est le dispensateur et le véhicule de notre civilisation, c'est presque émettre un lieu commun. Si cette opinion s'est fait jour, c'est surtout grâce à Petermann, qui affirma de bonne heure l'extension du gulfstream aux hautes latidudes et qui amoncela silencieusement les mesures de température et de profondeur. Depuis 1861, époque à laquelle Petermann, apportant des preuves convaincantes, s'efforçait de démontrer que le courant chaud du golfe s'étend jusque dans le bassin polaire proprement dit, de nombreuses voix s'élevèrent contre son opinion; l'hydrographe anglais A. G. Findlay, Carpenter et Jeffreys, — les savants des deux expéditions

GLACIER DANS LE FAISHAVEN AU SPITZBERG.

anglaises chargés d'explorer les profondeurs du nord de l'Atlantique, puis le juge Daly et l'hydrographe G. W. Blunt, dans le nord de l'Amérique, nièrent vivement la large extension du gulfstream. Les résultats des recherches exécutées de 1872 à 1876 par l'expédition du «Challenger» semblent en effet indiquer que le gulfstream proprement dit disparaît déjà au-dessous de 30° de latitude nord pour se confondre avec le grand courant équatorial venant du nord-est. En 1870, le Dr. Petermann fit paraître un travail sur le gulf- stream; l'abondance des documents, la pénétration avec laquelle il en a tiré parti et en a consigné les résultats sur deux cartes annexes, sont véritablement stupéfiantes. Nous ne pouvons naturellement entrer dans les détails de cette œuvre qui fait époque dans l'étude des mers; nous nous bornerons à dire que le gulfstream monte jusqu'au Spitzberg et à Novaïa-Zemlia, au-delà de 80° de latitude nord, et que, indépendamment de quelques ramifications latérales, il envoie sa masse principale vers le nord-est. Là, où ses eaux sont ramenées

à la température de $4^0,^{13}$ C. et par conséquent atteignent le maximum de
densité, ce qui a lieu au juillet au nord de l'Islande et du Spitzberg, le gulfstream plonge au-dessous du courant polaire froid qui le rencontre; mais il
se prolonge au-delà de l'Ile de l'Ours comme l'ont prouvé les mesures du Dr.
Bessels. On ne savait pas encore jusqu'où il put s'étendre. Petermann
pensait depuis longtemps que la Polynia de la mer glaciale sibérienne
n'est que le prolongement du gulfstream. Nous n'étendrions pas aussi loin
vers le nord l'influence du gulfstream: toutefois il faut remarquer que le
capitaine Maury, l'illustre fondateur de la météorologie nautique a accepté
et même amplifié l'idée de Petermann sur les hautes latitudes qu'atteindrait

LE COMTE HANS WILCZECK.

le gulfstream. Maury admettait que le courant chaud du golfe envoie ses flots
jusqu'au pôle nord et qu'il s'y rencontre avec un second courant chaud venant
du détroit de Béring, le Kouro-Sivo japonais. Le capitaine américain Silas
Bent voulait même se servir de ce dernier courant pour pénétrer jusqu'au
pôle. Nous ne sommes guère disposé à abonder dans le sens de ces hypothèses;
cependant la conception du gulfstream selon Petermann s'est maintenue malgré
les résultats de l'expédition postérieure du Challenger[1]; que l'on ait distingué
du gulfstream le courant chaud équatorial du nord-est, peu importe; il y a
élévation de température dans le nord. C'est donc ainsi qu'il faut interpréter
la grande extension que Petermann a donnée au gulfstream dans la carte si
soignée et si riche en documents. La présence de courants chauds dans les
régions polaires orientales: voilà le fond de l'hypothèse de Petermann. Elle
devait être confirmée brillamment par l'expédition sur-mentionnée du Varyeiye.

---

[1]) Voir la description du gulfstream dans le «Globe terrestre», Paris, Ebhardt,
1880, édition française par Charles Baye.

Middendorff, dans cette belle expédition, a décelé le gulfstream jusqu'à la côte occidentale de Novaïa-Zemlia; il a trouvé qu'au méridien de Kanine-Noce il a 2° de latitude et plus de largeur et que sa température atteint 12,5 ° C., en outre que, à 50 et 90 mètres de profondeur, il ne se refroidit guère que de 2,5° à 3,75°.

Après le retour du Varyeiye, la question d'une grande expédition scientifique de découvertes fut discutée encore une fois à la Société de géographie russe; c'était en novembre 1870. Des hommes comme A. von Middendorff, von Schilling, Sidorov, Jarjinski, qui avait exploré en 1869 la faune de la mer polaire sur la côte Moùrmanienne, A. Voïeyekof, le météorologiste qui avait fait tant de voyages, s'intéressèrent vivement à ce projet, qui cependant n'a pas encore été réalisé. Voïeyekof proposa de faire faire des observations météorologiques par des personnes qui séjourneraient au Spitzberg occidental, sur la côte nord de Sibérie et enfin sur les îles de la Nouvelle-Sibérie; d'après les conseils de Petermann, on aurait dû séjourner à Novaïa-Zemlia plutôt que sur la côte nord du Spitzberg.

Sur ces entrefaites, Palliser, pendant l'hiver de 1871—1872, fit une tentative de ce genre. Palliser, qui avait établi une factorerie sur la côte du Mourmans, fit construire à Novaïa-Zemlia, une maison de bois, avec une chambre de bains, et y amena 5 paysans du cercle d'Arkhanghelsk; ceux-ci y passèrent l'hiver, munis de tout ce qui leur était nécessaire, comme viandes salées, poudre, armes, etc.

Pendant ce temps, un pays que les circonstances avaient empêché jusqu'alors de prendre part aux grandes expéditions géographiques de notre époque avait mûri la décision d'envoyer une expédition combattre pour la science.

Dans les mers polaires, la seconde expédition allemande au pôle nord, dirigée principalement vers le Groenland oriental, avait fait connaître au loin, comme nous l'avons vu, le nom de l'Autrichien Julius Payer qui avait eu les honneurs de l'expédition commandée par Koldewey[1]). La science put concevoir d'heureux

---

[1]) Payer est né à Teplitz, le 1er septembre 1842. Son père succomba étant capitaine de hulans, dans la campagne d'Italie, en 1848. Payer entra à l'Académie militaire de Vienne-Neustadt; il y montra beaucoup de dispositions pour les sciences géographiques et devint un habile cartographe. Il s'est montré aussi soldat distingué. A Solferino, en 1859, il gagna la croix du mérite avec la décoration militaire. Il appartient au régiment d'infanterie, comte Degenfeld, No 36, mais il fut détaché auprès de l'Institut géographique militaire de Vienne. Payer, connu comme un des plus hardis ascensionnistes, a publié, dans les «Geographischen Mittheilungen de Petermann» et dans divers journaux de Vienne, le récit de ses excursions alpestres. Ces récits ne sont pas moins spirituels qu'instructifs et intéressants, au point de vue scientifique. En 1868, Payer se distingua dans le relevé des Alpes tyroliennes, suisses et italiennes.

présages lorsque le hardi officier, presque immédiatement après son retour, écrivit à Petermann, le 26 décembre 1870, pour s'offrir à retourner dans les mers polaires. Cette fois il fut accompagné par un camarade de la marine de guerre autrichienne, Karl Weyprecht,[1]) qui avait déjà été reconnu, par l'inoubliable amiral Tegethoff comme un des officiers de marine les plus capables. Il a brillamment justifié cette opinion. Weyprecht, un des premiers partisans de l'exploration polaire allemande, s'était déjà offert, en 1866, d'équiper, moyennant une somme de 2000 thalers, une expédition qui serait partie de Tromsœ ou de Hammerfest, sur un bateau norvégien, pour aller, sous sa direction, explorer, pendant cinq mois, le Spitzberg ainsi que la mer entre le Spitzberg et Novaïa-Zemlia. En 1870, il aurait volontiers exécuté son dessein en commun avec le Dr. Bessels, mais il en fut empêché.

L'importance n'avait pas échappé à ces deux hommes. L'échec complet de la seconde expédition allemande au pôle nord invitait à diriger de ce côté les explorations polaires ; à cet égard ils étaient complètement d'accord avec le Dr. Petermann.

A partir de ce moment le nom d'un homme envers lequel la science a de grandes obligations est intimement mêlé à l'histoire des explorations arctiques entreprises par l'Autriche. L'empereur, en reconnaissance de ses services, lui a conféré les plus hautes distinctions du pays, le titre de conseiller privé et la dignité d'Excellence. Le comte Wilczek était déjà depuis longtemps connu dans le monde savant comme protecteur de toutes les explorations scientifiques. Un des fondateurs de la Société d'anthropologie de Vienne, cet homme généreux, a consacré à plusieurs reprises, des sommes considérables dans l'intérêt de la science ; il n'a pas hésité de payer de sa personne, quand il s'est agi d'explorations pénibles. Payer et Weyprecht eurent le bonheur de se faire un ami de ce noble et parfait gentilhomme, qui leur fut un auxiliaire actif, n'épargnant ni son argent, ni sa peine. Il leur amena, dans la personne du comte Zichy, un protecteur qui leur apportait l'influence de sa haute situation ; Wilczek fournit lui-même une somme de 40 000 florins, comme première mise de fonds. Voulant éviter d'exposer de grandes sommes en faveur d'un plan de valeur douteuse, Payer et Weyprecht se décidèrent, en 1871, à exécuter une expédition préliminaire dans la mer de Novaïa-Zemlia, expédition dont les frais seraient couverts en partie par le capital

---

[1]) Né le 8 septembre 1838, il entra en 1856 comme cadet dans la marine autrichienne ; en 1861 il fut nommé enseigne de vaisseau. Ses capacités remarquables le firent remarquer par l'amiral Tegethoff, qui le plaça dans son état-major avec le grade de lieutenant de vaisseau, lorsque lui-même partit sur la Novara pour aller chercher, à Mexico, les restes de l'empereur Maximilien.

qu'avait fourni le comte Wilczek, en partie par le Dr. Petermann, en partie
enfin par des dons recueillis presque exclusivement en Autriche.

L'Autriche se mit ainsi d'un coup au premier plan des recherches
polaires. L'intérêt pour cet important problème géographique gagna le
monarque lui-même qui, très gracieusement, seconda les projets des hardis
explorateurs. Grâce à l'extrême bienveillance du ministre de la guerre d'alors,
von Kuhn, les deux officiers furent secondés de toutes les façons; aussi, dès
le mois de juin 1871, se trouvaient-ils à Tromsoe, où ils frétèrent, jusqu'à
la fin de septembre, l'«Isbjorn», bâtiment à voile complètement neuf de
50 tonneaux, voilé en cutter, ayant, y compris le capitaine Kjelsen, huit

SVEN LOVÉN.

hommes d'équipage, tous norvégiens. Ils portèrent leur attention principalement
sur la terre de Gillis et sur les glaces au sud, car le but de la grande
expédition projetée était d'explorer cette terre et de pénétrer ensuite vers
le nord-est. On voulait essayer d'attendre au moins la terre de Wyche
(Terre du roi Charles) vue par Heuglin. Il ne faut pas oublier de mentionner que les officiers autrichiens n'avaient pas de droit absolu et direct
sur le navire et l'équipage et que, par contrat, c'était le capitaine qui était
responsable du bâtiment, — excellent du reste, remarquons-le, en passant —
et qui commandait à l'équipage.

Voici ce que dit Payer sur l'expédition de l'Isbjörn pendant l'été de
1871. «Le navire nous fut livré, le 15 juin; mais des vents contraires persistants nous retinrent à Tromsoe jusqu'au 21. Ce jour-là, nous
prîmes la mer, mais sans pouvoir sortir des écueils qui bordent la côte, et
nous fûmes forcés d'attendre jusqu'au 26 juin. Le 28, nous rencontrâmes les glaces par 73° 40′ de latitude nord et 23° de longitude à l'ouest

de Greenwich. Elles n'étaient pas très rapprochées ; nous nous engageâmes entre ces blocs, croyant n'avoir devant nous que les glaces circulant toujours au voisinage de l'Ile de l'Ours. Le 30 juin au soir, nous avions parcouru environ 75 kilomètres dans la direction nord-nord-ouest. Devant Tumba, les glaces s'agglomérèrent très rapidement ; nous en fûmes bientôt enveloppés. Comme, vers le nord et le nord-ouest, elles étaient absolument compactes, nous essayâmes, les jours suivants, mais inutilement, de pousser vers le sud-ouest. Ce ne fut qu'après dix jours de captivité que, le 10 juillet, nous parvînmes à nous dégager.

«Pendant ces journées d'arrêt nous nous convainquîmes qu'avec notre équipage nous ne pourrions venir à bout de grands obstacles. Ces matelots norvégiens sont de remarquables pêcheurs dans les glaces ; ils ont la sobriété, le sang-froid et le courage, ils ne reculent pas aisément devant le danger, mais ces qualités, qui les rendent incomparables dans leur profession sont malheureusement accompagnées par de l'indolence. Quand un navire est pris dans les glaces, on se croise les mains et l'on attend le secours du vent ; ou bien, si la saison est avancée on quitte tranquillement le bord et l'on se sauve avec les bateaux. Il ne faut pas attendre un travail persistant, des efforts ininterrompus comme ceux qu'exige le touage pendant des journées entières à travers les glaces. Ces gens sont plus chasseurs que matelots, et à ce titre il leur est indifférent de pouvoir avancer ou non ; partout ils trouvent leur proie. A dater du 10 juillet, nous nous dirigeâmes vers l'est ; tantôt dans les glaces, tantôt en dehors ; nous ne les perdions de vue que quand les tempêtes nous forçaient à prendre le large. Les brouillards presque incessants et la violence continue de la lame déferlant contre les glaces rendaient cette navigation très pénible. Le 20 juillet, nous fûmes en vue de l'île Hope et nous vîmes, pour la première fois, des montagnes de glace. L'Ile Hope, comme le Dr. Bessels l'avait déjà observé, est située tout autrement que l'indique la carte suédoise. Sur cette dernière elle se trouve à 77° 10′ de latitude nord et 26° de longitude ouest ; en réalité, son cap sud est situé à 76° 20′ nord et 25° est : Différence : 83 kilomètres. Le 20 et le 30 juillet se passèrent en efforts inutiles pour jeter l'ancre devant l'île Hope. Nous résolûmes ensuite de traverser le Stor-Fjord avec notre navire, pour aller au Détroit de Freeman, et de passer de là avec notre bateau de pêche à la terre de Gillis. Cette expédition en bateau devait nous prendre, pensions-nous, environ 3 semaines, de sorte qu'il nous resterait encore assez de temps en septembre pour reconnaître l'état des glaces vers l'est. Nous rencontrâmes les glaces compactes pour la première fois et la seule, au sud des Mille-Iles ; nous courûmes donc sur le Cap sud du Spitzberg pour longer la côte orientale. Le 4 août, par un vent frais du nord-est et des brouillards, nous nous trouvâmes tout-à-coup au milieu du ressac et des écueils; bientôt nous vîmes, pour quelques instants, le cap sud.

«Là, notre patience fut mise à une rude épreuve. Dix jours durant nous luttâmes contre les tempêtes de l'est et du nord-est et contre un violent courant se dirigeant vers l'ouest du cap; le 13 seulement, nous pûmes entrer dans le Stor-Fjord. Le 14 au soir, nous fûmes en vue de l'île d'Edge et nous louvoyâmes vers elle au milieu des glaces de plus en plus épaisses. Près du Cap de Whales, la mer était complètement prise jusqu'au rivage; dans ces circonstances nous fûmes obligés d'abandonner notre expédition en bateau à la terre de Gillis. Nous résolûmes donc de retourner à l'Ile Hope pour étudier en septembre, c'est-à-dire quand le gulfstream atteint sa plus grande force, l'état des glaces depuis cette île jusqu'à Novaïa-Zemlia. Nous traversâmes, avec un vent frais du nord-est, les glaces compactes, puis nous courûmes jusqu'à l'Ile Hope, parmi des glaces très espacées. Nous l'atteignîmes le 19 août; elle était libre de glaces, sauf une assez grande quantité d'énormes blocs qui étaient venus s'y échouer; malgré la violence du courant, nous réussimes à nous y ancrer.

«Le 21 août, nous pénétrâmes dans la glace jusqu'à 28° de longitude orientale et nous atteignîmes la latitude de 77° 17′. Le 1ᵉʳ septembre, à minuit, nous arrivions à notre plus haute latitude: 78° 37′,⁸ par 40° 30′ de longitude est, d'après une observation faite le lendemain à midi. Des nuages très épais avec des vents contraires très frais nous empêchèrent de pénétrer plus avant vers le nord; l'état des glaces n'aurait pas été un obstacle. Nous aurions pu, sans grands efforts, franchir le 70ᵉ degré mais, en raison du vent du nord qui s'était mis à souffler, il aurait fallu louvoyer au moins pendant un jour, et, le peu de temps dont nous pouvions disposer nous étant trop précieux, nous ne pouvions sacrifier une journée entière pour quelques milles.

«Un grand nombre d'indices nous annonçaient l'approche de la terre. Nous voyions beaucoup de bois flottants que nous n'avions presque jamais rencontrés au sud; sur un morceau que nous pêchâmes, il y avait de la vase fraîche, des algueset de la glace d'eau douce reconnaissable à sa transparence. Signe absolument certain: six eiders, oiseau qu'onne rencontre jamais loin de terre, volaient vers le sud. Malheureusement les brouillards étaient si épais que notre horizon était très rapproché. Ces brouillards très denses sont surprenants par le vent du nord à de si hautes latitudes. Il ne fallait plus penser à pousser énergiquement au nord; nous en étions empêchés par l'insuffisance de notre approvisionnement, par la répugnance que manifestait l'équipage et par l'état de notre étrave.

«Il était très intéressant d'apprendre si l'étendue libre de glaces que nous avions parcourue était une baie ou, comme nous nous y attendions, une mer polaire ouverte. Pour nous renseigner à ce sujet, nous courûmes dans la direction du sud-est jusqu'à 75° 44′ nord, 52° est. Au-dessous du 78e degré latitude jusqu'à la côte de la Nouvelle-Zemble, il n'y avait pas un morceau de glace. Lorsque nous voulûmes revenir aux glaces, le capitaine s'y opposa; il ne nous fut possible de vaincre sa résistance qu'en prenant toute la responsabilité pour le navire. Le 6 septembre, par 78e 5′ nord et 56° est, nous rencontrâmes de nouveau les glaces rapprochées. Nous dirigeant vers le sud-est, nous franchîmes, par 71° ½ nord, le 59e degré de longitude est. Ici également, point de glace au sud du 78° degré. Il n'entrait pas dans notre plan de nous avancer plus à l'est dans les eaux libres; nous pensions plutôt à entrer dans un port de Novaïa-Zemlia pour prendre du bois à brûler et de l'eau dont nous avions un pressant besoin. Pour revenir au sud, il nous fallut lutter constamment contre de violentes tempêtes du sud-ouest. Dès que commencent ces tempêtes d'automne, la navigation dans les glaces n'est plus possible pour les navires à voiles.

Le 14 septembre, nous nous trouvions devant le détroit de Matotchkine, mais nous ne pûmes entrer, car un ouragan de neige du nord-est enveloppait la côte. Comme nous manquions sensiblement de bois à brûler et d'eau et qu'en outre le laps de temps pour lequel nous avions loué le bâtiment finissait le dernier jour de septembre, nous ne pouvions perdre de temps à attendre un·changement climatérique. Nous profitâmes du vent favorable pour retourner. Le 29 septembre, nous entrâmes dans le Fjord de Tana et nous prîmes de l'eau; le 21, nous franchîmes le Cap Nord; le 4 octobre, nous jetions l'ancre à Tromsœ.

L'entreprise de Payer et de Weyprecht fut la première ayant pour objet de pénétrer, par le nord-est du Cap Nord d'Europe, par le Spitzberg et Novaïa Zemlia, dans l'Océan glacial. Leur petit bateau à voile ayant pu, sans obstacle, arriver au 79e degré de latitude qui, si ce n'est près du Spitzberg occidental, n'avait été atteint par un navire en aucun point des régions arctiques, la mer de Novaïa-Zemlia paraît donc le meilleur chemin du pôle. En comparant les observations de Payer et de Weyprecht relatives à cette mer ouverte et navigable avec les résultats obtenus par Johannsen qui, en 1870, à la même époque de l'année, ne trouva pas de glace avant 77° de longitude est et même un peu au-delà de 77° de latitude nord, on devait involontairement être amené à penser que l'on trouverait dans ces parages le secret de la fabuleuse Polynia, la prétendue mer libre au nord de la Sibérie, et que, sur cette route de l'est, on ferait peut-être de grandes découvertes.

Beaucoup de personnes n'admirent pas sans restriction, que les Autrichiens eussent trouvé, entre le Spitzberg et Novaïa-Zemlia, une mer navigable; cependant, l'expédition du Norvégien Tobiesen qui, la même année, mais quatre semaines déjà avant Payer et Weyprecht, avait traversé toute la mer de Novaïa-Zemlia, en décrivant un grand cercle vers le nord, et qui par conséquent est le premier explorateur de cette mer si redoutée, ne tarda pas à confirmer les résultats acquis. Plus tôt que tous les précédents navigateurs, dès le 26 juin, il atteignit l'angle nord-est de Novaïa-Zemlia; il jeta l'ancre dans la Belle-Baie, à l'est du Grand Cap des Glaces; puis retournant, il vint à la Baie Machiguine  et, dans le court  laps  de temps compris  entre le 15 août 1871  il accomplit  sa brillante expédition au Spitzberg, dans laquelle il arriva jusqu'à 77º 7' de latitude nord. Du 16 août au 7 septembre, Tobiesen croisa tout en pêchant, près de l'Ile Hope et des Mille-Iles. Cette expédition, l'une des plus importantes qui aient jamais été exécutées dans la mer de Novaïa-Zemlia, avait montré que cette mer était navigable de bonne heure; le voyage du capitaine Mack en 1871, voyage dont nous parlerons dans le chapitre suivant, étendit cette mer de 21º à l'est, celui de d'Ulvée et Smyth la recula de près de 3º vers le nord. Il devenait nécessaire d'envoyer dans ces parages une expédition bien équipée pour y séjourner plusieurs années.  En Autriche, immédiatement après le retour de Payer et de Weyprecht, on avait avisé à l'exécution de ce plan.  Avec la Société de géographie de Vienne qui, dès le début, avait secondé de toutes ses forces les projets des deux officiers, les comtes Wilczeck et Zichy, fondèrent, en février 1872, une  «Société pour l'encouragement des expéditions autrichiennes au Pôle nord»; ils choisissaient pour secrétaire le secrétaire général de la Société de géographie de Vienne, le Dr. M. A. von Becker, homme déjà éprouvé par la manière habile dont il avait rempli ses fonctions. Lorsque les statuts eurent été acceptés, on procéda au choix du comité. Le président: baron von Wüllerstorf-Urbair, qui avait autrefois commandé l'expédition de la Novara et qui plus tard avait été ministre du commerce; vice-présidents: l'ancien ministre de la guerre von Kuhn et le comte Zichy.  Les noms des autres membres, tous protecteurs de l'entreprise, méritent certainement d'être mentionnés ici; c'étaient M. M. le conseiller de cour Dr. von Becker, R. von Cassian, le Dr. Max Friedländer (mort depuis), le célèbre voyageur et géologue, alors président de la Société de géographie, le conseiller de cour et professeur Dr. Ferdinand von Hochstetter, Leopold von Hofmann, von Kübeck, le baron Todesco, le baron Weber, Bela von Wenkheim, le comte Wilczek, son ami Gundacker, comte Wurmbrand et enfin le banquier Ladenburg. Protecteur: l'archiduc Rainer.

On voit que ces noms sont, presque tous, empruntés à l'aristocratie autrichienne qui s'est honorée, par sa brillante et active participation à cette entreprise purement scientifique.  Et du commencement à la fin, cette entreprise devait rester purement autrichienne; elle devait être exécutée uniquement avec des ressources autrichiennes. La somme considérable qui fut nécessaire, 200 000 florins environ, fut recueillie en peu de temps dans le pays même; les contributions apportées par les pays en dehors de la monárchie, et dont une des plus considérables est représentée par les 3000 florins de la Société de géographie de Francfort, sont très faibles par rapport à celles qu'a fournie la libéralité du peuple austro-hongrois.   Tout le matériel fut construit d'après l'expérience de la seconde expédition allemande au pôle nord et de l'expédition préliminaire autrichienne, ainsi que d'après les conseils de l'amiral Mac Clintock; il fallait que les voyageurs pussent résister pendant des mois entiers, à des centaines de kilomètres loin de leur navire, pendant les plus grands froids et les tourmentes de neige les plus terribles.   Nous ferons remarquer que, non seulement les ressources de cette expédition purement scientifique furent recueillies en quelques semaines, grâce à l'active participation de toutes les classes de la société, mais encore que les appareils les plus délicats et les moins usuels, appareils qui jusqu'alors on ne savait exécuter qu'en Angleterre, provenaient tous de l'industrie autrichienne.

En première ligne, l'esquif des déserts de neige: le traîneau.   On construisit des traîneaux spéciaux aussi légers que possible, pouvant porter de 400 à 1000 kilogrammes.   Ils étaient de frêne et d'orme; leurs diverses parties n'étaient pas assemblées par des clous mais par des rivets et des courroies, ce qui les rendait plus élastiques et moins sujet à se briser.   Ils devaient être tirés par 4 à 8 hommes ou par des chiens; on pouvait placer ces traîneaux sur des roues de 1,5 mètres de diamètre, c'est-à-dire les transformer en voitures pour franchir la neige très dure sur laquelle on ne se serait avancé qu'avec de grandes difficultés, ou pour traverser de petites étendues de terre.   Les bagages étaient enfermés dans de grands sacs, et les provisions étaient réparties par lots de 8 jours.

Tous les autres ustensiles et objets d'équipement, tels que appareils pour cuire, tentes, sacs de voyage, sacs de sommeil en peau de buffle, vêtements, bas en toile à voile doublée de flanelle et garnie de semelles de feutre, fourrures, objets de laine, linge, souliers de montagne, bottes fourrées et bottes à eau, fusils et munitions Lefaucheux, couvertures, gants de laine et tricots, patins, lampes à huile animale et lampes à pétrole, enfin la pharmacie et la bibliothèque avec les instruments, étaient des produits et en partie des dons de l'industrie autrichienne.   Les provisions seules venaient de Hambourg et de Göttingen.

Le navire, le «Tegetthoff», construit spécialement pour l'expédition par la célèbre maison Franz Teklenborg à Bremerhaven fut heureusement lancé le 13 avril 1872.   Si l'on s'était décidé pour ce dernier lieu, de préférence à Trieste, c'est qu'on voulait éviter au bâtiment un détour long et dispendieux.

Les instructions données aux deux officiers viennent nous apprendre le plan et les desseins de l'expédition.   Il s'agissait surtout «d'explorer les parages

33*

inconnus au nord de la Sibérie. «Si les glaces le permettent», portait ce document, «on s'efforcera d'atteindre le détroit de Béring pour revenir par cette
route.  Ce n'est qu'en seconde ligne et si les circonstances sont particulièrement favorables que l'on essaiera de parvenir aux hautes latitudes.  On ne
tentera d'aller au pôle nord lui-même que si, dans le laps de temps accordé,
deux hivers et trois étés, il paraît à peu près impossible d'atteindre le détroit de Béring.  On prendra pour point de départ de l'éxpédition la côte
nord de Novaïa-Zemlia. Il va de soi que l'on doit éviter autant que possible
le voisinage des côtes sibériennes déjà connues.»

Payer lui-même dit à ce sujet: «Le but idéal de notre voyage était
le passage nord-est; mais son but véritable, c'étaient les mers ou parties de
mer et les terres à explorer au nord-est de Novaïa-Zemlia.»

L'équipage du navire qui allait porter dans l'extrême nord le pavillon
autrichien comprenait, indépendamment de Payer et Weyprecht, deux
officiers de la marine autrichienne, le lieutenant de vaisseau Gustave Brosch,
de Komotau, l'enseigne de vaisseau Eduard Orel de Neutitschein, un médecin
qui était aussi zoologiste, le Dr. Julius Kepes, de Bari en Hongrie, un har-
ponneur que l'on devait engager en Norvège (ce fut Olàf Carlsen), deux
ascensionnistes des glaciers du Tyrol, neuf matelots dalmates, un machiniste,
Otto Krisch, un chauffeur, etc.

Tous, officiers et matelots, avaient lié leur sort à celui du navire; tous
s'étaient engagés à revenir ou à périr ensemble.

Sous ces auspices, le Tegetthoff, approvisionné pour trois ans, partit de
Bremerhaven, le 13 juin 1872. Au bout de 21 jours, il était à Tromsœ.

Le matin du 14 juillet, l'expédition quitta Tromsœ et se dirigea vers
la mer de Novaïa-Zemlia.  Au bout de quelques jours, on franchit le Cap
Nord de l'Europe.  A la fin de juillet, on aperçut la limite des glaces par
$74^{1}/_{2}^{0}$ de latitude nord.  La navigation rencontra aussitôt des difficultés
inattendues.  Le navire fut retenu pendant quelques jours, immobile dans
les glaces (commencement d'août); il se dégagea et entra dans l'eau des
côtes au-dessous de Novaïa-Zemlia (75⁰ de latitude nord); mais déjà la
première des basses températures et la grande quantité des glaces indiquaient que l'été de 1872 était complètement différent du précédent.  On
s'avança péniblement le long de la côte; ce ne fut qu'au voisinage des Iles
Wilhelm qu'on atteignit des eaux moins entravées.  Un peu au sud de ces
îles on rejoignit le yacht norvégien Isbjörn portant le comte Wilczek. C'est
sur ce même bâtiment que Payer et Weyprecht avaient exécuté, en 1871,
leur pointe dans la mer polaire.

Le comte Wilczek qui avait tant contribué à la seconde expédition
austro-hongroise, poussa la sollicitude jusqu'à établir, aussi loin que possible
dans l'est de la mer arctique, un dépôt de charbon et de provisions pour le

Tegetthoff. A cet effet, il équipa à ses frais l'Isbjörn qu'il plaça sous le commandement d'un habile officier de la flotte autrichienne, le contre-amiral Max Daublesky von Sterneck und Ehrenstein, un des héros de Lissa. En même temps, pour que ce voyage fût utile à la science, Wilczek s'était fait accompagner du géologue de Klagenfurt, le Dr. Hans Höfer. On fit des observations météorologiques, des recherches d'histoire naturelle et des déterminations de lieu. Il y avait enfin, à bord de l'Isbjörn, Wilhelm Burger, pour les photographies, le guide Paierl, enfin le capitaine Kjelsen, six matelots et un mousse. L'Isbjörn quitta Tromsœ le 20 juin et se dirigea d'abord sur le Cap Sud du Spitzberg; le 7, on fut en vue du cap. Du 30 juin au 5 juillet, l'expédition s'arrêta au Spitzberg méridional, dans le Sund de la Corne, où le professeur Höfer recueillit un riche butin géologique, paléonthologique et botanique. On ne voyait pas de glace sur la côte occidentale du Spitzberg; la côte orientale elle - même était complètement visible. Les voyageurs espéraient donc atteindre en ligne droite le Cap Nassau de Novaïa-Zemlia (76° 30′ de latitude nord); ils arrivèrent sans difficultés au nord-est de l'Ile Hope; mais ils se trouvèrent à la limite des glaces flottantes qui se présentaient au sud - est et qui les forcèrent à reculer peu à peu jusqu'à 73° de latitude nord. On n'arriva qu'avec peine à traverser les glaces près de la Baie innommée, côte ouest de Novaïa - Zemlia; enfin le 20 juillet, on jeta l'ancre dans le détroit de Malotschkine où l'Isbjörn resta 6 jours; on entreprit des incursions dans les terres. «Nous traversâmes», raconte le professeur Höfer, «l'eau des côtes vers le nord, sans perdre de vue la côte ouest de Novaïa-Zemlia; le vent était capricieux; nous rencontrions quelques fois des barrières de glace qui, il est vrai, n'étaient pas très massives. Pendant toute la traversée, on avait sans cesse épié le Tegetthoff; lorsqu'enfin, du haut du nid de corbeau, le capitaine signala au nord - ouest un trois-mâts avec cheminée à vapeur, fortement enfoncé dans les glaces, personne de nous ne voulut le croire. Cependant on ne perdait pas de vue le point signalé, on eut dit une de ces montagnes de glace que, trompés peut-être par les réflexions atmosphériques, nous avions souvent prises pour des bâtiments. Nous ne cessions de regarder avec méfiance de ce côté, tout en poussant plus loin dans les glaces. Inutile de dire, qu'à partir de ce moment, tout l'intérêt roula sur le Tegetthoff: nous dirigeâmes notre course de manière à le rejoindre, à moins qu'il ne trouvât une petite porte pour s'échapper, ce qui était toutefois peu probable, vu les glaces amoncelées dans la région.» Sa rencontre eut lieu, le 12 août. Les deux navires cinglèrent de conserve jusqu'aux plus basses des Iles Barents; là ils furent arrêtés, pendant toute une semaine, par des glaces compactes. Le 16 août, le comte Wilczek établit son dépôt à l'intérieur d'une caverne étroite, inaccessible aux ours et, le 18 août, tout le monde fêta en commun, à bord du Tegetthoff, l'anniversaire de la naissance de l'empereur. Le 21 août, la glace présenta quelques changements qui nous parurent favorables; le Tegetthoff prit congé de l'Ibsjörn et, par un temps sombre, s'avança vers le nord. Le 22, l'Ibsjörn rencontra des glaces flottantes peu nombreuses; grâce au vent favorable, il les traversa heureusement, et bientôt après, on fut dans une mer libre, mais violemment agitée. On voulait s'arrêter, en quelque point de la côte ouest de Novaïa-Zemlia, mais il fallut renoncer à ce projet, car le vent et la mer étaient mauvais et l'on ne pouvait se fier à la carte. Le 25 août, l'Ibsjörn rencontra le Cap des Oies, c'est-à-dire la pointe sud-ouest de Novaïa-Zemlia. Le comte Wilczek et Höfer explorèrent la Baie du Dauphin et la Baie Rogatcher; ils se dirigèrent ensuite par l'étroit de Kostine vers l'embouchure de la Petchora. Wilczek et Höfer y débarquèrent; ils revinrent par le nord-est de la Russie, en traversant Perm, Kasan, Novgorod, Moscou, St. Pétersbourg. Quant à l'Ibsjörn, il arriva le 20 septembre à Hammerfest et le 1ᵉʳ octobre à Tromsœ. W. Burger, le photographe, qui était resté dans le navire, rapporta à Vienne de riches butins de l'expédition, collections zoologiques et géologiques, épreuves, etc.

Depuis cette mémorable journée du 21 août 1872, où le comte Wilczek avait vu le Tegetthof s'enfoncer dans le nord, on n'avait plus eu de nouvelles de l'expédition. Cependant, le comte Wilczek ne désespérait pas, il fit conditionner 50 petits ballons en caoutchouc chargés de dépêches et les remit aux baleiniers qui pénétrèrent jusqu'à l'extrême limite du nord, avec mission de les lancer en différents points de l'Océan glacial, dans l'espoir de donner des nouvelles à l'expédition. Il proposa un prix de 1000 gulden au bâtiment qui découvrirait des traces d'un lieu d'hivernage de l'expédition ou qui la retrouverait. D'autre part, la Société de géographie de Londres chargea un navire qui faisait voile pour le Spitzberg de rechercher les navigateurs, et le ministère de la marine russe, à la prière du gouvernement autrichien, adressa à ses marins de la mer polaire un appel dans le même sens. Le célèbre navigateur polaire Sidorov provoqua une réunion publique en Russie pour envoyer une expédition au secours du Tegetthoff. Le 3 septembre 1874, on apprit tout-à-coup que les explorateurs avaient débarqué en Europe.

L'expédition, comme il arrive d'habitude, avait eu un tout autre destin que celui qu'on avait prévu et n'avait pas pu exécuter les instructions qui lui avaient été données. Dès le soir du 21 août 1872, c'est-à-dire aussitôt après avoir quitté le comte Wilczek, le Tegetthof avait été pris dans les glaces pour ne plus en sortir, au nord-est du cap Nassau, par 76° ½ de latitude nord. «La première année», dit Payer, «se présentait morne, sans espérance; notre destin paraissait accompli: plus de découvertes, nous étions les prisonniers d'un glaçon». Le froid extraordinaire de l'automne de 1872 avait bientôt aggloméré les nombreux blocs de glaces qui entouraient le bâtiment; on ne pouvait ni scier, ni faire sauter la glace. Ainsi enchaîné, le navire fut emporté vers le nord-est pendant les mois de septembre et d'octobre, et bientôt on perdit la terre de vue. Cette situation déjà triste, devint navrante à partir du 13 octobre, lorsque la glace se mit à craquer autour du navire, de plus en plus enserré dans ses redoutables étreintes. Combien de fois l'équipage s'élança-t-il sur le pont, prêt à quitter le bâtiment, à fuir, par la nuit polaire, sans direction, sans but. Mais le navire ne sombrait pas, il s'élevait de plus en plus au-dessus de la ligne de flottaison. On était prêt à hiverner; on enleva une partie du gréement, le pont fut recouvert de neige, la coque fut protégée par une muraille de glace qu'on réparait toutes les fois qu'elle était détériorée par les pressions, et on dressa une tente sur l'avant; l'arrière resta libre, parce quil fallait toujours rester prêts à partir. Par bonheur, il n'y eut point de ces terribles tourmentes de neige que nos explorateurs avaient appris à connaître pendant la seconde expédition allemande au pôle nord, de 1869 à 1870. Les chiens (il n'en restait plus que 7) logeaient sur le pont, dans des caisses remplies de paille. On organisa un service régulier d'observations météorologiques, auquel prirent part le lieutenant de vaisseau Brosch, l'enseigne Orel, le capitaine Carlsen, le contre-maître Lusina et le machiniste Krisch; en outre on veillait constamment sur le pont. Les officiers, presque toujours prévenus à temps de l'approche des ours blancs, en tuèrent 67 dans le cours de l'expédition. Malgré cette viande fraîche, la santé à bord laissa à désirer dans le premier hiver. Le scorbut et les affections pulmonaires apparurent malgré toutes les précautions prescrites par le médecin; le scorbut ne céda qu'en été, grâce à l'activité qu'il fallut déployer alors. Le 28 octobre, le soleil avait disparu pour 109 jours, on avait construit au voisinage une maison de planches pour s'y réfugier, dans le cas où le navire viendrait à être écrasé  Le 1ᵉʳ janvier 1873, on avait à peine franchi le 78ᵉ degré de latitude nord et le 73ᵉ degré de longitude à l'est de Greenwich. Les Autrichiens pouvaient espérer qu'ils seraient amenés à la côte nord de Sibérie. Mais il devait en être autrement, car, à partir de ce moment, les vents soufflèrent surtout vers le nord-ouest. Le 16 février, le soleil reparut pour la première fois au-dessus de l'horizon; le 25, la pression des glaces cessa pour toujours. Tout autour du navire, incliné en arrière et à droite, des montagnes de glaces s'étaient accumulées. Le froid montait toujours, pour atteindre son maximum, plus de 46°, à la fin de février. Les aurores boréales qui jusqu'alors avaient brillé d'une splendeur incomparable, diminuaient rapidement au fur et à mesure que les jours devenaient plus longs. Au commencement de l'été on se mit à espérer que le glaçon finirait par se disloquer et qu'on serait enfin délivré. Pendant les mois de juillet et de septembre, on travailla vigoureusement à dégager le bâtiment, en sciant les glaces. Cependant la glace, épaisse de 13 mètres, déjouait tous les efforts. Le milieu du bâtiment et l'arrière ne bougeaient pas; la hauteur de la glace avait diminué de 4 à 6 mètres dans le cours de l'été. Il fallut étayer les mâts, dans la crainte que le navire ne chavirât. Les vents du nord qui avaient soufflé pendant le mois de juillet avaient fait descendre le glaçon un pas vers le sud, au-dessous de 79⁰ de latitude nord; mais le mois d'août amena des vents du sud qui le refoulèrent vers le nord. De jour en jour l'espoir de voir la glace se briser diminuait. Pourtant, on entendait fréquemment au voisinage le bruit bien connu des glaces glissant les uns sur les autres, et des bandes sombres à l'horizon indiquaient des places libres dans la mer. Cependant, le Tegetthof ne devait pas se dégager. «Avec une morne résignation, nous voyions déjà arriver un second hiver

OTTO TORELL.

et ses mouvements de glaces menaçants, lorsque tout-à-coup la situation se modifia subitement à notre avantage. Depuis longtemps, nous avions pénétré tout en vagabondant avec notre glaçon, dans des parages que les hommes n'avaient jamais abordés, mais nous ne voyions point de terre. Ce fut donc un évènement aussi surprenant qu'important pour l'expédition que de voir tout-à-coup, le 31 août, de hautes masses de terre, éloignées à peu près de 26 kilomètres, vers le nord, surgir peu à peu des brouillards. Le front sud de la terre principale paraissait situé au 80ᵉ degré. En même temps, nous aperçûmes, pour la première fois, tout autour de nous, des montagnes de glace en grand nombre.» Le premier cap, nommé maintenant Tegetthoff, dressait à une grande hauteur ses murailles à pic, en partie exemptes de neige. A la chute du jour, on vit aussi plusieurs îles plates et des glaciers. Dès que l'on eut constaté l'existence de la ⁺erre, le commandant fit monter sur le pont les officiers et l'équipage, on hissa le magnifique pavillon de soie offert par les dames de Pola, et le capitaine Weyprecht prononça une allocution de circonstance. On poussa ensuite trois hurras et on donna au pays nouveau le nom de Terre François-Joseph.

Involontairement tout le monde se précipita aussitôt du côté de la terre; à la vérité, on ne put aller plus loin qu'un mille, c'est-à-dire jusqu'au bord de notre glaçon. C'était un supplice de Tantale que d'être, pendant des mois entiers, en vue d'une longue terre encore inconnnue, d'avoir l'occasion de faire une découverte rare dans l'histoire des explorations polaires et de ne pouvoir atteindre le but si convoité. Pendant les mois de septembre et d'octobre, le navire continua d'errer au gré des vents, le long de la côte. Abandonner le glaçon, c'eut été aller au devant d'une perte certaine. A la fin d'octobre, après un fort vent est-nord-est, nous arrivâmes inopinément à 5 ou 6 kilomètres d'une des îles bordant la terre. Alors toute hésitation disparut; franchissant les glaces crevassées ou hérissées nous arrivâmes à cette terre à 75° 54′. Nous en prîmes possession au nom de l'empereur d'Autriche, nous construisîmes ensuite un cairn sous lequel nous déposâmes un document contenant une courte histoire de l'expédition. Une couche de glace, de l'épaisseur d'un pied tout au plus, au-dessous de la côte, indiquait que des eaux de terre s'étaient écoulées là pendant l'été dernier. On ne peut guère imaginer une île plus triste, plus déserte que celle où nous étions; la neige et la glace en recrouvraient les versants; cependant cette île rocailleuse avait pour nous une telle valeur que nous lui donnâmes, jusqu'à de nouvelles découvertes, le nom du fondateur de l'expédition: Wilczeck.

Le 22 octobre 1873, le soleil disparut pour la seconde fois depuis qu'on était retenu dans ces parages. On fit cependant quelques excursions, la semaine suivante, pendant les quelques heures du crépuscule quotidien, et l'on s'avança jusqu'à 18 ou 20 kilomètres du bâtiment, mais sans arriver à être mieux renseigné sur la configuration du sol. Les terres que l'on voyait devant soi étaient-elles des îles de faible étendue on bien formaient-elles un continent? Et ces hauts plateaux blancs, entre les sommets, étaient-ce des glaciers? Les explorateurs autrichiens devaient naturellement chercher à résoudre ces questions, car au printemps les vents du nord chasseraient peut-être le navire au loin; mais dans les ténèbres persistantes de la nuit polaire, de cette nuit qui dura 129 fois 24 heures, il fut impossible de se livrer à des explorations de quelque durée; il fallut presque tout ce temps rester là, le bâtiment étant englobé dans les masses congelées, pressées contre le littoral. Heureusement, du reste, que les pressions de l'hiver précédent ne se renouvelèrent pas.

Ce changement eut pour l'expédition les plus heureux effets; il ramena la confiance, dans une certaine mesure, il rendit l'existence moins pénible

et permit l'observation des constantes magnétiques. Orel détermina la situation géographique de ce second lieu d'hivernage: 59° E et 79° 51′ N.
On observa — au spectrocope — des aurores boréales très intenses.

Les vents du nord prédominèrent pendant l'hiver de 1873 à 1874; il en
tomba souvent pendant des journées entières. On célébra la fête de Noël, dans
une maison de neige, sur un glaçon. A porter de ce moment, le mercure
resta gelé pendant des journées entières. Comme les années précédentes, on
reçut la visite d'un grand nombre d'ours blancs; on ne répondit à leur
politesse que par des feux de peloton; 67 victimes fournirent environ
600 kilogrammes de viande fraîche, qui furent un précieux adjuvant pour le
traitement des affections scorbutiques.

Le 24 février 1874, le soleil reparut. On pouvait craindre qu'à la
fonte de la neige, le navire ne chavirât. Dût-il même rester debout, il ne
se dégagerait pas de son glaçon. Enfin, les médicaments avaient bien diminué;
un troisième hiver dans les régions polaires, et l'on ne pouvait répondre de
combattre efficacement le scorbut. On résolut de quitter le bâtiment à la fin
de mai et d'essayer de revenir en Europe au moyen de traîneaux et de bateaux. En attendant, on ferait de grandes excursions pour explorer le pays;
projet dangereux, car si les glaces se mettaient en mouvement et que le navire
fût emporté avant le retour des explorateurs, ceux-ci et les hommes restés
à bord se seraient également trouvés dans une position critique. Mais il était
trop important de découvrir et de relever à grands traits la terre qu'on avait
sous les yeux, pour ne pas lâcher l'entreprise.

Ces voyages en traîneau, dirigés par Julius Payer, sont du nombre des
plus hardis et des plus merveilleux qui aient jamais été accomplis par les
explorateurs polaires. Par un froid de près de 50°, et souvent tandis que la
tempête soufflait assez pour gonfler les voiles de leurs traîneaux pour pousser
ces faibles véhicules avec une rapidité vertigineuse, les pionniers de la science
traversaient les champs de glace incommensurables. Ils souffraient beaucoup
de la soif; quelquefois pour boire, ils faisaient fondre de la neige dans le
creux de leur main. Les chiens rendirent de grands services, soit en tirant
les traîneaux, soit en faisant la chasse aux ours. Ils résistèrent à toutes les
fatigues, à toutes les privations.

Payer entreprit trois excursions de ce genre: deux vers l'ouest, une vers
le nord. Voici ce qu'il en dit lui-même: ‹Le mois de mars 1874 était
arrivé. Le temps était encore défavorable, le froid rigoureux; le soleil, même
à midi, ne s'élevait guère au-dessus de l'horizon; mais il n'y avait pas de
temps à perdre. Le 10 mars, les tyroliens Haller et Klotz, les matelots
Catarinich, Lettis, Pospichil et Lukinovich, moi et trois chiens, nous quittâmes
le navire avec un de nos grands traîneaux. Nous parcourûmes, dans la
direction du nord-ouest, la côte de la grande terre occidentale; nous gravîmes

les caps rocheux «Tegetthoff» et «Littrow» (760 mètres) et nous traversâmes
le pittoresque fjord de Nordenskjöld, borné au fond par une immense paroi
de rochers que domine le glacier «Sonklar».

«Rien de vivant sur la terre qui s'étendait devant nous; d'énormes
glaciers revêtaient les cônes et les plateaux. A tous les étages de ces montagnes, on apercevait comme des colonnades de glace. Au Groenland, au
Spitzberg ou à la Nouvelle-Zemble, la roche apparaît quelquefois avec son
coloris naturel; ici, nulle part; l'humidité atmosphérique se condensant sur
les parois froides de la dolérite, le paysage tout entier était d'un blanc
éblouissant. Souvent, par suite de cette humidité extraordinaire, nous nous
méprenions sur les distances, — les croyant beaucoup plus grandes qu'elles n'étaient
réellement. La température fut très basse pendant tout ce voyage; minimum — 50° (à bord, en même temps — 46°25); les plus grandes précautions étaient
nécessaires; le campement sous la tente, pendant la nuit, était très pénible;
nous ne souffrîmes pas moins en franchissant le glacier de Sonklar, même quand
il n'y avait qu'un souffle de vent. Tous nos effets, raides comme du fer, tant
ils étaient gelés. Du rhum concentré nous paraissait sans force.

«Le 16 mars, nous étions de retour au bâtiment. Nous commençâmes
les préparatifs d'un second voyage. Nous voulions reconnaître si cela était
possible en trente jours, jusqu'où la terre s'étendrait vers le nord.

«Le 17, nous ensevelîmes le machiniste Krisch, qui avait succombé à
une tuberculose pulmonaire, compliquée de scorbut. La neige, ce jour-là,
tombait en avalanche; le corps, placé sur un traîneau, fut conduit à la fosse
qu'on lui avait creusée entre des colonnes de basalte; une simple croix de
bois fut placée sur la tombe de notre compagnon, qui reposait pour toujours
dans les solitudes boréales.

«Le 24 mars au matin, nous partîmes, Orel, les tyroliens Haller et Klotz,
le matelot Zaninovitch, Sussich, Lukinovich et moi, dans la direction du
nord. Malheureusement nous n'avions plus que trois chiens en état de nous
être utiles, les autres étaient morts ou impropres au service. Les trois chiens
valides tiraient avec nous le grand traîneau chargé de 800 kilogrammes
de bagages. La température ne descendit pas au-dessous de —32° C; par
contre, nous eûmes beaucoup à souffrir de la neige et de l'humidité; pour
comble de disgrâce, la glace se fendait sous nos pieds si profondément
que l'eau faisait irruption à la surface.»

Il nous faut ici couper notre récit et précéder les hardis explorateurs
pour jeter un rapide coup-d'œil sur la topographie de la terre polaire découverte par eux. Ce que l'on appelle la Terre de François-Joseph est un
ensemble de côtes, séparées par un immense goulot, se dirigeant du cap
Hansa vers le nord jusqu'aux environs du 82° degré de latitude; à cette
hauteur, au sud de la Terre du prince Rudolph, il se bifurque; la branche

nord-est a été explorée par nos voyageurs. Des îles en grand nombre sont parsemées dans le goulot et autour de ses deux orifices. A l'est, le principal massif est la terre de Wilczek, à l'ouest la terre de Zichy. La superficie de cet ensemble peut être évalué comme étant à peu près égale à celle du Spitzberg. La dolérite est, comme dans le nord-est du Groenland, la roche prédominante. Elle est disposée par étages horizontaux et forme des montagnes en tronc de cône. Les sommets sont en moyenne à 600 et 900 mètres de hauteur; ce n'est que dans le sud-ouest qu'ils s'élèvent jusqu'à 1520 mètres. Les immenses dépressions qui séparent les chaînes des montagnes sont, pour la plupart, recouvertes de glaciers gigantesques, comme il n'y en a que dans le monde boréal. Le «glacier de Dove», sur la terre de Wilczek n'est pas moins large que le glacier de Humboldt, sur le Canal de Kennedy. La végétation est bien plus pauvre même que celle du Groenland, du Spitzberg et de Novaïa-Zemlia; c'est dire qu'à la surface du Globe il n'en est guère de plus misérable. On trouvait assez souvent des bois flottés, mais nulle part en grande quantité. Le pays est inhabité, comme on peut bien le penser; dans le sud, il n'y a presque pas d'animaux. Sur cette terre glacée, les points de vue remarquables sont nombreux. Nos explorateurs n'ont trouvé, dans tous leurs voyages en traîneau, aucune localité pouvant servir de port d'hiver.

Comme, au-dessus des glaces, l'atmosphère est généralement trouble, nos explorateurs étaient obligés de faire l'ascension de hautes montagnes pour reconnaître la route à suivre à travers le Sund Austria, la route des hautes latitudes. Les terres étaient reliées par une surface glacée ininterrompue, récente apparemment, traversée de crevasses et de larges barrières de glace accumulée, (Torossy, hummocks) qu'on ne pouvait franchir qu'avec beaucoup d'efforts et de grandes pertes de temps. A partir du Cap Francfort, le pays était entièrement inconnu.

«Laissant de côté tous les détails», continue Payer, «je me bornerai à dire que, le 26 mars, nous franchîmes le 80ᵉ degré de latitude; le 3 avril, le 81ᵉ, et que cinq jours plus tard nous étions à 81° 37′; jamais personne, par terre assurément, ne s'était davantage approché du pôle nord. Au sud-est de la Terre du prince Rudolph, nous étions entrés dans un immense et nouveau sund qui semblait s'étendre en ligne droite vers le nord. Mais c'était un chaos de fragments de glaces, à travers lequel, plusieurs jours durant, nous ne nous frayâmes un chemin qu'avec les plus grands efforts; en outre, la faible intensité horizontale de l'aiguille magnétique, à cette haute latitude, causait inévitablement de petites erreurs. Ce chaos augmentant de plus en plus, nous changeâmes de route et nous revînmes vers le Sund Austria, à l'ouest. Ici également nous rencontrâmes souvent des ours blancs, et nous leur fîmes la chasse avec la précision que nous avions acquise par une longue habitude.»

Les provisions diminuaient; il fallait donc aller plus vite pour s'avancer aussi loin que possible vers le nord; par suite la société fut obligée de se séparer. Le grand traîneau et une partie des hommes restèrent, avec le tyrolien Haller qui prit le commandement, à 81° 38′ à l'abri d'une paroi de rocher, le «Cap Schrötter»; Payer, Orel et le matelot Zaminovich, seuls avec deux chiens, poursuivirent leur route vers le nord. Payer, le matelot et les chiens étaient attelés au traîneau, sur lequel étaient placées les provisions pouvant durer huit jours encore, et une tente; Orel poussait par derrière. On se proposait d'aller droit, dans la direction du nord, vers la Terre du Prince Rudolph, qui n'était pas éloignée. Il fallait traverser le «Glacier Middendorff»; rien ne faisait prévoir un danger, et l'intensité du froid semblait garantir la sécurité des voyageurs. La petite caravane se mit en route. A peine avait-on fait vingt pas, Orel se retourna pour voir si l'on n'avait rien oublié; à ce moment même un craquement formidable se faisait entendre; hommes, traîneaux, chiens étaient disparus; Orel restait seul au milieu d'un horizon de glaciers.

Ses compagnons étaient tombés dans une fente de glacier. Payer, était couché sur une saillie de l'intérieur de la crevasse, à 4 mètres au-dessous de l'orifice; le matelot était au fond; les chiens gémissaient suspendus par les cordes d'attelage au-dessous du traîneau qui s'était placé en travers de la fente. Orel rampant jusqu'à la crevasse, jeta à Payer un couteau à l'aide duquel celui-ci put couper la ceinture par laquelle il était retenu au traîneau; Payer ainsi dégagé réussit à sortir du précipice de glace. Restait à secourir le matelot qui était au fond du gouffre. Payer et Orel firent 11 kilomètres en courant, pour aller chercher le tyrolien, et au bout de trois heures et demie ils étaient de retour avec lui, apportant des perches et des cordes. Le tyrolien descendit dans la crevasse, d'où il ramena son camarade, les chiens et le traîneau.

Payer, après cet accident, ne renonça pas à continuer son voyage, mais pour éviter les glaciers, il alla contourner par l'ouest le «Cap Habermann»; il arriva ainsi à la côte occidentale de la terre du Prince Rudolph, et longeant la côte il reprit pour la troisième fois la direction du nord. Un changement surprenant se manifestait dans la nature autour de lui; au nord le ciel était d'un bleu noir. Des vapeurs jaune-foncé se rassemblaient sous le soleil, la température s'élevait, la glace du chemin se ramollissait; sur les hauteurs, les encorbellements de neige craquaient. Déjà au cours de cette expédition, Payer et ses compagnons avaient remarqué des oiseaux venant du nord; à la terre du prince Rudolph, toutes les parois de rochers étaient recouvertes de milliers de pingouins, etc., qui s'envolaient par bandes immenses. L'époque de la couvée commençait, et partout où le soleil brillait on entendait leurs chants. De toutes parts, on apercevait des traces d'ours, de lièvres et de renards, et il y avait des phoques sur la glace. La glace sur laquelle on s'avançait n'était plus de la glace d'hiver; elle était récente et recouverte de sel; cette glace très flexible avait 2,5 à 5 centimètres d'épaisseur; elle était surchargée de débris provenant de pressions récentes.

«Nous nous attachions à la corde», dit Payer, «nous transportions tous les objets un par un, nous nous frayions un chemin au moyen de le hache, et nous sondions incessamment la glace. Après avoir passé devant le «Cap des Pingouins», où il y avait d'innombrables oiseaux, nous arrivâmes au «Cap des Colonnes». L'eau ouverte commençait à ces deux tours solitaires. Ce monde lointain était d'une beauté sublime. D'une hauteur, un apercevait la mer avec ses montagnes de glace projetant leur éclat de perle sur ses flots sombres, dans lesquels passaient des éclairs quand les rayons brûlants du soleil se faisaient jour à travers d'un éclairci des nuages. Immédiatement au-dessus du soleil, on apercevait un second soleil, plus mat que le premier. On entrevoyait, par delà les vapeurs ondoyantes, et dans une lueur rose, les montagnes glacées de la Terre du prince Rudolph. — Le 12 avril fut le dernier jour de notre marche vers le nord; le temps, sans être complètement clair, était plus serein que les jours précédents. La température était de 13,75° C. Le chemin que nous avions suivi jusqu'alors sur la mer recouverte de glace récente, en passant devant le Cap des Colonnes, était devenu absolument impraticable; bientôt il n'y eut plus que de l'eau sur le littoral, de sorte que, pour continuer notre voyage, nous fûmes forcés de passer par les hauteurs de la région montagneuse. En partant, nous cachâmes nos bagages dans une fente de glacier, là, où nous avions dormi, pour les mettre à l'abri des ours qui rodaient autour de nous, puis avec le traîneau à chiens nous passâmes entre 300 et 900 mètres de hauteur, sur un champ de neiges qui s'étendait sur les montagnes du littoral. Nous laissâmes le traîneau sur le promontoire «Cap Germania» (81° 57′ de latitude nord), et suivant la direction des côtes vers le nord-est, nous traversâmes, attachés à la corde, la région des névés d'un glacier qui s'abaisse, par gradins immenses, vers l'eau du littoral, à gauche. Nous arrivâmes ainsi jusqu'au Cap Fligely, à 82° 5′ de latitude nord; ce fut le terme de notre excursion rendue de plus en plus périlleuse par les crevasses béantes autour de nous et par celles qui s'ouvraient sous nos pas.»

Nos explorateurs hissèrent sur le Cap Fligely le drapeau autrichien qui n'avait jamais flotté aussi près du pôle et poussèrent trois «hourras»; puis ils se réconfortèrent d'une boisson étrange, préparée avec du rhum, du café et de l'extrait de viande; ils la trouvèrent excellente et la dégustèrent tout en contemplant, d'une hauteur de 300 mètres, un fjord enserré entre des montagnes. La vue s'étendait jusqu'à 83° de latitude nord; là, elle était bornée par le «Cap de Vienne»; à la région dont faisait partie ce cap de Vienne on donna le nom de «Terre de Petermann»; ce nom était dicté par la reconnaissance et par la justice.

Après avoir déposé dans une fente de rocher un document pour témoigner de leur passage, les explorateurs se mirent en route vers le sud pour retourner à leur bâtiment resté bien loin d'eux. Débarrassés de leur fardeau, excepté de leur tente et de leurs provisions, ils s'avancèrent à marches forcées; ils rejoignirent d'abord les compagnons qu'ils avaient laissés en arrière et qui les attendaient avec inquiétude. Le 17 avril, Orel avec le grand traîneau se dirigea en droite ligne vers le sud, tandis que Payer prenait les devants, avec le traîneau à chiens, pour faire l'ascension du «Cap Hellwald», à la pointe nord de l'Ile Kane. La cime du promontoire de 670 mètres de hauteur auquel il n'arriva qu'à grand' peine était formée par des colonnes de basalt déchiquetées sur lesquelles nichaient des guillemots en grand nombre. Lors d'une autre ascension, on traversa les glaciers de «l'Ile de Vienne-Neustadt», grande et imposante. Après avoir franchi le Cap Ritter par 80° 45', les voyageurs constatèrent avec inquiétude que l'eau de mer traversait partout la couche de neige-inférieure; la couleur grise du ciel devant eux annonçait qu'à l'embouchure du «Sund de Markham», la surface des eaux n'était pas recouverte de glaces. Au moment de se reposer, ils entendirent les craquements caractéristiques des pressions de glace et le ressac de la mer. Le lendemain, ils arrivèrent, près des «Iles Hayes», en face de la mer libre dont les flots se précipitaient rapidement vers le nord. La partie sud du Sund Austria s'était transformée en une mer libre; à une trentaine de pas, elle fouettait le bord de la glace, et nos voyageurs n'avaient pas la moindre embarcation. Après avoir erré pendant deux jours, au milieu d'une terrible tempête de neige, ils réussirent à contourner l'abîme, en longeant les parois de glaciers très étendus; et, le 21 avril, ils constatèrent avec une profonde satisfaction que la glace n'était pas encore brisée, à la hauteur du Cap Francfort; ils pouvaient donc passer; ils allaient donc être sauvés, si toutefois leur navire n'avait pas été emporté ou brisé. Ce dernier souci leur fut enlevé, le 26 avril. Ils retrouvèrent leur bâtiment à l'endroit où ils l'avaient laissé: au sud de l'Ile Wilczek. Ils consacrèrent quelques jours au repos, et ils en avaient grand besoin, car pendant leur excursion ils avaient tous tirés les traîneaux, huit à dix heures par jour, et n'avaient donné que cinq heures par jour au sommeil; la disproportion entre le travail et l'effort avait épuisé leurs forces, quoiqu'ils eussent eu un supplément de nourriture fourni par huit ours blancs qu'on avait tirés pendant le voyage.

Au commencement de mai, troisième voyage. Il est entrepris par M. M. Brosch, Haller et Payer, avec le traîneau à chiens. Cette fois, c'est vers l'ouest qu'on se dirige. A cinquante kilomètres du navire, on arriva à une haute montagne dont on fit l'ascension et à laquelle on donna le nom de «Cap Brünn». On reconnut que son sommet, situé à 1520 mètres d'altitude environ, était le point culminant de cette région montagneuse déchiquetée par de nombreux fjords. On découvrait le pays à peu près jusqu'au 46ᵉ degré de longitude est. D'épaisses glaces amoncelées couvraient la mer vers le sud jusqu'à l'horizon.

Lorsque cette excursion fut terminée et que le lieutenant de vaisseau Weyprecht eut mesuré une base sur la glace près du bâtiment, on put admettre que l'expédition avait fait tout son possible pour s'acquitter de la tâche que lui avait été confiée, et l'on ne pensa plus qu'à retourner en Europe. On se prépara à ces nouvelles fatigues par un repos général. Les hommes du Tegetthoff dirent un dernier adieu au compagnon dont ils laissaient la tombe dans ces solitudes et à la terre qu'un glaçon en bonne humeur, selon l'expression de Payer, leur avait fait découvrir.

Les chefs de l'expédition tinrent conseil, ils reconnurent qu'ils ne pouvaient rester plus longtemps, le Dr. Kepes estimant que ce serait compromettre la santé de l'équipage; le 20 mai 1874, ils se décidèrent, à regret, à quitter leur cher Tegetthoff. Il fallut abandonner les grandes collections zoologiques qu'on avait commencées, les peaux d'ours, une partie considérable des provisions et mille autres choses; on ne put emporter que ce qui était absolument nécessaire à la vie. On partit avec quatre bateaux et quatre traîneaux, contenant chacun 700 kilogrammes de provision, et on se dirigea vers le sud.

Voici en quels termes Payer décrit cette pénible retraite. «Le soir du 20 mai, on cloua les pavillons au navire, et le retour dans la patrie commença. Nous étions pauvrement équipés, car les circonstances nous forçaient à renoncer à toutes nos aises. Chacun de nous n'emportait que les vêtements qu'il avait sur le corps et une couverture pour dormir dedans. Lorsque nous eûmes atteint le bord de la glace de terre, qui était encore soudée, il nous fallut, avec nos bateaux et nos traîneaux, monter et descendre, de glaçon en glaçon et franchir de petits précipices. Au bout du deuxième mois de ces pénibles efforts, nous n'étions pas encore à plus de 15 kilomètres du bâtiment abandonné. Il semblait que nous n'eussions plus que la ressource désespérée d'y retourner et d'y passer un troisième hiver, avec la certitude de succomber. La glace était complètement fermée; plusieurs fois, il nous fallut rester dans nos bateaux, une semaine entière sur un glaçon, et attendre qu'il plût à la glace de s'ouvrir et de former des canaux. Cependant les vents du nord, pendant la seconde moitié du mois de juillet, élargirent quelques fissures et de petites places libres; une pluie persistante diminua l'épaisseur de la glace; il nous fut dès lors possible de parcourir

450 kilomètres en vingt jours tantôt en tirant nos bateaux et traîneaux sur la glace, tantôt en nous frayant un passage la hache à la main, ou en passant sur des ponts improvisés au moyen de perches, tantôt enfin en ramant ou même en allant à la voile. Tout nous prouvait qu'il serait impossible d'arriver cette année, même avec un navire, à la terre nouvelle. Au commencement d'août, nous observâmes pour la première fois dans les glaces les effets de la lame, ce qui nous indiquait le voisinage d'une mer libre, et nous nous reprîmes à espérer. Peu de temps après, nouveau contre-temps: nous étions encore une fois enfermés dans les glaces; mais ce nouvel emprisonnement ne dura que cinq jours. Le 14 août, nous étions délivrés. Le 14, nous arrivions à l'extrême limite des glaces; nous n'étions cependant qu'à la latitude de 77° 40′. L'année 1874, heureusement pour nous, était exceptionnelle. Grâce à cette circonstance fortuite, nous étions enfin sauvés des glaces, après avoir heureusement échappé à une série de dangers, après avoir obtenu une série de succès inespérés.»

Pendant nonante-six jours, les explorateurs autrichiens continuèrent à s'avancer, tantôt sur la glace avec des traîneaux, tantôt sur les flots avec des bateaux, dans la direction que leur indiquait la pointe sud de l'aiguille aimantée. Au bout de plus de trois mois, les provisions étant déjà notablement diminuées, ils retrouvèrent enfin la terre; le 18 août, ils arrivaient à Novaïa-Zemlia, près de la Péninsule de l'Amirauté; le soir du 24 août, ils rencontrèrent dans la «Baie Dunnen» deux schooners russes, qui étaient à la pêche. Les Russes, dans une noble émulation, se disputèrent l'honneur de reconduire les Autrichiens en Europe. Ceux-ci se décidèrent pour le schooner «Nikolaï», capitaine Féodor Voronine. Ils stipulèrent que, moyennant 1200 roubles de papier, les Russes changeraient leur itinéraire et, au lieu de se rendre à Arkhanghelsk, les conduiraient à Vardö. Le capitaine Veronine possédait un de ces petits livres que le comité de l'expédition au pôle nord avait fait imprimer pour les distribuer aux marins appelés à naviguer dans les mers polaires. Ce petit livre contenait une courte histoire des évènements accomplis en deux ans jusqu'en mars 1874, et des lettres adressées par des amis et connaissances aux membres de l'expédition. Ceux-ci eurent donc le plaisir d'avoir, aussitôt après leur délivrance, des nouvelles de leur pays.

Le bateau russe atteignit la terre au bout de douze jours: le 3 septembre, à 3 heures de l'après-midi, il aborda à Vardö. Il était temps d'arriver; les explorateurs avaient grandement besoin de se remettre de leurs longues épreuves; leur palais émoussé par la monotonie d'une nourriture consistant principalement en saumon et renne avait perdu la faculté d'apprécier les saveurs. Quant à l'habillement, on les aurait pris pour des sauvages. On acheta aussitôt des vêtements chauds pour les officiers et pour l'équipage. On se sépara de Voronine et on lui fit cadeau de trois bateaux; on conserva le quatrième, qui trouva, au retour, dans le musée de Trieste, une place qui lui était bien due. Le comte Wilczek, avec sa libéralité accoutumée, se hâta de faire remettre de l'argent à nos explorateurs, de sorte qu'ils purent prendre place sur le «Finnmarken» pour retourner dans leur pays.[1]

L'Autriche, grâce à ces hommes hardis, a remporté dans l'extrême nord une victoire scientifique que les autres nations lui envient; elle peut être fière de la découverte de la terre de François-Joseph, découverte faite par ses marins. Le retour des explorateurs qu'on avait cru perdus fut accueilli avec joie par tout ce que l'Europe comptait d'hommes instruits; de l'extrémité de la Norvège jusqu'à Vienne, ce fut une série de triomphes. Partout on s'empressait de venir féliciter respectueusement les hommes qui avaient fait de si belles découvertes, et surtout Payer et Weyprecht qui venaient d'inscrire si brillamment leur nom dans l'histoire de la géographie boréale. L'empereur d'Autriche décerna à chacun de ces deux officiers si distingués la croix de chevalier de l'ordre de Léopold. La Société de géographie de Paris envoya une députation les saluer. La ville de Vienne les reçut avec plus d'enthousiasme qu'elle n'en avait jamais témoigné à aucun des souverains qui étaient venus la visiter à l'époque de son exposition universelle. Des personnes sensées trouvèrent, il est vrai, que ces bruyantes manifestations étaient exagérées; la presse allemande, se bornant à de simple comptes-rendus, essaya même de tourner en dérision ces transports d'allégresse. Certainement, ils contrastaient avec l'accueil qui avait été fait aux hommes de la Hansa, revenant dans leur patrie après leur mémorable voyage sur un glaçon. Oui, l'Autrichien est vif, disposé à l'enthousiasme. Mais, après tout, ces honneurs, loin d'être exagérés, étaient bien mérités, et ils prouvaient que tout le monde en Autriche sait apprécier le mérite scientifique. Weyprecht lui-même, parlant de la réception faite par les Viennois à lui et à ses compagnons, disait que c'était un hommage rendu à la science, les hommes instruits prouvant ainsi jusqu'à quel point ils en avaient l'amour, les autres le respect.

La Terre de François-Joseph découverte par des Autrichiens fut vue, en 1879, par des Hollandais. Immédiatement après le retour de l'expédition de Nares, un Batavo-Américain, le Dr. Samuel Richard van Campen avait fait paraître un ouvrage (The Dutch in the arctic seas. Londres, 1876, 2 volumes), dans lequel il engageait les Hollandais, eux qui s'étaient autrefois distingués dans l'exploration pratique des régions polaires, à ne pas

---

[1] Julius Payer: «Die œsterreichisch-ungarische Nordpolexpedition in den Jahren 1872—1874.» (L'expédition austro-hongroise au pôle nord, pendant les années 1872—1874 avec une esquisse de la seconde expédition allemande au pôle nord en 1869—1870, et de l'expédition polaire de 1771.) Avec 146 illustrations et trois cartes. Vienne, 1876, in-8°.

se laisser distancer par d'autres nations et à diriger vers le pôle nord quelque sérieuse entreprise.

Ces exhortations s'adressaient à des esprits bien préparés; il ne tarda pas à se former un comité hollandais, qui se proposait de réaliser ces vœux. Dans la réunion qu'il tint à La Haye, le 17 novembre 1877, on décida d'envoyer un navire, en mai 1878, dans les eaux du Spitzberg et de Nováia - Zemlia, mais pour une saison seulement. On poussa activement la construction et l'armement du schooner-yacht «Willem Barents» (de 85 tonneaux) destiné à l'expédition hollandaise aux mers boréales. Ce bâtiment était de bois, mais organisé pour résister à la pression des glaces.

Par mesure de précaution, on embarqua des provisions pour dix-huit mois et tout ce qui était nécessaire pour passer un hiver, s'il le fallait, dans les régions boréales. L'équipage n'était que de douze hommes, mais tous matelots d'élite; le commandement du bâtiment était confié à A. de Bruijne, lieutenant de vaisseau de première classe. Sous ses ordres, deux officiers plus jeunes prirent part à l'expédition. L'un d'eux était le lieutenant L. R. Koolemans Beynen; il s'était embarqué, avec Sir Allen Young, sur la Pandora, en 1875, et en 1876 il avait croisé dans le Sund de Smith; en 1879, il se suicida à Bornéo, pendant un accès de fièvre. L'autre était le lieutenant H. M. Speelman. Il y avait encore le Dr Sluijter, naturaliste, et le Dr. P. J. Hymans van Anrooy, médecin, enfin l'anglais W. J. A. Grant, photographe. Le drapeau tricolore hollandais allait donc, après plus de cent ans d'absence, flotter de nouveau dans la zone boréale. Il importe de remarquer que cette expédition n'était pas l'œuvre du gouvernement hollandais ou de quelques riches particuliers, mais que ses frais étaient couverts par des souscriptions volontaires du pays tout entier. C'était réellement la nation hollandaise qui, avec le concours des membres de la famille régnante, retournait dans des mers où jadis elle s'était acquis une gloire impérissable.

Le 6 mai 1878, le Willem Barents partit d'Ymuiden, à l'entrée du nouveau canal d'Amsterdam, pour le nord. L'expédition se proposait principalement de suivre l'itinéraire inauguré autrefois par le navigateur, dont on avait donné le nom au petit schooner-yacht, et de vérifier, avec toutes les ressources de la science moderne, les assertions de l'illustre devancier; en outre, de faire des observations magnétiques et d'histoire naturelle, de prendre des mesures de courants ainsi que des mesures de profondeur en pleine mer, et de former une école de marins exercés à la navigation dans les mers polaires. Après être arrivé à Bergen, le 18 mai, et s'y être arrêté, le navire résista brillamment à une série de tempêtes. Le 7 juin, on aperçut une montagne de l'Ile de Jan Mayen où on se proposait d'aborder: «le Beerenberg». Mais le bâtiment fut emporté plus loin et l'on reprit la direction du nord. On trouva le bord des glaces du Groenland oriental, par 72° de

35*

latitude nord et 10⁰ de longitude à l'ouest de Greenwich. On longea ces glaces jusqu'à 80⁰ de latitude nord; ensuite on se dirigea vers le Spitzberg, dont on inspecta la côte nord jusqu'à la Baie Wijde. La tempête du nord qui ne cessait de souffler, ne permit pas au Willem Barents de s'éloigner à plus de 70 kilomètres de la côte. On revint donc à l'île d'Amsterdam. Le 27 juin, on restaura le cimetière hollandais, et l'on mit en place une pierre commémorative préparée exprès avant le départ. Elle portait cette inscription: «In memoriam. Spitzberg, découvert par les Hollandais, jusqu'au 79ᵉ degré, 30 milles de latitude nord. Jakob Seegersz, de Middelburg, et six autres marins passèrent ici l'hiver de 1633 à 1634. Andriez Jansz de Middelburg, et six autres marins passèrent ici l'hiver de 1634 à 1635 et y moururent». On fit une série d'observations magnétiques à l'endroit où Sabine avait autrefois installé son observatoire, puis on se dirigea vers le sud. Le 6 juillet, on passa devant la Terre du prince Charles. Le 15, on atteignit l'Ile de l'Ours. Après avoir abordé à Vardö et y avoir laissé ses lettres, le Willem Barents se remit en route, le 23; il se dirigea alors vers Novaïa-Zemlia, et faisant sa trouée dans les glaces qui limitent au nord la Mer orientale du Spitzberg ou la mer de Novaïa-Zemlia, il arriva, le 3 août, à 77⁰ 51′ de latitude nord, par 44⁰ de longitude à l'est de Greenwich et, le 8, à 77⁰ 44′ de latitude nord, par 36⁰ de longitude à l'est de Greenwich; puis il fit route au sud-est, vers l'entrée occidentale du Malotchkine Char, et remonta la côte ouest de Novaïa-Zemlia jusqu'au voisinage du Cap Nassau, d'où il entreprit une troisième poussée vers le nord. Le 7 septembre, il atteignit la latitude de 78⁰ 17′, dans le méridien de la terre de François-Joseph (55⁰ de longitude est), là, longeant le bord des glaces, il fit route vers l'ouest. Le 26 septembre, il était à Hammerfest.

Le comité qui avait organisé cette expédition hollandaise dans les mers polaires, s'était assuré le concours du ministre de la marine pour une seconde expédition, décida de faire repartir le Willem Barents en mai 1879. Les frais de ce second voyage, estimés au minimum à 20000 florins, furent couverts de nouveau par des souscriptions nationales. Le 3 juin, le bâtiment commandé, comme l'année précédente, par le lieutenant de Bruyne, partit pour son second voyage qui cette fois devait être constamment favorisé par le beau temps. On estimait que cette expédition devait durer dix mois. Le 13 juillet, le Willem Barents quittait Vardö; sept jours plus tard, il atteignait la limite des glaces flottantes par 76⁰ 30′ de latitude nord et 41⁰ de longitude à l'est de Greenwich. Il retourna alors au sud jusqu'au-delà du 70ᵉ degré, au voisinage de Kalgouïev (27—28 juillet), et le 7 août, il se trouva devant le Matotchkine Char. La longueur de la traversée s'explique suffisamment par ce fait que l'on fit des dragages presque tous les jours. Le 13 août, le Willem Barents put traverser le détroit, sans obstacles; mais la mer de Kara était pleine de glaces flottantes. Il retourna à la Baie Goubine située au sud du détroit; il y ancra, et le 18, il rencontra l'Isbjorn, venant de la Mer de Kara. Les deux bâtiments traversèrent le sund. Le Barents décrivit un vaste cercle vers le nord; le 27 août, il arriva près du Cap Petermann, et le 29 près du Cap Nassau. On plaça sur la plus orientale des Iles Barents la pierre commémorative que l'on avait apportée. Comme l'année s'avançait, on renonça à se diriger vers le port de glaces dans lequel Barents avait hiverné. On remonta, d'abord dans des eaux libres, puis au milieu des glaces flottantes, jusqu'au delà de 79° de latitude nord, par 54° 20′ de longitude à l'est de Greenwich. Le 7 septembre 1879, on aperçut, à 30 kilomètres de distance environ, la partie la plus méridionale de la terre de François-Joseph : l'Ile Mac Clintock, avec ses hautes montagnes couvertes de neige. C'était la première fois qu'elle était en vue, depuis sa découverte par les Autrichiens. Le navire s'approcha jusqu'à 1 kilomètre de la ceinture de glaces qui entourait l'île; mais il reprit sa marche vers le sud, sans essayer d'aborder, car l'hiver s'annonçait mal. Le retour, du reste, ne fut pas favorisé par le beau temps; le Willem Barents essuya plusieurs tempêtes. Le 28 septembre, il jeta l'ancre à Hammerfest. Peu de temps après, il retourna à Ymuiden.

Le 14 août 1880, l'anglais Leigh Smith a atteint la Terre de François-Joseph, avec le yacht à vapeur «Cira». Il a suivi la côte vers l'ouest, jusqu'à 45° de longitude à l'est de Greenwich et 80° 20′ de latitude nord; de là, on apercevait la terre se poursuivant jusqu'à 60 kilomètres plus loin vers le nord-ouest.

SAUVETAGE DE L'EXPÉDITION AUSTRO-HONGROISE.

# DÉCOUVERTE DU PASSAGE NORD-EST PAR NORDENSKIÖLD.

L'importance du passage nord-est a été expliquée dans l'introduction de cet ouvrage. La découverte de cette route par Nordenskiöld: voilà le plus beau succcès remporté jusqu'à ce jour, dans les explorations polaires.

On sait du reste quel à été le retour triomphal du grand navigateur et quelles glorieuses acclamations l'ont salué du Japon jusqu'en Suède, par l'Egypte, l'Italie, le Portugal, l'Angleterre, la France et le Danemark.

La Mer de Kara est pour ainsi dire la porte du passage nord-est. Néanmoins les premiers qui, dans ces derniers temps, s'efforcèrent d'ouvrir cette porte à la navigation ne portaient pas leurs regards jusqu'au détroit de Béring. Guidés surtout par des intérêts commerciaux, comme les premiers marins d'Europe qui', il y a trois cents ans et davantage, étaient venus jusqu'à cette mer et avaient essayé, mais en vain, d'en refouler ses glaces devant la proue de leurs navires, les derniers-venus se préoccupaient surtout d'établir une route commerciale entre le nord de l'Europe et ces fleuves de Sibérie, qui pénètrent profondément jusque dans le cœur de l'Asie.

Le premier qui visa franchement ce but fut le capitaine anglais Wiggins, de Dundee, qui partit, en 1874, sur le vapeur Diana, appartenant à Lamont. La Diana leva l'ancre, le 4 juin 1874, elle arriva à Tromsö et à Hammerfest, où l'on dit au capitaine que l'accès du golfe de Kara était absolument impraticable. Sans se laisser effrayer, il se dirigea vers le détroit de Vaïgatch, où il arriva le 26 juin. L'entrée de ce détroit était presque complètement libre de glaces. La Diana, continuant sa route, longea la côte sud-est de la terre des Samoyèdes; elle rencontra la glace à une distance de 5 kilomètres à 6,6 kilomètres du rivage. On fit voile ensuite le long de la côte orientale, et l'on fut malheureusement obligé de s'arrêter trois semaines à l'Ile Lütke, car la glace amoncelée contre la terre ne permettait pas de monter vers le nord. Près de cette île, l'expédition rencontra des chaloupes et un schooner norvégiens qui faisaient la chasse aux phoques et aux morses. La Diana partit aussi tôt que possible pour le Golfe de Moutanir où elle fit des observations. Un violent ouragan l'empêcha de pénétrer plus avant; aussi, le 3 août, le bâtiment retourna-t-il à la côte; il arriva, le 5, à l'embouchure du golfe de l'Ob. On constata que la position de l'Ile blanche était inexactement indiquée sur les cartes et qu'elle s'y trouvait à 110 kilomètres environ trop à l'ouest. On trouva, en traversant le golfe, à une distance de 32 kilomètres environ, une île de sable qui ne

LE PROFESSEUR NORDENSKIÖLD.

dépassait que peu le niveau de la mer. On ne pouvait continuer l'exploration, car de violents orages sévissaient sur la mer couverte d'épais brouillards; le petit bâtiment ne pouvait résister à l'impétuosité des vagues; de plus, le capitaine redoutait les écueils. Le retour à l'Ile blanche était difficile. Vers le nord, au contraire, la mer était complètement ouverte et l'on avait tout lieu de croire que l'on arriverait directement à la mer boréale et au détroit de Béring.

Cependant la Diana n'avait été approvisionnée de vivres que pour une saison; il fallait donc retourner. Le 25 août, on partit de l'île Blanche; le golfe de Kara était complètement libre; Wiggins essaya de venir aussi vite que possible à la côte occidentale de la Nouvelle-Zemble; il pensait y trouver au Cap Nassau l'expédition autrichienne de Payer, qu'il était chargé de secourir au besoin; mais balloté ça et là par les tempêtes, il arriva à Hammerfest, sans l'avoir rencontrée; une heure après lui, elle venait y jeter l'ancre. Le capitaine Wiggins s'était convaincu que le Golfe de Kara était complètement libre de glaces jusqu'au milieu d'octobre. Quelques navires norvégiens y restent jusqu'à cette époque. Il ne voyait aucune raison qui pût empêcher l'établissement de communications annuelles par bateaux à vapeur, entre l'Angleterre et l'Ob; seulement, il fallait commencer par entreprendre un voyage d'explorations exactes. De bons vapeurs à faible tirant d'eau devaient être les bâtiments les plus propres à l'accomplissement de cette tâche. Nous ferons observer que jusqu'alors aucun navire ne s'était avancé aussi loin que la Diana vers l'est dans l'Océan glacial sibérien: savoir jusqu'à 76⁰ de latitude nord et 82⁰ ¹/₂ longitude à l'est de Greenwich, c'est-à-dire non seulement au-delà de l'embouchure de l'Ob, mais aussi au-delà de l'embouchure de l'Iéniceye.

Dès l'année suivante, le but auquel visait Wiggins fut plus qu'atteint: il fut même dépassé, car une expédition suédoise, dirigée par le professeur Nordenskiöld franchit l'embouchure de l'Ob et atteignit celle de l'Iéniceye. Sur le yacht «Pröven», qui avait été équipé par le généreux négociant Oscar Dickson, de Götaborg, se trouvaient, indépendamment de Nordenskjöld lui-même, deux botanistes (le Dr. F. Kjellmann, qui avait déjà pris part à l'expédition polaire suédoise de 1872—1873 et le docent N. Lundström) et deux zoologistes (le Dr. H. Théel et l'étudiant Anton Stuxberg). L'équipage du bâtiment se composait du capitaine J. N. Isakson et de 12 pêcheurs de baleine norvégiens.

Le 8 juin 1876, cette expédition quitta le port norvégien de Tromsœ; le 17, elle doubla le Cap nord; en six jours, elle atteignit Novaïa - Zemlia. Pendant le trajet, on se livra avec zèle, autant que l'état de la mer le permettait, à des sondages, à des études sur la vie animale dans la mer, à des déterminations de la température de l'eau aux diverses profondeurs, etc. Du 25 juin au 13 juillet, les Suédois jetèrent l'ancre en divers points de la côte occidentale de l'île sud de Novaïa - Zemlia: dans la petite Baie Karmakouly, dans la Baie Besimennaïa (sans nom) et dans le Matochkine Char. A partir de ce détroit, la mer, le long de la côte, était libre de glace, mais au nord, elle ne l'était plus. L'expédition ne put donc mettre à exécution son plan primitif qui était de doubler Novaïa-Zemlia par le nord; il ne lui restait plus qu'à pénétrer dans la Mer de Kara, cette mer si redoutée, en franchissant l'une des trois portes qui y donnent accès: le Matotchkine Char, le détroit de Kara ou le détroit d'Iugor. L'expédition de Nordenskjöld reconnut que le premier et le second, c'est-à-dire la porte septentrionale et celle du milieu étaient obstruées par les glaces à tel point qu'il ne fallait pas songer à les franchir. On fit donc voile en arrière, vers le sud, pour tenter le passage du détroit d'Iugor. Après un léger arrêt à l'île de Vaï-gatch, que les savants suédois étudièrent en partie, on passa heureusement le détroit au commencement d'août; la Mer de Kara était complètement libre de glace, quand on y arriva. On se dirigea vers le milieu de la Péninsule Yalmal. Le vent était excessivement faible, mais cette circonstance était avantageuse pour cette expédition scientifique, la première qui traversât ces eaux, car elle lui permettait de pêcher journellement avec le filet dragueur et d'opérer des travaux hydrographiques. Le 8 août, on atteignit la côte nord-ouest de la péninsule Yalmal, où les Suédois ne descendirent à terre que pour quelques heures; puis ils firent voile plus loin vers le nord, jusqu'au moment où par 75° 30′ de latitude nord et 82° 30′ de longitude à l'est de Greenwich, des champs de glace impénétrable leur barrèrent la route dans cette direction. C'est presque avec une exactitude mathématique en ce même point que Mack se trouvait, le 12 septembre 1871, alors qu'il notait expressément: «point de glace en vue». Ce point, du reste, est fort au nord, ou plus exactement au nord-est de la péninsule Yalmal, qui ne s'étend que jusqu'à 73° de latitude boréale. Déjà à cette hauteur, les Suédois auraient donc dû tourner vers l'est, pour arriver dans le Golfe de l'Ob; depuis ce moment, ils suivirent le bord de la glace vers l'est; ils se dirigèrent enfin vers la côte septentrionale de l'embouchure de l'Iéniceye où ils mirent à l'ancre, le 5 août, en hissant le pavillon suédois. Le grand but depuis longtemps visé était atteint!

Ce ne fut pas là toutefois le seul succès obtenu par les Suédois, il s'en faut de beaucoup; la fin de leur expédition fut plus utile encore à la science géographique. A «Port Dickson», situé à l'embouchure de l'Iéniceye, (c'est ainsi qu'ils avaient nommé le lieu où ils avaient ancré), ils se divisèrent, conformément au plan qui avait été adopté. Nordenskiöld, accompagné de Lundström, de Stuxberg et de trois hommes, remonta l'Iéniceye à la voile dans un bateau à rames norvégien qu'il avait emporté à cet effet; il voulait revenir en Europe par Touroukhansk et Jénisséisk. Le «Pröven» reçut la mission de passer s'il était possible par la pointe nord de Novaïa-Zemlia. Nordenskiöld confia le commandement de cette partie de l'expédition au docteur Kjellmann, qui était très au courant de la navigation dans les eaux arctiques. Le «Pröven» quitta Port Dickson, le 19 août, et se dirigea vers le nord-est de Novaïa-Zemlia. Dès le 23 août, le yacht se trouvait à 75° 24′ de latitude nord et à 66° 24′ de longitude à l'est de Greenwich, c'est-à-dire un peu au sud du cap Middendorf. Cette circonstance singulière ne peut s'expliquer que par un très violent courant nord-ouest, allant de l'Ob et de l'Iéniceye à la Mer de Kara. Près du Cap Middendorf, on rencontra de la glace qui s'étendait vers l'est jusqu'aux limites de l'horizon; le yacht fut arrêté pendant six jours par les calmes. Pendant ce temps on dragua beaucoup et avec grand succès. La vie animale dans ces parages est extraordinairement abondante au fond de la mer, car il suffisait d'y laisser le filet dragueur pendant quelques minutes pour qu'il fût rempli d'animaux: astéries avec toutes les nuances du rouge par centaines, nombreux et énormes alecto, en forme de buissons, crustacés et mollusques. Le 28, on recommença à marcher; on passa devant un grand nombre d'immenses glaciers qui descendaient dans la mer. La côte était abrupte. Le lendemain, on jeta l'ancre dans la Baie Udde. La végétation maritime était extraordinairement exubérante, circonstance d'autant plus remarquable aux yeux de notre expédition que la Mer de Kara passait jusqu'alors pour être absolument privée de toute vie végétale. Par contre, la végétation à terre était excessivement clair-semée. Ça et là on apercevait quelques saules rabougris; il n'y avait que le pavot couleur de sang qui portât encore des fleurs; encore l'automne les avait-il déjà détruites presque toutes. La nature paraissait en proie à une désolation indescriptible. Le 3 septembre, le Pröven entra dans l'embouchure du Matochkine Char, qui cette fois pouvait être traversé et où l'expédition resta jusqu'au 11. Elle partit ensuite pour l'Europe; le 3 octobre, elle arriva dans le port de Tromsœ.

Le retour de Nordenskiöld et de ses compagnons, par l'Iéniceye, puis par la voie de terre, à travers la Sibérie, ne fut pas moins remarquable. Le bateau de Nordenskiöld quitta l'embouchure de l'Iéniceye, le 19 août, comme le «Pröven»; on le dirigea vers les basses îles rocheuses et désolées, que les cartes russes désignent sous le nom de «Siévéro-Vostochnyié Ostrovy» (Iles du nord-est). Elles sont situées à peu près vers 73º de latitude nord, tout près de la côte de Sibérie et au delà de l'estuaire. Les chenaux entre ces îles sont assez profonds même pour de grands navires. Poussés par un vent favorable, les Suédois arrivèrent en 42 heures au «Cap Chaïtanskiye» (Cap du Diable) qui se trouve dans l'estuaire, rive droite; ils s'étaient ainsi avancés de plus d'un degré vers le sud. Sur toute cette étendue, ils n'abordèrent qu'à Iévrémov Kamen et près de Krestovskoye. Iévrémov Kamen est la dernière saillie rocheuse de la rive orientale de l'Iéniceye; ce promontoire dolomitique, de forme singulière, s'élève à 15 ou 20 mètres de hauteur. C'est là que l'on vit pour la dernière fois de véritables animaux marins; on recueillit une appendicularia, un élio, de grands béroïdes, diverses méduses, etc. De même qu'à l'ancrage du Pröven, la végétation se montra très différente de celle de Novaïa-Zemlia. Les grands buissons et même le bouleau nain faisaient complètement défaut et l'on n'apercevait aucun coin de terre recouvert de gazon. Krestovskoye est un «simovié» (lieu où l'on habite hiver comme été), abandonné maintenant, et qui, à en juger du reste sur l'aspect des maisons, doit avoir eu jadis son époque de splendeur. Lorsque les Suédois y arrivèrent, tout ce qui pouvait avoir quelque utilité en avait été retiré, et l'on ne trouvait plus un clou sur les murailles. Au voisinage des bâtiments, la végétation ailleurs si maigre, était tellement luxuriante qu'elle était même un obstacle au passage. La température de la surface de l'eau était, à l'embouchure de l'Iéniceye de 7° 8′ C., près de Iévrémov Kamen de 2°, 5′, et près de Krestovoye de 11°; cette dernière demeura constante. La couleur de l'eau était brune, mais elle était fréquemment troublée par la présence de ruisseaux et de rivières argileuses.

Un peu au sud de Iévrémor Kamen, des bancs de sable de 6 à 12 mètres de hauteur et en pente douce du côté du fleuve, occupent la rive orientale de l'Iéniceye. C'est là que commence la toundra sans bornes, plaine légèrement ondulée formée de marais et de bourbiers, hérissée d'une maigre végétation, dont la période de floraison était passée. Par contre, nos Suédois trouvèrent, au Cap Chaitanskiye, une foule de baies mûres d'un excellent goût, parmi lesquelles l'airelle rouge et l'oxycoque. Ce point est également le plus septentrional où pousse le bouleau nain; c'est en même temps, d'après la découverte d'une Physa faite par le docteur Stuxberg, le point le plus septentrional où se rencontrent les mollusques terrestres et les mollusques d'eau douce. On arriva ensuite à Sopotchnaya Kirga, promontoire s'avançant au loin dans l'Iéniceye, précédemment habité. Des monceaux de bois flottés, des troncs entiers aux branches et aux racines arrachées y sont accumulés dans un chaos incroyable. Les troncs les plus rapprochés de l'eau étaient encore verts et en bon état; parmi les plus éloignés il y en avait qui certainement étaient arrêtés là depuis des siècles et qui étaient en pleine putréfaction. Dans les intervalles, des trous remplis d'une eau noire et fétide. Ces accumulations de bois se trouvent partout à l'embouchure du fleuve; plus haut on ne rencontre plus que des troncs isolés; et encore y a-t-il des endroits où on n'en trouve pas.

Les étangs d'eau douce étaient nombreux; leurs bords étaient couverts de mousse; ces étangs étaient pleins d'épinards, de branchiopodes et d'autres crustacés d'eau douce. Le botaniste put recueillir diverses herbes et plantes aquatiques, que l'on ne rencontre pas à des latitudes boréales plus élevées, le «Carex chondrorhiza», «l'Hippuris vulgaris», le «Juncus castaneus», etc. Plus haut, dans des lieux secs, on trouvait «l'Empetrum nigrum» et «l'Andromeda tetragona», tandis qu'au versant abrupte du promontoire on admirait une luxuriante végétation d'herbages d'un pied de hauteur. Par contre, cette localité était excessivement pauvre en mammifères, en oiseaux et en insectes; à peine même apercevait-on quelques trous et sentiers de lemmings, tandis qu'à la Nouvelle-Zemble on ne pouvait faire un pas sans en rencontrer.

On s'arrêta ensuite à l'embouchure de la petite rivière Ménékine, affluent de l'Iéniceye par la rive droite; ici nos explorateurs s'adjoignirent pour guide un cosaque, Féodore. On constata, par l'observation du soleil,

36*

que depuis la précédente halte on s'était avancé de 40 kilomètres environ vers le sud; la vallée du Ménékine est bien mieux protégée que Sopotchnaïa-Kirga contre les vents qui soufflent de la mer Polaire; on le reconnaît immédiatement à la plus grande abondance de la végétation. Les Suédois remarquèrent immédiatement des buissons d'aulnes («Alnus fructicosa») qui avaient près de 1,50 mètre de hauteur; il s'y trouvait maintes espèces bien connues, telles que le «Sanguisorba», le «Galium», le «Delphinium», «l'Hedysarum», le «Veratrum», etc.; mais de nouveaux types de plantes, «l'Alyssum», le «Dianthus», «l'Oxytropis», le «Saxifraga», le «Thymus», etc., apparaissaient sur les versants des collines de sable de l'intérieur du pays. Tandis que, dans les parties d'Yalmal visitées par les Suédois il n'y a ni petites pierres ni coquilles sous-marines, les unes et les autres se trouvent à l'est de l'estuaire de l'Iéniceye; les coquilles sous-marines forment même par places de véritables bancs. Elles appartiennent principalement à des espèces dont les Suédois avaient déjà vu, dans la Mer de Kara et dans la Mer de l'Ob-Iéniceye, les représentants vivants. Les recherches s'étendirent à la constitution géologique du littoral; elles élucidèrent, en certains points, la formation des toundra. Nordenskiöld invoque l'absence de grands blocs erratiques pour soutenir que cette région n'est pas d'origine glaciaire; il constata néanmoins des stries analogues à celles formées par les glaciers, mais susceptibles d'être interprétées autrement. Dans la partie nord de la Toundra, Nordenskiöld ne remarqua jamais de granit ou de gneiss parmi les pierres restant après lévigation du sable; ces pierres étaient généralement formées par diverses sortes de basalt, dans les grands pores duquel étaient engagés de la chaux et des zéolithes. Près du Cap Chaitanskiye, des couches de marne et de blocs de grès renfermaient des fossiles, dont quelques-uns étaient d'origine maritime; elles contenaient aussi des troncs d'arbres plus ou moins carbonisés ou pétrifiés. On y trouvait aussi, mais pas en grande quantité, des morceaux d'anthracite et de houille.

Le 26 août, les Suédois accompagnés du Cosaque dont nous avons parlé et de cinq autres Russes du pays, continuèrent leur voyage sur l'Iéniceye; ils passèrent devant le cap Gostinoye; ils se dirigèrent vers l'embouchure de la petite rivière Jakoviéva et vers les îles Briokhovski, les plus septentrionales de ce labyrinthe d'îles, qui remplit le lit de l'Iéniceye entre $69^1/_3^0$ et $70^1/_4^0$. Les savants suédois s'assurèrent que ces îles avaient pour base des bancs de sable charriés par le fleuve lui-même; sur ces bancs s'étaient accumulés, dans le cours du temps, des masses de bois flottés qui s'étaient recouvertes d'une épaisse végétation et avaient formé une épaisse couche de tourbe, laquelle constitue actuellement la partie émergeante de ces îles. Une station de pêche est établie sur l'île Nikandrov, car l'Iéniceye est ce nommé pour sa richesse en poissons comestibles. Nordenskiöld fit une collection de tous les poissons de ce fleuve, qu'il put se procurer et l'expédia à Stockholm. A Nikandrov, on emploie comme animaux de traits des chiens qui sont apparemment de la race groenlandaise. En général cependant, le chien n'est pas regardé comme propre aux longs voyages; c'est aux rennes que l'on a recours quand il s'agit de s'en aller au loin. Le temps étant favorable, on continuait à ramer; on vit successivement le simovié abondonné, au sud de Sopotchnoye Ostrov, puis le cap Maksyminskoye où l'on visita une famille de Samoyèdes, dans sa tente, et le «Tolstoye-noce» où se trouve un simovié, bien bâti, encore habité. A partir de ce point, l'expédition se hâta d'atteindre le dernier vapeur sur l'Iéniceye, à «Saostrovskoye», au voisinage de Doudinka (Doudinskoye) et elle arriva, le 31 août, à cette localité.

Nordenskiöld est complètement opposé à l'opinion des personnes qui considèrent la Toundra comme un vaste désert, couvert de glace et de neige et ne présentant que ça et là une maigre végétation. Il ne la vit ainsi que dans un seul endroit, dans une fente profonde de la vallée, et partout, notamment dans les îles du fleuve, la végétation lui apparut très luxuriante. La fertilité du sol, son immense étendue, l'abondance des herbes font de la Toundra d'excellents pâturages. Plus au sud, entre Touroukhansk et Iénicéisk, où s'étendent d'anciennes forêts à troncs élevés, ou dans les plaines presque inhabitées qui recouvertes d'une épaisse couche de terre noire (tchornosem) entourent Krasnoïarsk, la Toundra ne le cède pas en fertilité aux parties les plus fertiles de la Scandinavie, et en moyenne elle est plus fertile que ce pays.

Le 13 octobre, les Suédois arrivèrent, en bonne santé, à Iénicéisk, d'où ils continuèrent leur route jusqu'à Irkoutsk; ils avaient vu le fleuve majestueux, sur toute sa longueur. Telle est la première tentative faite pour ouvrir au monde les grandioses trésors naturels de la Sibérie. Le 17 novembre, Nordenskiöld et ses compagnons de voyage arrivèrent à Saint-Pétersbourg où ils furent reçus avec un enthousiasme bien mérité.

L'expédition avait excité le plus grand intérêt en Russie et en Sibérie. Sidorof et Latkin, membres de la Société russe pour la propagation du commerce, lui avaient envoyé à Tomsk un télégramme de salutation. Nordenskiöld avait dit, dans sa réponse: «Bientôt sera ouverte en Sibérie une grande voie commerciale par l'estuaire de l'Iéniceye et par l'Océan glacial.» En vérité, une grande œuvre était accomplie. Un but que de grandes nations maritimes avaient en vain visé pendant des siècles venait d'être atteint par une poignée de Suédois entreprenants! Aucun navire jusqu'alors n'avait réussi à pénétrer jusqu'à l'embouchure de l'Iéniceye; et même, dans les années précédentes, malgré les résultats obtenus par des marins suédois, on avait nié jusqu'à la possibilité de naviguer dans la Mer de Kara, couverte de glaces. Il suffit de jeter un coup-d'œil sur la carte pour reconnaître la portée de ce succès: les gigantesques bassins de l'Ob et de l'Iéniceye s'étendent au loin dans l'Asie jusqu'aux limites de la Chine, et la superficie qu'ils comprennent n'a pas moins de 5 723 788 kilomètres carrés; or tous les pays de l'Europe autres que la Russie n'embrassent pas plus de 4 494 894 kilomètres carrés. Il existe déjà un service régulier de navigation à vapeur sur l'Ob et sur l'Iéniceye; si la prévision de Nordenskiöld venait à se réaliser, les précieux produits d'une immense région de l'intérieur de l'Asie, les denrées de la Chine si recherchées arriveraient en Europe, au moyen de bateaux à vapeur, en peu de jours et presque aussi facilement que de la Petchora où se sont tout récemment développés la navigation, le commerce et l'exportation; mais la Petchora a une embouchure dangereuse pour les navires; son bassin ne comprend guère que 312 206 kilomètres carrés et n'a guère à exporter que des bois de charpente.

Lorsque la possibilité de traverser les bassins de l'Ob et de l'Iéniceye, déjà signalée par les bateaux preneurs norvégiens, eut été constatée de la manière la plus brillante par l'expédition de Nordenskiöld, d'autres navires, et même des bâtiments de commerce ne tardèrent pas à s'élancer sur ces traces, et depuis cette époque différents vapeurs et voiliers d'Angleterre, de Norvège et d'Allemagne ont fait régulièrement et heureusement, au fort de l'été, le transport des marchandises par mer vers l'Ob et l'Iéniceye. Nordenskiöld lui-même revint en 1876 en l'Iéniceye, pour ouvrir effectivement la nouvelle voie commerciale. Il avait été convenu cette fois qu'une partie de la société, sous la conduite du docteur Théel, transporterait des marchandises par terre en Sibérie et s'y rencontrerait, sur les bords de l'Iéniceye, avec Nordenskiöld qui s'y rendait par la voie maritime en transportant également des marchandises d'Europe. Malheureusement, le rendez-vous convenu ne devait pas se réaliser, non point à cause d'évènements naturels inattendus ou inévitables, mais par la jalousie des négociants de Sibérie: voyant leurs intérêts locaux menacés, ils surent empêcher que des marchandises meilleures ou à meilleur marché que celles qu'ils livraient eux-mêmes n'arrivassent à leurs pauvres compatriotes. On ne voulait pas croire en Russie à la navigabilité de la Mer de Kara; les Norvégiens, les Allemands et les Suédois avaient beau démontrer, par leur exemple, qu'il y avait là une voie commerciale conduisant en Sibérie; les Russes n'en voulaient rien croire, au début du moins.

Nordenskiöld quitta Tromsœ sur un vapeur nolisé par lui, l'Ymer, capitaine Ericson; en deux jours, il était au cap nord; il ne lui fallut que trois jours pour arriver de là jusqu'à Novaïa-Zemlia; dès le 30 juillet, il entrait dans le Matotchkine Char. Ils n'employèrent qu'un jour pour le traverser et pour arriver à la Mer de Kara; de tous côtés, cette mer était couverte de glaces flottantes. Un autre peut-être eût pensé que toute la mer de Kara était impénétrable, serait revenu timidement sur ses pas et aurait répandu des opinions erronées. Nordenskiöld s'avança le long de la côte, entre la terre et les glaces flottantes; il arriva en un jour jusqu'à la porte de Kara; dans son trajet vers la Péninsule des Samoyèdes, il fut arrêté quelques jours par les glaces; la glace diminuait le plus en plus vers le nord; à 72° de latitude nord, elle était déjà complètement disparue; en trois jours, Nordenskiöld, contournant la péninsule des Samoyèdes et l'Ile Blanche, et passant devant l'embouchure de l'Ob, franchissait le vaste trajet compris entre le 72ᵉ degré et Korepovskoye, situé fort avant dans l'Iéniceye. Il remonta le fleuve pendant 18 jours, sans grande difficulté; il ne s'arrêta que quand le tirant d'eau fut insuffisant; il attendit vainement, pendant près de trois semaines ses compatriotes qui devaient venir du sud. Il fallut, faute de toute organisation, débarquer les marchandises, en porter une partie sur l'eau qui était assez basse et les déposer tout bien que mal dans une station d'été; le 2 septembre, «l'Ymer» revint de l'Iéniceye en Suède, par l'Océan glacial, presque sans avoir vu de glace. Dans ce retour, «l'Ymer» traversa en six jours seulement toute la mer de Kara en décrivant un vaste circuit, par le nord, dans des eaux libres, et, ayant traversé heureusement l'étroit Matochkine Char, il rentrait, dès le 18 septembre, à Hammerfest.

La seconde partie de l'expédition, le Dr. Théel et ses compagnons, savoir le Dr. Frybom et le Dr. Arnell, Suédois, ainsi que le recteur Brenner et le Dr. Sahlberg, Finlandais, avaient déjà quitté Touroukhansk, le 13 juillet. il leur eut été facile de se trouver au rendez-vous pour la mi-août; le 17 août, ils étaient arrivés par vapeur jusqu'à l'île Nikandrov; mais personne ne voulut les conduire plus au nord, leur faire franchir les 40 kilomètres à peine qui les séparaient de Nordenskiöld; ils ne trouvèrent ni bateau à vapeur (ces bâtiments appartenaient tous à des négociants russes) ni bateau à rames; toutes leurs objurgations furent inutiles; on ne manquait pas de prétextes à leur opposer. Les efforts de Nordenskiöld pour donner de ses nouvelles et pour envoyer des messagers échouèrent également. Le Dr. Théel et ses compagnons étaient déjà en route vers le Sud quand ils reçurent un message leur annonçant que Nordenskiöld, après avoir inutilement attendu, s'était déjà mis en route pour retourner.

Tous les Russes ne méconnurent pas les découvertes de Nordenskiöld; il y eut au contraire, en Russie, des hommes éclairés qui virent immédiatement les avantages de la nouvelle route maritime et qui, avant qui que ce fût à l'étranger, cherchèrent à en tirer parti. En 1876, en effet, presque en même temps que Nordenskiöld, deux autres bâtiments s'engageaient sur l'Iéniceye: la «Tamise» et «l'Aurore boréale». Le premier de ces bâtiments avait été equipé par une société de négociants russes, à la tête desquels était le riche négociant et propriétaire sibérien Alexandre Sibiriakov. La Tamise avait été confiée au capitaine Wiggins; elle échoua à l'embouchure de l'Iéniceye. Le second de ces navires, commandé par le capitaine Schwanenberg, avait été expédié par Michael Sidorov.

Le 24 août 1877, le «Frazer», vapeur en fer, à hélice, également équipé par Sibiriakov, quitta Bremerhaven, sous la conduite du capitaine Dallmann, de Blumenthal, près de Brême, avec un chargement de tabac, de sucre et de machines, pour se rendre à Iénicéisk; il y échangea ses marchandises, et, après 42 jours d'absence, il rentra dans le port de Brême. En cette même année, le vapeur «Louise», capitaine Dahl, qui avait été expédié par Trapesnifov de Moscou, partit de Hull, traversa la mer de Kara, remonta l'Ob et l'Irtych jusqu'à Tobolsk et jusqu'à Hull, le tout en 65 jours. Le navire à voiles «l'Aurore boréale», qui avait hiverné sur l'Iéniceye, quitta, le 21 août, l'embouchure de ce fleuve, et traversant le Détroit de Kara, il atteignit, en bon état, le 16 septembre, le port norvégien de Vardö, où il apporta un petit chargement de produits sibériens, notamment de graphite. En 1878 également, un certain nombre de bâtiments prirent le chemin de l'Iéniceye. Le vapeur «Frazer», capitaine Nilsson, partit le 25, de Gothenburg; le vapeur «Léna», capitaine Johannesen, partit le 15, le navire à voiles «Express», capitaine Gundersen, était parti de Londres pour le même but. Ces trois bâtiments étaient expédiés par Sibiriakov. En outre, le 21 juillet, le baron Knoop, de Moscou, envoya le vapeur «Louise», avec le vapeur-remorqueur «Moscou» et trois goléares, de Cuxhaven vers l'Iéniceye, pour échanger diverses marchandises contre du blé; malheureusement la Louise échoua, sur la côte norvégienne, dans la nuit du 29 au 30 juillet, et il fallut l'envoyer en réparation à Bergen; mais l'équipage poursuivit sa route, sur le vapeur norvégien «Zaritza», capitaine Brunn, avec la partie non endommagée du chargement et en compagnie des autres bâtiments. Le «Neptun» enfin avait été expédié de Hambourg, le 14 juillet 1878, pour ouvrir des relations commerciales avec l'Ob; il arriva, le 13 août, à Radym, dans le Golfe de l'Ob ($66^0$ 30′ de latitude nord); il y déchargea ses marchandises et les remplaça par du blé de Sibérie; il repartit, le 24 août; en 13 jours, il revint à Hambourg. C'est la première expédition commerciale vers le nord de la Sibérie, avec frêt d'aller et frêt de retour, heureusement accomplie en un été. Dans l'été de 1879, Sibiriakov expédia deux navires, le vapeur «Samuel Owen», capitaine Glase, et le navire à voiles «Express», avec des marchandises, vers l'Iéniceye; en même temps partait du port de Brême, pour la même destination, un vapeur commandé par le capitaine Dallmann. Le vapeur «Neptun» avait été encore envoyé de Hambourg, vers l'Ob; il était commandé par le capitaine Rasmussen. En tout 6 bâtiments partant de ports anglais et un bâtiment partant d'un port allemand se dirigeaient vers l'Ob; il en partait trois pour l'Iéniceye, savoir: un de New-Castle, un de Gothenburg et un de Brême. Une partie de cette flottille avait déjà passé Vardæ, fin juillet. Seulement, elle trouva la mer de Kara barrée. Les capitaines rapportèrent que les trois entrées de la mer de Kara étaient barrées par les glaces, de telle sorte que, malgré six mois d'attente et de croisières, ils n'avaient pu réussir à forcer le passage. Cet été est, depuis 1874, le premier où la Mer de Kara ne se soit pas dépouillée de son revêtement de glaces; à la même époque, le detroit de Béring ne charriait qu'une quantité de glaces extraordinairement faible; il y a peut-être quelque rapport entre ces deux circonstances. Quoi qu'il en soit, le vapeur russe «Louise», dont le capitaine Dallmann attendit plus longtemps que les autres un changement de la situation, parvint, dans la première moitié de septembre, à forcer l'entrée du détroit d'Iugor, alors presque libre de glaces, et il atteignit, le 13 septembre, l'embouchure de l'Iéniceye. Après avoir débarqué ses marchandises (sucre, tabac, huile d'olives, pétrole), et avoir pris son chargement de blé qui était tout prêt, il retourna, le 21, mais, à la latitude du Matotchkine-Char et plus au sud, il rencontra d'immenses masses de blocs de glaces qui l'exposèrent au danger d'être bloqué; enfin il parvint à grand' peine à s'échapper de la mer de Kara par le détroit d'Iugor. Le 30, il atteignit Bremerhaven. La Louise rencontra, dans la Mer de Kara, le navire norvégien, Norland, capitaine Anderson qui, dès le 24 juillet, avait traversé le Détroit d'Iugor, et qui, sans être entravé par la glace, avait atteint l'extrémité nord de Novaïa-Zemlia. Le gouvernement russe se propose d'élever, à la pointe septentrionale de l'île Vaigatch, une station météorologique d'où l'on enverrait en Europe des télégrammes sur l'état des glaces dans la mer de Kara. En outre, le capitaine Moïséieff, de la marine russe, devait conduire, dans l'été de 1880, une expédition vers le Golfe de l'Ob, pour le mesurer et pour mesurer les embouchures du fleuve; ce capitaine devait, pour faciliter la navigation, tracer sur la carte les chemins praticables.

Ce qui précède suffit pour montrer que la Russie n'est pas disposée à se croiser les bras et à regarder tranquillement les autres nations venir chercher des richesses sur ses rivages. Loin de là; elle a compris la haute importance de la nouvelle route maritime qui lui promet en effet plus d'avantages, qu'à toute autre nation du Globe. Le «Golos» trace le tableau suivant de ces avantages espérés:

«Nos écoles de marine russes ont déjà formé un grand nombre de savants marins. L'un d'eux, le paysan livonien Kourssein, commandant le navire à voiles «Sibir» construit aux frais du négociant Trapesnikov, de Moscou, est le premier qui ait conduit directement un chargement complet sur un navire construit de matériaux russes. Aujourd'hui Mr. Trapesnikov a déjà fait partir trois grands navires à voiles, l'Ob, le Tioumen et la Na-dechda, de la Sibérie pour l'Europe. Les chefs et l'équipage de ces trois navires sont des élèves de nos écoles de marine; les 30 hommes qui forment l'équipage sont des marins expérimentés, pratiquant la mer depuis longtemps; ils fourniront l'année prochaine un nouveau contingent de capitaines. Nous ne manquons donc pas de marins; ce que nous fait défaut ce sont les navires; nous n'en avons jusqu'à présent qu'un petit nombre. Cependant la construc-tion des navires en Sibérie présente des avantages incontestables, et il y a lieu d'espérer que des hommes entreprenants seront séduits par ces avantages.

«La mer de Kara est une mer purement russe; ses trois débouchés occidentaux, le Détroit d'Iougor, la Porte de Kara et le Détroit de Matoch-kine opposent, jusqu'au commencement de juillet, leurs masses de glace comme des obstacles insurmontables aux étrangers qui viennent de l'Ouest, tandis qu'à cette époque, sous l'influence des eaux chaudes de l'Ob et de l'Iéniceye, la mer de Kara elle-même est déjà libre de glaces. Des navires russes, construits dans ces contrées et chargés à peu près sur place peuvent donc parcourir sans danger une grande partie de leur route, celle qui s'étend jusqu'aux embouchures susdites, à une époque où les étrangers ne peuvent que commencer à y pénétrer.

«Toutefois, le principal avantage pour les Russes, c'est que la construction des navires en Sibérie ne peut pas occasionner de grands frais, car ce pays contient d'excellents bois et l'Oural est riche en fer. Les navires, sans avoir à faire de courses inutiles, peuvent être chargés à proximité de leur chantier de construction, tandis que les navires étrangers, à peu d'exceptions près, sont obligés de venir ici, avec du lest à bord. Tous frais payés, un navire à voiles construit en Sibérie, peut couvrir au moins la moitié de ses frais de construction en débarquant son premier chargement. Il y a lieu de penser qu'avec le temps la construction des navires deviendra plus économique, mais que les frais de transport resteront les mêmes, parceque la quantité des marchandises à exporter augmentera plus rapidement que le nombre des navires qui pourront être construits dans le même temps. Pour les étrangers entrant, avec des navires chargés de lest, dans les estuaires de l'Ob et de l'Iéniceye, le gain sera faible en comparaison de celui qui sera réalisé par les armateurs russes ou plus exactement sibériens.

«Nous ne pouvons, nous Russes, espérer que nous réaliserons dans au-cune de nos autres mers un gain aussi assuré qu'ici. Les navires construits en Sibérie peuvent être vendus à des prix acceptables dans nos ports et dans les ports européens étrangers; ainsi nos ports européens pourront se procurer en peu de temps un certain nombre de grands navires qui, construits en Europe, reviendraient à des prix bien plus considérables.»

Déjà les deux premières expéditions de Nordenskiöld avaient montré définitivement et irréfutablement que la moitié occidentale du passage nord-est pouvait être considérée comme accessible au commerce. Ce passage lui-même devait être traversé d'un bout à l'autre, en 1878, par une expédition grandiose, dont les plans étaient dus au génie de Nordenskiöld qui la dirigea lui-même. Après des préparatifs considérables et de tout genre, Nordenskiöld ayant, l'année précédente, exposé dans un mémoire détaillé au roi Oscar le but de l'expédition, qu'il se proposait d'exécuter, le long des côtes septentrionales de la Sibérie, et l'importance du passage nord-est pour le commerce du monde en général, pour les pays scandinaves en particulier, l'expédition avait été équipée en grande partie aux frais du gouvernement suédois et du roi de Suède lui-même, et en partie aussi aux frais de Mr. Oscar Dickson, de Gothenburg et du Russe Sibiriakov.

ALBERT SIBIRIAKOF.

OSKAR DICKSON.

Le but de ce voyage de découvertes était de pénétrer de Novaïa-Zemlia vers l'est, de trouver, si possible, un passage le long du littoral sibérien; et finalement de revenir par le Détroit de Béring et le canal de Suez, en contournant ainsi toute l'Asie et toute l'Europe. On acheta à cet effet un vapeur-baleinier qui portait le nom de « Véga ». Ce bâtiment très fort, construit en chêne et revêtu d'une cuirasse de bois des Indes occidentales de 10 centimètres d'épaisseur, était le seul qui parût convenir pour l'expédition proposée; il jaugeait 590 tonneaux et avait une machine de 60 chevaux. La Véga prit à bord, indépendamment de la quantité de charbon nécessaire pour parcourir environ 15 000 kilomètres, des provisions de bouche pour deux ans environ; parmi ces provisions, les conserves notamment occupaient une place importante. Le navire principal conduisait un tout petit vapeur qui devait servir de bateau de sondage le long de la côte sibérienne, car on soupçonnait qu'en beaucoup d'endroits l'eau serait très peu profonde; du reste ce bateau allongé pourrait être utilisé sur les fleuves que l'on aurait l'occasion d'explorer. Les compagnons de Nordenskiöld dans ce mémorable voyage étaient le lieutenant Arnold Louis Palander, capitaine de la « Véga », le même qui commandait le « Polhem », en 1872 — 1873, le lieutenant E. G. Brusewitz, qui commandait en second, le Dr. H. R. Kjellmann, botaniste, le Dr. Anton Stuxberg, zoologiste, le Dr. Ernst Almquist, médecin et botaniste, le lieutenant Giacomo Bove, de la marine italienne, qui remplissait les fonctions de lieutenant, surveillait les chronomètres et faisait les observations astronomiques, le lieutenant Andreas Peter Hovgaard, de la marine danoise, et le lieutenant Oscar Fritiof Nordquist, du bataillon des chasseurs finlandais de la maison impériale russe, qui remplissait les fonctions d'interprète et qui en même temps se montrait zoologiste compétent. L'équipage

ARNOLD LOUIS PALANDER.

se composait de 16 matelots de la marine royale, que l'on avait choisis parmi 200 volontaires et de 3 chasseurs de morses. Dans la première partie de sa route, la « Véga » fut accompagnée par trois autres navires de Sibiriakof, navires dont il a déjà été question plus haut. Le vapeur « Frazer », capitaine Nilsson et le navire à voiles « Express », capitaine Gundersen, l'accompagnèrent jusqu'à l'embouchure de l'Iéniceye; la « Léna », petit vapeur de 100 tonnes, construit en acier Bessemer à Motala, et ayant à bord des provisions et du charbon pour 16 mois vint jusqu'à l'embouchure du fleuve de ce nom, sous la conduite du capitaine Johannesen.

La Véga partit de Gothenburg, le 4 juillet 1878; son chef Nordenskiöld devait s'embarquer à Tromsœ. Le vapeur y fut retenu par de violents orages; les baleiniers revenant de la mer de Kara disaient que les glaces y étaient très abondantes; cependant la Véga partit, le 25 juillet; le 30, elle atteignit le détroit d'Jougor; elle le franchit, le 1er août;

le 6 , elle arriva en bon état à Port Dickson, à l'embouchure de
l'Iéniceye.  On ne trouva pas de glaces dans la Mer de Kara; celles
que l'on rencontra près de l'île blanche, devant l'embouchure de l'Ob,
étaient très minces et insignifiantes.  Après plusieurs jours d'arrêt, la Véga,
accompagnée de la Léna, quitta Port Dickson, le 10 août.  Le même jour,
on vit de la glace, mais ce n'était que de la glace de baie; elle n'entrava
pas la navigation, que par contre un épais brouillard gêna beaucoup.  La
mer devenait de plus en plus salée, la température baissait peu à peu.  En
même temps, la vie organique au fond de la mer devenait plus abondante,
de sorte que, dans la nuit du 13 au 14 août, pendant laquelle la Véga était
ancrée à une glace flottante, le Dr. Stuxberg put amener à bord un grand

LA  VÉGA DOUBLE LE CAP ORIENTAL  (20 JUILLET 1879).

nombre de beaux types marins; quelques grands exemplaires de la très
curieuse Alecto Eschrichtii, de nombreux Asterias Linkii et Ponopla, etc.
etc.  Plus près de terre, le filet-dragueur fournit au Dr. Kjellmann quelques
grandes algues marines.  D'autre part, la vie animale et la vie végétale
supérieures étaient si pauvrement représentées à terre que la côte paraissait
un désert en comparaison des rivages rocheux du Spitzberg ou de la partie
occidentale de Novaïa-Zemlia.  Les oies d'eau, les hirondelles de mer et les
guillemots, que l'on rencontre par milliers au Spitzberg, faisaient complètement défaut dans ces parages.  Les mouettes et les lestris qui là font incessamment entendre leurs cris perçants, deviennent ici très rares et ne sont plus
représentés que par un ou deux genres.  Ils semblent moins belliqueux et
plus conciliants entre eux.  On ne trouve à terre, en nombre un peu considérable, que l'embérize de mer, six ou sept oiseaux de marécages et quelques
genres d'oies.  Ajoutons quelques gelinottes blanches, le chat-huant blanc et

une espèce de faucon, et nous aurons à peu près épuisé la faune ornithologique de cette région, du moins en ce qui concerne la bande de terrain visitée par l'expédition suédoise. En fait d'animaux à sang chaud, on ne rencontra au voisinage de la mer que quelques morses et quelques phoques, le Phoca barbata et le Phoca hispida. La mer, selon toute vraisemblance, est très riche en poissons. On chercha en vain de la poussière cosmique sur la glace, mais on y trouva des tâches jaunes dans lesquelles on reconnut une espèce de sable à gros grains, consistant exclusivement en magnéfiques cristaux de deux millimètres de diamètre. La nature de ces cristaux n'a pas été reconnue; toutefois il est évident qu'ils ne sont pas formés par un minéral ordinaire connu. Peut-être sont-ils constitués par quelque substance que la rigueur du froid précipite de l'eau de la mer et fait cristalliser.

Le 11 août, l'expédition atteignit ce que con appelle l'Ile de Taïmour; à la vérité ce n'est pas une île unique, mais tout un archipel d'îles et d'îlots, ces derniers constitués uniquement par des blocs de granite nus). Cet archipel est situé à 48 kilomètres environ plus au nord-est que l'île de Taïmour indiquée sur les cartes. La Véga resta quatre jours dans cette région insulaire et exécuta diverses recherches. Une baie, située dans un bras de mer entre l'île de Taïmour et le continent reçut le nom d'«Actinia», à cause du grand nombre d'animaux de ce nom qui furent ramenés par le filet-dragueur. La terre, libre de neiges, portait une épaisse couverture de mousses et de lichens. Ce sont là pour les rennes de bien meilleurs pâturages que ceux qu'ils trouvent au Spitzberg; cependant les vallées du Spitzberg sont peuplées de rennes; ici on n'en voit que quelques-uns, sans doute à cause des loups qui sont très nombreux. Les phanécogames étaient très rares, les mousses et les lichens très nombreux. Le Port Actinia serait certainement très propre à l'établissement d'une station météorologique.

Les glaces soudées s'étant amoncelées vers les îles septentrionales, Nordenskiöld essaya de passer par le détroit entre l'île de Taïmour et le continent, ce qui ne fut pas facile à exécuter, le passage le plus profond n'ayant que 1,6 mètre à 2 mètres de profondeur. Le plus fort étranglement du sund a encore 7,5 kilomètres.

Les brouillards intenses persistaient encore, le 18, lorsque la «Véga» et la «Léna» quittèrent la Actinia; le 19, elles atteignirent le Cap Tchéliouskine, le but principal de l'expédition, la pointe la plus septentrionale de l'ancien monde. Ce cap, le promontoire Tabin de Pline, n'avait été atteint jusqu'alors que par terre; nous savons qu'en 1742, le lieutenant Tchéliouskine y était arrivé en traîneaux; mais depuis trois siècles, toutes les tentatives faites pour y arriver par eau avaient échoué; l'expédition suédoise est la première qui ait résolu le problème. Ce cap est une pointe de terre basse; une baie la divise en deux; les deux bâtiments ancrèrent dans cette baie; ils

LA VÉGA FORCE LE PASSAGE DU CAP OMMAN, LE 16 SEPTEMBRE 1879.

célébrèrent leur succès en hissant leur pavillon et en tirant des coups de canon. D'après des observations astronomiques et des mesures de triangulation, la pointe occidentale se trouve à 77⁰ 36′ 37″ de latitude nord et à 103⁰ 25′ 5″ de longitude à l'est de Greenwich; la pointe orientale est plus au nord; elle se trouve à 77⁰ 41′ de latitude nord et à 134⁰ 1′ de longitude est; somme toute, le cap se trouve plus à l'ouest que ne l'indiquaient nos cartes. Dans l'intérieur du pays, les montagnes s'élèvent peu à peu jusqu'à 300 à 350 mètres. Comme la plaine, elles étaient couvertes de neige; ça et là seulement, dans les cavités des flancs des montagnes, on apercevait quelques tâches blanches. Quant au rivage, la plus grande partie était bordée de glace.

Le sol, argileux, est en partie dénudé, en partie recouvert d'un tapis d'herbes, de mousses et de lichens, semblable à celui du précédent lieu de débarquement. Les montagnes cependant ne consistaient pas en couches granitiques, mais elles étaient formées de couches schisteuses qui étaient abondamment entremêlées de cristaux et qui étaient traversées de fortes veines de quartz. Le Dr. Kjellmann ne trouva pas plus de vingt-quatre genres de phanérogames; ces plantes avaient toutes une tendance à prendre la forme de demi-sphères compactes. D'après le Dr. Almaquist, la végétation des lichens était très uniforme, bien que magnifiquement développée. Tous les phanérogames et cryptogames de ce sol étaient présents à l'extrême bord du rivage; nombre d'entre eux faisaient défaut vers l'intérieur des terres; on eût dit que toutes les plantes de la péninsule Tchéliouskine avaient cherché à émigrer plus au nord et n'avaient été arrêtées que par le littoral.

En ce point, la vie animale rivalise de pauvreté avec la vie végétale. On ne rencontra, en fait d'oiseaux, qu'un certain nombre de «Phalaropus», quelques espèces de «Tringa», un «Columbus» areticus, un vol très nombreux «d'Anser bernicla» et quelques eiders. Dans la mer voisine, presque complètement exempte de glaces, on vit quelques phoques, quelques passages de baleines blanches et quelques phoques, «Phoca hispida». Ici également il y avait très peu d'animaux à sang chaud. Par contre la drague ramena à la surface diverses grandes algues, des «Laminaria Agardhi», etc., ainsi qu'un grand nombre de genres d'animaux inférieurs, parmi lesquels de très grands exemplaires de «l'Idothea entomon», un isopode (crustacé à pieds égaux), qui se rencontre aussi dans la mer Baltique et dans les grands lacs de Suède et qui prouve ainsi qu'à l'époque glaciaire ces lacs ont communiqué avec la mer polaire. Les algues rassemblées dans ces parages étaient intéressantes en outre, parcequ'elles prouvaient la fausseté de l'hypothèse si longtemps accréditée, d'après laquelle l'Océan glacial sibérien était dépourvue des espèces d'algues supérieures.

Entre le Port Dickson et le Cap Tchéliouskine, les bâtiments s'étaient avancés dans des eaux presque exemptes de glaces; ça et là seulement, ils avaient rencontré de petits champs qu'ils avaient pu facilement briser ou au moins contourner. Cette glace avait tout au plus un an, et elle était généralement en mauvais état, à moitié morcelée. Le long de la terre, au Cap Tchéliouskine, ils trouvèrent un chenal de glace, large de 10 à 13 kilomètres; au nord, au contraire, il n'y avait que des glaces épaisses et grossières.

Le 20 août, on continua le voyage et l'on inclina vers le sud, dans l'espoir de rencontrer de nouvelles îles. Mais bientôt on rencontra des glaces flottantes, et le matin du 23, on reconnut qu'il était impossible de pousser plus loin dans cette direction. On essaya de se diriger vers le nord et de trouver au nord-ouest une issue en dehors de ces champs de glace. Pendant 24 heures la Véga se retrouva en pleine mer. Alors on revit la terre. C'était l'extrémité nord-est de la Péninsule de Taïmour située environ à 76° 30′ de latitude nord et à 113° de longitude à l'est de Greenwich. La mer, sur une distance de 15 à 16′, était complètement exempte de glaces. A quelque distance dans l'intérieur des terres, on aperçut des montagnes bien développées, s'élevant à une hauteur de 600 à 1000 mètres. Leurs sommets étaient exempts de neige comme la plaine elle-même. On vit de petits glaciers; ils ne s'élevaient pas à plus de 240 à 300 mètres au-dessus de la surface de la mer. On n'eut pas le temps de les examiner attentivement.

La vie animale commençait à se montrer beaucoup plus riche et beaucoup plus variée. Tandis que le vaisseau était ancré à un grand glaçon du champ de glaces flottantes, le Dr. Stuxberg ramena avec la drague, d'une profondeur de 64 mètres, un nombre inattendu de beaux types animaux marins des espèces les plus différentes. Il se trouvait parmi eux trois exemplaires d'un crinoïde, fixés sur une seule tige, probablement de jeunes individus de «l'Alecto Eschrichtii.» On trouva aussi d'innombrables exemplaires bien développés d'astéries (étoiles de mer) qui se trouvaient là en grandes masses, par exemple le «Solaster papposus, endeca, furcifer», «Pteraster militaris», «l'Asterophyton eucnemis», ainsi que de la «Molpadia borealis» généralement si rare, et un colossal pycnogonide de 180 millimètres de diamètre. Les formes inférieures de la vie animale n'étaient pas moins richement représentées à de faibles profondeurs, bien que là les formes fussent en partie différentes. Les animaux qui s'y rencontraient étaient apparemment du type pur de la faune polaire marine, sans aucun mélange, provenant des mers du sud, tandis que la faune marine du Spitzberg avait certainement fait des emprunts à ces îles.

Le pays à l'est du Cap Tchéliouskine est situé à 5° plus à l'ouest que les cartes ne l'indiquent. Le 24 août, on revit la terre: c'était l'île «Préobrajenski», à l'embouchure de la «Khatanga». On trouva que cette île était

située à près de 100 kilomètres plus à l'ouest que les cartes ne l'indiquent;
en général, du reste, les latitudes étaient exactes, mais les longitudes
étaient inexactes et trop orientales. Il y a, dans ces régions, un assez
grand nombre d'ours blancs; les membres de l'expédition en tuèrent quelques-
uns. Avant l'embouchure de la Khatanga et à l'embouchure de ce fleuve,
on se trouva dans des eaux assez basses, bien qu'on fût assez éloigné de la
terre; elles n'avaient guère plus de 9 à 13 mètres de profondeur. Plus tard,
lorsqu'on fut à la plus grande distance du littoral, on n'eut jamais plus de
64 mètres d'eau. Pour explorer le fond de la mer, on se servit de l'appareil anglais de Trawl. Les zoologistes trouvèrent des animaux merveilleux;
les botanistes aussi purent être satisfaits. La végétation est assez riche;
on ne rencontre pas, comme au Spitzberg, de grands amas de pierres stériles.
Depuis le cap Tchéliouskine, l'éternelle monotonie d'un paysage vert et rouge,
ne présentant que ça et là quelque éminence ou quelque dépression ne fut
plus interrompue que par une seule chaîne de montagnes.[1]

Le 27 août, les deux bâtiments, les premiers venus d'Europe jusqu'au
delta de la Léna, s'y séparèrent dans la nuit du 27 au 28; la Léna devait
remonter seule ce fleuve. Le récit de son voyage m'entraînerait en dehors
du plan de cet ouvrage, il me suffira de dire qu'en 55 jours la Léna était
arrivée de Tromsœ à l'embouchure de la Léna et avait remonté le fleuve
jusqu'à Jakoutsk.[2]

---

[1] A en juger d'après les observations faites pendant ce voyage, on ne rencontre
pas plus de glace, à l'arrière-saison, sur le littoral de Sibérie qu'au milieu de l'été dans
la Mer blanche. Indépendamment des observations ordinaires de la température des
couches superficielles de l'eau de la mer, et des observations météorologiques ordinaires
(jusqu'à six en 24 heures), on déterminait deux à trois fois par jour la température et
la salure de l'eau à diverses profondeurs. Quand la profondeur atteint au moins 30 mètres,
la température du fond varie entre — $1^0$ et — $1^0$, 4. La densité de l'eau varie ici entre
$1_{,020}$ et $1_{,107}$ et la salure n'est que légèrement inférieure à celle de l'eau de l'Atlantique.
A la surface de la mer, la température de l'eau est extraordinairement variable. A
l'entrée Dickson, elle est de + $10^0$; un peu au sud du sund de Taïmyr, elle est de
+$5^0$,4; sous la glace flottante de ce sund + $0^0$, 8, dans la baie de Taïmyr + $3^0$, au cap
Tchéliouskine + $0^0$,1, dans la baie de la Khatanga + $4^0$; entre l'embouchure de la
Léna, elle varie entre + $1^0$,2 et + $5^0$,8. La densité de l'eau superficielle dans un large
chenal de la côte n'a jamais dépassé $1_{,023}$; elle n'était ordinairement que de $1_{,01}$. Ce
dernier nombre répond à un mélange d'une partie d'eau de mer et de deux parties d'eau
fluviale. Il prouve irréfutablement qu'un courant superficiel peu salé venant des embouchures de l'Ob et de l'Iéniceye, commence par se répandre le long de la côte vers le
nord-est, puis que, sous l'influence de la rotation du Globe, il prend une direction orientale. D'autres courants analogues viennent de la Khatanga, de l'Anabara, de l'Olonek,
de la Léna, de la Iona, de l'Indighirka et de la Kolyma; leurs eaux, plus ou moins
échauffées par les ardeurs de l'été sibérien, se répandent toutes dans la mer polaire et
la maintiennent exempte de glaces pendant une courte période de l'année.

Dès le 28, la Véga, favorisée par un bon vent et par un temps clair, put poursuivre son voyage vers l'est. Cependant le ministre des affaires étrangères de Suède fut informé, dans les derniers jours de décembre 1878, que les baleiniers revenus récemment de l'Océan arctique à San-Francisco disaient avoir vu, près du cap Oriental, un navire enfermé dans les glaces et qui, comme ils le supposaient tous, devait être un grand navire faisant partie de l'expédition polaire suédoise. Aussitôt Sibiriakov fit construire à Malmœ un vapeur de 350 tonnes qui devait, dès le mois d'août 1879, aller par le canal de Suez vers le détroit de Béring et chercher Nordenskiöld. Dans l'intervalle on apprit que le navire emprisonné dans les glaces, à une faible distance du continent et encore à l'ouest du cap Oriental, était en effet la Véga. On sait que le cap Oriental est la pointe nord-est de l'Asie, que le détroit de Béring est resserré entre ce cap et le cap opposé «Prinz Wales», du continent américain. On organisa en Sibérie une expédition pour arriver à la Véga par la glace, au moyen de rennes ou de chiens; un navire de guerre russe de la station de l'océan Pacifique devait également venir au secours de la Véga, aussitôt que possible, par le détroit de Béring d'autre part, le propriétaire du New-York Herald, Gordon Bennett, qui était sur le point de faire partir pour un voyage au pôle nord sa «Jeannette» qui était déjà à San-Francisco, lui donna pour mission de chercher Nordenskiöld dans le détroit de Béring et au-delà et de lui prêter, au besoin, un concours efficace. Heureusement on apprit bientôt que la situation de la Véga n'était pas, à beaucoup près, aussi périlleuse qu'on l'avait imaginé d'abord.

Dans les premiers temps qui suivirent le passage de la Véga, le voyage se poursuivit assez bien, malgré la glace et les bancs de sable. Les vents du nord et du nord-ouest, qui soufflèrent dans ces régions pendant le mois de septembre 1878, avaient développé les glaces dans la partie de l'océan Glacial voisine du détroit de Béring.

Depuis l'embouchure de la Léna, on avait bien trouvé, le long des côtes, une bande d'eau libre; mais quand, le 3 septembre, on eut passé les îles Baranov, cette bande d'eau libre fut remplacée par d'épaisses glaces flottantes, à travers lesquelles on s'avançait difficilement. On alla ainsi jusqu'au cap Iakane où il fallut s'arrêter trois jours. On quitta cet endroit, le 11 septembre et, après une navigation difficile, on atteignit le cap nord, le 13; on y fut retenu par les glaces jusqu'au 18. A partir de ce moment, l'expédition ne put s'avancer que de temps en temps. Le 28 septembre, elle arriva à la baie Kolioutchine par 67° 6′ de latitude nord et 173° 30′ de longitude

<hr>

2) La Léna arriva à Iakoutsk le 21 septembre 1878; le 28, elle poursuivit sa route vers Vitimek, situé à 1500 kilomètres plus loin sur la Léna; le 8 octobre, elle se trouvait encore à 320 kilomètres de Vitimek, quand les glaces la forcèrent à retourner; elle dut prendre ses quartiers d'hiver à 200 kilomètres au-dessus d'Iakoutsk.

est. Si l'on y avait été arrivé quelques jours plus tôt, on aurait pénétré jusqu'au détroit de Béring. La mer était calme et relativement exempte de glaces ; on était loin de songer qu'il faudrait hiverner dans ces parages ; mais la nuit suivante modifia les prévisions. Les montagnes de glace flottantes vinrent s'échouer contre le rivage et furent immédiatement soudées les unes aux autres par des nouvelles banquises, de sorte qu'à la pointe du jour, le navire était emprisonné dans les glaces et qu'il fallut faire les préparatifs d'hivernage. Du côté de la mer, la glace s'étendait sur une longueur de 32 kilomètres ; la terre ferme n'était qu'à une distance de 2 kilomètres $^{1}/_{2}$. On put s'en rapprocher et ancrer le navire à de grands blocs de fond, dont la distance au rivage était de 1 kilomètre environ. Trois jours plus tard on put aller à terre sur une glace de formation récente. Le bâtiment était en sûreté, bien que n'étant pas dans un port, mais dans une mer peu profonde. Il était près de «Serdtsé-Kamen» (le rocher en cœur), pointe nord de la presqu'île des Tchouktchi, près du cap Oriental et à 180 kilomètres seulement du détroit de Béring, de sorte que les baleiniers de l'océan Pacifique y arrivent presque tous les ans. «Nous ne sommes plus maintenant qu'à une petite distance de la région la plus resserrée du détroit de Béring», écrivait Nordenskiöld, le 25 novembre 1878. «Il nous serait fort pénible de ne pas réussir à franchir cette petite distance, maintenant que nous avons réussi à pénétrer si loin dans des parages inconnus. Si nous étions arrivés ici, rien que trois jours plus tôt, nous serions certainement aujourd'hui au Japon. Nous sommes arrivés ici, le 28 septembre ; le froid a augmenté et, entre les anciens champs de glace flottants, il s'est formé de nouvelle glace, de sorte que la Véga s'est trouvée dans l'impossibilité de bouger. La glace a depuis augmenté, chaque jour, d'épaisseur ; elle a maintenant $0,^{m}60$. Nous sommes à 1 mille anglais (1,6 kilomètre) d'une côte au fond très rapproché ; aucun abri ; 4 brasses (7,30 mètres) d'eau ; entre nous et la terre, deux bancs de sable, dans 10 pieds d'eau (3,05 mètres) s'allongent parallèlement à la terre. Depuis que la glace s'est fortement épaissie, je crois que la Véga est complètement à l'abri des pressions. Grâce à notre situation méridionale, l'obscurité quotidienne n'est pas de longue durée. Nous avons eu aujourd'hui 7 heures de jour ; le 21 décembre, nous n'en aurons pas moins de 5 heures. Le froid paraît être beaucoup plus vif qu'au Spitzberg. La température est uniforme et descend lentement. Le minimum est jusqu'à ce jour de — 28° C. Depuis les deux mois que nous sommes ici, le vent a soufflé constamment entre le nord-est et le nord-ouest, au moins le nord-nord-ouest. Nous avons construit à terre une maison de glace dont nous avons fait notre observation. Les instruments sont montés, et les observations commenceront demain.»

Depuis le cap Chelagskoye, la côte était découverte de villages

LA  BANNIÈRE SUÉDOISE SUR LES GLACES DE L'HIVERNAGE.

Tchouktchi; chacun de ces villages était formé de 5 à 15 tentes. Les indigènes ne tardèrent pas à entrer en relations très amicales avec les navigateurs. Comme ils ne comprenaient, ni ne parlaient le russe, il fut très difficile de s'entendre au début; mais le lieutenant Nordquist se mit aussitôt à apprendre leur langue, et il eut bientôt composé un dictionnaire suédois-tchouktchi de plus de 300 mots. Les savants purent à loisir, pendant la longue durée de l'hiver, étudier ce peuple polaire. Les Tchouktchi ressemblent aux Esquimaux; petits comme eux, ils ont, comme eux, les cheveux et les yeux noirs et la peau jaune-brun. Les femmes sont tatouées, les hommes ne le sont pas. Le Tchouktchi est très poli et très serviable, surtout quand on lui donne du kakaou, expression générale qui désigne toutes sortes d'aliments. Pour de l'eau-de-vie, il n'est rien qu'il ne fasse. Pendant l'été, il vient sur cette côte une foule de bâtiments américains qui font du commerce d'échanges avec les Tchouktchi et qui apportent annuellement, malgré la prohibition du gouvernement russe, de grandes quantités d'eau-de-vie. Mais les voyageurs de la Véga se firent une règle de ne jamais offrir ce liquide comme objet d'échange. De temps en temps seulement, on en distribuait un verre pour égayer les naturels. Au voisinage immédiat du navire se trouvaient trois villages: Iéoutline, Pitlékaye, Irgounéouk. Les indigènes vivent de la pêche. Ils s'habillent et ils recouvrent leurs tentes avec des peaux d'animaux. Ils se procurent les peaux de rennes par les échanges qu'ils opèrent avec la partie nomade de la population de la péninsule des Tchouktchi. Le véhicule des Tchouktchi du littoral est le traîneau à chiens, avec lequel, pendant l'hiver lorsque la pêche est impossible, ils voyagent le long des côtes, pour aller faire des échanges avec les autres indigènes. L'hiver sévissait avec une rigueur terrible; aussi y avait-il grande disette parmi les pauvres habitants. Nordenskiöld leur vint obligeamment en aide autant que le permettait son approvisionnement et leur fit distribrer environ 1500 kilogrammes de pain. Fin novembre, Bove et Nordquist devaient aller avec des Tchouktchi et trois traîneaux à chiens jusqu'à Nijniye-Kolymsk et y rester jusqu'à l'époque où les jours commenceraient à devenir plus clairs, fin janvier ou commencement de février, mais les indigènes qui devaient les conduire ne reparurent jamais; aussi le voyage n'eut-il jamais lieu.

Voici ce que Nordenskiöld écrit sur la manière dont se passa l'hiver: «La soirée de Noël fut fêtée dans notre entre-pont qui était décoré de banderolles aux couleurs nationales. L'arbre de Noël, formé de branches de saule liées ensemble, était richement orné de petits drapeaux, de lanternes, de bandes de papiers et de cadeaux de Noël: 192, pas un de moins. Vers 6 heures de l'après-midi, nous nous rassemblâmes autour de l'arbre et nous détachâmes les présents; chaque personne en eut six pour sa part. Dans un repas frugal qui suivit cette distribution, l'allégresse fut au

LE VILLAGE DE PITLÉKAYE.

comble, et l'on ne soupçonnait pas qu'au dehors le froid descendait à moins de 35° C. La nouvelle année fut célébrée par des salves d'artillerie et des feux d'artifice. Le froid, dans ces derniers temps, est devenu très pénible, surtout à cause des vents violents qui règnent ici. L'ouragan, par une température de — 34°, n'est pas précisémeut agréable. Le vent à soufflé tout le temps, entre le nord-ouest et le nord-est; une seule fois seulement nous avons eu un ouragan du sud, et, une autre fois, du sud-est. Le 30 décembre, nous avons eu, pendant plusieurs heures, + 2°. Lors de ces deux orages, la glace s'était ouverte jusqu'à quelques kilomètres devant nous. La dernière fois, le balayage était si complet que nous ne pouvions voir la crête de la glace, de l'autre côté. Comme, au dire des indigènes, le vent, à partir de février, souffle constamment du sud et du sud-est, nous pouvons espérer que la mer sera bientôt dégagée. Le sera-t-elle assez pour nous ouvrir un libre passage à travers le détroit de Béring? C'est une autre question. La moyenne mensuelle de la température a été, en octobre, de — 5°,2, en novembre — 16°,6, en décembre — 22°,8; la plus basse température observée jusqu'à présent a été — 37°,2. Le baromètre a varié entre 786 et 734 millimètres. Il est tombé beaucoup de neige dans ces derniers temps. La glace de cet hiver a, à vue d'œil, 1 mètre d'épaisseur; elle augmente de 20 à 25 centimètres par mois. L'équipage est en bonne santé et en bonne humeur». Le 20 février 1879, le savant suédois écrivait: «Nous espérons être dégagés au plus tard en juin et continuer notre voyage vers le Japon et notre pays. Dans ces derniers temps, nous n'avons pas autant souffert de l'éternel vent du nord-nord-ouest, mais nous avons eu, à sa place, des vents du sud et du sud-sud-ouest, quelquefois avec ouragan; la température était un peu supérieure au point de congélation. La température moyenne du mois de janvier a été de — 25°,1; le maximum — 4°,1, le minimum — 46° C.»

La patience des explorateurs devait être soumise à une plus longue épreuve que Nordenskiöld ne le prévoyait. Lentement, la température montant régulièrement, le printemps s'approchait. Le matin du 18 juillet 1879, on n'avait encore reconnu aucun changement dans la configuration des glaces; le navire était encore complètement emprisonné, et l'on supposait que l'on en avait encore pour 14 jours d'attente forcée. Seulement la nature, dans ces régions, paraît se jouer des calculs humains: tout-à-coup, vers midi, le même jour, toutes les glaces se rompirent avec un fracas semblable à un roulement de tonnerre. Vers 4 heures du soir, la Véga, après un repos de 294 jours, se retrouva sous vapeur. Le 20 juillet, les navigateurs heureusement délivrés doublèrent le cap Oriental; ils avaient encore 80 tonnes de charbon à bord. Ils visitèrent Port-Clarence sur la côte asiatique, et enfin les îles de Béring, à la hauteur de la côte de Kamtchatka, pour faire des recherches de zoologie.

et de botanique.   Aux îles de Béring, on trouva, entre autres objets intéressants, un gisement d'os fossiles, les restes d'un immense animal marin
(«Rhytina Stelleri»), dont l'existence remonte à plusieurs siècles.   Des îles
de Béring, Nordenskiöld se dirigea directement vers le Japon; il fut favorisé
par le beau temps jusqu'au 31 août; ce jour-là un violent orage éclata; la
foudre brisa la pointe du grand mât et renversa plusieurs hommes occupés
sur le pont, heureusement sans leur faire plus de mal.   Enfin, le 2 septembre,
le hardi Nordenskiöld, qui n'avait reculé devant aucune fatigue, devant aucun
danger, eut la joie et la gloire, d'aborder, avec sa Véga et ses fidèles compagnons, dans le port de Yokohama, où il fut accueilli avec des salves de
joie par les nombreux navires de diverses nationalités, à l'ancre dans ce port.
Pendant tout ce voyage de 14 mois, une parfaite santé avait constamment
régné à bord, sauf pendant deux jours.   Aucune trace du scorbut, cet ennemi
redouté que recèlent les régions polaires.   Nordenskiöld triomphait complètement; il put télégraphier de Yokohama au roi Oscar de Suède: «L'expédition présente ses félicitations à son haut protecteur; elle a accompli son programme, realisé le passage Nord-Est et atteint l'Océan, sans avoir perdu un
seul homme, sans qu'aucune maladie ait régné à bord ou que le navire ait
souffert aucun dommage.»   Nordenskiöld et ses compagnons furent reçus avec
de grands honneurs par la Société géographique japonaise et par les sociétés
asiatiques de Tokio et de Yokohama.   Le 19 octobre, la «Véga» quitta le
port de Yokohama pour rentrer en Europe, elle toucha Singapour et Ceylon
et traversa le canal de Suez.   La première circumnavigation de l'ancien
monde était accomplie.

Partout où la Véga aborda, pendant ce retour, qui n'a plus rien de
commun avec les explorations polaires, Nordenskiöld et ses compagnons furent
acclamés et fêtés.   Le banquet de fête à Nagasaki fut suivi d'un autre à
Singapour.   En Europe, les ovations furent encore plus éclatantes.   La réception de Nordenskiöld fut brillante en Italie; à Naples surtout où, pour la première
fois, il touchait de nouveau le sol de l'Europe; elle fut splendide à Paris
où le sage et libéral roi de Suède et de Norvège envoya son plus jeune fils,
le prince Oscar, s'associer aux fêtes organisées en l'honneur de ses compatriotes, devenus à bon droit si célèbres.   Si Nordenskiöld, qui fut comblé de
décorations, avait eu le temps et l'occassion de se rendre à l'invitation qui
lui fut adressée par la Société géographique d'Amsterdam, on lui aurait certainement décerné le prix de 25 000 florins, proposé en 1611 par les Etats-
généraux de Hollande pour la découverte du passage nord, car aucune décision ultérieure de ce corps d'Etat n'a retiré ce décret.

La Véga, accompagnée de neuf bateaux à vapeur, entra à Copenhague,
au bruit des salves d'artillerie; la cour et la ville rivalisèrent à qui fêterait
le plus dignement la brave phalange d'explorateurs.   C'est naturellement dans

leur patrie que les attendaient les plus grandes faveurs. Les délégués de la diète proposèrent qu'une pension viagère de 4 000 couronnes fût accordé à Nordenskiöld et au lieutenant Palander, et que 50 000 couronnes fussent distribuées, une fois pour toutes, à titre honorifique à tous ceux qui avaient pris part à la première circumnavigation de l'ancien monde. Le roi Oscar ordonna que la Véga, à son arrivée à Stockholm, fût saluée, par la station de la flotte, de trois salves de cinq coups chacune. Les universités d'Upsal et de Lund se firent représenter à la réception, qui eut lieu le 24 avril 1880, vers 10 heures $\frac{1}{2}$ du soir, la Véga entrant dans Stockholm, escortée de 200 vapeurs environ. Les côtes furent illuminées sur une lieue d'étendue, offrant un aspect magique, inoubliable pour quiconque a contemplé ce spectable sur les rives des «Salt Sjön». La métropole suédoise elle-même, où étaient accourus 30 000 étrangers, était brillamment illuminée. Une estrade avait été construite au voisinage du pont de débarquement (Logårdstrappan sur Skeppsbron), et les autorités de la ville y étaient rassemblées pour souhaiter la bienvenue aux membres de l'expédition. Au château, le roi les salua; il nomma Nordenskiöld chevalier; il accorda le titre nobiliaire au lieutenant Palander et à l'armateur Oscar Dickson, de Gothenburg. Il remit en même temps à ce dernier la grande croix de l'ordre de l'Etoile du Nord, et il nomma commandeur du même ordre le promoteur russe de l'expédition, Sibiriakov.[1]) Ainsi le retour de l'expédition fut salué partout avec la joie la plus vive; en Angleterre seulement on ne montra pas le même enthousiasme, lors de la réception des Suédois. Les nouvelles que l'on avait reçues sur la course de la Véga avaient déjà contribué à augmenter le

---

[1]) Le lendemain, le roi Oscar donna aux membres de l'expédition un banquet de fête dans son château. Il reçut ses 164 hôtes dans les magnifiques salons, ornés de tapisseries des Gobelins, entre la galerie des tableaux et la salle de fêtes, dans ce que l'on appelle la «mer Blanche». Les quatre fils du roi prirent place à la table; parmi les invités se trouvaient Madame Nordenskiöld et Madame Palander, les Ministres et tout le corps diplomatique, les femmes de ces messieurs, la Cour, les généraux, les premiers magistrats, les députations de diverses académies et sociétés savantes. Un seul toast fut porté: le roi Oscar adressa ces paroles à l'expédition de la Véga: «Le génie cherche à se frayer de nouvelles voies. Les résolutions viriles, une volonté de fer surmontent les obstacles. L'esprit d'entreprise et l'intelligence utilisent pour le bien général les communications récemment établies. Bartholomeo Diaz, Vasco de Gama, Christophe Colomb, Ferdinand Magalhaens, James Cook et d'autres firent voile, par des mers inconnues, vers de nouveaux rivages, et sur leurs traces s'avança le commerce du monde, messager de bien-être et de progrès moral. Mais pendant que de nouvelles parties du monde étaient éclairées par la torche des explorateurs, une partie de l'ancien monde restait encore dans les ténèbres; les glaces du cercle polaire enlaçaient, comme les anneaux d'une chaîne à briser, les rives septentrionales de cette partie du monde qui passe pour être le berceau de l'humanité. C'est à notre siècle qu'il était réservé de briser ces entraves, et c'est

désappointement causé par l'insuccès relatif du Challenger et de l'Alert. La fière Albion a conscience d'avoir été dépassée, dans ces derniers temps, par d'autres Etats, en ce qui concerne les explorations maritimes, et elle est d'autant plus sensible à cet échec qu'elle se targue volontiers de sa prédominance sur mer. L'expédition polaire autrichienne n'a pas peu contribué à aggraver ce sentiment d'infériorité, et ce n'est pas tout-à-fait sans jalousie qu'elle a constaté les résultats obtenus par Payer et Weyprecht. Quant à ceux de l'expédition suédoise, ils ne peuvent que contribuer à donner une nouvelle impulsion aux projets de nouvelles expéditions maritimes scientifiques, mis en avant en Angleterre par les sociétés les plus diverses. Une telle ardeur est louable; espérons que ces efforts seront heureux. Nordenskiöld est d'avis que les navigateurs partant d'Europe pourront, en toute sécurité, gagner le détroit de Béring par la mer de Sibérie, aussitôt que l'on aura recueilli assez de renseignements sur l'état de cette mer aux diverses époques de l'année. La route du Japon à la Léna n'offrirait pas de difficultés à un marin expérimenté et prudent; et, comme la Léna communique directement avec le centre de la Sibérie, on peut prévoir un certain commerce entre ces contrées. Il n'est pas impossible que le commerce et la navigation tirent de grands avantages de l'ouverture d'une route maritime continue entre l'Europe et l'extrême Orient, par le nord du continent asiatique, et que la Sibérie, grâce aux fleuves nombreux et immenses dont elle est sillonnée relie, quelque jour, au reste du monde ses immenses domaines de production. L'heure a-t-elle déjà sonné, où le commerce du nord de l'Europe abandonnera le nord de l'Europe pour les côtes de l'Asie et du nord de l'Amérique? Nordenskiöld, dans

notre cher pavillon suédois qui flotte sur le premier navire ayant fait le tour de l'Asie. Tantôt anxieux, tantôt rempli d'admiration, le monde civilisé a suivi la course aventureuse de la Véga, faisant reculer les obstacles devant sa proue glorieuse. Tout un peuple aujourd'hui salue d'unanimes cris de joie ses persévérants héros qui ont lutté et vaincu. Je vous salue comme étant le premier parmi eux, chevalier Adolf Nordenskiöld, vous, l'explorateur depuis longtemps célèbre, vous qui avez prudemment guidé l'expédition par le passage nord-est, après les essais infructueux des siècles précédents. A côté de vous est un homme de la flotte suédoise, le capitaine Louis de Palander, vigoureux et intrépide, qui commandait la «Véga», et tous deux vous êtes environnés d'une phalange d'investigateurs, d'officiers, et d'un équipage qui ont partagé vos fatigues et vos dangers, qui partagent maintenant votre honneur. L'historie enregistrera à jamais, dans ses annales les plus glorieuses, la course de la Véga à travers l'océan Glacial, et témoignera ainsi de ce que peut accomplir l'énergie des hommes du Nord. Notre chère patrie a cueilli un nouveau et frais laurier. Honneur aux hommes qui l'ont cueilli! On se souviendra de leur gloire, en même temps qu'on se souviendra des anciennes gloires de la patrie. Au nom du peuple suédois, comme en mon nom personnel, je vous exprime à tous ma reconnaissance et mon admiration.» Pendant ce discours, tout l'équipage de la «Véga», sans proférer une parole, était entré dans la salle; il prit part au toast, en vidant les verres de Champagne qu'il tenait à la main.

39*

une lettre datée du 31 mai 1879, écrit à Sibiriakov: «J'ai l'intention de passer un an, après mon retour, à écrire une relation du voyage de la Véga; je désire continuer ensuite l'exploration de la mer Glaciale, sur les côtes de Sibérie, avec la Léna, comme point de départ, et les îles de la Nouvelle-Sibérie comme base d'opérations. Cette exploration est d'une grande importance pour le but que je me suis proposé et qui est d'ouvrir complètement à la navigation la partie septentrionale de l'Asie.» Grâce à sa grande énergie, à son ardeur pour les explorations polaires, à sa vigueur physique, heureusement inaltérée, Nordenskiöld a entrepris cette nouvelle expédition projetée en 1879 et en accomplissant de nouveaux exploits il a su résoudre maints problèmes concernant les régions boréales.

BIBLIOTHEQUE NATIONALE DE FRANCE
3 7502 00530710 5